田国秀 /主编　谢莒莎 /副主编

团体心理游戏
实用解析

学苑出版社

图书在版编目(CIP)数据

团体心理游戏实用解析／田国秀主编. —北京：学苑出版社，2010.5(2024年8月重印)

ISBN 978-7-5077-3500-0

Ⅰ.①团… Ⅱ.①田… Ⅲ.①中小学-心理卫生-健康教育 Ⅳ.①G479

中国版本图书馆 CIP 数据核字(2010)第 072607 号

责任编辑：任彦霞
出版发行：学苑出版社
社　　址：北京市丰台区南方庄2号院1号楼
邮政编码：100079
网　　址：www.book001.com
电子信箱：xueyuanpress@163.com
联系电话：010-67601101(营销部)、67603091(总编室)
经　　销：新华书店
印　刷　厂：北京东君印刷有限公司
开本尺寸：710mm×1000mm　1/16
印　　张：22
字　　数：460千字
版　　次：2010年5月第1版
印　　次：2024年8月第17次印刷
定　　价：68.00元

前　言

团体辅导越来越得到社会的认可与采纳。在公司的员工培训、单位的干部交流、学校的学生培养以及学术活动的气氛营造等诸方面，团体辅导以其活泼、有趣、热烈、积极的活动形式和富于变幻的组织方式，受到人们的青睐。

团体辅导离不开游戏，游戏是团体辅导的基本载体。借助于游戏，团体辅导的主题、思想和理念得以展示，得以传递，得以强化，得以巩固。团体辅导离不开游戏，不等于说团体辅导就是游戏。将团体辅导简化为游戏，将组织团体辅导演变为组织人们玩游戏，有悖于团体辅导的初衷，会导致人们对团体辅导的误解，甚至是肤浅解读。

游戏本身的步骤、形式、规则简便易学，难的是挖掘与传递游戏当中的思想内涵和意义。由于理解不到游戏的思想，传达不了游戏的内涵，解释不清游戏的意义，把握不准游戏的契机，才导致了对游戏的盲目模仿、简单处理和肤浅解释。一个游戏之所以可以被多次使用，反复体验，一定是基于多角度、多层面的理解和解读，能够联系游戏组织者、参与者和体验者个人心理状态、团体心理氛围，激发出丰富的思想和意义。这就是生成过程，无法预先设计，难以预先估计，凭借的是游戏过程中人和人的理解，人与人的互动，人对人的把握。这是一种艺术。

如何理解游戏的思想？如何传递游戏的内涵？如何解读游戏的意义？如何把握游戏的契机？这是本书力求突破的地方。本书重点定位在"解析"。基于多年策划、组织、主持团体心理辅导的经验和感悟，我们精心选择了100个心理游戏，选取标准是适用面广、操作简便、思想积极、内涵丰富。从"游戏目的""游戏导入""人员与场地""游戏道具""规则与程序""解说要点""补充说明"和"案例解析"八大方面对每一个游戏进行了精心、全面、仔细的梳理、解析和挖掘。其中尤为突出"游戏导入""规则与程序"和"解说要点"三部分。

"游戏导入"犹如一场戏的基调。从哪里导入？如何导入？用什么导入？是决定一个游戏思想格调与意义层次的基础。本书选取了丰富多样的导入形式：故事、诗歌、寓言、歌曲、电影片段、世界名画、名人逸事等，抓住当中最精彩、最核心、最感人的细节，与游戏巧妙联结，引出游戏，扣人心弦。

"规则与程序"是决定游戏成败的关键所在。游戏的玄妙之处就在于人为设置了很多巧妙的玄机，挑战人的智慧、耐心、细心，激发人的灵感和内心能量，在看似平淡无奇的叙述中，藏着令人耳目一新、豁然开朗、柳暗花明、突发奇想的契机。保守游戏玄机，制造特别环节，造成出人意料的效果，靠的就是严格缜密、滴水不漏的规则与程序。我们对每个游戏的规则和程序都做了精心而又巧妙的设计，既要关照到游戏的每个细节，又要传递游戏辅导的设计理念。

"解说要点"是游戏辅导的"点睛之笔"。本书在每个游戏的解说部分用心最多，力求达到解说透彻、深刻、全面并富有内涵。即便我们已经十分尽力，仍然感觉力不从心，还有很多我们当前难以达到的境界。解说是一个辅导者学识、思想、境界、深度的集中体现，非一日之功，是伴随着人生的不断变化起伏，体现在辅导中的自然流露。

团体心理辅导是一门艺术，学习一些游戏形式、组织方式、主持技巧是必需的，真正提升团体辅导的水平与效果，是辅导者人生积累、生命感悟和意义表达的自然流露。"手中无剑，心中有剑"，是辅导者努力追求的方向。以此与大家共勉。

田国秀
2010年3月

目录

绪　论：成长从体验开始 …………………………………………… 1

第一章　游戏策略

- 策略一　人员组合是基础 ……………………………………… 9
- 策略二　场地环境巧安排 ……………………………………… 10
- 策略三　情境营造不可少 ……………………………………… 12
- 策略四　团队熔炼是关键 ……………………………………… 13
- 策略五　活动组合要巧妙 ……………………………………… 14
- 策略六　意义生成为目标 ……………………………………… 18
- 策略七　解说环节有技巧 ……………………………………… 19
- 策略八　个别关注需谨慎 ……………………………………… 22
- 策略九　巩固影响有意义 ……………………………………… 23

第二章　自我探索

- 游戏一　成长五部曲 …………………………………………… 27
- 游戏二　心灵之舞 ……………………………………………… 29
- 游戏三　我的"角落" …………………………………………… 32
- 游戏四　左右脚 ………………………………………………… 34
- 游戏五　20个"自我" ………………………………………… 36
- 游戏六　自画像 ………………………………………………… 40
- 游戏七　背上留言 ……………………………………………… 43
- 游戏八　生命线 ………………………………………………… 45
- 游戏九　盲人与"拐杖" ……………………………………… 49
- 游戏十　求生抉择 ……………………………………………… 53

第三章　亲情联结

- 游戏一　家庭大事记 …………………………………………… 61
- 游戏二　找变化 ………………………………………………… 64
- 游戏三　清扫亲情"垃圾" …………………………………… 66
- 游戏四　给……的一封信 ……………………………………… 69
- 游戏五　My Birthday Party …………………………………… 71

· 1 ·

游戏六	父(母)亲的剪影	75
游戏七	感恩父母	77
游戏八	原生家庭	82
游戏九	再选你的父母	87
游戏十	我的家庭树	92

第四章 人际互动

游戏一	身体认字	99
游戏二	说句奉承话	100
游戏三	快枪手	102
游戏四	爱在指尖	105
游戏五	你说我画	107
游戏六	心有千千结	109
游戏七	巧过地雷阵	112
游戏八	朋友大拍卖	114
游戏九	最少的脚	117
游戏十	多元排队	120

第五章 团队熔炼

游戏一	背背佳	127
游戏二	七手八脚	129
游戏三	食指神功	131
游戏四	气球桥梁	133
游戏五	啄木鸟行动	137
游戏六	创意搭塔	140
游戏七	风中奇遇	144
游戏八	横渡硫酸河	148
游戏九	信任之旅	150
游戏十	珍珠岛救援大行动	154

第六章 学会学习

游戏一	撕纸条	163
游戏二	疯狂一分钟	164
游戏三	我是钟	166

游戏四 出谋划策 ·· 168
游戏五 职业畅想发布会 ·· 170
游戏六 没有你，我怎么办 ··· 172
游戏七 神奇大变身 ··· 174
游戏八 叫醒你的 N 种思维 ·· 177
游戏九 Fashion Show ·· 180
游戏十 Enjoy Your Feeling ··· 182

第七章　潜能开发

游戏一 突出重围 ·· 187
游戏二 举手礼 ·· 188
游戏三 穿绳游戏 ·· 191
游戏四 优点坐椅 ·· 193
游戏五 三只小猪造房子 ·· 195
游戏六 随机应变 ·· 198
游戏七 传球游戏 ·· 200
游戏八 沧海一舟 ·· 203
游戏九 创意剪纸 ·· 206
游戏十 穿越 A4 纸 ·· 210

第八章　领导管理

游戏一 勇于面对 ·· 217
游戏二 今天我当家 ··· 219
游戏三 老鹰抓小鸡 ··· 220
游戏四 缺失的一角 ··· 222
游戏五 真的，还是假的 ·· 224
游戏六 贩卖希望 ·· 227
游戏七 你来说，我来做 ·· 229
游戏八 合作方块 ·· 231
游戏九 穿越障碍 ·· 234
游戏十 勇闯夺命岛 ··· 237

第九章　开拓创新

游戏一 九点连线 ·· 243

游戏二 一笔变新字	245
游戏三 如何卖木梳给和尚	247
游戏四 敢想敢画	250
游戏五 从 A 到 B	253
游戏六 万能的口香糖	256
游戏七 一张让你叫绝的 A4 纸	259
游戏八 分苹果	261
游戏九 创意积木大比拼	264
游戏十 玩具创意设计	266

第十章 价值选择

游戏一 找零钱	273
游戏二 早操大表态	275
游戏三 取绰号	277
游戏四 超级一比一	279
游戏五 艺术插花	281
游戏六 我的"VIT"	283
游戏七 海上求生	287
游戏八 价值拍卖	290
游戏九 红黑游戏	294
游戏十 沉船游戏	301

第十一章 社会责任

游戏一 承担责任	311
游戏二 歌唱祖国	313
游戏三 家乡美	315
游戏四 我说我知道	317
游戏五 放飞我心	319
游戏六 职业生涯探索	323
游戏七 中国地图	327
游戏八 共建未来城	330
游戏九 家乡拼图	333
游戏十 拯救阳光城	337

后　　记 ································ 341

绪论：成长从体验开始

（一）体验式学习的含义

20世纪三四十年代以来，越来越多的理论工作者和实践探索者热心研究体验式学习，积极尝试体验式学习。人们对体验式学习做过多种多样的界定，有的关注体验式学习的意义，有的重视体验式学习的过程，有的强调体验过程的结果，有的从人与环境互动的角度下定义，有的从人类学习的综合性特征下定义。时至今日，体验式学习仍然是一个生机勃勃的研究领域，各行各业的人们在体验式学习的平台上探索丰富的学习方式与学习的可能性。

近年来，很多理论工作者对体验作了研究：认为体验是一个人对愿望、要求的感受，是一种情感[1]；认为体验是意义的建构、价值的生成，指向于对世界的理解与超越[2]；认为体验是主体内在的知、情、意、行的亲历、体认与验证[3]。据此，我们认为体验是指个体通过某种真实的或虚拟的情境经历，获得认知、情感、意志和行为等方面意义建构和价值生成的一种活动和心理感受。体验是以主体在认识过程和心理过程中所积累的经验为对象，是对经验带有感情色彩和主观能动的回味、反思与体味。

"体验式学习，就是通过精心设计的活动让人们体验或对过去进行再体验，引导体验者审视自己的体验，积累积极正面的体验，使心智得到改善和建设的一种学习方式。"[4] 这不仅仅是"教师传授—学生聆听"的过程，更是一个学习者在研究与思索中领悟知识，在个性化的探究活动中理解知识的过程。简言之，就是让学习者在实践中获得知识、形成技能、提高思想认识的学习方式。

20世纪80年代，美国研究体验式学习的著名学者大卫·库伯（David A. Kolb）出版了他研究体验式学习的专著《体验式学习——让体验成为学习和发展的源泉》。该书中，库伯教授没有急于给体验式学习一个简洁的概念，而是提炼出体验式学习的6个典型特点，以此比较全面、深刻地回答了体验式学习的含义。

第一，体验式学习是一个过程，不是一个结果。体验贯穿于整个学习（成长）

---

[1] 裴娣娜，《发展性教学》，辽宁人民出版社，1998年，第25页。
[2] 张华，体验课程论：一种整体主义的课程观，《教育理论与实践》，1999年12期。
[3] 沈建，体验性：学生主体参与的一个重要维度，《中国教育学刊》，2001年第4期。
[4] 林思宁，《体验式学习》，北京大学出版社，2006年，第25页。

过程的始终，我们形成的观念、思维不是一成不变而是通过体验不断被重构，学习被描述为一个起源于体验并在体验下不断修正并获得观念的连续过程。我们的思维、观念像一个不断变化的物体，当它吸收了一些养料（体验），就会将"养料"消化并把原有的结构打破，重新整合为一个新的物体。所以我们不能仅从学习结果的维度去评价体验式学习，以及只关注知识数量的积累，而应该重视认识过程的重构和组合，即伴随着体验变化而变化的成长重构的过程。

第二，体验式学习是以体验为基础的持续过程。每个人都是带着或多或少的态度倾向进入学习情境的，教育过程开始于学习者原有的观念和理论，通过检测新观点和新理念，使新的观念更精确地与个人原有观念系统相结合。在学习过程中，教育者需要协助学习者认识原有观念，输入新观念，引起新旧观念的冲突，从而打破原有观念的架构，同时也将新观念的结构打破，使得两种观念相互匹配、渗透，最终整合成为一种能被个体识别并掌握的适应性更强的观念。学习者是一个拥有已有经验的人，总是带着已有的经验进入学习情境，教育者首先要弄清楚学习者已有的思维图式，才能明白如何与其共同建构新的学习模式。

第三，体验式学习是运用辩证的方法不断解决冲突的过程。库伯认为，冲突的解决产生了学习，学习是经历自身非常本性的紧张与充满冲突的过程。在解决冲突的过程中，有四种能力是必须的，具体体验、反思观察、抽象概括和行动应用。即学习者必须能够充分地开放以及没有偏见地参与到新的经验中去；必须能够从多种角度去反思观察他们的体验；必须能形成概念，能结合他们的观察而形成逻辑语言理论；必须能够使用这些理论做出决定并解决问题。从行为者到观察者，从特定参与者到一般结论者，整个学习过程都会充满着冲突，包括情绪冲突、角色冲突、价值观冲突、知识基础冲突，而要获得新的成长，就必须突破这些冲突。

第四，体验式学习是一个适应世界的过程。"它发生在所有人类环境，从学校到工厂，从研究实验室到管理会议室，也存在于私人关系和某地杂货店的过道中。它体现在人生的所有阶段，从童年到成年、中年和老年。"① 学习即适应，是一个全身心投入的活动，是个体全部功能的整合——思维、感受、理解与行为；"学习是人类适应的主要过程……它包含了比其他概念更多也更为关注的适应概念，如创造、问题解决、决策以及态度改变等等。"

第五，体验式学习是个体与环境之间连续不断地交互作用过程。体验式学习强调的个人与环境的"交互作用"象征着体验这一术语的双重意义。一方面是体验涉及到个体的主观内部环境，另一方面涉及到客观外部环境，这两种环境进行着相互渗透相互联系的互动。建构主义学习理论认为学习过程不是学习者被动地接受知识，而是积极地建构知识。学习过程应以学习者为中心，尊重他们的个体

---

① ［美］库伯著，王灿明等译：《体验学习——让体验成为学习和发展的源泉》，华东师范大学出版社，2008年，第28页。

差异，注重互动的学习方式，力求充分发挥学习者的主体性，使学习者在学习的过程中是自主的、能动的、富于创造性的。

第六，体验式学习是一个创造知识的过程。知识不是一种客观存在而是一种由客观知识转化为个体知识的过程，所谓客观知识是指历史上积累下来的客观存在的一些文化与意识形态，而个体知识是个人客观生命经验的积累，知识是在学习过程中客观经验与主观经验转换而产生的。库伯援引杜威的话语：社会知识是先前人类文化的结晶，而个体知识是个人主观经验的长期积累，体验式学习的关键在于实现社会知识和个人知识之间的转换，并且把知识定义为"体验的转换并创造知识的过程。"① 学习过程，一直伴随着我们的心理过程，尤其是体验与感受。

（二）学习离不开体验

体验是一种产生情感且生成意义的活动。体验，既是一种活动过程，也是活动的目标，它强调的是亲身经历后，对事物独特的、具有个体意义的情感和领悟。

体验和学习二者的关系非常紧密。"学习是一个根植于体验的连续过程。知识不断从学生的体验中产生，并且在体验中加以检验。"② 因此，体验和学习是相互交织、不可分割的。从某种角度来看，体验和学习指的是同一件事情，学习可以被视作通过有意识或无意识地内化我们自身观察到的活动而获得学习，这些都建立在我们过去体验和知识的基础之上。"我们发现撇开了体验来谈学习，是没有意义的。体验不可能被绕过，它是所有学习的核心事件。学习建立在体验之上，并且是体验的结果。无论有多少学习的外部线索——教师、材料、有趣的机会——学习只能在学生有卷入的体验时才发生，至少要有某种程度上的卷入。这些外部影响只能通过转换学生的体验才能发挥作用。"③

学习基本可以分为直接学习和间接学习两种路径。直接学习指的是学习者切身参与，身心融入，在对学习对象体验、认知、接触的基础上，达到对学习对象的认识、反思和抽象，并将结果付诸行动。直接学习必须从体验开始。近代以来，随着人类知识积累的递增，青年一代的学习不再需要事必躬亲，亲身亲历，间接学习成为学习的主要方式。相对而言，间接学习效率高，速度快，过程简洁。然而，当学习被简化为只认结果，忽略过程，只看目标，忽略目的，只看形式，忽略本质的时候，学习的本意被遗忘了。学习的本意是促进人的成长，促进生命的变化，没有生命的亲自参与，不可能达到生命的变化。当代学习理论再一次关注体验式学习，标志着人类向直接学习的回归。

南京师范大学朱小蔓教授在《体验教育：共青团、少先队最适应的教育模式》一文当中这样写道："许多教育家、许多人都有这样的体会：很多事情、很多书本

---

① ［美］库伯著，王灿明等译：《体验学习——让体验成为学习和发展的源泉》，华东师范大学出版社，2008年，第33页。

② 同上，第35页。

③ Boud, Cohen & Walker. understanding learning from experience. p1-17.

知识离开学校后就会忘记,但有些东西是忘不掉的,忘不掉的是那些最值得纪念的东西。苏霍姆林斯基说过,教育是什么?教育就是毕业以后很多年,学校里教的知识渐渐淡忘了,还有一些东西是忘不掉的,这些忘不掉的东西才是教育。这是很有哲理的。这些忘不掉的东西其实是最刺激、最冲击你的人物、事件、情感,它们和知识一起积淀下来,构成、内化为人的素质。素质教育是一个过程,它是把过程的东西渐渐积淀、渐渐内化、渐渐变成稳定的品质,朝着一定的方向强化、积淀、内化,然后稳固为品质。"[1]

(三) 成长是通过体验学会适应的过程

人类基本的适应能力不仅存在于他独特的身体形态、技能之中,也使其在生物进化过程中拥有一个适当的位置,即善于学习。我们是学习的物种,我们的生存取决于我们的适应能力,我们不仅要顺应自然世界和社会世界,更要对创造和改变这个世界做出积极的反应。"在教育过程中,教育者需要协助学习者认识原有观念,然后输入新的观念,引起新旧观念的冲突,从而打破原有观念的架构,同时也将新观念的结构打破,使得两种观念相互匹配、渗透,最终整合成为一种能被个体识别并掌握的适应性更强的观念。"[2]

体验式学习认为学习本身就是适应,就是适应新的生活。体验式学习注重引导学习者调动身体的全部机能,充分感受和体悟身边的世界、心中的世界、他人的世界、自己的世界。使自己与外界环境形成积极互动,彼此融入,交互作用,这既是一个体验过程,也是一个学习过程,更是一个适应的过程。

今天的青少年生活在一个不确定的世界中,变化不拘的世界观、价值观和生活观,容易使青年人思想动摇,价值多元,加大了青年人探索人生、选择人生的责任与代价。从积极意义来说,每一个年轻人都必须做出生活的选择,承担责任和义务,必须对他们前途的可能性和潜力保持一份不竭的追求与期待。体验式学习强调从积极意义方面协助学习者适应环境的改变,改变自己旧有的模式,适应各种可能性,让自己的潜力得到发挥。

体验是人的生命体验。引用海德格尔的话语,"体验是一种非规定性的思",是个体周遭生命世界与非生命世界的一种思维图式。以"体验之思"审视学习,体验式学习就是一种生命活动或历程,是学习者以完整的生命投入体验与学习之中,在与自我、他者和世界的互动中感受生命、发展生命。

(四) 团体心理游戏为体验式学习搭建舞台

我们之所以对某些事物记忆犹新、刻骨铭心或者希望继续去探究,往往是该事物引起了我们情绪的波动,伴随着我们某一种情感体验,也许事情过去了,但是那一刻的情绪情感还在。体验式教学就是要唤起学习者对相关知识或者理论的

---

[1] 朱小蔓:《情感教育论纲》[M],南京大学出版社,1993年,112页。
[2] [美] 库伯著,王灿明等译:《体验学习——让体验成为学习和发展的源泉》,华东师范大学出版社,2008年,第38页。

体验，而不是直接作用于其认知层面，强迫其了解、理解，记忆。而是使学习者伴随着某一种体验，产生情感，触动心灵，感受冲突，引发思考，自主探究，获得成长。要达到这样的目的，做游戏、角色扮演、影视鉴赏、实践实习、实地调查、鼓励学习者分享自己的故事等都是不错的方式。

　　团体心理游戏，目的在于为学习者搭建体验的舞台。游戏的场景、形式、主题、环节、玄机、冲突等都是经过精心设计的。设计的源泉来自于人类实践生活。人们将广阔丰富的社会生活浓缩、聚焦为一个个生动有趣的心理游戏。借助于心理游戏的开场、演绎、冲突，将学习者带入丰富多彩的现实生活，通过游戏的发展，引领学习者体会生活状态，面对社会冲突，遭遇人生挑战，激发生命机能，感受情感起伏，运用人际方法，化解生活矛盾，获得自我成长。这一系列心理活动的展开，就是漫长人生经历的演练，也是过往人生经验的反省，促使学习者不断融入生活，反复思考人生，积极探索生命，自觉把握未来。哲人说：人生没有彩排，生活的每一天都是现场直播。我们认为：人生离不开思考，心理游戏是借助于回放、重播别人的、自己的过往人生，强化对生命的探索与反思，以此保证我们今后的人生脚步更坚实，更有力。

第一章
游戏策略

策略一　人员组合是基础
策略二　场地环境巧安排
策略三　情境营造不可少
策略四　团队熔炼是关键
策略五　活动组合要巧妙
策略六　意义生成为目标
策略七　解说环节有技巧
策略八　个别关注需谨慎
策略九　巩固影响有意义

策略一　人员组合是基础

人员甄选是团体辅导的重要环节，是辅导之前就必须予以确定的问题，也就是说，要在辅导之前完成人员组合。人员组合包括接受辅导的组员、担任辅导的导师两部分。两部分各自的组成、两部分的适配都会影响辅导目标的达成乃至辅导过程的顺利进行。

❤ 组员的甄选

团体辅导的动力是人与人的互动。将一群人组合在一起，利用人与人之间的关系营造团体气氛，推动人人互动，促进组组沟通。有利于组员交流，有利于动力生成是甄选组员的基本原则。

1. 异质性组员有利于沟通。组员背景的多样化是形成团体动力的有利条件。组员在年龄、性别、知识结构、成长经历、人生感悟诸方面的差异能够给小组带来丰富多彩的故事，有利于组员之间相互产生兴趣，形成好奇，彼此借鉴，相互学习。

2. 同质性组员需要组合。在同一个单位，同一所学校，同一个年级，同一个班组开展辅导的情况也会出现。组员共同性因素比较多，形式上看来没有区分度，不利于形成交互作用。导师在分组时，有必要对组员更深入的背景有所掌握，比如家庭情况、父母状况、成长经历、特殊经验等，尽可能将差异较大的组员组成小组，有利于实现促进交流的目的。

3. 前期准备纳入培训内容。在时间充分的条件下，导师要尽量详细了解参训组员的信息与资料，尤其是他们的特殊经历、感人故事、重要事件，可以在辅导过程中讲述、提及甚至请当事人分享，导师给予跟进和提升，使其成为鲜活的辅导内容。

4. 面谈环节有必要。组员有什么特点？有什么特殊期待？有什么特殊要求？对辅导抱有怎样的心态？与人交往状况如何？是否适合参与团体互动？这些信息的掌握对导师组确立辅导目标、组合小组、调动组员动力，都是不可或缺的条件。建议导师组在正式辅导开始之前安排导师与组员的面谈环节，时间不必很长，能够基本了解组员，双方有所交流即可。对一些不适合参与辅导的组员，要做出妥善的安排。

❤ 导师的配备

团体辅导的境界是组员之间、组员与导师之间能够达到心扉开放，心灵互动，思想见面，没有防御，这样一种氛围的形成需要导师对组员付出大量细致、耐心、及时而又适合的关注。要想达到这一目标，导师的素质与技术都很关键。素质包括清晰的专业价值观、积极的人生取向、热情的人生态度、丰富的生活积累、宽容的胸怀、善解人意并具有亲和力和影响力。技术包括善于共情、懂得倾听、待人真诚、表达清晰、具有基本的理论功底和专业能力。

导师人数也需要考虑。5人以下小组,1名导师,全面负责;5人以上小组,2名导师是必要的。导师要相互配合,分工明确,有分有合,配合默契。

♥ 组员与导师的适配

组员与导师的适配关注的是小组导师在年龄、职业背景、专业经验等方面一定要相互适合。一般而言,青少年小组需要配备年轻、充满活力、精力充沛、思想活跃、能够接受新生事物的年轻导师,便于与青少年打成一片,容易沟通。成年人小组需要配备成熟、有阅历、经验丰富、思想深刻的成年导师,导师自己丰富的人生经验便于理解和接纳组员,容易被成年组员信服,分享和交流容易获得认可和接受。

两位导师的适配也极其重要,最好是性格、年龄、经验、认识状况具有互补性,相互取长补短,优势互补,亦庄亦谐,相得益彰。

 场地环境巧安排

♥ 场地布置

团体辅导场地看似是无声的、物化的,如果得到巧妙利用,完全可能成为促进团体辅导的有利因素,甚至发挥意想不到的功效。

1. 室内空间宽阔、舒适

组织团体辅导需要选择比较宽阔、环境舒适的教室或活动室。以50人的团体为例,适合有一个100平方米左右的活动室。室内不需要桌子,人均一张椅子,最好是便于折叠的。活动的时候,椅子折叠起来,靠在墙边,以不影响活动进行为准。分享、讨论时,组员打开椅子,围圈而坐。为此,活动室配备的椅子不需过大,而要轻便、结实、质量过关,便于组员简单、便捷地收起、打开。活动室留少数几张桌子即可,用于放置活动材料或用于小组完成书写、绘画活动。

空间舒适强调的是团体辅导室要空气通畅,光线明亮,温度适中,最好配有饮水设备和卫生间。

2. 环境布置营造氛围

无声资源的利用。利用室内的墙壁、黑板、窗台等硬件设施,让所有的物品富有意义。为每个小组划定活动区域,鼓励小组将契约书、LOGO板、组员留言袋装饰、美化,布置在小组区域,成为无声但有影响力的资源。特别是组员留言袋,需要鼓励组员充分创意,可以利用袜子、手套、信封、自制名片等,为每位组员创设一个文字交流的通道。在语言分享的同时,在小组活动的间隙,组员可以通

过写留言、回复留言等丰富彼此之间的交流与沟通。尤其是对那些不善言谈的组员，文字沟通是一种良好的补充。而且小组分享时间不够的时候，文字交流是可以延续的分享。

设计资源的利用。有心的团体辅导"事事处处皆文章"。例如，组员的胸卡可以加入设计环节，导师只提供空白卡片，鼓励组员自己设计、装饰胸卡。通过自己设计胸卡，既可以让组员展示自己的才华，也可以通过胸卡设计环节加深组员表达自己的思考，同时组员之间通过解说、读懂胸卡增进了解的深度与速度。此外，作为留言袋的袜子、手套、信封都可以选择白色的，让组员自行设计，自行美化，自行创造，这些都是团体辅导的重要过程，如果开发利用巧妙，能够丰富和渲染团体的气氛。

人物互动也能产生效果。重视无声资源、设计资源的利用，背后的理念是沟通无止境。团体辅导的关键是促进沟通，但沟通不仅仅是说与说、言语对言语的，更是心与心的交汇。心灵的开放可以通过语言，也可以通过文字、绘画、色彩、动作、姿态，充分调动一切可以利用的资源：有声的、无声的；文字的、言语的；静态的、动态的；具体的、抽象的……总之，凡是能够令人感觉到的环节都要精心设计、巧妙利用，这是团体辅导的重要意义所在。

❤ 室外资源利用

团体辅导的近环境也是不容马虎的，精心安排，巧妙利用，能够产生出乎意料的结果。城市地区开展团体辅导不容易找到宽阔的室内空间，即使找得到，往往因为租金高昂令人望而却步。农村、野外开展团体辅导，虽然空间广阔，又容易过于空旷，不利于组员专心、投入。为此，团体导师务必开动脑筋，集结智慧，变废为宝，就地取材。例如：一次在城市中心学校开展的团体辅导，学校最大的活动室只有40多平方米，一个班40多名学生，加上10名左右的导师，室内空间实在是捉襟见肘。幸运的是，活动室的门外就是学校操场，塑胶跑道、专业篮球场功能分区严格，是一个极好的活动场地。为此，我们将所有大型游戏、运动量较大的游戏都移到了操场。重新组合游戏编排，巧妙组织活动进程，也达到了预期的目的。又比如，一次在农村学校开展的团体辅导，学校设施极为简陋，没有风雨操场，没有专业运动场，有的只是学校自己修建的小操场，布满石子，长满荒草，树木参差。但是，活动进行之中，学生的智慧感染了我们。不断有学生拿着野花，捧着各色各样的石子，甚至捉来萤火虫装点他们的环境。团体辅导结束的那天，一个身体瘦弱，一直受到导师关注的男组员，送来一张珍贵的贺卡。白纸上的装饰物全部来自校园，翠绿的小草，圆润的小石，美丽的小花，绝美的蝴蝶标本，他用这张最朴实、最真挚、最廉价的贺卡表达自己感恩的心情。

❤ 当地的人文资源

团体辅导要充分挖掘当地的人文环境，利用本地区、本市、本县的人文资源、旅游资源、名胜古迹、教育基地，与团体辅导的主题巧妙结合，有机链接，例如：在北京门头沟，我们安排了"重走京西古道"活动，让组员体验到大山深处的祖先足迹，组员们发出了"我的家乡产生过大文人"的感慨；在河南夏邑，我们安排了"炎帝陵寻古思今"活动，让组员寻历史看今日，组员们发出了"中原大地腾飞在我辈"的豪情；在山西长治，我们安排了"探访农家小院"活动，引导组员走入农家，走进农民，体验亲情，组员们得出了"我的家乡今非昔比"的赞美；在北京昌平，我们组织了"走进街头巷尾"活动，组员通过农贸市场调查，居民胡同探访，文物古迹追思，发出了"街头巷尾别样美"的感叹。

策略三　情境营造不可少

团体辅导是体验学习的具体化，体验需要情境。逼真、生动、形象的情境创设，有利于将组员带入体验过程，调动情感因素，激活成长动力。情境本身能够传递思想。一首美妙的音乐，一曲动听的歌，一段感人的故事，一幅深邃的画，一段真切的视频……都可以成为营造情境的具体方式。

♥ 音乐的妙用

音乐可以出现在辅导的许多场合，可以有开场曲、间歇曲、伴奏音乐、背景音乐、主题音乐等。开场曲与间歇曲主要用于培训的串场，一天培训开始的时候，为了调动组员的心态和状态，新的一天可从音乐开始，让组员听着音乐走进活动室，回味前一天的感受，憧憬新的一天，有利于培训场景的营造。伴奏乐和背景乐主要用于导师讲授、组员活动时，为了将组员带入真实情境，通过音乐营造出逼真的效果，有时舒缓温情，有时急风暴雨，有时阴森紧张，有时喧嚣快活。伴奏音乐和背景音乐关键在于与内容贴切，达到烘托气氛、引人入胜的效果。主题音乐一般放在大型游戏之中，是游戏本身的组成部分，游戏的推进与节奏靠音乐强化、弱化，靠音乐推进、缓冲。主题音乐既能营造游戏的逼真效果，又能催化组员的情感进程。

♥ 故事的渲染

讲故事是导师引出主题、呈现观点、升华思想的重要载体。故事一定要感人，能引起共鸣，听后令人难以忘怀。准备阶段，导师需要准备充足的故事，针对不同的主题、不同的场景、不同的气氛，选用不同的故事。故事的形式需要丰富多样，可以是自身经历，可以是经典美文，可以是历史典故，也可以是百姓趣事。总之，讲述的故事务必具有精致、深邃、隽永的特征。导师讲述故事的时候，应声情并茂，出神入化，富有感染力。培训进行之中，如果发现组员中有善于表达、故事丰富的组员，可以让他们承担导入、过渡的重担，这也是对组员的肯定与认可。

♥ 视频的适度

声、光、电、影并用，制造出立体的、逼真的、情景化的培训场景是视频媒体日益受到青睐的表现。培训过程中,视频资料不可忽视,要精雕细琢,发挥功效。但是,视频毕竟是以刺激感官为主,过多使用,容易使组员满足于感官享受,却忽略了理性思考的投入。团体辅导过程中,导师务必处理好视频材料与理性引领的关系,视频材料作为载体,呈现并活化辅导所要传递的思想,落脚点一定要在思想的提升与人生的反思,达到促进组员人格成长与心灵成熟的最终目标。

策略四 团队熔炼是关键

团体辅导的根本就是借助团体动力影响组员,使组员在与他人、与小组的互动中,展示个人才华,表达个人思考,借鉴他人优点,学习他人品格,发现个人局限,克服个人弱点,明确改变方向,树立成长目标。所有这一切都离不开团体的状态与互动。一个建设性的团体,本身就能散发巨大的吸引力和凝聚力,以其积极向上的气氛影响团体成员,形成成长动力。所以,有效的团体辅导一定花大力气熔炼团队,团队力量是辅导成败的关键。

❤ 目标决定团队发展的方向

目标是团队熔炼的第一要素,就像一支行军的队伍,没有明确和一致的方向,就会成为散兵游勇,乌合之众,不但起不到促进组员成长的作用,反而可能成为阻碍组员发展的障碍。确立和形成团队目标,要注意处理三组关系:团体目标和个人目标相协调,使团体和成员取得双赢;长远目标和阶段性目标相协调,使团体可持续发展;大目标要分解为小目标,使目标具体明确、切实可行。组员一定要投入目标的讨论与磋商,发表个人见解,表达个人诉求,陈述个人观点,明确个人建议。不是每个人的想法都能被采纳,协商过程本身就是团体辅导的组成部分,使组员在这一过程中学会尊重,懂得倾听,学会选择,懂得妥协。

❤ 结构是团体力量的路径

即使是三个人组成的团体也有结构存在,即组员以什么样的路径互动。结构模式极其丰富,组员的互动方式是动态的,随着内容、情景、心态的变化,结构随时都有可能发生变化,这对导师提出了很高的要求,应变性、灵活性、艺术性是团体辅导的神奇所在。专业人士的长期摸索发现,以下几种结构是团体辅导的基础模式,更多变化是在此基础上的变种,导师要善于掌控基本结构,

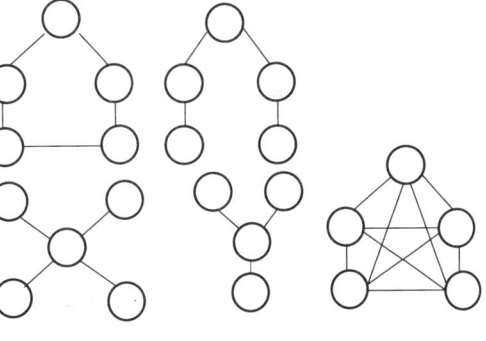

并有能力随机应变。

♥ 角色是团体力量的具体化

一般情况下,团队会有一些基本角色,每个组员在团队中成为哪个角色、承担哪个角色、认可哪个角色是在过程中逐步明确的,也是团队走向稳定与建设性的标志。团队会有以下一些角色,导师做到心中有数,有针对性地加以引导和建构。

1. 队长:富有想象力,善于出新,对组员个性有较敏锐的判断力;善于克服自身的缺点;较强的联系能力;能鼓舞士气。

2. 评论员:不断探索最佳工作方式,是分析问题、找出缺点的专家;坚持错误必须得到改正,且铁面无私;提出建设性方案。

3. 执行者:思维条理清晰;遇到可能发生的拖延时及时制止;具有克服困难的勇气;保证团队工作的推动和圆满完成。

4. 外部联络者:具有外交才能,善于判断他人的需求;具有亲和力和权威气质;对团队工作有整体了解;处理机密事务时小心谨慎。

5. 协调者:清楚困难任务之间的关联;了解事务的轻重缓急;能在短时间内掌握事情的大概;善于保持成员间的联系;能熟练处理可能发生的各种麻烦;将所有成员的工作融合到整个计划中。

6. 探索—倡导者:热情,充满活力;对新事物有强烈兴趣;欢迎并尊重他人的创意;将问题看成机会而不是灾难;不会放弃任何有希望的意见;能维持和鼓励成员的创新能力。

7. 控制—核查者:严格要求团队遵守各种标准;对他人的表现明察秋毫;发现问题不拖延,立即解决;保证团队工作高质量完成。

♥ 规范是团体力量的再体现

为了实现小组目标,应该制定哪些规则?这些规则是否可行?这些规则由谁来监督执行?违反了这些规则怎么处罚?这些内容是团体熔炼必须面对的问题,要通过组员的讨论与磋商使其清晰、明确,得到绝大多数组员的认可。

团体辅导时务必要有一个专门的环节解决上述问题,导师引导组员通过表达期待与贡献、建议与自律、规则与处罚,形成小组契约,建立小组关系。当然,规则的形成不是一蹴而就的,中间也会有修改、完善的必要。所以,整个辅导过程都贯穿着规则建设。

策略五 活动组合要巧妙

团体辅导犹如一项工程,由一系列环环相扣的环节组成。各环节之间承转自然,张弛适度,高潮低谷,快慢缓急,需要导师心中有数,准备充分。下列环节需要给予关注：分组技巧、程序控制、习作设计、游戏组合、材料使用、时间掌控、场地轮换。

♥ 分组技巧

绝大多数情况下，团体辅导都会面临小组组建。团体辅导适应人群比小组辅导要多，50人左右是比较常见的情况，如果投入的人力、物力比较多，100人左右的团体辅导也是可以的。为了保证参与团体辅导的组员得到充分的关注，使团体动力比较强烈，使尽可能多的组员在团体中得到锻炼，受到影响，获得尊重，有所成长，将大组分解为若干小组是常见的做法。8~10人的小组最为适合，既能形成团体动力，又能发出各自的声音，还能得到应有的关注。

分组方法十分丰富，要视组员的状况而定。组员的熟悉程度、年龄、性别、参与愿望、辅导经验、性格状况等，都会影响分组成败。最简便的方法是随机报数，根据总人数和预计分出的小组数，采取"1"到"×"的报数。比如1到5报数，意味着分成5个小组，所有组员报完后，数"1"的一组，数"2"的一组，依此类推。

抓阄分组。事先准备好5类动物，或者5类植物、5类食物、5种颜色等，组员通过抓阄完成分组。如将所有小条分别写上菊花、海棠、茉莉、玫瑰、百合5种花名，组员随机抓阄，抓到同一种花名的组成一组，形成菊花组、海棠组、茉莉组、玫瑰组和百合组。

以上两种属于静态分组，还可以采用动态分组。如"滚雪球"法，导师要求所有组员2人相识、4人相识、8人相识。条件是必须与自己不认识、不熟悉、差别大的人相识，如年轻的找年长的，公务员找军人等。以此达到组合在一个小组中的组员背景、经验、经历多样化、丰富化，对形成小组动力非常重要。

在此涉及小组组员背景问题，如果准备时间充分，可以尽量充分了解组员，为了避免比较相近、熟悉、要好的组员进到同一组，可以预先分成小组，辅导开始时直接告知就可以了。

♥ 程序控制

程序控制是大组导师的职责，几天的活动进程，一天的活动安排，活动之间的过渡转接都需要辅导组预先敲定。为了使总体辅导过程有机统一，张弛有度，程序安排主要考虑以下几个环节。

热身活动。安排一两个小型热身游戏，激发组员兴趣，调动组员热情，活跃现场气氛。使进入现场的组员与配合导师不仅身到，而且心到，使团体辅导具有一个良好的开端。热身活动又叫破冰游戏，二者之间有着细微的区别。前者主要用于比较熟悉、比较了解的团体，后者还担负着更关键的作用，对于新组建的团体，组员之间很生疏，相互矜持，彼此疏离，需要使用破冰游戏打破"坚冰"，融化隔阂，促进交流，建设团队。

主题点睛。大组导师用精练的、美丽的、感人的语言点明本次团体辅导或当日活动安排的主题。之所以称为"点睛"，意图在于高度凝练，富有内涵，思想深刻，语言感人，达到传递思想和提升创新的目的。为了使点睛达到目的，导师可以借助故事、寓言、历史事件、身边人物、经典瞬间等内容，形成一个富有吸引力的点睛之笔。

小组活动。小组活动是所有团体辅导的主体，通过丰富多彩的小组活动，团体辅导的思想与意义得以表达、传递、升华、巩固。团队游戏是小组活动的常用方式，一般分为小型热身游戏、中型互动游戏和大型心理习作三种。小型热身游戏适用于激活状态，调动热情。中型互动游戏重在团队锤炼，借助于游戏设计的情景与挑战，促进组员之间沟通交流，交锋对峙，思想见面，心灵互动，达到凝聚人心，锤炼团队，巩固动力，形成战斗力的团队境界。大型心理习作富含深刻的心理导向，借助习作的展开，引导组员打开心灵，探索人生，发现问题，修补伤痕，超越自我，获得成长。

解说环节。团体辅导中设计的所有活动不是为了活动而活动，活动只是辅导的载体，真正目的在于影响和促进组员的感动与成长。为此，游戏前后、游戏之间的解说环节尤为重要。按照体验学习的逻辑，实践体验——观察反思——抽象领悟——付诸行动，中间的两个环节一定要有解说的跟进。通过解说，引领组员走进游戏的内部，思考体验的意义，发现自己的特点，获得行动的方向。至于何时解说、如何解说、解说技巧等问题，我们将在解说技巧策略中具体涉及。

主题短讲。团体辅导不是课堂教学，更不是报告会，但是团体辅导也不是生日Party，不是游戏大全，不是节日聚会。团体辅导是富有思想内涵的体验学习，是学习者以自己切身实践、亲身体验的感悟自我成长的过程。主题短讲往往放在团体辅导的高潮处，当组员经由自己的体验与感悟，对心理、人生、价值观、生命意义等重大主题有思考、有探索、有发现的时候，导师要适时适度地给予跟进，加以强化，促进升华。通过10分钟左右的讲解、回应、分享、解说，使辅导的思想性、深刻性、内在性得以体现，得以表达。

美好回忆。团体辅导的影响力可以持续，可以延伸到团体结束之后。任何团体辅导都是有时间限制的，任何人的成长也不可能永远借助别人的搀扶，帮助组员在辅导的基础上，自我反思，自我锤炼，自我成长是一切团体辅导的最终目的。"美好回忆"环节要挖掘团体辅导进程中呈现的美好瞬间、感人故事、动人场景、深刻表达、经典语句、重要探索、巨大突破等花絮，用视频、记录、交换礼物、歌声传递等形式，实现团体辅导的深远影响。

❤ 习作设计

本书中设计的100个游戏，有近一半属于心理习作。此书定位为"游戏解析"，正是我们意图凸显的设计与解析部分。我们在撰写过程中特别加强了"游戏导入""规则与程序""解说要点""补充说明"和"案例解析"几个板块，目的在于，不但告诉读者游戏怎么做，关键在于为什么要这样做，不同做法背后的目的是什么？同一个游戏可以提炼出许多解说角度，对解说角度的把握与娴熟运用，乃是游戏、习作设计的关键所在。

第一章 游戏策略

♥ 游戏组合

本书的 100 个游戏是按专题编排的，涉及 10 个主题："自我探索""亲情联结""人际互动""团队熔炼""学会学习""潜能开发""领导管理""开拓创新""价值选择"和"承担责任"。每个主题下面组合 10 个游戏，分别是 4 个小型热身游戏、3 个中型互动游戏、3 个大型心理习作。各专题之间具有一定的融通性，导师在设计整体辅导计划的时候，可以在 10 组游戏之间按需组合。当然，游戏之间的过渡与线索需要导师努力挖掘，有效提升。

♥ 材料使用

团体辅导游戏离不开使用各种材料，材料既是实施游戏的物品，又是营造游戏氛围的手段，巧妙、恰当、灵活地运用游戏材料，能对辅导起到画龙点睛的效果。

从经济的角度出发，游戏材料不用追求高档、奢华，以实用、安全、简便为标准。特别鼓励"一料多用"，即一种材料能够在多种游戏中发挥作用，这要靠导师与辅导小组的充分设计。

能够发动组员自行设计、因地制宜、变废为宝地利用各种生活用品作为游戏材料，是一个更具建设性的点子。比如，"横渡硫酸河"游戏中，每组需要配备一双大号男用拖鞋，作为游戏中的"魔鞋"。我们让小组的男生组员提前将鞋清洗干净，保证质量，活动当天带来。这样既体现了组员主动为小组分担，又能够凝聚小组人心。

配发材料在辅导进程中经常出现，几乎所有游戏都有材料派发，甚至是多种材料。这里有一个极为细节的技术需要注意。导师在游戏之前会讲解游戏情景、规则、注意事项，这中间助手切记不要派发材料。一旦开始派发，组员的注意力立刻转移，马上动手尝试，无心听导师讲解，影响下面环节的进行。更严重的是，小组没有领会游戏的要求，完全按照自己的理解进行游戏，根本不能达到游戏背后预设的目的与思想，为了游戏而游戏，完全相悖于游戏设计的初衷。在此，材料管理员一定注意，导师讲解完毕，组员提问结束，小组讨论时再派发材料。如果有需要循序渐进派发的材料，要依据游戏的进程逐渐派发，不能一股脑地发下去，导致游戏进程混乱。

♥ 时间掌控

辅导总时间实行"结构化"设计，即每个环节都有预先规划的时间，辅导流程按照时间脉络推进。因此，辅导准备阶段就要规划辅导天数、一日单元、每个单元的组合、每个组合的具体环节、每个环节的时间预算，最好能够按照预定的时间推进并完成每个环节。这是最理想的状态。

很多情况下，游戏会拖延，也会因小组分享的深化和情景生成出现时间不够的情况。当然，也会出现小组没有充分分享而时间剩余的情形。时间掌控的基本原则是：一切服务于辅导目的，对辅导目的有益，即使时间有所拖延也要保证；

如果背离或有害于辅导目的，即使还有剩余时间，也要当机立断，迅速结束。

团体辅导的时间掌控需要良好的灵活性，不可僵化，不可机械主义。当然，灵活并不意味着随意和无序，而是在主题鲜明、思想端正、设计严谨、促进成长的前提下，适时适度地随机应变。

❤ 场地轮换

团体辅导时常分组进行，往往会出现五六个小组（每组10人左右）同时推进的情况。各小组会被划定到大体固定的位置，有的靠近空调、有的靠近音响、有的守在门口、有的远离导师。各小组占据相对固定的空间，有利于组员建立归属感，形成团体凝聚力。但因为各小组占据位置的差异，会出现小组与大组动力的分解或不同步。比如，靠近总导师的小组因为与导师空间接近，想法与建议被采纳的机遇就多，相对与导师沟通的机会就多。靠近门口的小组，因为不断受到人员进出的干扰，参与大组讨论的热情相对较低。为了避免此种状况的出现，建立场地轮换机制会在一定程度上有所成效。

可以是半天，可以是两个小时，所有小组按顺时针方向（逆时针方向也可以）换位，人员和组员个人物品移动，公共物品、小组物品（比如小组契约、活动作品等）原地保留。因为轮换的频率比较高，每个小组用不了太多时间就能回到自己的"大本营"，不会造成归属混乱的情况。而且，各组有机会轮换到其他小组的位置，既可以欣赏其他小组的作品，也可以体验其他位置的感受，有利于各组之间增进了解，促进交流。

与此同理，小组内部每位组员的座位也有必要适当轮换，有的组员坐导师对面，便于对话和倾听；有的组员坐导师两边，便于通过身体语言交流；有的组员始终回避导师，具有游离与脱组的危险；有的组员总借助其他组员的力量表达，难以体现自己在小组中的意义。小组经过讨论，建立大家认可的换位规则，既有利于组员丰富体验，充分参与，也是小组导师调动小组动力的有效手段。

 **意义生成为目标**

意义生成是团体辅导的精华部分，我们称其为"点睛环节"。学习、克隆、组织一些活动或者游戏不难，但是要从活动中寻找到背后的理念，引领组员通过体验做出反思，获得成长，实现体验学习的功能，则显得很难也非常重要。点睛环节常常在过程中进行或者结束后跟进，它不是一种形式上的应付或拔高，也不是简单的东拉西扯，而是组员参与各项体验活动的过程中，导师围绕辅导目标引导组员从多角度进行反思，整理活动体验，整合生活经验，尝试探索未来，获得自我理解和成长发展的过程。因此，点睛是一种理念，一种思维方式，一种有意义的学习过程。斯图尔特（Stewart）认为，活动解说不充分带来的经验是不道德的。

第一章 游戏策略

♥ 导师与组员都是学习主体

许多导师一到点睛环节就忘记了体验式学习的双主体性，滔滔不绝，恨不得把平生所知都告诉学生。其实点睛的主体是学生，是学生整理学习经验的过程。导师主体的作用表现在帮助、引导组员用适当的方法反映经验。千万不要强迫组员接受导师的看法，应该容许学生自我探索、自我领会其中的道理。

♥ 坚持引导的正向性

点睛环节的关键是辨别和确认正面因素，提升有意义的正面经验。导师借助组员的正面经验加以引导，是对思想的引申与提升。当然，活动过程中会有失败，导师如何引导组员从积极的角度去看待失败，从失败中感悟人生的真谛，尤为重要。

♥ 将组员的经验深化

导师可以协助组员根据体验所得，在分享中提出一些经过整理的原则、结论、定律和观念，经过组员之间的识别、比较、提炼和导师的点评，进行深化。另外，需要将提炼出来的总结性的话语再鼓励组员迁移到自身的生活学习中去。

♥ 点睛基于有感而生

点睛经常存在于不经意间，取决于导师灵活、机动、敏锐、巧妙的把握与表达。"下午的团体辅导开始前，班主任陈老师走进了教室，询问几个上午上课迟到的同学，我能感觉到一些同学对陈老师的意见很大，甚至给老师白眼，而被询问的那几个学生则爱搭不理地回答老师，说自己上厕所迟到了、整理床铺迟到了或者折回宿舍拿东西迟到了……看到大家对陈老师的态度，我当时心里很不舒服，确切地说是生气。陈老师走后，我向组员提到了前几次辅导中谈到的无条件尊重和接纳。""刚刚大家对陈老师的反应让我很震惊，我不知道你们和陈老师之间发生了什么事情，但是我觉得大家对陈老师不尊重，而前几天我们刚刚体验过无条件的尊重和接纳，为什么我们可以对我们的组员做到这些，而不能对一位与我们朝夕相处的老师做到这些呢？"此时，很多组员都低下了头。"尊重、接纳不是一种技巧，而是一种为人处世的方式，它不只是表面上的一种姿态，而应该是扎根在你内心深处的人生态度！"

这是一位导师记录的发生在中学生中团体辅导以外的事件，看似不是当天的辅导主题，也没有进入当天的辅导安排。但从中看到了组员身上存在的问题，巧妙地将辅导中涉及的观念结合到学生的日常生活，使辅导成为陪伴组员的成长过程。

策略七 解说环节有技巧

解说是体验学习不可或缺的环节。如果没有适当的解说，经验只能停留在活动或游戏本身。社会工作者运用恰当的解说，有利于帮助体验者整理体验，从新发现自己，并将获得的思考与启发迁移到现实生活。这才是学习的本意。美国体验教育专家 Rick Warren 说："Impression without expression leads to depression."（不经过表达的体验会导致沮丧。）

❤ 解说的含义与意义

解说（debriefing）源于军事术语，原指执行任务的战士回来后报告情况，汇报任务执行情况。体验学习中，解说是帮助体验者回味并反思经验，从中发现体验的意义以获得新的学习的过程。学习是为了发现新的意义，解说的目的在于促进这一发现过程。

《荀子·儒效篇》说："不闻不若闻之，闻之不若见之，见之不若知之，知之不若行之，学至于行而止矣。"西方民谚说："Tell me and I will forget. Show me and I will remember. Involve me I will understand."（告诉我的东西，我可能忘记；展示给我的东西，我也可能记住；只有我体验过的东西，我才可能理解。）20 世纪的伟大教育家杜威说过："Experience plus reflection equals learning."他表明，学习的真正过程是体验加反思。

❤ 解说渗透在体验环节之中

体验学习包含具体体验、反思观察、抽象概括和行动应用四个环节，这四个学习环节形成了体验学习的周期，具体经验通常（但不一定）是周期的开始，而在周期中这四种模式无须按次序发生，学习模式会随着个人取向及学习环境的需要改变。这四个学习环节中，不存在谁好谁坏，个人对学习方法具有不同的偏爱和选择。事实上，每一种方式，独立来看都是不完善的，在学习过程中，如果学习者仅仅停留于某一两个环节中，会导致片面认识，只有联合起来使用综合模式，即将这四个环节看成一种循环过程，才能保证学习过程的良性推进。

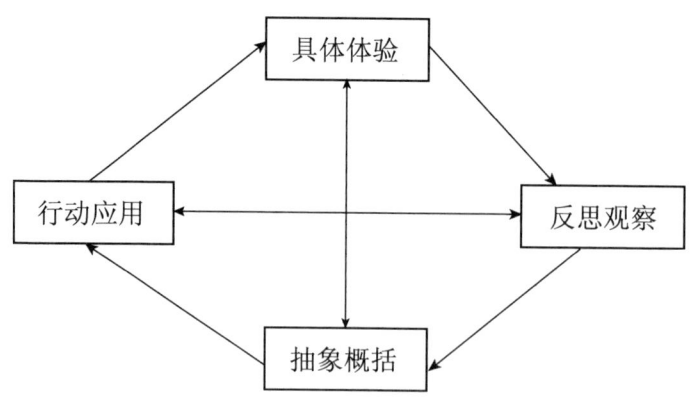

反思观察、抽象概括环节尤其需要解说的介入，适当的解说是促进活动、游戏产生意义的关键步骤。学习循环不一定只能从体验开始，而是循环往复，持续不断。团体辅导或小组工作时，导师要根据成员的状态，从他们最有触动的环节入手，正是解说的抓手所在。

♥ 解说的要素

英国著名的体验辅导专家 Roger Greenaway 经过长期的实践摸索，总结出解说的四个基本要素：facts（事实）、feeling（感受）、finding（发现）和 future（未来），简称为4F。facts（事实）是指学习者运用其感受器官所观察到的周围情境，如所见、所闻、所触摸到的等等。feeling（感受）是指学习者对所处情境的一种真实体会和情感反应，即所感。finding（发现）是学习者在综合考虑事实和感受的基础上通过反思而获得一种认识，所思所想。future（未来）有很多选择和可能性，如何把发现和获得的经验转化并应用于未来的生活中。

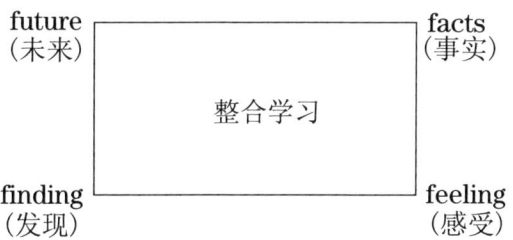

♥ 有效解说的基本原则

1. 宽松的空间

心态——组员心情放松，有思考和倾听的心理，避免在疲劳、精神涣散、情绪低落的状态下进行。时间——适中，不要急赶也不要冗长，必须延长时要与组员协商。地点——气温、光线、声音要适中，布置与座位令人舒适，不受骚扰，没有障碍。气氛——和谐、有安全感、彼此信任、相互尊重、每个人都能享受到公平的对待。

2. 正面取向

导师和组员表达时，言语中肯、真诚，不能使用攻击性语言。欣赏为主，禁止任何形式的讥讽和嘲笑。态度开放，相互接纳。

3. 积极倾听

别人发言时，必须保持安静。注意非语言表达，身体也在表达，用身体姿态表达对发言人的积极关注。及时回应，可以是语言的，也可以是非语言的，即用恰当、适度的身体姿势表达对发言人的回应与理解。动力回应，推进组员之间的回应与反馈，避免导师"一言堂"。

4. 尊重选择

组员有权选择发言或不发言，组员自己决定分享内容的多少与深浅，切忌强迫发言。导师若想涉及组员的某些个人议题，必须征得当事人的同意。

5. 促进交流

尊重每个人的话语权，切忌一言堂，不论是导师还是组员，一两个人把控着话语权，都不符合团体辅导的目的。交流的主角是组员不是导师，导师的责任是促进组员深入沟通，积极交流，达到共同成长的目的。允许不同观点的表达，导师要注意引导，目的是彼此支持与鼓励，不是寻求标准答案。

♥ 有效解说的具体方法

1. 情绪宣泄。释放体验过程中产生的感受，情绪处理之后思考才能客观。
2. 脱离角色。带领组员从模拟的角色中走出来，回到现实生活。
3. 分享看法。鼓励组员交换对活动的感受，作为讨论的基础。
4. 提供假设。讨论活动引发的因果关系，引领深入的探索。
5. 实际测试。探讨如何将经验应用于实际环境当中。
6. 现实勾连。如何将新发现、新思考迁移到现实生活。
7. 角度转换。鼓励学员从不同角度思考或尝试体验所得。
8. 促进思考。发散、开阔思维，促进更丰富的思考。
9. 讨论建议。对未来的生活提供建议，与组员一同讨论。

♥ 不适合解说的场景

上述分析表明，解说是团体辅导中极其重要的环节，但不等于说解说没有条件。有些情况下，勉强解说达不到预期的效果，宁肯暂时不进行解说，等待适合的场合再解说。不适合解说的场景包括：过程中没有值得整理的经验；团体之中缺乏相互信任的关系；参加者身体、心灵疲惫不堪；另有紧急或更重要的事件需要先行处理。

 个别关注需谨慎

团体辅导的预设是每位参与者能够融入团队，成为团体的积极因子，伴随着团体的发展获得个人进步。这是一种个体与团体、个人与组织相互促进、彼此支持、有机整合、共同成长的境界，也是团体辅导努力追求的目标。但是，个人与团体毕竟是有区别的，每个个体都有独特的需要、独特的个性、独特的行事方式、独特的成长节奏。团体辅导进程中，总会有个别组员因为个人状况的与众不同出现与小组或大组不和谐、不同步的感受与需要，由此成为团体辅导中的具有个别需要的组员。辅导导师不能视而不见，也不能"只见树木，不见森林"，否则会因为个别组员的状况影响团体的进展。为此，在关注团体发展的同时，重视并谨慎回应个别组员的特性需求也是团体辅导必不可少的有机组成部分，并且还会关系到整个团体辅导的效果与目标达成。

♥ 通过积极回应给予个别关注

小组活动中一定会有组员因个人原因产生特殊需求。有的因特殊经历难以开放自己；有的因面临困境难以控制自己；有的因个性过强难以协调自己；有的因

不良关系难以解脱自己；有的因特别习惯难以融入群体……总之，小组所有成员能够步调一致、齐头并进的局面并不多见，往往会在不同的阶段、不同的环节出现特别状况的组员。小组导师的重要作用之一就是及时发现个别组员的特别需要，给予及时和适当的回应。让这些组员明白，他们的困惑与纠结，导师已经觉察，正在积极想办法给予帮助。即使一时没有适当的办法也要真诚告知，会努力寻求他人的支持。从根本上说，组员能够流露他的特别需要，就是对小组和导师的信任，是基于信任的求助，导师及时、真诚的回应是对其心灵的安慰与尊重，犹如一股力量注入心灵，能对组员产生激励和鼓舞作用。

♥ 通过导师分工给予个别关注

理想的小组结构是配备两名导师，一主一辅。主导师统领全局，负责小组总体流程的各个环节。辅导师配合主导师应对突发事件，补充工作缺位，场外组员跟进等。当小组出现个别组员的时候，辅导师要承担主要工作，随时关注情绪反应与情况变化，与主导师沟通，交换情况，制定跟进策略，安排场外面谈，必要的时候需要两位导师一起给予帮助。

♥ 通过多种方式给予个别关注

小组中的个别组员既是小组的一部分，又超越小组的一般需求，需要给予特殊回应。为了不影响全组活动的进行与分享，导师不能占用太多的公共时间处理个别组员的问题。而且，个别组员的特殊问题如果被拿到小组中公开处理（征得同意的情况除外），也会导致该组员尴尬与为难。为此，导师可以利用一切可以利用的机会与方式，在小组进程之外进行跟进。比如文字交流——通过简短、具体的小条沟通；午间会谈——利用中午休息的时间谈话、咨询；短信沟通——组员急切盼望获得关注，导师可以通过一两个短信予以暂时安抚和回应。

♥ 避免个别关注导致"特殊化"

个别关注处理不当会使得当事组员认为，导师对自己格外关心，特别照顾。有的组员还有意制造这种局面，以获得"特殊化"。导师要格外谨慎，对当事组员表明态度，掌握尺度，明确目的。对小组其他组员的需求不能视而不见，不能有意回避，不能顾此失彼。

策略九　巩固影响有意义

俗话说"天下没有不散的筵席"，正如人生历程的发展是一个周期一样，团体辅导历程也有开始和完结。辅导的结束可能带给组员失落感，处理失落感、利用后续环节帮助组员了解失落的意义十分重要。

♥ 回应组员的情绪反应

团体辅导接近结束或结束初期，大多数组员会流露出失落、无助、伤心、担心等情绪反应。这是因为辅导过程营造的气氛与关系令组员深受感动，体验到爱与关注、理解与尊重、开放与轻松。组员会留恋这样一种人际关系，这样一种成长环境，担心今后的生活中难以形成这样的状态。导师组要保护组员的情绪与情感，给予接受和同感。准备一些仪式让组员充分表达，放心流露。比如：交换纪念品、告别留言、T恤签名、组员通信录、网络互动、成长光盘（记录整个辅导过程的光盘，需提前录好）、成长秀等。成长秀是一种建设性的方式，一般安排在辅导最后一天的下午，但准备时间可提前布置，让各小组围绕团体辅导中的所思所想、所知所获，通过哑剧、小品、诗歌、演唱、舞蹈等多种多样的表现形式，全体参加，相互配合，彼此启发，总结升华。排练过程作为辅导过程的一部分，体现组员自我教育、自我激励、自我成长的动力。

♥ 完善评估，巩固后续影响

评估辅导的效果和效率，目标的达成情况，有何特殊事件，处理情况如何等，不仅是对本次辅导的总结，也是为今后的工作提供参考。可以采用焦点小组讨论收集反馈，因为我们需要看到组员本身对于辅导过程的真实体验与触动，收获与遗憾。还可以安排组员写成长记录、反思日记、思想总结，启发组员将感性触动提升为理性思考，将具体事件加工为抽象认识。这是团体辅导的目标所在。

♥ 使改变延续到辅导之后

辅导过程结束之后，协助组员维持过程中获得的改变，是保证团体辅导长效影响的意义所在。研究表明造成组员无法有效维持改变的主要原因，并不在于教会组员达成改变的技术，或是组员掌握的改变能力，而在于组员所处环境的影响因素，即积极、正向的环境影响是组员保持改变、强化经验、巩固行为的条件。所以团体辅导结束时，导师和组员一起谈论维持新行为的策略，保持已经出现的改变，并应用到日常生活和工作、学习当中。可以使用的方法有：模拟练习（角色扮演、情境讨论）、寻求外部环境的支持（如家校合作）、肯定组员正面感受、加强组员自信、协助组员制订行动计划、适应外界的情境，等等。

第二章
自我探索

游戏一　成长五部曲
游戏二　心灵之舞
游戏三　我的"角落"
游戏四　左右脚
游戏五　20个"自我"
游戏六　自画像
游戏七　背上留言
游戏八　生命线
游戏九　盲人与"拐杖"
游戏十　求生抉择

游戏一  成长五部曲

♥ 游戏目的

1. 引导组员体会成长的过程。通过游戏的方式，让组员经历成长的过程，明白成长过程中的艰难与反复，体会不同的成长方式。

2. 激发组员对自我进行探索。游戏过程中，自我的表现是怎样的？不同的自我表现后面隐藏的自我状态如何？体会自己的表现，观察别人的表现，思考游戏中孕育的成长内涵。

♥ 游戏导入

从远古生物进化到今天的人类社会，人类历史经历了漫长的发展与变化。一部人类进化史就是一部人类的成长史。同样，我们每个人也要经历成长，在成长的不同阶段，我们会遇到许多成长中的问题，困惑、无奈、失望与伤悲。与此同时，成长也是一件美好的事情，充满奇特、幸运、感动与创造。成长过程中的点点滴滴需要我们悉心体味……

♥ 人员与场地

20~50人均可，大组完成；宽阔的室内或室外。

♥ 游戏道具

无。

♥ 规则与程序

1. 所有组员需要完成从蛋——小鸡——鸟——猴子——人的五级进化过程。

2. 每级生物都有自己独特的代表性动作，蛋是蹲下抱头；小鸡是半蹲着左右舞动双手；鸟是站着左右舞动双手；猴子是单足立着、一只手在额前；人是直立行走。

3. 活动过程中，组员都以身体姿势代表每级生物所处的阶段，不能用语言交流。

4. 每一次进化采用"锤子、剪刀、布"的方式进行，首先两个同类的生物猜拳竞争，谁赢了谁就往上进化一级。输的一方仍然要找同级的生物进行猜拳，赢的一方往上进化，直至进化为人。任何阶段，输的一方都要退回到"蛋"，再找处在"蛋"的组员进行猜拳，直至往上进化。

5. 进化到人的组员可以先站到场地的一边，观察活动的进行。没有完成进化的组员要在场地中继续完成进化。最后，在活动的结束阶段，总会留下个别组员没有完成进化。

6. 活动时间为10~15分钟。

♥ 解说要点

1. 成长是艰难的。每个人的成长都不是一件容易的事，学习、做人、处事都需要我们经年历事，需要我们不断反思，总结过去的经验与教训，延续成功的方法。有人做过形容，成长犹如从蚕蛹到蝴蝶的蜕变。蚕蛹是幼小的、丑陋的，在坚硬的茧壳里，一次次挣扎，一次次痛苦，脱壳的过程就是生命蜕变的过程。直到蚕蛹成长得足够坚强、足够独立、足够自我，坚硬的茧壳才最终蜕去，美丽的蝴蝶破壳而出。"破茧成蝶"也是人生的写照，要想使自己成为美丽的蝴蝶，我们必须经历和忍受破茧的过程。

2. 每个人的成长方式是不同的。每个人的生长环境不一样，家庭、学习环境、相处的人群以及自身条件等，这些复杂因素共同造就了我们每个人不一样的成长方式。有的人很容易取得成功，有的人却需要蛰伏许久才能超越自我；有的人是这样的性情禀赋，有的人却是别种的资质特点；有的人是这样的行为模式，有的人却是那样的处世风格……只有了解各自的成长方式，才会更加理解、宽容与尊重别人。

3. 了解真实的自我。游戏过程中，我们每个人都以自己的方式表现自我：有的人积极参与，有的人被动等待；有的人漠视这些真实的情境，冷眼旁观，等等。其实诸多不同的表现都会折射出一个人不同的自我状态。游戏过程中，我们也能清晰地认识到自我的许多特质：我是开放的还是防御的？我是积极主动的还是消极被动的？我是乐观的还是消极的？我是愿意助人的还是漠视他人需要的？我是胆小谨慎的还是大胆创新的？我是乐群的还是孤僻的，等等。只有不断地了解自我、认识自我并改变自我才能让自我取得更大进步和日臻成长、成熟。

♥ 补充说明

1. 这个游戏是一个很好的热身和破冰活动，不仅可以调动组员的参与热情，而且含有丰富的意蕴，导师可以在适合的主题前开展这个活动，可以做到有效的内容衔接。

2. 在开展这个活动时，导师一定要先说明和解释清楚规则，让大家都明白后再开始活动，才能保证活动的效果，另外一定要强调整个活动过程中大家不能说话，要用心体会活动的过程与意义。

3. 在活动进行到后期时，有许多进化成人的组员在一边观察其他人继续进化，这时导师可以鼓励其中的部分同学再参与到其中重新进化，再次体验一下进化的过程，同时也可以帮助许多未进化的同学完成进化。这样可以让大家对自我有更多的认识和自省，有利于让游戏变得更丰富和增加许多解说的题材。

♥ 案例解析

组员体验与分享：

组员1：我是第一个进化到人的，感觉自己挺一帆风顺的。一开始猜拳每盘都赢，很早就进化到人了，然后在那儿看着大家进化。刚开始觉得自己特别幸运、特别聪明，那么快就到达目的地了，看很多人还在苦苦挣扎，觉得自己运气好。但是看着看着，我就觉得没意思了，自己不再是游戏的参与者，而变成了游戏的旁观者。随着时间的延长，我在场边站的时间越来越长，反而羡慕起那些仍然在进化的组员。我觉得，人生的快乐是参与其中，而不是袖手旁观。一帆风顺的人生看似挺好，其实往往因为缺少内容而让人感觉乏味。

组员2：我是没有完成进化的，我现在还是猴呢，因为后来圈里已经没有几个人了，他们还在蛋和鸡之间进化，我也没有同级的可进化了，所以没完成。我也是经过了好多次，每次都差一点就又再倒回去，回到原点，这让我感觉有点郁闷，好像每次都有点功败垂成的感觉，就是离目标只有一步之遥。其实这也让我联想到成功可不是那么容易的事情，有时就是要经历多次的失败才能成功吧，那时才会感觉到成功的滋味很美好，要是轻易得来的东西就会感觉没有什么价值感。

组员3：我也是还处在"蛋"的阶段的人，我就觉得运气很重要啊。今天我可能手气有点背，每次都输，这也不是考察什么技能的，就是猜拳，而输赢的概率都是50%，而我几乎每次都要输。我觉得有时人生也是这样，其实你出什么并不重要，重要的是，看你的对手是谁，有时你出的东西是一样的，而遇到不同的对手则有可能是你赢，也有可能就是你输。所以想要成功，我们也要选择好对手。不是有一个笑话说：有两个人在森林里遇到老虎，一个人开始蹲下系鞋带，另一个人很不解，问他："老虎来了，你怎么还不快跑，系鞋带干吗？也不能跑赢老虎啊？"那人却说："我不要跑赢老虎，我跑赢你就够了。"有时候选择对手很重要。

以上是组员在完成这个活动后的一些感受，有的组员认为很多时候过程比结果重要，好好享受过程也是一件很美好的事情；有的组员感悟到成功并不是一件很容易的事情，需要我们百折不挠的奋斗，持之以恒地朝目标前进才能取得成功，而且那个时候享受的成功才更令人满足；还有的组员甚至联想到竞争当中选择好对手，以不变应万变也是一个取得成功的好方法。这些都是组员在这个游戏过程当中的切身感悟，他们通过自身的参与和亲身经历而得出的这些体悟其实就是很好的成长。其实游戏并不仅仅是简单的活动，而是要让组员通过这个载体感悟、思考和成长有关的各种感受，这才是游戏的最终目的。

游戏二　心灵之舞

❤ 游戏目的

1. 引导组员体会自由和开放。通过轻灵的音乐、曼妙的舞姿，让组员体会身体的自由和心灵的开放，让组员感触到一种全面的身心放松和轻盈的感觉。

2. 让组员体会信任和被信任的感觉。在游戏中让组员感悟到信任他人和被他人信任的美好感觉。舞伴之间能完成怎样的一段舞蹈，是两个舞者内心交流的体现。

3. 激发组员在游戏中探索自我和感悟自我。游戏当中自我的内心状态是怎样的？我是相信他人的吗？我是感到轻松和快乐的吗？自我的状态和感觉是什么？

❤ 游戏导入

当轻柔的音乐响起，当闪烁的灯光亮起，我们的肢体开始蠢蠢欲动，体内的节奏开始"梆梆"敲击，不如跳舞吧！对了，开始跳舞吧！但是以往的我们只是让自己的身体在放纵，只有身体的舞蹈，却没有心灵的参与，今天何不让我们的心灵也来一次舞蹈，让心灵牵引你的身体去舞蹈，那是一种怎样的感觉呢？

❤ 人员与场地

20~50人，大组完成；宽阔的室内或室外，能用音响设备。

❤ 游戏道具

轻音乐、多媒体设备。

❤ 规则与程序

1. 所有组员两两自由组合为一组，相对而站，每组当中的其中一位组员先扮演领舞者，带领自己的搭档跳舞。

2. 扮演领舞者的组员伸出自己的左手手掌，右手放在背后，睁眼，带领自己的搭档随着音乐的节奏跳舞；而搭档伸出自己的右手食指，放在领舞者左手的手掌上，必须接触。其他身体部位不接触领舞者，闭眼，放松跟随领舞者的步伐和自己的感觉进行舞蹈。舞蹈过程中，食指始终不能离开领舞者的手掌。

3. 当活动正式开始时，导师播放轻音乐让大家开始心灵的舞蹈，活动时间是10~15分钟。

4. 活动过程中，领舞者一定要注意保护好搭档的安全，不要让其摔着、碰着或是受伤等。

5. 活动进行到一半时，根据导师的指导语，领舞者和搭档互换角色进行体验。

❤ 解说要点

1. 心灵的开放带来身体的自由。我们每个人都是灵与肉的结合，心灵不断地指挥着我们的身体如何行动，如何作为；而身体的任何部位和每个表达也都真实地反映着我们每个人内心的声音。当你的心灵是防御状态时，你的身体一定很局促、谨慎与不安；当你的心灵是开放状态时，你的身体一定很自由、随意与放松。生活在一定的人际环境中，当你的身体向他人传递着防御、排斥、不安时，他人也一定会做出相应的反应，本能地逃避或远离你发出来的"不接受"的信号；而当你的身体向他人传递着开放、自由与放松时，他人定能感受到你的"接纳"。所以当我们的心灵开放时，我们的身体才能真正自由，我们与他人的交往也才能变得真正自然和轻松。

2. 信任与被信任是一种美好的感觉。人际交往中，有很多因素会影响我们的人际关系质量，这其中，信任是一个极其重要的因子。首先，我们需要信任别人，相信他人的能力和才干、肯定他人的意图和想法，这样会使我们轻松，也会让他人感到自身的价值。另外，我们也需要被人信任，与其说被信任是一种责任，不如说是我们自己的需要。因为每个人都渴望成长和发展，都希望得到肯定和实现自身的价值，这是我们生命动力的内在需要。当你被他人信任时，你的内心充满价值感，也愿意为坚守这种价值去奉献、去付出、去承担责任。所以，信任他人与被人信任是一件美好的事情。

3. 换位思考才能更好地同感。很多时候，我们总是对他人的想法和意图不甚理解和难以明白，对他人的处境和行为感到费解和不可思议。这是因为我们并不曾真正地像当事人那样体会他的情境，我们不曾像他人体会自己的感觉那样体会他人的感觉，因此，我们不能和他同感。然而，当我们真正站在对方的立场进行思考，将自己的角色转化为对方的角色时，我们才能明白那些令人费解的行为和想法。于是，很多人际中的曲解和误会解除了，我们也变得更加宽容和善解人意。

❤ 补充说明

1. 这个游戏是一个比较好的放松身心、打破矜持的游戏，一般导师可以在进行大型活动前利用它热身。

2. 在做这个游戏的过程中，因为很多人在室内同时进行，且有闭眼的组员，因此导师要强调组员注意安全的问题。

3. 在不同的人群中开展这个活动时，因为年龄的特点，可能有的群体男女生界限比较明显，这时导师要根据具体的情境灵活处理。

4. 这个活动对场地的条件也有些要求，宜在安静的室内，且有灯光的配合最好，另外音乐的选取一定要符合情境，尽量选用比较轻柔、放松性的音乐。

❤ 案例解析

组员体验与分享：

组员1：我感觉好极了。刚开始的时候，我并不怎么相信我的搭档，因为小光是一个男生。先是他带着我跳，我都不敢迈步，生怕他把我摔着，而且有时还是半睁着眼看一下会不会碰到哪儿。但当我听到老师说你要充分地相信你的舞伴，自己全心地去感受身体的节奏时，我决定试一试。接下来我真的有种把自己交给他的感觉，就相信他肯定不会把我摔着，这时候，我真正体会到一种身体和心灵都放松的感觉。感觉都不是舞蹈了，而是一种随时都可能飞翔的感觉。

组员2：我也感觉挺好的，这个游戏让我感触很深的就是一定要充分地去相信他人，既然你选择了你的搭档，那你就要相信他，你就好好体验就好了，其他的事都交给他。而当你开始带领别人时，你就承担着一种责任，你得好好负起你应负的责任，让你的搭档尽情地去感受。其实我们每个人应该在不同的情境中扮演好自己的角色，这样会让生活变得和谐许多。

组员3：真正的舞蹈是心灵之舞。以前我从来没有体会过用心跳舞的感觉，甚至跳舞的机会都少之又少。因为，我觉得自己不是跳舞的料，自己根本没有舞蹈基因。所以，导师刚说让我们跳舞的时候，我真的不知道怎么跳，甚至担心自己跳得不好被大家耻笑。当我闭上眼睛的时候，我的心里只有我的舞伴，我相信他会认真带我。我的耳边只有音乐，那么美妙的音乐，令人闻之起舞。我告诉自己，放心地跳吧，反正一半的人都看不见。心理放松了，身体犹如飘起来一样，感觉自己可以做各种各样的动作，感觉自己的舞姿特别美。我真的喜欢跳舞了，因为我知道了，决定舞姿美不美的不是身体，而是心灵。

游戏三 我的"角落"

♥ 游戏目的

1. 启发组员思考自我对理想和目标的探索。作为一个鲜活的生命个体，每个人总有着不屈的生命动力，总会为自己的生命存在进行力量的彰显，这些是通过我们对自我理想和人生目标的追求来表达的。

2. 引发组员思考自我的价值选择。我们每一次不同的选择背后都隐藏着不同的价值取向和自我意念，什么是我们选择的？什么是我们认同的？而我们又是怎样为自身的选择和价值进行承担的？

3. 激发组员思考过程和结果的关系。我们要致力于达到我们的目标，但是达到目标并不是唯一的目的，为了达到目标而达到目标并不是我们的追求。在通往目标的道路上，都有美丽的风景。

♥ 游戏导入

有没有人想过，这个房间的某个"角落"属于你。有没有人想过，这个房间里有多少个"角落"。有没有人想过，房间里的某个"角落"与你的人生有关，与你思考人生的模式有关，与你习以为常的行事方式有关，与你的未来有关，与你的生命状态有关。不是我故弄玄虚，我们需要切身体验，体验之后，每个人会找到自己的答案。

♥ 人员与场地

20~30人，大组完成，活动中可分组，15人一组为宜；室内为宜。

♥ 游戏道具

无。

♥ 规则与程序

1. 所有组员在室内随意走动，注意观察室内的一切陈设和现象。

2. 一定时间后，导师喊"停"，组员停下来，手拉手围成一个圆，每个组员都记住自己左右两边的人，并环顾室内环境，在自己心目中选取一个中意的"角落"。

3. 这个"角落"可以是室内的一个地方、一件物品或是一个其他有形的东西等,形式不限,只要是在室内,自己觉得中意。选定好以后默记在自己心中,不要告诉别人,不要与人交流。游戏始终不能说话。

4. 导师询问大家,保证在场的每个组员都有了确定的"角落",要求每个组员尽量用自己身体的任何部位去够到自己选定的"角落",条件是不能与两边的人松手,即全体组员仍然要保持刚才的牵手状态。导师喊"开始"。

5. 够到自己"角落"的组员,务必要占领自己的"角落",不能轻易移动。

6. 没有够到自己"角落"的人,要继续想办法尽量够到自己的"角落",但是仍然不能松手,仍然不能说话。

7. 活动时间大约15分钟。

♥ 解说要点

1. 树立远大的人生理想和目标。每个人的成长环境、教育背景、交往人群以及性情禀赋和机遇条件都是不同的,这使得我们每个人的人生理想和目标也是不一样的。有的人树立鸿鹄之志,有的人却安于燕雀之想;有的人有远大的目标和追求,有的人却是安于现状,永远活在当下;有的人能担当国家、社会、民族的重任,有的人却只作一己之想。作为一个有责任感、能担当的人,我们应该树立远大的理想,让自己生命的光辉照耀更多的人。古语云,"志当存高远",这是前人对我们的鼓励,让我们学会树立远大志向,并不断为之努力和奋斗,实现自身的生命价值!

2. 坚定信心、坚持梦想。每个人都怀着许多美好梦想,梦想之所以美好是因为它与现实存在一定的差距,我们还在不断为这个梦想奋斗和努力。奋斗过程中,我们会遭逢压力,遇到困难,也会受到各种复杂因素的干扰;但是,美好的东西总是充满着无穷的感召力,只要我们有信心,捍卫自己的坚持,一定能达成自己的梦想。

3. 享受过程。很多时候,人生就像一段旅程,我们不能只在乎目的地,要更多体验和享受沿途的风景。目的是我们需要达到的结果,但是在通往目的地的过程中,我们还会遇到许多惊喜和意外。如果我们无视过程,达到的结果也只是一个单调的、枯燥的事实,更多隐藏在过程中的美好和特别都被过滤了。很多时候享受过程比达成结果更让人心动。

♥ 补充说明

1. 注意场地安全。这个游戏是在室内进行的,活动比较剧烈。在活动过程中可能会发生碰撞以及跌倒等问题,所以场地中最好不要有坚硬或尖锐的物体,提醒组员注意安全的问题。

2. 组员中有身体健康状况欠佳者,如不适合剧烈运动或是腿脚不方便者可以不参加活动,在一旁观察。

3. 在这个游戏中,可能有的人最后还是够不到自己的"角落",导师可以向其说明其实够不够得到自己的"角落"并不是重点,而是在参与游戏的过程中自己真实的状态。

💗 **案例解析**

组员体验与分享：

组员1：我当时选择的"角落"是一个离我比较远的报箱，我倒是没有想到会要站在原地去够自己的"角落"。但是如果把我的"角落"比作自己的理想的话，我想我还是会选择比较高远一点的目标。因为我觉得人活着就是不能太平庸，每天都过得很平淡，那不是我想要的生活，我希望自己能过得更有意义一些，能让自己的生命更富有价值一些。

组员2：我选的"角落"就在我身旁，当时老师说选定一个自己喜欢的"角落"，我没想太多是不是喜欢，只是想着就近、方便，所以当老师说去够自己的"角落"时，我很容易就够到了，看大伙都费劲地在那儿够，我觉得自己还蛮轻松的。但是后来我也觉得这其实和我真实的性格是一样的，我这人就不喜欢太费劲，也没有多大的理想和目标，只要觉得过得去就行。但后来，我看着看着，尤其是看到小陈在那儿拼命地往前够时，我不知道为什么觉得挺佩服她的，好像有追求的人身上总是有一股无形的精神力量在感动着你，就觉得那样的人活着特带劲儿。

组员3：我有点惭愧，在这个游戏中，我觉得自己完成得不怎么好。刚开始我选的"角落"也很远，当老师说要够时，我就想多困难啊，再换一个近一点的吧，反正也没人知道我选的是哪里，这样我就随便找了一个就近的墙靠着。我就是有点注重结果的那种人，对于过程不是很在乎，而且经常遇到困难就会避重就轻，就想有没有更方便、更快捷一点的方法呢。这点是我在今天的活动中对自我的一个发现，我觉得也挺不好的，其实这样失去了许多探索的机会。人生的过程充满探索，当我们自己选择轻松、便捷、少付出时，表面看来，我们达到目标挺容易的，其实省略的都是生命的内容与丰富。

游戏四　左右脚

💗 **游戏目的**

1. 帮助组员学会选择。每个人成长过程中，总会面临多种多样的选择和机会，什么样的机会适合自己？什么样的选择符合自己？选择之后如何对待？这是青少年成长的重要内容。

2. 引导组员珍惜自己的拥有。很多时候，我们对自己拥有的东西往往习以为常或不以为然，可是，一旦失去我们才发现其珍贵所在。当我们怀有一颗珍视平常的心，我们就会收获更多的幸福和快乐。

3. 激发组员反思自我，内省人生。通过游戏过程，促使组员清晰认识自我的意识和状态、对他人的认识和假设等。

❤ 游戏导入

对我们而言，什么是最珍贵的？什么是真正适合的？对这些问题，我们平时倾向于向外界寻求答案，总认为没有得到的东西还有很多。有的人不停地索要，有的人不断地占有。难道这些真的适合自己吗？让我们换一个视角，从自我和内在去追寻，我们会有怎样的感悟呢？

❤ 人员与场地

30~50 人，大组完成；室外或宽阔的室内。

❤ 游戏道具

粉笔。

❤ 规则与程序

1. 所有组员以事先用粉笔画好的圆圈为圆心站成一个圆，彼此之间保持双手可以活动的距离。地上的圆圈半径以 1~2 米为宜。

2. 等大家全部站好，导师要求每个人将右脚的鞋松开，可以自如穿脱，待每个人都完成后，导师命令大家一齐将自己右脚上的鞋扔到中心的圆圈内。

3. 组员左脚单足立定 3~5 分钟。

4. 等组员开始快不能支撑单足立定时，导师让组员一起去中心的圆圈内以最快速度随意找另外一只右脚的鞋穿上，但不能是自己的鞋。

5. 每个人都找到右脚的一只鞋穿上，系好鞋带。导师让组员根据自己脚上穿的鞋开始与原鞋配对，即按照本来的一双鞋左右脚搭配站好。这中间任何人不得私自找回自己的鞋穿上。

6. 等组员按原鞋配对站好后，再让大家坚持这个组合姿势，看能坚持到多久，视活动时间灵活处理。

7. 整个活动时间为 15~30 分钟。自始至终，组员不能说话，只能通过非言语方式交流。

❤ 解说要点

1. 适合自己的才是好的。大千世界，万象纷呈，我们的眼前总是充满着许多诱惑和丰富选择；人生历程，九曲回环，我们的人生路上总是充满着许多未知和不尽之数。在横向的世界、纵向的历程中，我们每个人都会面临许多选择和机会，到底什么对我们而言才是好的？什么道路对我们而言才是畅通的？是流光溢彩的人生，是达官权贵的坦途，还是富贵奢华的生活，抑或是平静安宁的蛰伏，或是清贫乐道的遁世？……众多的选择让我们不知所措或无所适从。其实没有一定的法则可以预先知道什么才是最好的，我们唯一可以确知的是：适合自己的才是好的。

2. 珍惜自己的拥有是幸福和快乐的。现代人越来越觉得自己的幸福变少了，我们很难让自己快乐起来。其实，不是幸福和快乐变少了，而是我们发现和感受幸福与快乐的心开始封闭干涸了，我们对自己拥有的幸福和快乐总是视而不见。这个世界并不缺少幸福和快乐，而是缺乏发现与感受的心。我们总是羡慕他人的拥有，总是抱怨自己的缺失，我们变得越来越贫穷，也越来越不幸。事实上，只要我们善于用一颗发现美好和感悟快乐的心来看待自己和周围的一切，我们会发现其实我们拥有很多。不要低头哭泣自己的脚没有鞋穿，因为当你低头哭泣时，你会发现还有人没有脚。珍惜自己所拥有的就会是幸福和快乐的。

❤ 补充说明

1. 在做这个游戏时，尽量选用比较宽敞的室外环境，适合活动。
2. 游戏的过程中，可能有些组员会因为某种原因而不愿意交换穿别人的鞋，这时，导师不要强求，要了解清楚情况后进行适当的处理。
3. 活动过程中会有些跑、跳、单足运动的动作，导师要提醒组员注意安全。

❤ 案例解析

组员体验与分享：

组员1：通过这个活动，让我明白了一个道理：就是好的不一定是适合自己的，而只有适合自己的才是好的。我穿的是一双布鞋，是我妈妈买给我的，其实当时我并不是很喜欢，就凑合着穿呗，当时买鞋的时候我很想要一双篮球鞋，觉得那样打篮球肯定很舒服，但是妈妈却说你平时还是走路的时候多，布鞋透气、舒服。今天在换鞋的时候，我就瞄上了我们班小龙的篮球鞋，于是很快就把它拿来穿在了脚上，但是当我穿上的时候却发现一点也不合适，不但脚很紧，而且感觉不透气，脚很闷，再加上今天天气也很热，我真恨不得马上脱下来啊，但是老师却说还要坚持一会儿。最后活动结束后，我穿回我的布鞋还是感觉最舒适、最实在，也感觉到妈妈的一片爱心。

组员2：我觉得这个游戏挺有意思的，能让我们思考到许多问题，比如，我就觉得我们应该珍惜自己拥有的东西，和满意自己现在所处的状态。这不是说我们不思进取，而是说我们应该珍视自己的稀松、平常，因为看似是稀松、平常的，但是当你一旦失去时就会觉得弥足珍贵。这点感悟是我在单足站立的时候想到的，平时我们总是两条腿一起走路，所以也没觉得多辛苦、多累，但是当你只用一条腿来支撑身体的重量时就会发现坚持3分钟也很困难。所以想想我们拥有两条健康的腿是多么幸福的事情，那些残疾人肯定很辛苦、很累。

游戏五　20个"自我"

❤ 游戏目的

1. 引导组员对自我进行探索和认识。每个人都是一个独特的存在；每个人都是一个丰富的个体；每个人都有许多内在特质和禀赋以及外在表现与行为。对自我进行一次积极的探索，认识到积极、消极、理想、现实、一致、冲突的自我，有利于更加充分地了解个体本身，并对自我的一些特征和状态以及潜能有一个清晰的认识。

2. 挖掘个人潜能、展现自我优势。通过对自我有意义的积极探索，使组员开始意识到自我的内在潜能和蕴藏的优势资源，并通过发挥潜能和展现优势进一步提高对自我的悦纳程度。

3. 承认限制、扬长避短。对自我的探索也包括对个体本身存在的限制和不足有一个清楚的认识，并能接纳自我不可改变的"短板"，在认识清楚自己的基础上，通过优势资源弥补弱势欠缺。

❤ 游戏导入

骆驼和羊的故事

骆驼长得高，羊长得矮。骆驼说："长得高好。"羊说："不对，长得矮才好呢。"骆驼说："我可以做一件事，证明高比矮好。"羊说："我也可以做一件事，证明矮比高好。"

他们走到一个园子旁边。园子四面有围墙，里面种了很多树，茂盛的枝叶伸出墙外来。骆驼一抬头就吃到了树叶。羊抬起前腿，趴在墙上，脖子伸得老长，还是吃不着。骆驼说："你看，这可以证明了吧，高比矮好。"羊摇了摇头，不肯认输。

他们俩又走了几步，看见围墙有个又窄又矮的门。羊大模大样地走进门去吃园子里的草。骆驼跪下前腿，低下头，往门里钻，怎么也钻不进去。羊说："你看，这可以证明了吧，矮比高好。"骆驼摇了摇头，也不肯认输。

他们去找老牛评理。老牛说："你们俩都只看到自己的长处，而没有看到自己的短处。"

世界上的每样生物，包括我们人类都有各自的特质和禀赋，这是我们作为一个独特个体与生俱来的，也是在后天的成长和发展中不断塑造和形成的。每个人都拥有各自的特点，包括我们的优势、长处，也包括我们的缺陷、不足和限制。在成长的过程中，我们需要不断发扬自身的优势和长处，同时要学会用欣赏的眼光看待他人的优点和闪光之处。此外，还要用开放的心和包容的视角接纳自身的不足和他人的限制，积极取长补短，具有"他山之石，可以攻玉"的胸怀。

❤ 人员与场地

小组完成，每组人数8~10人，大组人数不限；室内。

❤ 游戏道具

A4白纸、签字笔。

❤ 规则与程序

1. 每位组员派发一张A4白纸与一支签字笔，在白纸上完成20个句子，以

"我是一个……的我"为格式,时间 15 分钟。

2. 想到什么就写什么,完全取决于自己对自己的感觉。可以多于 20 个句子,但不能少于 20 个句子。

3. 独立完成,不要与别人商量,不必受别人影响,也不要影响别人。

4. 组员完成后,在小组内进行充分的分享和反馈。组员分享时,积极引导其他组员进行分享,以支持、鼓励、建设性的表达和建议相互回馈,防止组员有评价、伤害或攻击的表达。

❤ 解说要点

1. 肯定每个人的独特性。每个人的生命都是独一无二的,在这个世界上我们是唯一的个体,没有人能代替我们,当然,我们也不能代替别人。每个人的特征、性格、长相、行为、气质、成长经历与生命历程都是千差万别的,每个人的生命都是一本独特的书,每个人的生活内容也是千姿百态、万象纷呈的。无论我们是一个什么样的自我,相貌好或差、环肥或燕瘦、平凡无奇或达官显贵、天资聪颖或资质平淡……我们都是独特的、唯一的,都是这个世界上弥足珍贵的一个。

2. 承认每个人存在的价值与意义。每个人来到这个世界都具有生命价值和生存的意义。我们在这个世界上扮演着不同的角色、拥有多重身份,如:儿子、哥哥、班长、学生、朋友、顾客……相应地我们也承担着许多不同的责任与义务,对他人和社会而言,我们每个人的存在具有不同的价值和意义。

3. 欣赏每个人的丰富特质和优势。作为这个世界上独特的一员,当我们用欣赏与开放的眼光看待不同的生命个体时,会惊喜地发现每个生命身上所拥有的丰富特质与优势资源:有的拥有姣美的面容;有的拥有魔鬼的身材;有的拥有灵活的思维;有的拥有艺术的气质;有的善于思辨;有的擅长舞蹈;有的专于歌唱;有的长于运动……每个人都有着各自的特点与长处,也具备自身的优势与资源,所以我们每个人的生命都是丰富的、灵动的。

4. 正确地看待自身的限制和不足,悦纳自我,取长补短。我们是世上独特的一员,这也意味着我们不是这个世界上最完美的一员,在我们拥有许多特质、优势与资源的同时,也要用一颗开放的心看到自身的限制和不足。坦诚地承认和面对自己的不足和限制,是积极悦纳自我的一种表现。"金无足赤,人无完人",我们总是在不断地成长和发展,不断地充实和完善自我。接纳自我不可改变的限制和不足,因为这也是鲜活生命的组成部分。不断改变与超越,用积极的优势和资源弥补现存的不足,这是生命的动力所在。

❤ 补充说明

1. 此游戏是在开展"自我探索"主题时对自我进行初步澄清和认识的一个比较好的主题活动,可以在主题进行的早期采用。

2. 在开展此活动时,尤其是在进行分享与反馈时,导师一定要注意进行积极的引导和启发,并调动团体辅导中的团体动力,积极鼓励组员彼此之间的欣赏与支持。此外要避免组员间出现的攻击和伤害性话语,以免造成恶劣的小组关系。

3. 此外，在带领这个活动时，导师除了引导组员对自我进行探索外，还可以进一步激发组员思考：为什么我们是这么看待自我的？我们对自我的探索和认识来源于什么？认识和探索自我的目的何在？认识和探索自我的意义是什么，等等。

♥ 案例解析

"20个自我"习作

1. 我是一个爱笑的我。
2. 我是一个开放的我。
3. 我是一个诚实的我。
4. 我是一个悦纳人的我。
5. 我是一个好学的我。
6. 我是一个迷糊的我。
7. 我是一个爱思考的我。
8. 我是一个尊重人的我。
9. 我是一个胆小的我。
10. 我是一个任性的我。
11. 我是一个渴望成长的我。
12. 我是一个喜欢感怀的我。
13. 我是一个关心人的我。
14. 我是一个愿意帮助大家的我。
15. 我是一个爱运动的我。
16. 我是一个喜欢睡懒觉的我。
17. 我是一个喜欢文学的我。
18. 我是一个孝顺的我。
19. 我是一个健忘的我。
20. 我是一个渴望自由的我。

这是一个"20个自我"的习作范例，一般在完成这个习作时，组员大抵会从"理想"与"现实""主观"与"客观""积极"与"消极"等不同层面进行自我解读。一般而言，"理想"自我是对自我的一种期望和希冀，或是对未来自我塑造的一种期待，如"我是一个想要成为老师的我"。"现实"自我则是相对"理想"而讲的，是对自身现实状况的一种描述或阐释，如"我是一个爱学习的我"。"主观"自我则是从主观方面对自我的解读，带有主观感情色彩，如"我是一个喜欢感怀的我"。"客观"自我就是相对"主观"自我来说的，是对自身特质、状态的客观描述，如"我是一个戴眼镜的我"。"积极"自我体现出对自己的正面、肯定的陈述，如"我是一个孝顺的我"。"消极"自我表现为对自己负面、否定的陈述，如"我是一个胆小的我"。这些角度能够反映一个人自我认识的总体状况，往往存在着异质和交叉的地方，如上列的习作范例就是一个"主观自我"和"现实自我"为主的描述。导师在引导组员进行分享和反思的同时，可以引导组员看到自己的不同层面，全面澄清每个人的自我觉察与自我陈述，一个人能从理想与现实，主观与客观，积极与消极辩证的视角看待自己，恰恰是自我认识的开始。

游戏六 自画像

♥ 游戏目的

1. 通过"自画像"使组员进一步认识自我、探索自我。大千世界，千人千相，每个人的"自画像"都是一个不同的自我。认识自我、了解自我，明白自我的优势和潜能所在。其实，每个人都是金子，每个人都有自我的本色。

2. 促进组员彼此的认识和了解。借助"自画像"进行交流和沟通，让组员读懂并理解周围的"你、我、他"，进一步深化或重新认识大家，从而促进彼此的了解和沟通。

3. 培养多元、开放的思维。每个人的思维和表现方式都是独特和异质的，在每个独特和富有差异的个体面前，组员应学会用多元的视角和开放的眼光看待不同的事物。

4. 学会欣赏他人和接纳自我。每个人都具有不同的特质和禀赋，正确的观点和态度是用欣赏的眼光看待他人的长处和优点，同时也对自我有一个正确的认识，学会积极悦纳自我。

♥ 游戏导入

一个人没有认清自己的真面目，不能深明自己的优势所在，就不能把命运掌握在自己手中，也就不可能取得成功。

——卡耐基

我们每个人都有丰富的资源、巨大的能量，每个人都是一个宝藏，一座宫殿，这其中蕴涵着许多丰富、多元与精彩。平常的时候我们总是容易被习惯所掩盖；被时间所疏离；被惰性所消磨。虽然现在的你可能是一个平凡的人，但请你坚信自己就是一块金子，或许还没有被开采，但你依旧是一块金子，只要你坚信，不断努力与发掘自我，金子总是会发出耀眼的光芒。

一切都不曾重复，一切都独一无二。

——龚古尔

人生最大的悲剧在于我们虽然拥有一个完全属于自我的生命，可以左右自己的身体，或发生任何行为，但却不敢把真实的自己完全地展现出来，并因此而深深地痛苦着。其实我们都是这个世界上独一无二的人，每个人都有自己的个性和特点，不要将自己变成别人的影子，在生活的大舞台上，我们就应该骄傲地展示独特的自我，彰显真实的自我。这种展示和彰显不是简单的奇装异服、举止怪诞、行为乖僻，而是我们自然流露和散发出属于真实生命个体的独特珍贵。

❤ 人员与场地

小组完成，每组人数 8~10 人，大组人数不限；室内。

❤ 游戏道具

彩笔、A4 白纸。

❤ 规则与程序

1. 导师给每位组员派发一张 A4 白纸，把彩笔置于场地中央，组员可根据需要自取色彩。

2. 在 15 分钟内，组员在白纸上完成一幅"自画像"。

3. 小组成员想怎样画就怎样画，不拘泥于形式和要求，只要是自己的"自画像"。

4. 每位组员独立完成，不要说话，不要与人商量，不要模仿他人，不要指导他人。

5. 小组成员完成后，在小组内互相交流和分享各自"自画像"的含义，组员可以进行回馈或联想，但不能使用批判性、攻击性的言语。

6. 导师可针对小组中的典型状况，给予跟进，启动大组分享与交流。

❤ 解说要点

1. 自我进行认识和探索。卡通、漫画、白描、速写等不同的画法；细腻、精致的描绘，简单、虚幻的勾勒；一个写实的人，一个象征的物……不同作品背后展现的每个自我都是一个"秘密"、一段"历程"、一幅"场景"、一个"特质"。通过作画过程和对画像的解读，每个人都会对自我衍生出许多新的认识和了解。这些新的自我认知会帮助我们更加明白和了解自己的特质、优势、长处以及限制等，从而更好地诠释和展现属于自我的完整生命。

2. 认识他人、理解他人。平常生活中，很多我们熟悉的个体很容易被我们忽略和误解，比如亲人、朋友和同学，因为熟悉，因为自以为了解，我们往往忽略了许多重新或进一步认识他们的机会。而仔细、认真地倾听他们讲述自我，观察他们描绘的自我，感触他们真实的表现和自我的感觉时，我们会发现其实熟悉的人也有很多我们没有认识到的空白地带，这些可能是他们身上的闪光和独特点，但往往被我们熟悉的关系所遮蔽。当揭开这层面纱，我们会惊喜地发现身边的人是如此的可爱和美好，真正认识和理解他人也是平常生活中对真实和善良的一种追求。

3. 培养开放和多元的眼界与思维。一个成长和进步的人在生活、学习和工作中总是乐于用开放的眼界看待周围的一切事物，总是倾心于用多元的思维思考大千世界中的千姿百态，总是会用一颗整合和包容的心来生存和生活。"海纳百川，有容乃大""泰山不让土壤，故能成其大；河海不择细流，故能就其深"，在平凡的生活中，如果我们用一颗开放和包容的心来看待周围的一切，便会发现细微生活中的点滴美好，抱着欣赏、敬仰或是虚心学习的态度对待他人和自我，才能不断良性地整合和周围环境的关系，不断促进自我的提升与发展。

4. 欣赏他人、悦纳自我。我们都是一个不同的个体，每个人都有自己的优势和长处，同时又有许多限制和缺点。上帝总是很公平的，一个拥有伟岸灵魂的人或许有着卑微的身材；一个天性聪颖、才华绝代的人或许有着痛苦和不堪的身世。我们难以让世间的一切事物十全十美，正确的心态就是欣赏那些美好，接纳那些残缺，因为这些都是属于我们真实的生命。

♥ 补充说明

1. 在画"自画像"的过程中，导师可以向组员进一步强调"自画像"的形式，不用拘泥和限制，可以采用不同画法，也可以选用多种自我意象。充分激发组员展示自我和表达自我。

2. 有的组员可能因为自己不太会画画，而羞于下笔，导师要在活动开始前就澄清和强调画画的技巧并不重要，我们只是借用图像的形式来展现和表达自我，鼓励每个组员积极、勇敢地参与。

3. 在小组分享和交流过程中，导师要注意让组员彼此之间进行鼓励和支持，要防止攻击性语言和行为出现，以免伤害组员心灵。

4. 最后，导师选用典型的"自画像"在大组进行分享时，一定要征得该组员的同意，不能任用导师的权威而忽略对组员的尊重。

♥ 案例解析

右图是一个组员完成的自画像，他把自己比喻成一株长在岩石中、不断吸收养分、茁壮成长的山竹，在其上方还有黑压压的乌云和狂风暴雨来袭，但在乌云背后却是一抹美丽的彩虹。他在画中描述道："山竹也会开出美丽的花朵，即使环境恶劣！它也会一直等待太阳与彩虹的来临！！！""想方设法吸收养分，积极向上，不自暴自弃！！！"这充分体现出该组员对自我虽所处环境恶劣，但却怀着一颗积极向上、不畏艰难的心态的一种认识。这是一幅"自画像"的习作范例，其实每个组员的"自画像"都象征着不同的意义，都是对自我的一种诠释和表达，对于其中积极意义的挖掘需要我们导师用一颗善于发现和同感的心。

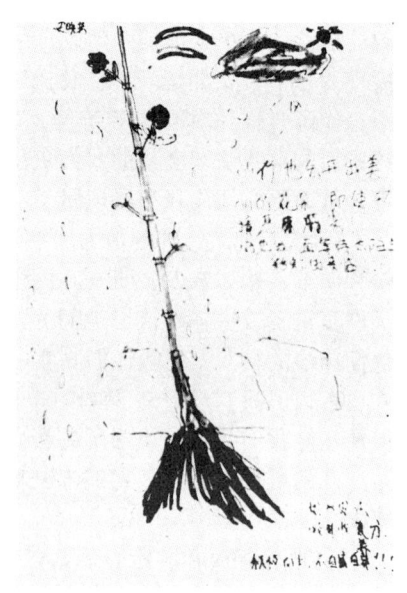

游戏七　背上留言

♥ 游戏目的

1. 引导组员更完整地认识自我。非洲有句谚语说："最灵敏的人也看不见自己的脊背。"我们想正确、全面地认识自我，不仅需要自我从内在对自身进行自省和觉察，还需要他人给予我们许多良言和忠告。

2. 培养组员正确对待他人的看法和评价。每个人在生活环境中，不免会遇到他人的一些看法和意见，如何正确对待外界的评价和看法，调整自身的心态是促进自我成长的一个重要方面。

♥ 游戏导入

最困难的事情就是认识自己。

——希腊谚语

要想了解自己，最好问问别人。

——日本谚语

天上的繁星数得清，自己脸上的煤烟却看不见。

——马来西亚谚语

认识自我是一件很难的事情，是一个我们穷尽一生都在不断进行的事情。在我们成长的道路上，我们需要不断认识自己、了解自己，并不断塑造和改变自己。这个过程不是我们单独完成的，还需要认识他人眼中的自己，只有我们不断整合自身和他人对自我的认识，才能使自我变得更真实和客观。而且也只有从自我和他人多个角度认识自我、改变自我，才能使自我日臻完善。

♥ 人员与场地

30~50人，大组完成；室内。

♥ 游戏道具

A4白纸每人一张、彩笔、胶条、背景音乐、多媒体。

♥ 规则与程序

1. 导师给每位组员派发A4白纸一张、彩笔一支及胶带等，让组员将A4白纸相互粘到每个人的背上。

2. 每个组员可以相互在对方背上留言，写上对他的认识、优点、缺点或是建议以及最想对他说的话等，签名自愿。

3. 导师在组员相互写的时候可以播放适合的背景音乐，增加气氛。

4. 10~20分钟后，导师示意大家停下，取下自己背上的留言，按小组围坐成一个圆圈，分享每个人背上的留言。

5. 团体分享"背后的留言"，可以分享别人给你写了些什么，大家眼中的你和自己认为的你是一致的吗？对别人的评价你的感觉是什么？从这个活动环节你还有什么其他感受和发现？

❤ 解说要点

1. "当局者迷，旁观者清"。很多时候，我们在认识自我或是处理问题时，总会出现一个现象——"当局者迷，旁观者清"。因为自我意象的存在，往往让我们在认识、思考、分析和判断问题时出现一些干扰，这些干扰往往带有主观色彩，使身处其中的自我不能完全客观、全面地看到整个自我或问题的真相。而这时处在客观、中立位置的人往往能比较清晰、通透地看待整个事情或是问题的来龙去脉。只有我们从多个角度、多个方面看待自我和周围的世界，我们才能得到一个客观和全面的自我和世界。

2. 形成正确的自我"评价标准"。每个人生活在世，都需要得到外界的"积极关注"，这是一种学习来的需要。伴随着"积极关注"的是"自我关注"的需求，我们需要某种程度、某种方式上对自己的好感，否则就很难在这个世上坚持。如果我们的自我关注完全取决于他人的评价，完全依赖他人的评价、判断来衡量自己，那意味着我们没有自我，丧失了个体的独特、自尊和信心等一系列高贵的品质。因此我们在面对外界的评价时，需要持有一个积极、正确的自我评价标准，将外在评价与自我评价有机整合，才能得到客观、正确的自我认识。

3. 以良好的心态对待外界评价。每个人都生活在特定的系统和社会网络环境中，不能脱离他人而独自存活，因此，我们会面临许多外界的评价与判断。如何以正确、良好的心态对待这些评价和看法，真正促进自我成长、成熟和发展是一个不断修炼和反思的过程。这其中，很重要的一点就是要培养积极、健康的心态，用一颗宽容、善良、开放，但同时又懂得正确选择的心来应对外界的评议，并在此过程中不断调适和完善自己的各种素质。

❤ 补充说明

1. 这个游戏是一个比较好的认识自我和探索自我的活动，但是由于其具有一定的开放性，需要小组成员具有良好的关系，彼此接纳，相互关爱，所以一般可在主题进行的中后期选用。

2. 在活动正式进行之前，导师最好强调组员要秉持真诚、客观和负责的态度来对待，只有这样才能使活动的初衷得以有效实现，同时也避免有的组员受到一些不必要的伤害。

3. 这个活动在不同的群体中进行会有不一样的活动状况和场景出现，导师需要及时、有效评估各种可能的情况，并适时做出一些调整和反应。比如遇到男女生界限比较明显的群体时，需要鼓励男女生打破性别界限以真诚和开放的态度来对待这个活动。再如可能遇到来自许多次群体组成的小组，导师也要及时打破小组中的次群体现象，使小组各个成员之间有效融合。

第二章 自我探索

❤ 案例解析

组员体验与分享：

组员1：在这个活动中，我突然觉得咱们这个集体变得很温馨、很温暖，每个人在给你写留言的时候，脸上都洋溢着真诚的微笑，虽然平时很多同学也没怎么说过话，但在这一刻，我觉得彼此之间的距离很近很近。因为这一刻不是我们的语言在交流，而是彼此之间的心灵在交流，当人和人之间的心都相互打开时，距离变得不再是距离，心灵的开放能让所有的人都变得可爱与美丽。

组员2：在今天的活动中，我收到了很多同学的赞美和肯定，让我觉得很开心，而且也开始变得更自信了。因为平时我在班里就是比较安静的那种人，不怎么喜欢和大家打打闹闹的，其实也不知道大家是怎么看我的。但今天在我背上的留言中，我看到了很多同学对我的肯定和赞扬，我觉得其实大家都挺好的，在以后的学习和生活中，我也应该更加开放一点，更多地和大家交流，让大家更了解和认识我。

组员3：我觉得朋友和真正关心你的人一定是诤友，一定不会只说你好的，而且也会真诚地指出你的限制和不足的地方。我很感谢我的好朋友给我的留言，平时我都没注意到自己有时候说话不太注意，每次对自己熟悉的人总是言语很随便，其实不知不觉中就伤害到了朋友。但她从不和我计较，不过今天她的留言让我明白到，她是真的很关心我，也希望我能变得更好，所以以后我一定会改掉自己的这个不好的习惯，不要伤害了自己最亲近的亲人和朋友。

游戏八 生命线

❤ 游戏目的

1. 引导组员对自我进行深刻的认识、觉察和反思。在我们每个人的生命中，总会遇到很多重大事件或特别场景，总会出现很多重要人物或特殊的人。这些或许是人生改变的巨大转折，或许是生命延续的重要支撑。引导组员对自我生命进行一个线性的纵向梳理，尤其是对线上的关键"点"和"节"进行进一步的思考和反思，有利于促进组员对自我进行更为深刻的认识和理性的觉察。

2. 正确认识生命中的"殇"。在每个人生命的成长过程中，我们都不可避免地会遇到一些消极、负面的忧愁和痛苦，长期郁积下来，就成为我们生命中的"殇"。用一个积极取向的态度和做法对待与处理这些"殇"，是我们不断超越生命和追求生命发展的一种表现。

3. 培养积极、乐观的态度和性格。有名言说：性格决定命运。在某种程度上，一个人积极、乐观的态度和性格有利于其更好地面对生命当中的厄运和逆境，

并将危机转化为契机，从而造就更美好的生命前景。

♥ 游戏导入

法国一个偏僻的小镇，据传有一个特别灵验的水泉，常会出现神奇，可以医治各种疾病。有一天，一个挂着拐杖，少了一条腿的退伍军人，一跛一跛地走过镇上的马路，旁边的镇民带着同情的口吻说："可怜的家伙，难道他要向上帝祈求再有一条腿吗？"这句话被退伍军人听到了，他转过身对他们说："我不是要向上帝祈求有一条新的腿，而是要祈求他帮助我，叫我没有一条腿后，也知道如何过日子。"

在我们生命成长的过程中，总是会遇到一些重大的生命事件或是人物，这会对我们的生命和人生带来重要的影响。有的是喜事、乐事、幸事、贵人、达人、助人者；还有的却是忧事、苦事、小人、恶人、害人者。对于前者我们需用一个欣赏、感恩的态度欣然接受和感悟生命的美好。对于后者，我们需要用一颗勇敢、挑战和应对的心来积极面对生命当中的这些失去、不堪或是难以面对与不忍接受的事实。总之，不管人生得与失，总是要不断让自己的生命充满亮丽与光彩，不再为过去掉泪、蹉跎、悔恨，努力活出自己的精彩人生！

♥ 人员与场地

小组完成，每组人数8~10人，大组人数不限；室内。

♥ 游戏道具

A4白纸、签字笔。

♥ 规则与程序

1. 向每位组员派发一张A4白纸与一支签字笔。

2. 让组员预先设想自己生命的长度，预计自己的生命可能延续多少岁。以零岁为起点，以设想的生命结束的年龄为终点在白纸上画一条线段。设想的年龄要根据家族寿命状况以及生活地区的寿命情况为参考，不可毫无根据地设想。

3. 接着在线段上标示出现在的年龄，将线段一分为二。

4. 以现在的年龄为分界线，写出生命当中已经发生的三个重大事件，再写出未来希望发生或可能发生的三件事。同时在线段上标出对应的年龄时间。

5. 以上活动内容的完成需在30分钟左右。

6. 每个组员独立完成，不要与人商量，不要抄写别人的，更不要请人代写，每个人的生命故事都是不同的。个人完成后，在组内进行分享和反馈，引导组员彼此间进行支持和鼓励，切忌批评和伤害。

♥ 解说要点

1. 珍惜生命，实现价值。每个人的生命都是无比珍贵和短暂的，在我们有限的人生旅程中，如何实现自己的人生价值和意义是一个需要不断思考的生命难题。生命的长度是我们难以把握的，纵使人类有再大的能耐，也没有办法超越时间的步速。从这个意义上说，我们每天能健康、平安地活着就是一种幸福，我们需要好好珍惜自己的生命。虽然我们没办法延长自己生命的长度，但我们却可以改变我们生命的厚度，使我们有限的生命能散发出更多、更美的光辉。用我们的行动、语言和一切方式做出对个人、集体、社会，乃至民族和国家、世界有益的事情，更好地诠释我们的生命意义和人生价值。

2. 欣赏成功、感悟美好。人生中，总是有许多成功、幸福、美好和珍贵需要我们欣赏、体悟、感激和感恩。我们从呱呱坠地的婴儿长大成一个风华正茂的青年，再成为一个须发斑白的老人，会经历无数的风景和故事。每一次成功的取得，每一次幸福的体验，每一次美好的感受……都需要我们用心细细体悟。这一次次的成功、幸福、美好都是我们人生的财富，每当我们感到失意或是脆弱时，想想这些积极的人生财富，我们又能坚定脚步，奋力疾行。

3. 良好的心态造就生命的成功。中国古代曾流传着这样一个故事：

有两个穷秀才一起进京赶考。路上，他们遇到一支出殡的队伍，看见一个黑乎乎的大棺材。其中一个秀才心里立刻凉了半截，心想：完了，完了，赶考的日子居然碰到倒霉的棺材。于是，心情一落千丈。他走进考场，脑海中挥不去那黑乎乎的棺材。结果文思枯竭，最后名落孙山。另一个秀才虽然也看到了棺材，但心里却想，棺材不就是又有"官"又有"财"吗？好，好兆头！于是，他十分兴奋，情绪高涨。走进考场文思泉涌，一举高中。

俗话说"人生不如意十之八九"，生命中总会遭遇到一些不幸、痛苦或伤害，当这些消极事件发生时，我们用不同的心态来对待，产生的后果和影响也是截然不同的。当消极、痛苦、伤害、忧愁是既成的事实时，我们能做的就是接受不可以改变的，而改变我们可以改变的！这种良好的心态才是我们真正走向成功的重要砝码。

4. 感恩苦难。苦难，在我们成为人类之时，就注定属于我们的生活。没有人承诺我们一生永远晴天，没有人能勾勒出命运的风刀霜剑……然而外界苦难虽不能掌控，但内心却可以调适，心怀感恩，任你风吹浪打，我自谈笑风生，你我也许不知道命运将在哪一个急转弯处跟跄跌倒，将苦难施布于我们，但我们确知，心怀感恩，即使匍匐在地，也会搭上那扭转苦难的"诺亚方舟"。心存感恩者看到的苦难不过是暂时的回流，回流之后又有放舟千里的浩荡之水；而怨天尤人者面对苦难便以为是船破帆沉，再无生机可言。对于苦难，我们一定要心怀感恩。

5. 人在情境中。每个人都生活在一定情境中，仔细思考自身的一些性格特点和行为模式时，我们总会找到许多和环境相关的根源和因素。一次抉择、一个改变、一个转折都是和我们生活中重要的事件和他人息息相关的。这些重要情境和人物对我们的成长和发展产生着巨大的影响。为此，一方面，我们需要不断地调整自身，达到和环境的整合，让自己和环境和谐相处；另一方面，我们也需要发挥自身的主观能动性，改变环境中不和谐的因子和元素，让环境更好地促进自身的发展。

补充说明

1. 这个游戏在开展"自我探索"主题时，是对自我认识和反思可用的一个活动，一般在主题进行的后期采用，在此之前需要组员对自我已经开始了初步的认识和澄清的铺垫。

2. 开展这个活动时，组员可能会暴露出一些生命当中的重大创伤事件，在进行分享和交流时，一方面，导师要十分注意"度"的把握，时刻关注组员的情绪、感受，保护组员的心灵，切忌造成"二次伤害"；另一方面，导师还要引导组员对这些情境进行正面、积极的回馈和鼓励，给予这些组员更多的支持和保护，禁止使用评价性、攻击性的话语，这些话语会伤害组员，影响团体氛围，进而影响到后续活动的进行。

3. 另外，在进行该活动的分享、反馈环节时，导师应注意"此时此地"原则，不要将活动的分享变成一个人的个案工作，要照顾到团体的整体目标和整个小组中的所有组员。

4. 在分享环节，如果有的组员不愿意向别人分享自己的"生命线"，导师需要考察具体情况进行灵活处理。一定要分清楚组员不愿意公开分享的原因是什么，既要避免强迫组员进行分享，以免对其造成伤害和打击其参与小组的积极性，也要注意组内其他组员的情绪和态度，以便做出适当的处理。

5. 这个"生命线"的主题是十分丰富的，除了以上的解说主题外，导师还可以根据情境的需要和活动的安排进行更多的延伸和阐释。如：生命中重要他人的影响和作用；自我和他人的关系；如何正确看待失去和"灰色事件"、生命当中的优先顺序和有限性等。

案例解析

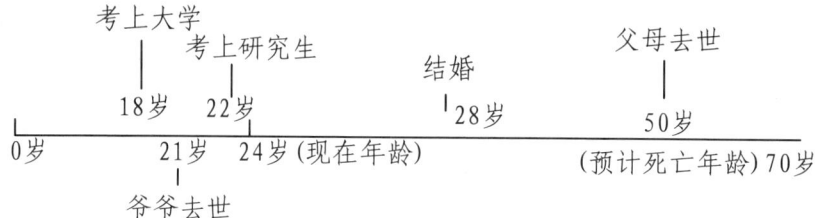

上图是一个组员完成的"生命线"，组员预计自己的死亡年龄是70岁，现在的年龄是24岁。在其生命历程中，在线条的一侧标注了3个已经发生的重大事件：分别是18岁时考上大学、21岁时爷爷去世，22岁时考上研究生。在线条的另一侧，标注了未来可能发生的2个重大事件，28岁时结婚，预计将来自己50岁时父母去世。在这个图中，我们可以清楚地看到，升学对其而言是极其典型和突出的，影响十分重大。因此我们在分享时，可以重点帮助其澄清和认识升学对其意义的重大性表现在何处？从而帮助其认识到生命中的重大事件对其影响是如何的。其次，在预计可能发生的积极事件时，该组员列举出的事件是结婚，而且标注出具体的时间是在28岁，我们也可以和其进一步讨论和分享结婚对其生命的重要影响和意义，以及时间的安排等问题。再次，在其列举的消极事件中，该组员只列举了两件，一件是已经发生在其21岁时爷爷去世的事件，另一件则是其预计父母可能会在其50岁左右时去世。当问及组员为什么只列举了两件时，他回答在生命当中已经发生的、确实对他心理发生重大消极影响的事件就只有爷爷去世，而对未来，真的无法预测什么，但是父母离自己而去确实是一个可预见到的很难接受的消极事件，对于未来的消极，不想现在就担忧，生命的每天都有很多变化和可能发生，现在能做的是珍惜当下，好好活在当下。以上是对一个组员"生命线"范例的简单呈现。其实每个组员在其活动的过程中都会有许多不同的故事和事件，我们需要真诚地用心帮其对自我进行进一步的认识和思考。

游戏九　盲人与"拐杖"

♥ 游戏目的

1. 引导组员对自我进行深思与感悟。通过"盲人"与"拐杖"的角色扮演和体验，让学生充分认识到自我和他人的关系，以及在人际交往中，自身的人性假设、价值观、信念和行为等多方面的自我状态。

2. 让组员认识和领悟自助、求助与助人关系的重要性。在我们的现实生活中，总会遇到一些挫折、困难和厄运，如何有效地克服障碍和困境，达到与环境的良好整合，我们不单需要自助，同时也需要有效的求助。另外，在当他人遇到困难时，我们是否要施以援手并真诚相助，也是一个值得思考的问题。

3. 让组员体验与感悟信任与被信任的感觉。信任是我们在与外界交往过程中很重要的一个积极的人性假设，当我们对他人持有信任的态度时，表明我们对他人是肯定、相信，而且愿意开放自我。同样，被信任也是人际交往中很重要的一个积极因子，被人信任意味着对他人的承诺、责任，甚至是付出、贡献和牺牲等。

♥ 游戏导入

有一个盲人住在一栋楼里，每天晚上他都会到楼下花园去散步。奇怪的是，不论是上楼还是下楼，他虽然只能顺着墙摸索，却一定要按亮楼道里的灯。一天，一个邻居忍不住好奇地问道："你的眼睛看不见，为何还要开灯呢？"盲人回答道："开灯能给别人上下楼带来方便，也会给我带来方便。"邻居疑惑地问道："开灯能给你带来什么方便呢？"盲人答道："开灯后，上下楼的人能够彼此看到，就不会把我撞倒了，这不就给我方便了嘛！"邻居这才恍然大悟。

在我们生活的世界中，每个人的生活道路都不可能一帆风顺，总会遇到一些挑战和困难。对遭遇的这些逆境，有时或许只要得到他人一点点的帮助，我们就能获得巨大的心灵力量，从而战胜困境与厄运，迎来风雨后的彩虹。对那些衷心的助人者，会有"赠人玫瑰，手有余香"的快乐。当我们给予他人些许帮助和支持，可能改变一个人的困境，甚至是转变一个人的命运，我们的内心会有怎样的愉悦与欢喜呢？另外，"与人方便，自己方便"，当我们给予他人一只温暖的手、一双关切的眼、一颗真诚的心时，我们也一样会收获良多。佛家有言："救人一命，胜造七级浮屠"；常言也道："助人为乐。"在我们的生活中，如果能用一颗真诚的心帮助他人、爱护他人，我们的世界会变得无比美好与温暖。

♥ 人员与场地

30～50人，活动中有分组，20人一组为宜；室内与室外结合。

♥ 游戏道具

眼罩（每人一个）；室内完成时，需事先布置场地，成为有一些障碍的地形，轻音乐做背景；室外完成时，选择比较复杂的地形，保证安全的前提下，富有一定的难度。

♥ 规则与程序

第一轮：孤单的盲人

1. 每位组员都扮演盲人，单独穿越室内预先设计好的盲道，体验盲人的无助、艰辛、担忧、恐惧等情绪。
2. 每位组员派发一个眼罩，戴上眼罩，扮演盲人，开始活动。
3. 在组员活动的过程中，播放适合该场合和气氛的轻音乐。
4. 在活动的过程中，彼此之间不能交流、说话等。
5. 此轮活动的时间15分钟左右。

第二轮：盲人与"拐杖"

1. 组员中的一半继续扮演盲人，另一半脱下眼罩，扮演盲人的"拐杖"。两两一组，由拐杖帮助盲人完成穿越室外预先设计好的盲道。
2. 完成一次任务后，两两组员彼此交换角色，分别体验当盲人和当"拐杖"的感受。
3. 在活动的过程中，彼此之间不能交流、说话等。
4. 此轮活动时间20分钟左右。

第三轮：相伴的盲人

1. 所有组员都戴上眼罩，组员两两一组，扮演盲人，相伴穿越室外预先设计好的盲道，体验有人相伴和相互帮助的感觉。
2. 在活动的过程中，彼此不能用语言交流，通过肢体语言传递信息。
3. 此轮活动时间是20分钟左右。

三轮活动全部完成后，所有组员回到室内，进行分享和交流：在三轮活动中自我的所思、所想、所感悟和体验到的事实、情感、发现和一些延伸的感触等。我们是如何看待他人的？是怎样开始信任他人的？是如何给予他人帮助的？得到信任和帮助的感受是怎样的？在活动中有何问题和困难？等等。

♥ 解说要点

1. 直面是迎接生活挑战的"勇者"。大千世界有许多的精彩和美好，也有诸多的艰难与困顿，当生活将一些困难横亘于我们面前时，我们需要积极去面对、去承担、去改变。因为当不幸或是挑战来临时，我们不能阻止，也难以逃避。只有勇敢地正视和直面它，才能理性地分析和进一步解决问题，将"事故"变成"故事"，将"危机"变成"契机"，积极锻造自己的心性，学会良好地经营生活和享受人生。

2. 开放是播种信任的"种子"。在与外界交往过程中，我们对他人难免会有一些假设和猜想，有些是积极的、肯定的、开放的，比如他人是可以信任的、诚实的、善良的；而有些则是消极的、负面的、防御性的，比如他人是不可信的、伪善的、功利化的。这些不同的假设和猜想会深重地影响我们的交往行为，也会形成我们不同的人际交往模式。保持一颗开放的心，用积极、向善的人性假设看待他人，意味着向对方打开了一扇信任的窗户，感召着对方同样向你打开信任的门窗。当人和人之间的信任之窗互相开放时，我们感受到的是彼此的尊重、温暖、关怀和真诚。开放的心是播种信任的良种。

3. 信任是传递"真、善、美"的"使者"。在我们与别人相处时，信任是一个积极、健康的因子。我们以信任的态度对待他人，传递的是肯定、认可和相信，这时，我们拥有的是真诚的态度；秉持的是善良的品格；欣赏的是美丽的景象；在我们眼前呈现的是人生中的真诚、善良和美丽。而同样，得到信任的对方，收获和领悟的是一种尊重、接纳和责任。真实的表达，善意的行动，美好的情感，构成了人与人之间"真、善、美"的使者。

4. 助人是播撒快乐的"精灵"。人生道路上，总会遇到一些荆棘和风雨，小至生活困顿、疾病折磨，大到天灾人祸、战争硝烟。生活中，需要关心和得到帮助是我们走出低谷的力量。当我们给予他人一点点的支持和帮助时，他们就能战胜困境，迎来新生命的华章。帮助他人时，我们也会感受到快乐，因为我们看到自己生命力量的外在彰显和不断延伸，那是一种对个体生命存在和自我价值表达的最高礼赞。

♥ 补充说明

1. 这个游戏进行过程中需要考察组员之间形成的深层次的人际互动关系，安排活动时，需要组员之间已经建立起了比较良好的团队氛围。

2. 这个游戏是在组员蒙眼并有障碍穿越的情况下完成的，导师在进行前期的活动解释和说明的时候，一定要强调安全的问题，以免组员大意造成身体的伤害。

3. 为了营造整个活动的效果和气氛，让组员对活动有深刻的体验和思考，导师在活动过程中一定要强调组员不能进行语言交流，也要选用好适合的背景音乐。

4. 在盲道的设计上，有一些复杂的注意事项：首先，在第一轮的"孤单的盲人"活动中，尽量选用简单和安全的设计，确保组员的活动安全；其次，在第二轮"盲人与拐杖"的活动中，为了增强组员对游戏的深刻体验，可进行较为复杂的设计，如跨、蹲、钻、攀、越、登等，但同时还是要以保证组员的安全为前提。最后，在第三轮的"相伴的盲人"活动中，因为彼此都是蒙眼的，也要选用简单的设计，确保活动的安全性。

5. 在活动完成后的分享环节，导师一定要引导组员进行深刻的分享和反馈，并发现典型的案例和感受，引导全体组员共同进行体悟和反思。

❤ 案例解析

组员体验与分享：

组员1：在活动进行的第一轮中，当我被蒙上眼睛时，耳边开始响起一些孤单、无助的音乐，这时内心真的感觉自己好孤单、好害怕，一方面不知道自己前面是什么障碍，又害怕会碰到其他人，总是不敢挪动自己的脚步，伸着两只手在眼前摸索着前进，心情真的还挺紧张的。那时候，我还想到平时在街上看到的那些盲人，以前的时候没有觉得他们很可怜，可能也是没有真正体会过他们那种看不见的感觉吧，现在我真的觉得他们很不容易，以后要是再遇到盲人，我一定会帮助他们一把。还有，就是我觉得眼睛真的很重要，以后我也一定要好好爱护自己的眼睛。

组员2：给我感受最深的是第二轮活动，在这轮活动中，我扮演的是盲人，小慧和我一组扮演"拐杖"。刚开始的时候，因为要穿越室外的障碍，又蒙着眼睛，感觉还蛮害怕的，但是一路上小慧都很照顾我，因为不能说话，她一会儿拉我胳膊，一会儿摁我头，一会儿又扯我裤脚，有时在上下台阶的时候，还特意先在台阶上蹬蹬，好让我知道是要上下了，所以我们这一组完成得特别顺利。我真的很感谢小慧，因为她让我在这个活动中感觉到很温暖、很贴心，她那些细小的举动是最让人感动的，因为她都是在为我着想，到后来我也很信任她，我想只要有她在，我肯定就不会摔着、磕着的。其实这种信任别人的感觉很好，自己的身体也变得很放松了。

组员3：在第三轮活动中，我刚开始的时候觉得真的有点不敢走，因为我们两个都是盲人，两个都看不见，又要穿越一些障碍，我觉得难以完成。刚开始的时候，我就一直拽着我的搭档小怡，他就一直在前摸着走，我就跟着他。当穿越前面第一个障碍时，他一不小心碰到头了，但是当时他完全不管自己，赶忙转过身来把我头往下摁，示意我要低头穿过。他的这个举动让我一下子被触动了，我想这是我们两个人的事情，我不能让他一个人往前冲，我在后面坐享其成，觉得这样做太不好了，所以在接下来的路上，我就让小怡跟在我身后，我往前穿越障碍，然后再配合一起走完了全程。尤其到后来的时候，我一点儿都不害怕了，我觉得自己一下子变得有勇气了，而且觉得自己很有力量了。

第二章 自我探索

 求生抉择

♥ 游戏目的

1. 引导组员反思和探索自我。通过置身于危机情境的模拟，使组员反思真实的自我状态和个性品质，以及在危难情境中个人的能力状态和态度表现。

2. 让组员思考自我和他人的关系。现实生活中，我们不可避免地要与人交流和沟通，我们如何界定自我与外界的关系？如何明确对他人的人性假设？如何良好地与外界资源进行沟通和衔接？以及如何良好地整合自我和外界的关系？这些都是我们需要认真思索的议题。

3. 培养领导、组织及彼此合作的能力。在一个群体中，每个人担当不同的角色，如何有效地培养自我的领导、组织能力？培养自我与他人合作的能力？是我们必须学会的一种生存之道。

4. 懂得正确的坚持与放弃。在我们的生活中，总会面临许多抉择，面临我们的抉择与他人不一致。特别是在复杂情境时，我们需要学会正确地选择坚持或是放弃，这也是一种促使自我成长和发展的能力。

♥ 游戏导入

导入一：电影片段

英文名：Seven Waves Away

中文名：万劫余生/弃船

导　演：Richard Sale

主　演：泰龙·鲍华（Tyrone Power）、Mai Zetterling、Lloyd Nolan、斯蒂芬·博伊德（Stephen Boyd）、Moira Lister、James Hayter

上　映：1957年4月17日

理查德·萨里执导的一部海难电影。故事描述一艘豪华邮轮遭遇海难，26名乘客挤上一艘只能容纳12人的救生艇。在这危难时刻，负责安全的救生艇主人只得作出生与死的决定。气氛严峻，生动地反映了人海众生相。

导入二：小故事

在一个公司招聘会上，聘用方的领导迟迟未到。有的人已经等得不耐烦了，走来走去；有的人干脆抱怨起来；有的人只是静静地等待，不动声色。这时一个考官模样的人走进来，对大家说："请大家将这个大厅的面积、高度用最快的时间计算出来，第一位最接近我们答案的人将是我们的员工。"他还为应聘者们准备了一些尺、规、计算器之类的计量工具，甚至还有一把梯子。大家感觉这下可看到希望了，争先恐后地忙起来，每个人都忙得不亦乐乎。只有小林没有动，他只是

· 53 ·

静静地深思了一会儿,然后离开了大厅,剩下的每个人都用尽了浑身解数,量了又量,算了又算,但尺子太短,梯子不高,要算出精确的结果,真是难上加难。几分钟后,小林回来了,他敲开了考官的门,并将"计算"的结果告诉他。考官很是吃惊:"这么快你就有答案了?"小林从容不迫地微笑着说:"我只是去了一趟公司工程部。我想他们在进行大厅装修和施工的时候,一定知道它的确切数据。"考官很满意地点了点头,笑着说:"恭喜你,你被我们正式录用了。"

♥ 人员与场地

小组完成,每组人数8~10人,大组人数不限;室内。

♥ 游戏道具

"求生抉择"习作纸(每人一份)、笔。

附:求生抉择习作纸

1. **情境和问题描述**

情境:你们正乘一艘科学考察船航行在大西洋的某个海域,考察船突然触礁并迅速下沉,队长下令全队立即上橡胶救生筏。据估计,离你们出事地点最近的陆地有1500海里。空中没有固定的航线。救生筏上备有15件物品,除了这些物品外,有些成员身上还有一些香烟、火柴和气体打火机。

问题:现在队长要求你们每个人将救生筏上备用的15件物品按其在求生过程中的重要性进行排列,把最重要的物品放在第一位,次重要的放在第二位,直至第15件物品。第一轮个人完成,时间10分钟。第二轮小组讨论,25分钟内定出一个统一方案。

2. **习作纸**

物品表

排序用的物品	个人排序	小组排序	个人得分	小组得分
航海图(1套)				
指南针				
剃须镜				
饮用水				
蚊帐				
机油				
救生圈				
压缩饼干(1箱)				

续表

排序用的物品	个人排序	小组排序	个人得分	小组得分
小收音机（1台）				
10平方米雨布1块				
巧克力（2公斤）				
二锅头酒（1箱）				
钓鱼工具（1套）				
驱鲨剂（1箱）				
15米细缆绳				

专家方案

排序用的物品	序号	备注
饮用水	1	生存必备
压缩饼干	2	生存必备
指南针	3	想回家这个必需
10平方米雨布1块	4	可以遮海上风浪
剃须镜	5	别小看这个镜子，有救援飞机飞过的时候可以反射阳光，引起注意
15米细缆绳	6	虽还没有具体用途，但可以在很多时候派上用场
救生圈	7	只是在有人落水的时候才用得到
巧克力	8	虽然能量大，可毕竟不能当饭吃
钓鱼工具	9	饼干吃完了，可以找点别的吃的
驱鲨剂	10	大洋里的鲨鱼没那么可怕，但还是不能不防
机油	11	橡皮的筏子，有动力吗？
二锅头酒	12	仅用于驱寒，不可能多喝的
小收音机	13	大海中有FM吗？
航海图	14	已经知道正东南方向100海里，所以用处不大
蚊帐	15	大海上没蚊子

♥ 规则与程序

1. 导师向组员描述游戏的情境和问题。

2. 导师描述完问题和情境后,要求各组选出一位组长,带领大家讨论并抉择。

3. 第一轮,每个组员根据自己的思考和选择制订出一套求生方案,要求每个组员独立完成,不要与其他组员交流和沟通。

4. 第二轮,在组长的带领下,全组成员相互讨论和思考,制订出一套全组的统一方案。

5. 待小组的统一方案完成后,由组长在大组汇报和分享该方案,并陈述方案形成的过程、理由和原因。

6. 导师给大家呈现一个经许多科学家和专家论证的比较合理的求生方案,小组方案和专家方案越接近,证明求生的希望越大。可以使用一个简单的计算公式:个人排序－专家排序＝个人得分(横向相减的绝对值,再纵向相加),小组排序－专家排序＝小组得分(横向相减的绝对值,再纵向相加),用绝对值,没有正负。

7. 所有游戏规则和要求介绍完毕,导师给每个组员派发"求生抉择"习作纸一张和笔一支,活动正式开始,总时间为40~50分钟。

♥ 解说要点

1. 正确地坚守与放弃。生活中总会面临各种复杂情境,每个人的选择和看法各不相同。当我们致力于同一目标的实现,却有着不同的观点和态度时,我们是该坚守自己的观点和选择还是放弃自我、听从他人呢?坚守需要我们的睿智和勇气以及对他人的责任;放弃意味着我们的智慧、宽容以及对他人的信任。坚守和放弃是两种不同的选择,真实地反映着我们个体的真实状态。正确的坚守和放弃都是一种智慧的体现,都是一种负责的选择,都是一种成长和成熟的象征。

2. 坚持对他人积极的人性假设。在我们与他人进行交流和互动的过程中,总会对他人持有一定的人性假设。这种人性假设会直接影响到我们与他人交往的态度、方法、过程和结果,我们与他人的互动模式又会反过来影响我们的人际状态。坚持积极的人性假设能带来良好的人际互动,不仅使我们身心愉快,也能帮助我们解决更多问题和困境。

3. 学会扮演好自己的角色。每个人都担负着多重社会角色,每个角色背后都承担着相应的权利和义务,以及与角色相符的能力和要求。要使社会、家庭、组织以及个人都良好、整合地运行,需要我们每个人扮演好自己的社会角色,这不仅包括我们要具备行使角色的能力,还包括我们对每一个角色权利的坚持和义务的遵守。只有我们每个人各司其职,相互合作,才能使社会和个人都得到更好的发展和运行。

♥ 补充说明

1. 这是一个程序比较复杂且耗时较长的心理活动,导师在进行该活动时需要做好充分的准备工作,活动过程中需要仔细向组员说明游戏的规则和程序。

2. 这个游戏具有丰富和深刻的内涵，除了上述的解说主题外，还有许多其他的相关主题，比如价值选择、合作等，导师可以根据不同的主题需要进行恰当的解说和引领。

3. 游戏过程中，可能会遇到组员对最后专家提供的方案不予认同的情况，导师也不要强行让组员接受，可以在小组中进行更为深刻的讨论和反思，以帮助组员进一步澄清和认识自我。

♥ 案例解析

组员体验与分享：

组员1：在做这个游戏的过程中，我对自己有了一个比较深刻的认识。很多时候我都是没有什么主见的，每次看到大家都一样的时候，我就会怀疑自己是错的，但通过今天的活动我认识到其实并不是。今天我单独列出来的方案和老师最后公布的专家方案很接近，但是在小组讨论的过程中，我却放弃了自己的想法，没有去说服大家接受我的意见。我想在以后的学习、生活过程中，我一定会让自己变得更加坚持自我。

组员2：今天我担负的是组长的角色，我觉得今天的游戏对我来说也有许多启发和思考。平时我并不是很愿意担当领导这样的角色，总觉得好像是以权威的身份让大家臣服，但是在今天这样的情境中，让我感觉到领导其实可以有许多不一样的领导方式。要想达到最理想的目标，不能只运用自己的权力让大家都听自己的，而是要用积极、民主和平等的方式听取大家的意见，并最终进行抉择。其实每个人都有很多智慧和思考，如果我们善于倾听并懂得做出正确的选择，更容易达到成功的目标。

组员3：今天的游戏让我感受比较深刻的是：除了相信自己的能力外，更应该学会从环境中吸取更多的资源帮助我们处理问题和解决困难。我们组讨论的方案其实是围绕"自求"这样一个求生的选择来制订的，但是最后老师给我们的专家方案却是按照"他救"的选择来制订的。很多时候，当我们遇到困难和问题的时候，并没有打开眼界去想想周围可利用的环境和资源，而是一味地想凭借一己之力去克服，但当我们整合自我与周围的资源后，我们会发现解决问题会有更开放的思路。

第三章
亲情联结

游戏一　家庭大事记
游戏二　找变化
游戏三　清扫亲情"垃圾"
游戏四　给……的一封信
游戏五　My Birthday Party
游戏六　父（母）亲的剪影
游戏七　感恩父母
游戏八　原生家庭
游戏九　再选你的父母
游戏十　我的家庭树

游戏一　家庭大事记

♥　游戏目的

1. 协助组员回忆和梳理自己的家庭在过去的一年里所发生的一些亲情故事，让他们切实地感受到亲情就在自己的身边。
2. 引导组员反思，在这些事件中自己和家庭成员间的关系以及走过的发展历程。
3. 让组员意识到自己与其家庭成员间的亲情所在，并强化彼此间的联结。

♥　游戏导入

邯郸冬至夜思家

白居易

邯郸驿里逢冬至，抱膝灯前影伴身。
想得家中夜深坐，还应说着远行人。

秋思

张籍

洛阳城里见秋风，欲作家书意万重。
复恐匆匆说不尽，行人临发又开封。

亲情是什么？它是一瞬间内心的触动，又是一生中不停顿的感悟，是一种能改变期望的力量，一种能忘却使命的神奇，是一种渴望平安的永恒。

亲情是什么？它是第一次的付出，但又是永久的付出，是一种可以感受的责任，而后却将责任变为习惯的无私。

亲情是什么？它是思念起始，但又没有终点，是一种对家的留恋，一种对团圆的渴望。

亲情是极其平凡却又深厚的感情，留在家人和我们的心里，陪伴我们走过一生……

在刚刚过去的一年里，你的家庭发生过哪些亲情故事？接下来可以给我们讲讲。

♥　人员与场地

30~50人，活动分小组进行，每组10人左右；室内较好。

♥　游戏道具

A4纸、签字笔。

♥　规则与程序

1. 导师发给每位组员一张A4纸和一支签字笔。

2. 要求组员在 A4 纸上设计一份类似月历的东西，并明显标记出一年的 12 个月。

3. 让组员在与每个月份对应的位置上写下在这个月里发生的有关家庭的亲情事件。

4. 邀请组员与大家分享自己的家庭亲情故事，启发组员反思自己与家庭成员间的关系。

5. 小组导师做最后的点睛，即指明游戏的目的和意义，同时回应组员们的发言。

♥ 解说要点

1. 亲情无处不在、无时不在。亲情是距离我们最近的一种情感，我们几乎每天都能享受到亲情的温暖和滋润，只不过因为它平常，常常被我们忽视，因为学习忙、工作忙、琐事多。觉得这种情感的付出是理所当然的，不需要加以特别的关注和问候。这可能就是人们经常说的身在福中不知福。久而久之，我们发现自己与家人之间的关系疏远了、冷淡了、陌生了。事实上，不是他们对我们不再关心了、不再爱我们了，而是我们不太在意亲人的存在。这个游戏设计的初衷，就在于为我们提供一个专门的时间、场所和环境，让我们认真地、静心地、真切地回忆自己的家庭在过去一年里发生的亲情故事，并对其进行梳理，使我们重新捡拾起一直存在于身边的点点滴滴的亲情，那些事情好像就发生在昨天，由此拉近彼此间的距离，让我们切实地感受它和拥抱它。

2. 亲情是一种责任，更是一种习惯；是一段感触，更是一段历程，很平凡又更伟大。无论是友情，还是爱情，最后都会汇聚成为亲情。显然，这是需要经受时间磨砺的，需要双方共同走过这段历程。起初亲情源于责任，也会成为一瞬间的感动，但随着脚步的不断前进，你有没有发现自己与家人间的关系正发生着微妙的变化，这种变化可能是积极正向的，也可能是消极负向的。如果是前者，你有没有继续去巩固和强化彼此间的联结？如果是后者，你有没有尝试着去破除、修补和改善双方间的矛盾、误解和隔阂之处？是否能及时地将其剪断，建设新的联结，优化家庭系统内的结构？我们希望引导组员多多反思这样的问题，时常回头看看自己与亲人间经历过哪些互动、情境和对话与反应模式。因为当我们走到最后的时候，便不难感知到：亲情与其说是一种责任，不如说已经成为了一种习惯；与其说是短暂的感动，不如说是一段持续的过程。

♥ 补充说明

1. 该游戏可以使用 A4 纸，然后要求组员自己设计一份类似月历的东西，关键是标记出一年的 12 个月，不用显示出具体的日期，只写到月份即可。另外，小组导师也可以事先设计好含有同样内容的模板或习作纸，活动开始后直接发给组员进行填写就可以了。

2. 导师鼓励组员回忆过去一年中每个月里发生的家庭故事，但可能有的组员的家庭不一定在每个月份里都有大事发生（如果是小事便不足挂齿了）。所以，让组员按时间顺序记录下亲情故事只是为他们提供了一条线索或说是主线，使其能有一个思考问题的路径，因此不必要求组员按部就班地写下每件事情，何况有些事情是他们不愿意在小组内当着很多人的面透露出来的，而且有些可能也是小组导师处理不了的，只要求组员写下若干件具有代表性的典型事件即可。所以，我们还是应尊重组员的选择，只要他们有梳理和思考自己与家人间的亲情关系的这种意识就足够了。

3. 除了用文字记录下发生的亲情故事外，还可以提示组员用图画的方式将其展现出来。因为文字是很抽象的表述，而图画就不一样了，它更加直观和形象。有时候我们不看文字只看图画就能够明白组员所要表达的基本意思。况且，有些组员不太擅长用文字叙述事实或抒发感情，反而喜欢用画图的方式诉说内容和流露情感。对此，我们不做统一的规定，只是尽可能多地调动组员的各种资源来完成该习作。

❤ **案例解析**

组员体验与分享：

3月里，妈妈生病住院，我和爸爸始终守在她身边进行照顾。妈妈身体一直不好，有遗传的高血压病。这种病很难治，会跟人一辈子。而且一到春天或秋天换季时，病情就会出现不稳定的征兆，严重时就得到医院输液或住院进行治疗才行。妈妈天天都吃降压药，只是那几天因为药吃完了没来得及再买。但是那一阵天气变化得特别厉害，于是妈妈的血压一下子就高上来了，高压一度达到180（mmHg）以上，低压也在120（mmHg）左右。爸爸一看情况不好，就赶紧让妈妈去医院。果然不出所料，医生当时就让妈妈住院，说她这种情况已经很罕见。我和爸爸一听都有些害怕了，便赶紧让妈妈配合医生进行治疗。妈妈说住院花费太贵了，让医生开些药吃就行，可我跟爸爸都执意让她必须住院。争执了好几次，妈妈终于口软了，同意住院，但只住几天，病情稍有好转后便回家了，她说在家慢慢养就行。那几天，我和爸爸丝毫不敢怠慢，守在妈妈身边寸步不离。我放学后一定是以最快的速度赶到医院去看妈妈。我突然觉得妈妈平时为我付出了很多，从早上为我准备早餐到我上完学回家已为我做好晚饭，在我学累了的时候喂我吃水果等，而自己对妈妈的关心和照顾实在是太少了。她总是不舍得吃、不舍得穿的，把钱留下来给我攒着。在这个世界上，还有谁会对我这么好呢？妈妈的这次生病让我感到特别悔恨和歉疚，但可能还不算晚，它给我提了个醒，我以后除了努力学习外，要多替父母分担些家务，毕竟自己现在也长大了些，有很多事情可以自食其力，不必全靠父母了，我要让他们好好歇歇。因为我珍惜这份宝贵的亲情，我希望它能陪伴我到永远。

游戏二　找变化

♥ **游戏目的**

1. 为组员提供一定的时间、场地和情境，让他们回想自己家人的过去和现在的模样。

2. 带领组员观察、发现和感悟家人近些年来的变化，尤其是在身体和精神状态上。

3. 引导组员体会家人对我们的无私付出，鼓励组员多去关注、问候、关心、陪伴家人，加强彼此间的亲情联结。

♥ **游戏导入**

孩子，请听我说

孩子！当你还很小的时候，我花了很多时间，教你慢慢用汤匙、用筷子吃东西；教你系鞋带、扣扣子、溜滑梯；教你穿衣服、梳头发、擤鼻涕。

这些和你在一起的点点滴滴，是多么地令我怀念不已，所以，当我想不起来，接不上话时，请给我一点时间，等我一下，让我想一想……极可能最后连要说什么，我也一并忘记。

孩子！你是否还记得，我们练习了好几百回，才学会的第一首儿歌？

你是否还记得，你每天总要我绞尽脑汁去回答不知道从哪里冒出来的"为什么"。所以，我常常重复又重复说着老掉牙的故事，哼着我孩提时代的儿歌，体谅我，让我继续沉醉在这些回忆中吧！盼望你，也能陪着我闲话家常吧！

孩子，现在我常忘了扣扣子、系鞋带。吃饭时，会弄脏衣服，梳头发时手还会不停地抖，不要催促我，要对我多一点耐心和温柔，只要和你在一起就会有很多的温暖涌上心头。

孩子！如今，我的脚站也站不稳，走也走不动，所以，请你紧紧地握着我的手，陪着我，慢慢地，就像当年一样，我带着你一步一步地走。

以上是一个孤苦老人写在敬老院砖墙上的留言，不知道你读到它时，是一种怎样的感觉？是否像我一样心里一阵阵的悸动呢？是否那些尘封多年的记忆猛然被轻轻唤醒？是否早已麻木的神经被这一件件我们都曾经经历过的往事蓦然触动？也许，听到这个故事，你会不由自主地想起自己的父母或家人，由现在又想到了他们过去的样子。你是否发现了其中的些许变化？你有没有体会到他们以牺牲自己的青春、事业乃至健康为代价为我们付出了很多？下面就让我们细细地想一想吧。

❤ 人员与场地

30～50人，活动分小组进行，每组10人左右为宜；室内较好。

❤ 游戏道具

A4纸、彩笔。

❤ 规则与程序

1. 导师发给每位组员两张A4纸，发给每个小组两盒彩笔。

2. 每位组员独立完成两幅画，内容是自己父母（若不方便可以选择其他家人）过去和现在的模样，分别画在两张A4纸上。时间是15分钟。

3. 完成后，请组员自己比较两幅画之间的差异，发现其中的相同点和不同之处。

4. 请组员们分享找到的变化或未变的地方，并结合这些内容谈谈自己的感受和体会。

❤ 解说要点

1. 父母在我们身边正慢慢地老去。人们常说岁月催人老，随着时间的流逝，父母的白发越来越多，脸上的皱纹越来越密，身材也不如以前挺拔，说话时语速变得很慢，行动力也大不如从前。所有的一切，无论是能看到的、听到的、感受到的，还是正悄悄变化的，父母都面临着不可阻挡的衰老趋势。而整天忙于学习或忙于工作的我们，可能很少用心观察、发现和感悟他们这些年来的变化。父母好像摆设一样，放在家里也丢不了、坏不了、跑不了，所以也就不用特别在意了。我们很想说，他们不是没有生命的物体，而是活生生的人，随着年纪一天天的增长，他们更希望与子女之间有更多的互动和沟通机会。我们要引导组员带着一颗敏感的心、真诚的心、实在的心走近父母，去留意他们一点一滴的改变。

2. 父母的付出是无私的，让我们学会珍惜。正像在游戏导入部分提到的事例一样，从小到大，父母对我们所做的一切、放在我们身上的爱都是不求回报的，是无价且无止境的。不论我们多么不懂事，也不管我们犯了多大的错误，父母总是站在背后默默地支持我们。也许有的组员会提出这样的问题：自己的父母经常打骂或责备自己，难道这也是对我们好吗？试想：哪个父母不疼自己的子女，不希望自己的子女快乐、幸福？所以，父母的付出是那么的真，他们不求任何回报。我们要引导组员学会珍惜这份浓浓的亲情，多去关注、问候、关心、陪伴家人，让彼此间的联结更加紧密、厚重和持久。

❤ 补充说明

1. 我们要求组员分别画出两幅画，一幅是父母过去的样子，一幅是他们现在的状态。画的内容并不复杂，只需画出父母脸部的样子即可。比如：过去他们脸色红润、眼睛有神、皮肤细腻；现在他们脸色苍白、眼神黯淡、皮肤粗糙，甚至长出了深深的皱纹、斑点等。如果有的组员比较擅长绘画，愿意将父母整体的样子都画出来，也是可以的。总之，前提条件是至少要画出他们的脸部来。

2. 导师还可以利用其他的形式来协助组员展开对父母发展变化的探索。此游戏采用的方式是让组员自己去想象并勾勒出父母的形象，这样他们可发挥的余地比较大。但如果他们对此感到无从下手，我们可以向组员提出若干关键词，如：头发、皮肤、眼睛等，让他们结合这些主要特征来进行回忆和描绘。

❤ 案例解析

组员体验与分享：

我先说爸爸吧。他以前个子很高、很魁梧。皮肤虽然有些黑，但也是健康的那种。头发很黑很亮，显得特别潇洒。可是现在我却发现爸爸不那么精神了。他的个子看起来矮了很多，走起路来脚步也明显地放慢了。皮肤变得有些粗糙了，好像砂纸一般。头发中不知什么时候长出了一根又一根密密麻麻的白发，看上去苍老了许多。再说说妈妈。她以前身材很好，个子虽然不高但很有气质。面色红润，皮肤细腻。一头乌黑的长发着实体现出了年轻和活力。可是现在妈妈也老了许多。也许是为这个家操持得太多了，她面容很是憔悴，皮肤不再那么光滑而是粗糙干涩，眼角和额头都出现了皱纹。头发也有些花白了，尤其是两鬓的地方。他们的视力也都有不同程度的下降，在看报纸或读书时都要戴上花镜。现在想想，唯一不变的是他们对我的爱依旧那么浓厚和真挚。我每天上学、放学、做作业，大部分时间都这样消耗掉了，所以真的忽视了发生在我身边的父母的这些变化。随着我一天天长大，父母却是日渐衰老。学习的重任使我只会埋头苦读，却忘记抬头看周围的人和事，甚至是离我们最近最近的亲人。做完这个游戏后，我想对我的父母说："感谢你们在我身上付出的心血，我现在已经觉察到了。亲情是无价的，我以后要多多问候你们、关心你们、陪伴你们。"

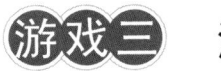 清扫亲情"垃圾"

❤ 游戏目的

1. 引导组员重新梳理、认识与亲人之间的隔膜和障碍。通过有效倾谈与家人之间曾经发生过的不愉快或是未解决的隔膜，进一步澄清这些隔阂和不快，用积极和健康的态度来处理这些潜埋在心中的亲情"垃圾"。

2. 帮助组员积极、主动地与家人进行有效和良好的沟通。积极、主动地与家人进行良好的沟通可以帮助组员产生和树立处理与家人情感隔阂的勇气，主动创造机会使自己和家人的心灵得到净化。

3. 进一步帮助组员融合亲情关系。不断消除和解决组员与家人之间的隔膜、障碍，有利于进一步融合组员和家人之间的亲情。

第三章 亲情联结

❤ 游戏导入

每天清晨我们都可以看到许多环卫工人在马路上清扫垃圾，大家都知道只有把这些垃圾处理干净了，我们才能有一个美丽、卫生和清新的环境，才能更好地工作、学习和生活。我们不反对扫除这些看得见的、有形的垃圾，因为它们真实地存在于我们的眼前，影响着我们的视觉和味觉。但很多时候，我们却忽略了在我们的心灵空间，在我们与亲人相处和生活的过程中，也会产生许多亲情"垃圾"。这些"垃圾"却是无形的，潜藏于心灵深处的，我们往往将其隐藏起来，但如果这些有关亲情的心灵尘垢不予清除的话，一直会影响着我们与家人正常的交往和舒展彼此最真实的心灵……

❤ 人员与场地

小组完成，每组人数 8 人左右，大组人数不限；室内。

❤ 游戏道具

A4 白纸、签字笔、长柄扫帚和簸箕各一个；轻音乐。

❤ 规则与程序

1. 每位组员派发一张 A4 白纸与一支签字笔，每人在白纸上写出一个自己和家人之间存在的不愉快或是问题等。

2. 这些"不愉快"或是"问题"是组员认为困扰自己和家人关系的。

3. 待小组成员完成后，组员围坐成一圈，在小组内进行分享和反馈，当组员分享时，导师要积极引导其他组员进行支持和鼓励，建设性地表达建议和意见，防止进行批评、责备和攻击等行为。

4. 待每个小组组员分享完成后，每人将自己写在白纸上的"不愉快"或"问题"撕碎并用扫帚和簸箕进行清理，接下来再换另一个组员进行分享。

5. 在小组活动的过程中，导师可以播放适合该场景和气氛的轻音乐。

6. 总体活动时间大约 40 分钟。

❤ 解说要点

1. 清除弥漫在亲情上的"尘垢"。在与家人相处过程中，我们除了不断积累相互的关爱与温暖外，也不可避免地发生摩擦和碰撞，产生一些弥散在亲情上的"垃圾"。怨、恨、恼、怒、烦、忧……这些"尘垢"和"垃圾"不断地侵蚀着我们的心灵，也慢慢地腐蚀着我们彼此亲密的关系，让我们开始以为世界上最亲密的人也"伤害"了自己。但是这一切都只是因为我们被蒙上了一层厚厚的心灵尘垢，清扫掉这些"垃圾"与"尘垢"后，我们会赫然发现至亲仍然在用他们的心血不断地温暖着我们。虽然曾有曲解、有误会，但是人世间最温暖的亲情却是永远无法消磨掉的。

2. 积极、主动地与家人沟通。很多时候，在与家人有了争吵、误会、摩擦和碰撞后，我们便开始逃避，觉得家人不理解我们，甚至想疏远和家人的关系，以为这样就能避免争吵、误会和不快。事实上，心灵的逃离是解决不了问题的，越是躲闪和远离，越缺乏有效的沟通，越难以让彼此的关系变得融洽。亲情是这个世界上任何人都难以解开的情结，我们必须正视这些问题和矛盾，用积极、正确的方法和态度进行沟通和处理。积极、主动地与家人进行沟通，意味着我们开始营造和经营良好的家庭关系，开始施行熔炼亲情的有效方法和步骤。

♥ 补充说明

1. 这个游戏属于"亲情联结"主题，对自我和家人关系及其存在的问题进行深刻认识和反思时可用到的一个活动，一般在主题进行的后期采用，在此之前需要已经建立组员对亲情联结的较深认识。

2. 在开展这个活动过程中，组员可能会暴露出一些亲情关系中的重大创伤事件，在进行分享和交流时，导师一定要注意保护组员的情绪和心灵。对出现的问题进行适当灵活的处理。

3. 另外，在进行该活动的分享、反馈环节时，导师还应注意把握好"此时此地"的原则与完成小组目标之间的关系，注重个别处理与小组动力的良好的整合。

4. 在开展这个活动时，还有一些需要注意的情境，如在分享的环节，有的组员不愿意向别人分享，这时，导师需要考察具体的情况进行灵活的处理。既要关注个别组员的特别状态，又要兼顾整个小组的目标和氛围。

♥ 案例解析

组员体验与分享：

组员1：我是一个个性比较要强的人，而且自尊心很强，但是却不善于解说什么。我在家人面前也一样。虽然很多时候我知道爸爸、妈妈是爱我的，但是在有一些事情上我还是觉得他们并不是真正理解我，他们会按照他们的意思要我这么办，那么办，认为那样对我才是好的，关键是我自己并不喜欢那样，也懒得说明什么。所以我们经常会吵架，会发脾气，其实我也知道经常吵闹肯定会影响我们的关系，但我就是克制不了自己。今天经过这次活动后，我觉得真的是我们沟通和了解不够，他们不知道我真实的想法才会那样，所以以后要和他们多沟通。

组员2：我觉得这个活动里有一个把和家人的"不愉快"和"问题"在分享后撕碎并用扫帚和簸箕清理的环节很有意思，虽然看似是形式上的一种清理，但真的也能触及我的内心。有时真觉得自己背负的东西太多，因为很多和家人之间的不好的情绪并没有处理，就积攒下来了，然后越积越多，到最后就真的累了，我真觉得，我们需要给自己一些时间打扫一下我们的心灵。

组员3：我觉得今天的活动让我明白了一个道理：就是亲情其实也需要好好经营。虽然我们是因为天然的血缘关系而注定成为亲人，但是彼此之间也要相互关爱、相互理解，并相互帮助和支持，才能令我们的关系更融洽和更温暖。如果不好好经营，天天争吵，就算生得再亲，也处不亲。

游戏四 给……的一封信

❤ 游戏目的

1. 引导组员进一步梳理亲情关系。通过让组员写一封给家人的信,帮助其进一步思考和梳理与家人的关系,既包括积极正向的情感指向,也可以是曾经发生过的未解的亲情情结。

2. 引导组员联结亲情关系。通过让组员用给家人写信的行动,帮助组员加强和亲人之间的积极互动与联结,并进一步融合和促进组员与家人之间的情感互动。

3. 加强组员与家人之间的沟通和交流。

❤ 游戏导入

芙蓉楼送辛渐

王昌龄

寒雨连江夜入吴,平明送客楚山孤。

洛阳亲友如相问,一片冰心在玉壶。

王昌龄曾因不拘小节,开元二十七年(739年)被贬岭南。从岭南归来后,他被任为江宁丞,几年后再次被贬谪到更远的龙标,当时他正处于众口交毁的恶劣环境之中。诗人作此诗以晶莹透明的冰心玉壶自喻,托友人表达了对洛阳亲朋好友之间的真正了解、关心和相互信任及其一片深情。在我们的日常生活中,我们和亲人之间也总是发生着许多情感联结,有的是深情的感恩与关怀;有的是不满的愤怒与不解;还有的是深重的埋怨与仇恨……很多时候由于性格、氛围、时间、空间或是一些其他因素,我们总是将这些情感悄然地埋藏于心中。这样,感恩没有传递,曲解和误会长久潜藏。但如果我们有一个这样的机会进行表达,包括对你最爱的人说一声"谢谢",或仅仅是一声"对不起",我们与家人的关系会变得更加和谐和美好……

❤ 人员与场地

小组完成,每组人数8人左右,大组人数不限;室内。

❤ 游戏道具

A4白纸、签字笔、轻音乐。

❤ 规则与程序

1. 导师给每位组员派发一张A4白纸和签字笔。

2. 在20分钟内,组员在白纸上完成一封写给家人的信,可以写给自己的父亲、母亲或是任何一个家庭成员。

3. 信的内容方面，可以包括向家人传达情感，也可以记述一件事情，或是对家人提出一些建议与看法等，只要是组员心中想表达的都可以，格式方面，组员可以发挥自己的创造性和个性，可不拘一格。

4. 小组组员在无声状态下独立完成，不要与人交流或是参看他人的内容。

5. 在活动过程中，导师可播放适当的轻音乐，给组员营造积极、良好的活动气氛。

6. 组员完成后，在小组内互相交流和分享，并进行解释和说明，同时组员可以进行提问和质疑等，但防止批判性和攻击性的言语。

7. 导师发现小组中的典型案例，大组分享。

❤ 解说要点

1. 爱要勇敢地表达出来。在最平淡的日子中，在最平凡的生活中，我们的亲人，尤其是我们的父母都在最平静、最淡然地为我们付出着、贡献着、牺牲着，而我们已变得不以为然。然而某个时刻，我们还是会为这种世界上最平凡而又最伟大的爱所感悟、触动，甚至惊悸。一种爱的思想幻化成无数爱的行动，千万个行动背后，我们终于明白背后那颗拳拳的心。而当我们感悟到、体触到时，我们是否真心地向世界上最爱的人表达过呢？或许我们很多人都没有过直白的表达，一声"谢谢"，我们会觉得太浅薄，一句"对不起"，我们会觉得多余。其实爱还是需要用语言表达的，用我们最真挚的话语来诠释和表达所有凝结成行动的爱。对我们最爱的人用心将爱勇敢地表达出来，不论是感恩还是感谢抑或是遗憾和愧疚，我们需要将两颗心紧紧地连在一起。

2. 亲情是我们每个人心中永远的情结。亲情是我们每个人心底最深的情结，很多时候，我们在奋斗时需要一个强大的动力；我们在受伤时需要一个疗伤的港湾；我们在快乐时需要一个共享的人；我们在忧愁时需要一个支持的背……这些时候，亲情往往是我们每个人都会诉求的一种情感。亲情一直伴随着我们成长、成熟，在我们每个人的人生历程中，亲情是世界上最丰富、最深重，也最复杂的情感：温暖、挂怀、关切、责备、严苛、信任、理解、索取、付出……我们每个人都难以逃脱，也逃脱不了这种意涵深刻而又复杂的情感，所以亲情是我们每个人心中永远的情结。

❤ 补充说明

1. 这是一个主题明确，但活动形式和内容却比较开放的游戏，在活动过程中，导师可以根据具体的情境和主题进行不同的解说和引导。

2. 在游戏的过程中，可能有的组员会因自己在文字表达方面，或是情感酝酿方面尚未达到一定的程度而迟于下笔，这时导师需要悉心引导，帮助和鼓励组员调整状态投入到活动的过程中。

3. 在分享的环节，也有的组员因为某种原因不愿意进行分享，对此，导师要分清状况进行灵活的处理。

4. 在活动结束后，导师可以鼓励组员将写给家人的信勇敢地传达给对方，进一步在生活中促进组员和家人彼此的真实情感互动和联结。

❤ 案例解析

组员体验与分享：

组员1：在今天的活动中，我想写信的对象是我的爸爸，其实我最想对他说的就是希望爸爸能戒烟。因为爸爸身体不是很好，但是他还经常抽烟，每次看到爸爸抽烟，我就觉得他很不爱惜自己的身体，所以我在信中向爸爸表达了我作为一个女儿对爸爸最真诚的关怀和建议。

组员2：我是要写给妈妈，我觉得导师今天说得很对，如果爱就要勇敢地表达出来。平时我真的觉得妈妈对我很好，很关心，生活上照顾得无微不至，放学后，妈妈就让我写作业，直到饭做好后摆到桌子上，妈妈才叫我吃饭，而且吃饭的时候好吃的都留给我，自己却说不喜欢吃。等晚上我还在学习的时候，妈妈还要给我倒茶、送水果什么的，我真觉得妈妈对我的爱很深重，但平时我却从来没有表达过对妈妈的感谢和感激。所以，在今天写给妈妈的信里我表达的是对妈妈的谢意。

组员3：我写给爸爸一封信，其实我今天想对爸爸说的就是"对不起"。我记得小时候，有一次因为我很不听话，爸爸都被我气得没办法，最后眼圈都红了，而我当时只是好害怕，后来因为妈妈的袒护也就不了了之，但是那次对爸爸的愧疚却在我的记忆里深深地留下了，我今天就想对爸爸说一声"对不起"，虽然迟了很多年，但是希望爸爸还是能看到和明白，这样也可以了却我心中的一个未了情结。

游戏五　My Birthday Party

❤ 游戏目的

1. 引导组员寻找自己在家庭系统内的支持力量，包括父母、祖父母或外祖父母等。
2. 带领组员反思每个家庭成员的特点及自己与他们的关系，加强彼此间的亲情联结。
3. 鼓励组员在力所能及的范围内，以实际行动为家人做些有意义的事情。

❤ 游戏导入

爸爸妈妈不是没生日

这个星期，老师要我写一篇关于亲情的文章。我便想到很久以前的一个傍晚，我和爸爸外出散步，他讲了一个故事，让我深受感动。

爸爸说："我小时候，70年代初，国家很穷，家里也很穷，我的爸妈两人靠当老师的微薄工资，养活一家八口人。尽管这样，大人们都很疼爱家里的小孩子，无论家里多么困难，都会给小孩过生日。其实也谈不上过什么生日，只是我们四兄弟姐妹生日的时候，都会得到一个红鸡蛋自己吃，虽说是家乡的习俗，但是在那个年代，没有多少个家庭做得到。

"一年又一年，我们发现爸爸妈妈没有生日！因为在任何的一年中，爸爸妈妈从没单独吃过一个红鸡蛋。"

爸爸继续说："一天，我们姐弟四个在院子里闲来无事，就团坐在几块石头上讨论起了这个问题。二姐最先说，我有个新发现，爸妈没有生日，但今天上课老师说，人出生的那一天就是自己的生日，所以每个人都应该有生日。我疑惑地眨着眼睛说，可是我们的爸妈，他们从来都不会吃红鸡蛋。小妹托着下巴，寻找着别的可能说，或者是有，他们大概是忘了……大姐总结道，我觉得他们一定有生日，不过，只是他们没有吃红鸡蛋。小妹又有疑问了，那为什么他们不吃呢？这个嘛……大姐也解答不出来，四人都听着飒飒的风响，陷入了沉思，到底是为什么呢？最懂事的大姐第一个反应了过来，接着二姐和小妹也反应过来。大姐说，他们并不是没有生日，他们是舍不得，是把好的东西留给我们了呀！"

爸爸说到这里，我恍然大悟，插嘴道："爷爷奶奶在用他们自己的方式去爱着你们。怪不得，爸爸四姐弟对爷爷奶奶是这样的孝顺啊。"

亲情无价，越是在艰难的环境中，越是能体现出这种无价的真情。父母对孩子付出最无私的爱，孩子回报父母最真的感恩之心，这不正是一幅描绘亲情的美好画面吗？听了上面的故事，你是否也联想起了自己过生日时的情景呢？那么，在我们高兴、快乐的同时，你注意过父母的真实感受吗？你是否记得父母的生日是哪天？你有没有想过父母的生日是怎样过的？你能不能像父母为自己过生日那样为他们庆祝一次或一生？

♥ 人员与场地

30~50人，活动分小组进行，每组6~8人为宜；室内较好。

♥ 游戏道具

My Birthday Party习作纸、签字笔、彩笔。

♥ 规则与程序

1. 向每位组员分发一张My Birthday Party习作纸以及一支签字笔，向每个小组发放一盒彩笔。

2. 请组员一一完成习作纸上的内容，具体包括以下5个问题（时间为15分钟）。

（1）在你的家庭系统内，平时谁会为你过生日？我们已经在纸上画出了一些家庭成员的头像，如：爸爸、妈妈、爷爷、奶奶、姥爷、姥姥及其他，组员只要从中进行选择即可，用颜色将其表示出来。颜色的使用是与组员所选的人物的特点密切相关的。例如：组员选择的是爸爸，而爸爸是个脾气不好的人，平时爱吸烟，所以组员将蓝色或棕色等深色系的颜色涂在爸爸的头像上。这样，我们在带领组员分享时，不仅能很直观地看出组员的家庭支持系统的状况，同时也能感知到组员对其中的成员的了解程度和所持有的态度。

（2）他们一般都怎样为你过生日？和他们一起过生日，你的感受如何？你的心情是怎样的？习作纸上画出了3个带有不同表情的脸谱。一个是苦脸即不愉快；一个是没有表情的脸即没什么感受；还有一个是笑脸即为高兴。组员将能够代表自己心情的脸谱勾画出来。

（3）在你的家庭成员中，你最喜欢和谁一起过生日？或者说你希望谁能来为你过生日？

（4）现在让我们反过来想一下，你为他们过过生日吗？或者为他们做过一些其他的事情？

（5）如果你还没有想到，那么现在是否可以想一想？如果你现在已经想好了，那么你能否在自己力所能及的范围内将其落实到实际行动中。

3. 上述内容全部完成后，小组导师与组员一同进行分享。时间为40分钟左右。

♥ 解说要点

1. 家庭是我们的港湾。首先需要让组员清楚的是——"我的亲情都有哪些"。用生日聚会这样一种形式帮助组员发现并找到亲情。生日对我们而言，无论是从生活的角度还是成长的过程，都是十分看重和特别在乎的。以此为切入点容易找到我们在家庭系统内拥有的支持力量。

2. 亲情是无声的。很多时候都是父母为我们操办生日，买蛋糕、做好吃的、送生日礼物等，父母会尽心尽力地做好准备工作，让我们度过一个快乐的生日聚会。即使不是聚会的形式，也会让我们拥有一段难忘的时光。这虽然不是什么惊天动地的大事，大家可能早就习以为常了，但是发生在我们身边的实实在在的、淳朴、真诚和无私的一种亲情，我们是否感觉到了它的存在？是否仅仅把它当成是父母的一项义务？亲情也像友情和爱情一样，需要不断地加以保养和维系。当看到父母对我们的爱后，我们要学会感恩，要回报他们，要给予他们更多的爱。我们是否也该为父母过一次生日，为他们买些他们需要的东西，帮父母洗洗衣服或做做家务，多关心和问候他们。

♥ 补充说明

1. 通过过生日这种方式来联结起组员及其家庭成员间的亲情，也许对某些组员适合，对某些组员不太适合。有些情况下，组员可能找不到或不认为自己在家庭系统内有支持力量，比如离婚家庭、单亲家庭的学生等。对于这些组员，他们往往表现出弱参与性或沉默寡言。其实，这不代表着他们不配合，而是一提到某些家庭成员，可能会触及组员的伤心或痛苦之处。我们建议：小组导师要尊重组员的选择，不要强行逼迫其说出他们不愿意或还没有准备好该如何去表达的内容。否则，那是在满足老师个人的需求而非真正地站在组员的角度来考虑问题。不要为了加强组员与家人间的亲情联结，反而伤害了组员自己的心。

2. 在这里提到的亲情联结，事实上并没有也不太可能包括所有的家庭成员，而主要指的是与自己有紧密联系的人，如：父母、祖父母或外祖父母等。我们做这个游戏，重点考虑的是：组员平时可能由于学习的压力等忽视了与自己亲人间的关系，然而他们却在默默无闻、无怨无悔地为我们做着很多的事情。我们并不缺乏亲情，我们缺少的是用心的观察、倾听、沟通和体悟。所以，我们要唤醒组员，让他们意识到在我们的生活当中，除了学习或者自己的爱好，还有许多的事情值得我们去关注、参与和付出时间与精力，其中亲情是我们最不能淡忘和忽视的。我们希望组员能从身边距离最近的人做起，去享受这份亲情并付诸具体的行为上，让家人也感受到亲情的温暖。

3. 除了习作纸上设计的内容，导师可以发挥自己的想象或根据自己以前的经验及目前组员的特点和生活、学习状态等，对习作纸上的内容加以更换、改造或重组，通过其他方式来加强组员与其亲人间的情感联结。只要能够达到与该游戏目的一样的效果，采取何种方式是可以做灵活处理的。

♥ 案例解析

组员体验与分享：

在我们家里，平时都是爸爸妈妈为我过生日。爸爸的脸涂的是天蓝色，因为他特别能包容人，就像大海一样；妈妈的脸涂的是红色，因为她皮肤很好，总是能看到白里透着红，而且红色代表热情，妈妈喜欢帮助人。在我的记忆中，从小长到大好像自己的生日一次也没被落下过。他们会提前好几天就来准备这个事情。爸爸去蛋糕店预订蛋糕，妈妈去超市买来鸡、鱼、蔬菜和其他的好吃的。等到生日那天，妈妈会做一桌子的好饭菜，几乎全都是我爱吃的；爸爸则点上生日蜡烛，根数和我的年龄正好相符。他们还会把家里布置一下，挂上几个五颜六色的气球，放一些好听、欢快的乐曲。每次我过生日，最开心的时刻莫过于吹蜡烛的时候了。爸爸会很适时地把灯关上，这时屋子里只有蜡烛在闪着微光，场面十分温馨和甜蜜。妈妈在一旁帮我喊"一、二、三"后，我就会一鼓作气地把所有蜡烛都吹灭，吹的时候爸爸说"抬头，看这里！"原来，他是在给我拍照。现在，一翻开相册，我就能看到每年过生日时留下的美好回忆，顿时便觉得自己是天底下最幸福的人了。和父母在一起过生日真的很高兴，我希望每年都能和爸爸妈妈一起过生日。然而，我从没见他们这样为自己庆祝过。他们过生日的方式很简单，吃一顿面条就可以了。没有蛋糕，没有丰盛的菜肴，没有精心的家庭布置。我知道，他们是把最好的都留给了我。所以我现在最想做的一件事就是为父母好好地过一次生日，就像他们对待我一样。我打算从最近的爸爸的生日开始。因为现在自己还没有工作挣钱，所以我想亲手画一张贺卡送给爸爸，里面写上："您辛苦了！祝爸爸生日快乐！"

游戏六　父（母）亲的剪影

♥ 游戏目的

1. 通过画我心目中父亲或母亲的剪影形象，使组员加强对自己父母亲的了解和认识。每个人心目中的父母亲形象都是不一样的，给你印象最深刻的父母亲剪影是什么？有助于组员进一步了解和理解父母。

2. 培养组员对父母亲的观察能力。通过画父母亲的剪影，使组员学会留心观察自己的父母，包括父母经常的印象以及出现的细微变化等，帮助组员通过对父母的观察，理解父母的良苦用心，了解父母的拳拳爱心，体悟父母的真情与期盼。

3. 让组员进一步培养对父母亲的感恩之情。

♥ 游戏导入

背影

朱自清

……我说道："爸爸，你走吧。"他望车外看了看，说："我买几个橘子去。你就在此地，不要走动。"我看那边月台的栅栏外有几个卖东西的等着顾客。走到那边月台，须穿过铁道，须跳下去又爬上去。父亲是一个胖子，走过去自然要费事些。我本来要去的，他不肯，只好让他去。我看见他戴着黑布小帽，穿着黑布大马褂，深青布棉袍，蹒跚地走到铁道边，慢慢探身下去，尚不太（大）难。可是他穿过铁道，要爬上那边月台，就不容易了。他用两手攀着上面，两脚再向上缩；他肥胖的身子向左微倾，显出努力的样子。这时我看见他的背影，我的泪很快地流下来了。我赶紧拭干了泪，怕他看见，也怕别人看见。我再向外看时，他已抱了朱红的橘子往回走了。过铁道时，他先将橘子散放在地上，自己慢慢爬下，再抱起橘子走。到这边时，我赶紧去搀他。他和我走到车上，将橘子一股脑儿放在我的皮大衣上。于是扑扑衣上的泥土，心里很轻松似的。过一会儿说："我走了，到那边来信！"我望着他走出去。他走了几步，回过头看见我，说："进去吧，里边没人。"等他的背影混入来来往往的人里，再找不着了，我便进来坐下，我的眼泪又来了。

日常生活中，父母亲为了生存、为了生活，他们总是担负着许多角色和承担着许多工作，因此他们往往也给我们留下了许多或深刻、或平实的印象。在每个人心中，我们都有着关于父母亲的剪影，这个剪影或是父母亲经常保有的形象或姿态，或是他们一个特别的样子或身姿。如有的是母亲坐在高脚椅上的身形；有的是父亲"黑布大马褂、深青布棉袍"的背影；虽是平实的印象，但却深深地镌刻在我们每个儿女的心目中。因为这些或深或浅的印象都饱含着父母为儿女忙碌、辛苦的一片拳拳之情。

♥ 人员与场地
小组完成，每组人数8人左右，大组人数不限；室内。

♥ 游戏道具
彩笔、A4白纸。

♥ 规则与程序
1. 导师给每位组员派发一张A4白纸，一盒彩笔置于场地中央，组员可根据需要自取。
2. 在15分钟内，组员在白纸上完成一幅父（母）亲的剪影，可以画父亲，或者母亲，也可以两者都画。
3. 小组成员想怎样画就怎样画，不拘泥于形式和要求，只要是自己心目中的父母亲形象即可。
4. 每位组员独立完成，不要与人商量、模仿他人，也不要指导他人。
5. 小组成员完成后，在小组内互相交流和分享各自父母亲的剪影，并进行解释和说明，同时组员可以进行提问和质疑等，但防止批判性和攻击性的言语。
6. 导师发现小组中的典型案例，大组分享。

♥ 解说要点
1. 发现和体悟父母亲的爱。每一幅不同的画像背后都蕴含了一颗疼爱和关心儿女的心。斑白的双鬓、粗糙的手掌、宽厚的肩膀、清癯的背影、温暖的笑意、慈爱的双眸，还有紧皱的眉头……这些都是父母亲用自己的身心在为我们打造一个爱的世界。他们的疲累，他们的沧桑，他们的辛苦，只为呵护和关心一群被称作"子女"的人。他们用自己的青春、智慧和爱为我们营造了一个温馨的港湾——家，在这里我们可以安定地生活，幸福地成长，而这一切都来源于父母无私的爱。

2. 学会观察和关心我们的父母。虽然很多时候父母都和我们在一起，我们很少发现今天的父母和昨天的父母有什么不同。岁月一直在无情地雕塑和改变着他们，不经意间，父母平添了几丝白发，增加了些许皱纹，不再如年轻时意气风发……他们开始需要我们的关心和关爱。我们为他们沏上一杯热茶，为他们递上一双拖鞋，或只是简单的一声"妈（爸），您累了吧？"都是我们为人儿女可以做的简单事情，这是我们对至亲的用心回报。

3. 懂得及时回报和感恩父母。人生岁月也就短短数十载，在我们悄然长大的间隙里，父母就赫然老去了。虽然现在父母还能为我们操劳，还能为我们担心，但是我们也要开始懂得及早关心、关爱自己的父母。每过去一天就意味着我们和父母相守的日子少一天，在本就不够长久的日子里，我们更应该学会感恩和回报自己的父母。平实的语言、单纯的行动，能让父母体会到亲情的温馨和暖意，而不要空留"树欲静而风不止，子欲养而亲不待"的遗憾，这样的憾事是永远无法弥补的。

♥ 补充说明

1. 活动过程中，导师可以向组员进一步强调不用拘泥和限制画像的形式，组员可以采用不同画法，也可以选用多种表达父母亲形象的意象。只要能准确、合适地表达父母亲在自己心目中的剪影形象即可。

2. 有的组员可能以自己不太会画画，或者不知道该怎样描绘自己的父母亲形象而迟于下笔，这时导师要尽量鼓励组员参与到活动中，声明每个人的画都是具有意义的，画画技巧不是最重要的。

3. 在游戏导入时，导师需要尽量渲染整个主题的气氛，可以利用磁带、录音、影视、经典作品作为导入，使组员进一步进入主题情境。

♥ 案例解析

组员体验与分享：

组员1：我今天画的是关于母亲的剪影，提起笔来的时候，一个很深刻的留在我心目中的母亲的印象就是妈妈每次给我起床做早饭时灶前的身影。妈妈那个不太高的，而且有点胖胖的身形和在灶前给我做蛋炒饭的剪影是我心目中最深刻的形象。无论寒暑，母亲总是要早起给我做早饭吃，而且做好后还要盛到碗里给我，因为如果是我自己盛的话，我每次都只盛一小点，所以妈妈每次都给我盛很满的一碗，希望我多吃些。画完母亲的剪影，我更明白了母亲对我的爱，那是一种世间最温暖的感觉，这个世界上也只有自己的父母亲能这样给我们无私的爱，而且不求回报。

组员2：我画的是爸爸的剪影，是爸爸的一个背影。小时候我就对爸爸的背很熟悉，从小就背着我、驮着我，到长大些后，爸爸不再背我、驮我了，而是用自己的背来扛起家庭的重负，爸爸的背总是承载着许多重量。现在他的背脊有点弯了，也不如从前般那么厚实了，但是在我心中，那是世界上最坚固的脊梁。我们一家人的幸福都承载在爸爸的背上。

组员3：我画的是妈妈的手掌。妈妈的手掌比较短小、厚实，并有点粗糙，因为妈妈一直都承担着家里所有的家务劳动。买菜、做饭、洗衣服、做清洁、整理家务等都是母亲一手在操劳，在做这些家务的过程中，逐渐将妈妈的手磨出了茧，皮肤也开始变得粗糙了，但是妈妈却用自己的一双手给我们带来了家的温暖和爱。我想做的就是要给妈妈买个护手霜，让妈妈的手也得到呵护。

游戏七　感恩父母

♥ 游戏目的

1. 引导组员加深对父母的了解和认识，让组员懂得感激父母。在我们成长的道路上，父母为我们奉献了自己的青春和一切力量，我们应该学会感恩父母。

2. 引导组员和父母之间进行进一步的沟通、交流和互动，让彼此之间的关系变得更融洽。

3. 让组员进一步培养感恩意识，并将其融入日常生活的点点滴滴。

❤ 游戏导入

1. 短文：何以为报

你1岁的时候，她喂养你，给你洗澡。你何以为报？哦，你整夜哭闹。

你2岁的时候，她教你走路。你何以为报？哦，你不理睬她的呼唤，跟跟跄跄地乱跑。

你3岁的时候，她精心为你做每一餐。你何以为报？哦，你把餐具往地上抛。

你4岁的时候，她给你买了蜡笔。你何以为报？哦，你在家里雪白的墙上画了狗狗和猫猫。

你5岁的时候，她给你穿上新衣服过节。你何以为报？哦，你滚在泥地上和小朋友们嬉戏玩闹。

你6岁的时候，她送你去读书。你何以为报？哦，你哭喊着说不愿意上学校。

你7岁的时候，她给你买了一只皮球。你何以为报？哦，你砸坏邻居的窗玻璃惹得人家上门来告。

你8岁的时候，她给你买冰淇淋。你何以为报？哦，你把黏糊糊的手往她衣服上靠。

你9岁的时候，她请老师教你弹钢琴。你何以为报？哦，你宁可坐着发呆也不愿把钢琴练好。

你10岁的时候，她开车送你去体育馆。你何以为报？哦，你下车就走，头不转来手不招。

你11岁的时候，她带你和你的同学们去看电影。你何以为报？哦，你让她不要和你们坐在一道。

你12岁的时候，她让你不要看某些电视频道。你何以为报？哦，你偷着看不理她这一套。

你13岁的时候，她建议你去理发。你何以为报？哦，你笑她落伍，是一个"土老帽"。

你14岁的时候，她替你报名参加了夏令营。你何以为报？哦，你不懂得写信把平安报。

你15岁的时候，她下班回到家想把你抱。你何以为报？哦，你关在卧室里不愿把面照。

你16岁的时候，她陪着你学开车。你何以为报？哦，你一有机会就独自开着车跑。

你17岁的时候，她要等一个与你有关的重要电话。你何以为报？哦，你整晚都占着电话和朋友把天聊。

你18岁的时候,她在你中学毕业典礼上流下激动的热泪。你何以为报?哦,你彻夜不归与同学聚会一通宵。

你19岁的时候,她送你上大学帮你拎着包。你何以为报?哦,你不言谢是因为生怕同学们讥笑。

你20岁的时候,她关心你有没有过约会。你何以为报?哦,你说与她无关不要把心操。

你21岁的时候,她为你将来的事业出谋划策。你何以为报?哦,你认为你不会像她一样白来人世一遭。

你22岁的时候,她庆祝你大学毕业了。你何以为报?哦,你伸手向她要出国游玩的钞票。

你23岁的时候,她送你家具,布置你独立生活后的第一间房。你何以为报?哦,你向朋友抱怨说家具一点儿也不时髦。

你24岁的时候,她见到了你的对象,询问你们将来的计划。你何以为报?哦,你瞪着眼冲着她喊,妈妈,不要瞎操心,好不好!

你25岁的时候,她帮你置办了许多嫁妆。你何以为报?哦,你在远离她的地方安上了你的爱巢。

你30岁的时候,她打电话告诉你抚养宝宝的经验。你何以为报?哦,你说时代不同,她的经验过时了。

你40岁的时候,她通知你家里某某人的生日快到了。你何以为报?哦,你说这些天你忙得不可开交。

你50岁的时候,她病了,需要你的照料。你何以为报?哦,你觉得她成了负担让你受不了。

接着,有一天,她静静地走了,你忽然想起你还有许多话没有对她说,还有许多事没有为她做到。为什么要到这一天,才想到何以为报?别等到她离我们而去时才懂得母亲是那么重要。

2. 播放歌曲《父亲》(崔京浩)

3. 播放 MTV《真的爱你》(Beyond)

在我们人生成长的道路上,父母亲是这个世界上一直孜孜不倦而又无怨无悔地关心我们、呵护我们、帮助我们、陪伴我们的人。他们用自己的生命、青春和爱,用自己最珍贵的东西将我们抚养长大,将我们培育成才。他们给我们的爱如大海般深邃,如高山般厚重,又如小溪般细腻,如轻风般温暖……少不更事时,我们不懂得怎么关心自己的父母;稍微长大时,我们又无力回报自己的父母,真正等到我们懂得关心自己的父母而又可以回报自己的父母时,我们却猛然发现父母已布满皱纹的眼角、已染上秋霜的双鬓、已迈着迟缓的步伐。岁月在不经意间让我们长大,却让我们的父母变老。虽然岁月的无情留不住父母美好的年华,但是我们深厚的情感却可以温暖父母焦渴的心灵!

♥ 人员与场地

小组完成，每组人数8人左右，大组人数不限；室内。

♥ 游戏道具

《我所知道的父母》习作纸每人一份、笔、歌曲《感恩的心》《父亲》、MTV《真的爱你》、多媒体设备。

♥ 规则与程序

1. 导师给每位组员派发《我所知道的父母》习作纸一份和笔一支，在15分钟内，组员完成分发的习作。

2. 每个组员都独立完成自己的习作，不要与人商量和讨论。

3. 遇到有不知道的空白，组员可以先行空着，等活动结束后再与自己的父母沟通，填补上空白之处。

4. 小组成员完成后，在小组内进行充分的分享和反馈，每位组员都可以和大家分享自己对父母亲的了解以及活动中的自我感受等。

5. 分享环节完成后，大组可以合唱手语歌《感恩的心》，共同表达自己对父母的感激和感恩。

♥ 解说要点

1. 感恩父母。在自然界尚存"羊的跪乳之恩，鸦的反哺之义"，作为人类的我们更应该怀有一颗深重的感恩之心。或许我们不曾告诉过自己的双亲，但我们至少应该怀着一颗爱他们的心，带着感激、带着钦慕，甚至带着负罪。从我们呱呱坠地至长成一个风华正茂的青年，正是他们无私地引渡我们的生命，以他们的青春支撑我们的青春。相对于他们无穷无尽的深海般的爱，我们的爱大概只如浪激礁石溅起的水珠。然而我们可以怀着感恩的心凝聚点滴的爱，为他们沏上一杯香浓的茶，为他们倒上一杯醇美的酒，让他们在轻啜浅尝间，洗去奔波的疲累。让他们明白我们不曾忘却他们一鼎一镬里的朝暮恩情；明白我们一颗爱他们的拳拳之心；同时也实现我们对父母深重的感恩之心。

2. 和父母沟通。父母亲是我们最亲、最爱的人，但是很多时候，由于亲密、由于习惯，我们往往忽略了与他们的沟通。他们的期望和想法我们不甚了解，甚至漠视和曲解，而我们的愿望和期许又总以为他们不理解和不明白，渐渐地在彼此之间筑起一道高墙，我们在这边，父母在那边。高墙这边的父母极力想关心、关切子女的所思所想，高墙那边的子女却奋力在筑高围墙，不让自己的父母知道自己的想法和行动。于是有了误会，有了叹息，有了争吵，甚至有了分离。其实只要我们愿意打开心扉，只要我们勇于突破传统，父母和子女之间可以良好沟通，也可以相互理解，当我们向父母传递一份真诚，展现一份开放时，父母也会向我们表达自己的担忧和期待；当沟通的桥梁被架起时，我们和父母之间的那份深厚情感会变得更浓郁、更温馨。

❤ 补充说明

1. 此游戏是在开展"亲情联结"主题部分可以选用的很好的一个活动，但在进行此活动时，一定要有充分的情绪铺垫和情感积蓄，只有这样，才能使游戏的效果和目的有效达成。

2. 在进行游戏的规则说明时，导师一定要强调组员要诚实填写，在习作中遇到自己不知道的可以先空着，等事后再与父母进行沟通和了解，而不要随意填写或是自己猜测。

3. 在活动的分享环节，如果有的组员有不愿意分享或是对个别问题不愿意提及，导师也要灵活处理，千万不要强迫组员进行分享，以免造成伤害，同时也要注意不要影响整个小组气氛。

4. 在活动完成后，导师也可以进一步鼓励组员回家和父母分享本次的活动，比如可以和父母沟通习作中完成的对父母的了解是否准确？或是就一些自己不知道的内容和父母亲进行沟通，以更好地了解父母。此外，可以和父母分享在活动中的一些感受，并积极地与父母进行沟通和表达对父母的感恩之情，将对父母的感激和感恩付诸行动。

❤ 案例解析

我所知道的父母

1. 爸爸的生日：<u>1951 年 1 月 3 日</u>　　妈妈的生日：<u>1955 年 5 月 2 日</u>
2. 爸爸最喜欢的运动：<u>逛街</u>　　妈妈最喜欢的运动：<u>散步</u>
3. 爸爸的兴趣爱好：<u>下象棋</u>　　妈妈的兴趣爱好：<u>聊天、棋牌</u>
4. 爸爸最大的优点：<u>勤劳</u>　　妈妈最大的优点：<u>勤劳、节俭</u>
5. 爸爸对我的期望：<u>成为对社会有用的人</u>
   妈妈对我的期望：<u>成为对社会有用的人</u>
6. 爸爸的理想：<u>安居乐业</u>　　妈妈的理想：<u>安居乐业</u>
7. 爸爸最喜欢吃的东西：<u>抽烟</u>
   妈妈最喜欢吃的东西：<u>荔枝、桂圆</u>
8. 爸爸最喜欢的颜色：<u>白色</u>　　妈妈最喜欢的颜色：<u>红色</u>
9. 爸爸最后悔的一件事：<u>退休早</u>
   妈妈最后悔的一件事：<u>无</u>
10. 爸爸最得意的一件事：<u>子女有出息</u>
    妈妈最得意的一件事：<u>子女有出息</u>
11. 爸爸最好的朋友：<u>陈伯</u>　　妈妈最好的朋友：<u>王姨</u>
12. 爸爸的口头禅：<u>"哎呀"</u>　　妈妈的口头禅：<u>"好的"</u>
13. 爸爸最害怕的东西：<u>妈妈的唠叨</u>　　妈妈最害怕的东西：<u>家人不平安</u>
14. 爸爸最大的缺点：<u>脾气急</u>　　妈妈最大的缺点：<u>太过节俭</u>

15. 爸爸最喜欢做的事情：<u>看电视</u>　　妈妈最喜欢做的事情：<u>助人为乐</u>

这是一个组员完成的"我所知道的父母"的习作，通过习作，使组员进一步了解了自己的父母，同时也更加激发了自己对父母的感恩之情。以下是这个组员的感悟：

在做这个活动之前，我也从来没有思考过那么多关于父母亲的问题，总觉得日常生活中父母就是那样，父母很爱自己。但是完成这个习作后，我却猛然发现自己的父母已经老了，他们开始需要我的关爱了。平时我很讨厌爸爸抽烟，他一抽烟我就受不了那股烟味，但父亲确实好像没有什么其他嗜好，唯一的就是抽烟了。每当这个时候，父亲就远远地站到一旁抽着，尽量不让烟味熏到我，今天我才明白，其实我不是讨厌烟味，我真正担心的是父亲一直抽烟，对他身体不好，有时我一想到父亲可能会离我而去，我的眼泪就忍不住流下来。而且算算父亲已经过了58岁的生日了，我突然想到父亲马上年届60了，我就一下子伤心得不得了，觉得父亲怎么一下子就变老了呢？以后我一定要更孝顺他，让他每天都过得开开心心的，不要让他为子女受累。

习作只是一个载体，通过完成习作可以让组员静静思考和父母亲之间的关系，引导组员发掘平时隐藏在心灵深处的对父母的深厚情感，进一步激发组员心中对父母的感恩之情和加强与父母之间的良性互动。

游戏八　原生家庭

♥ 游戏目的

1. 引导组员发现所写原生家庭中成员们的特点，包括最欣赏的地方和最不欣赏的方面。

2. 鼓励组员尽可能充分释放自己对原生家庭成员怀有的情感，正向的、负向的都可以。

3. 促使组员在家庭的背景下反思自己与原生家庭间的联结，如：自己的性格、思维习惯、情绪表达方式、行为举止等和某些成员很像，客观、理性地了解自己及其家庭成员。

4. 带领组员认识原生家庭给自己带来的各种影响。对于那些积极的、具有建设性意义方面我们应该继续坚持和发扬，对曾给过我们这些的家庭成员抱有感恩之情；而对于那些消极的、不利于自身前进的因素，我们需要找到问题的根源，不仅做到正确面对，更能够积极处理，以期获得健康、快乐的成长。

♥ 游戏导入

很久以前，山里有一座很小的村庄，小到里面只有两户人家，分别住在东边和西边。东边人家有一面变形的镜子，总把人照得比实际要胖很多；西边人家也有一面变形的镜子，但总把人照得比实际要瘦很多。两家人都非常珍爱自家的镜子，因为他们认为镜子是神灵的眼睛，他们只相信自己在镜子里看到的一切，除此之外不相信自己看到的任何东西。

几年过去了，东边人家生了一个儿子，长到十几岁还像火柴棒一样单薄瘦弱，但他们依然满心欢喜，因为镜子里的孩子虎头虎脑，非常健壮；西边人家生了一个女儿，长到十几岁已经像发面馒头一样肥胖臃肿，但他们也很欢喜，因为镜子里的孩子身材苗条、天生丽质。

一转眼的工夫，孩子们都到了结婚的年纪，两家决定联姻。他们在村庄中间为小夫妻俩建造了一座新房，又为他们准备了生活用品。婚礼那天，新郎的父母从墙上取下家中最珍贵的物品——镜子，赠给了儿子，祝愿他们在神灵的护佑下幸福美满；新娘的父母也是如此。新郎新娘将两面镜子挂在床头，快快乐乐地度过了他们的新婚之夜。

第二天早上，新郎和新娘醒来，新郎站到新娘带来的镜子前，发现镜子里的自己变成了"一根牙签"；新娘站到新郎带来的镜子前，发现镜子里的自己变成了"一堆赘肉"。两个人大惊，纷纷指责对方的镜子有问题，谁也不服谁，最后竟然扭打了起来……

原生家庭对个人的成长起着关键性的作用，因为这是我们一出生就最先接触到的地方，也是正式进入社会前待过的时间最长的地方。个人在成年后所形成的稳定的性格特征、思考问题的角度、待人接物的方式以及生活习惯等皆出于此。可以说，原生家庭是人们未来发展的根基，对每个人都产生潜移默化的影响。如何客观、理性、全面地看待原生家庭中重要成员与自己的关系，对我们而言将是至关重要的。透过对这一层关系的分析，我们也将更清醒、透彻、明白地认识自己，更快乐地面对生活，更好地面对自己的人生。

❤ 人员与场地

30~50人，活动分小组进行，每组6~8人为宜；室内。

❤ 游戏道具

原生家庭习作纸、签字笔。

❤ 规则与程序

1. 组员回忆在其成长过程中，对自己影响最大的3个人物，可以是爸爸、妈妈、爷爷、奶奶、外公、外婆或其他的人。

2. 对于这3个人物，分别写出最欣赏他们的地方有哪些，最不欣赏的地方有哪些，每项限写3点，要求尽量写满。

3. 填写过程中，组员独立完成。不要与人讨论，不要替别人写或请别人替写。

4. 组员在小组内和大家分享自己所写的具体内容及理由，从中获得的反思与发现。

♥ 解说要点

1. 谁是我们的重要家人。在原生家庭中，每个人都有影响自己的重要人物，在习以为常的惯性中，我们从他们身上体验和学习到了很多，他们成为最影响我们的家人。只不过我们好像从未认真地想过谁可以算得上是对我们影响最大的人。通过这种思考和书写，有助于我们真实、清楚地看到这些人的存在。

2. 正视情绪与情感的存在。在描述家人的最欣赏和最不欣赏之处时，往往会伴随情感的释放。这是不可避免的，也是该项心理习作的一个重要环节。不论是正向的，还是负向的情绪体验，我们要尽可能地释放出来。如果未处理好情绪，我们很难进入理性思考的层面，去发现自己与他们的关系。任何情绪产生的背后都是有原因的，我们敏感地意识到在叙述最欣赏和最不欣赏等事实时，也在不经意间流露和传达着思想感情，我们有必要反思这其中的深层原因以及如何对待。

3. 孩子是父母的影子。每个人都会清晰地发现，自己与家人之间有着密不可分的联系。我们所选择的家人一定是在我们心中留有深刻印迹的人，包括分别写出的3个最欣赏和最不欣赏的地方。可以帮助我们更好地内窥自己。例如，俗话说："孩子是父母的影子。"组员身上的很多特点正是父母性格的真实写照，我们不仅继承了父母的优点，同时也继承了他们的缺点。我们所写的每项内容多多少少映射出了自己的特征，这正是两代人间的联结之处。透过对父母的剖析，最终回到对自身的认识和思考。

4. 原生家庭带给我们的影响。当我们看到自己拥有家人的某些优点时，会进一步认同自己、悦纳自我。需要我们将其发扬光大，并感谢家人传递给我们的这份宝贵财富；而当我们不喜欢家人的某些缺点，尤其是对自己也保留着这样的缺点感到不满意时，需要我们正视问题的存在，不要埋怨家人将缺点复制给了我们，应考虑到他们当时所处的时代背景和生活环境与我们的差异，体谅促成他们不适行为与情感表达的保护性动因，解开心结，变得释然。需要我们通过自己的努力和能力，根据周围环境的变化及时切断那些不利的影响因素，主动自觉地进行调整和适应，找到改正的方向并付诸实践。

♥ 补充说明

1. 原生家庭是一个程度比较深的心理习作，其内容不光包括组员本人，更涉及他们的家庭；不光关注组员与家人间的表面互动，更指向其个体的内心世界。如果各个环节把握适度，则会使组员受益匪浅，从中获得很深刻的领悟。倘若某一环节处理欠妥，有可能会影响其他步骤的操作，组员会出现畏难情绪，产生阻抗、逃避等行为，进而导致整个活动的失败。因此，建议该活动安排在整个团体辅导的中期或稍后期开展，以备之前有较充足的情感和认知铺垫。

2. 由于这是一个比较深层次的习作，对导师也提出了较高要求，尤其是在情绪处理方面。如果有组员在分享自己的原生家庭时出现长时间抑制不住的哭泣、愤怒等较强烈反应，我们应关注当下，聚焦于此时此刻，及时疏导和缓解组员的情绪，而不要为了进度一味地按照既定的步骤严格执行，忽视组员的负向情绪和真情实感的宣泄，抑或压制，这样会给组员带来很大伤害，就像医生发现病人长了肿瘤，要开刀将其切除掉，口子切开后，却因为缺乏必备的工具让病人等待，由此给病人带来二次伤害。更何况我们是在人的心灵上做工作，要学会应对紧急突发事件，随时灵活地做出调整。

3. 这个心理习作需要的时间可以视具体情况而定，短则40分钟，长则80分钟，但不管怎样，我们应重视活动的过程而非仅仅是结果。尤其是在思考哪些人的哪些方面对自己影响最大、处理强烈情绪、反思自己与原生家庭间的联结、妥善处理其对个体产生的各种影响等重要环节上，不要急于求成地将大道理统统讲给组员听，这样是不会带来任何益处的，反而会引起他们的反感和抵触情绪。我们可以将想要传达给他们的思想以引导的方式说出来，一步一步地促进组员的自我认识与成长。

4. 某些组员，让他们发现对自己影响最大的家人并不是一件很容易的事。这也许是由他们的出生情况、成长条件、早年经历、生活方式等造成的。因此，当有的组员不愿在小组这样一个公开的氛围里分享自己的原生家庭，甚至没有写出的时候，我们应尊重他们的选择，并留心其情绪与行为的变化，寻找其他途径进行跟进或个案辅导，总之要作个别处理。

5. 这是一个十分有价值和意义的心理习作。建议开展活动时学校或其他团体能提供一个相对安静的地点，为组员营造认真思考的时间和空间。

♥ 案例解析

组员体验与分享：

组员1：我（高中）觉得自己是个宽容的人，因为我母亲就是这样一个人，自己将其毫无保留地继承了下来。为此很感谢母亲将这么宝贵的东西传给了我，而在我自己的人生道路上正努力地将其延续下去。我无论是对待周围的人，还是对待自己，处处都体现出宽容的本性。

组员2：我（高中）觉得自己为人处世谨慎，甚至过于保守限制了自己大步发展的前途。为此，我有时感到些许气愤和自责。通过这个习作，我找到了这种情绪的来源，其实我的父亲就是这样走过一生的，他把这种生活的态度一并教给了自己的孩子，本意并不希望我受到任何伤害。

了解到这一点后，这位组员一下子顿悟了，一些负面的情绪也能够释怀了。接下来，他表示要根据当今时代背景的需求，及时地剪断那些自认为不欣赏的地方，结合实际情况迅速做出调整，做出符合现代人发展的行动。久而久之，他的正向情绪被确定和保留了下来，进而形成稳定的乐观情感，给自己带来了不竭的心理成长动力。

组员3：我所欣赏的父母的一切不都是现在指引我前进的路标吗？钱，挣不完！身体最要紧，不惹事，不怕事，不伤人，不害人，凡事要颠倒过来想想，放到自己身上想想。与人交往，不要总想着占人便宜，要想着帮助人也是快乐的。对于小孩，要讲道理，不要动不动就打就骂，那样容易逆反，不要袒护孩子，尤其是老师批评或惩罚了孩子，要让孩子别总生活在福窝里，要让他吃些苦头。对于老人，不论是不是自己的亲属，都应恭敬有礼貌，能帮就帮一把！对于工作，要对得起良心对得起自己挣的钱！很简单朴素的道理，却够我终身受用！感谢爸爸妈妈，感谢你们让我生活在虽清贫但充满爱的家庭里，感谢妈妈的严格管理，感谢爸爸的循循善诱，感谢你们的言传身教，我现在正在复制你们的人生态度和价值理念，把它们不折不扣地传递给我的儿子和我的学生，让这些中华民族的优良传统代代相传，发扬光大！

习作：家庭对我的影响

A：原生家庭

请写3点你欣赏他们的地方和3点你不欣赏的地方。这些人物必须是与你同住或至少是多年来照顾你的。你对他们的印象是你在18岁以前的。

	欣赏的	不欣赏的
祖父		
祖母		
外祖父		
外祖母		
爸爸		
妈妈		

B：我的发现

_____
_____
_____

C：小组交流分享

D：我的再发现

1. 除了亲人或恋人以外，我有可信任、支持自己的人吗？请列出。
_____

2. 在同组成员中，写下一项我欣赏他（她）的地方。
_____

3. 我想感谢成员最近发生的一件事。
_____

游戏九　再选你的父母

💗 游戏目的

1. 引导组员表达出对父母不欣赏的地方，将这种情绪尽量完全释放出来，同时思考导致这种情绪产生的原因所在。

2. 带领组员一同讨论如何来看待自己和父母间的这种关系，这种关系会对自身及整个家庭带来什么样的影响，作怎样的处理是比较适宜的。

3. 推动组员完成由对父母的不满、指责等延伸到对自我进行探索和反思。

4. 鼓励组员找到符合自己与父母特点的互动模式，多和他们进行交流和沟通，加强彼此间的联结，珍视亲情的存在。

💗 游戏导入

琼瑶的《我的故事》里面有这样一个故事：

琼瑶的小说处女作《窗外》发表后，大获好评，并搬上了银幕。父母在电影公映的第三天去看了电影。看完之后，母亲瞪着眼看着琼瑶。琼瑶回忆道：世上再没有那样的眼光，冷而锐利，是寒冰，也是利剑。

不知瞪了多久，母亲狂叫："为什么我会有你这样的女儿？你写了书骂父母不够，还要拍成电影来骂父母！你这么有本事，为什么不把我杀了？"琼瑶扑通跪下了，抓住母亲的旗袍下摆，泪如雨下，"母亲啊，为什么要博得你的欢心是这样的艰难？"

连通情达理的父亲，也不能饶恕女儿。他的目光也是同样的冷峻，冷冷地盯着琼瑶说："你会永远为这件事后悔的！"琼瑶的大脑一片空白，只知道跪在那里，颤抖着一遍遍忏悔："我错了！我错了！我错了！"

母亲并没有饶恕琼瑶，她要用她的自虐来折磨和鞭挞琼瑶的良心，她要用自身肉体的痛苦把琼瑶推上审判席。她要重新取得胜利，让女儿俯首称臣。第二天，母亲开始绝食。大家轮流到母亲床边，端着食物求她，母亲就是滴水不进。第四天，琼瑶从一大早就双手捧着碗跪在母亲床边，哀求母亲吃点东西，但母亲理都不理，闭着眼睛不说话。到了第五天，琼瑶六岁的儿子小庆跪在奶奶跟前，说："奶奶，你不要生妈妈的气了，我端牛奶给你喝！"

母亲依然不理，小庆又说，"奶奶不吃东西，妈妈不吃东西，大家都不吃东西，小庆也不敢吃东西……"

琼瑶再也忍不住，走过去和小庆一起跪在那里，小妹也走过来跪下，大家一起跪下了，那场面十分凄惨。母亲终于一边掉着眼泪，一边喝了小庆捧着的牛奶。

事件终于解决，琼瑶浑身发软，和平鑫涛一起到台中透透气。刚刚学会开车还没有拿到驾驶执照的琼瑶,发疯似的开车,平日要用三个多小时的路程,只用了两个小时。她打赌平鑫涛无法在剩下的两小时内完成后一半路程。平鑫涛把车开得飞快,结果出了车祸。琼瑶全身都是口子,腿上被削去了一块皮。小妹脾脏大出血,平鑫涛右脚骨折……

这个故事,让人心中十分沉重。我们常常回忆起父母的慈爱,其实,记忆永远美过现实,父母是会伤人的,家庭是会伤人的。可能这样说有些不近人情,可能你没有碰到过,不相信这会是真的,但是它确实存在于我们的生活中。无论你承认不承认,父母的话语或行为有时让我们难以接受,甚至产生厌恶、愤恨等消极情绪。在某些极端的情况下,我们还会想:我怎么会有这样的父母?他们是我的亲生父母吗?我简直想要再认个父母了?如果现在在你的心中,对他们还有些许这样的想法,那就让我们一同走进这个游戏,去尝试着做次选择吧。

❤ 人员与场地

30~50人,活动分小组进行,每组6~8人为宜;室内。

❤ 游戏道具

A4纸、签字笔。

❤ 规则与程序

1. 向每位组员分发一张A4纸和一支签字笔。在白纸的上方写下"再选×××的父母"几个字,×××就是你自己。"再选×××的父母",你看着它一定不舒服,这是正常的。此刻之前,你从来没有想过可以把自己的父母"炒鱿鱼",让他们"下岗",自行"招聘"一对父母。你也不要感觉对不起他们,毕竟这只是一个游戏而已。

2. 上一环节写好以后,请组员郑重地写下自己再选的父母的名字。

父亲 _____

母亲 _____

谁是再选父母的合适人选呢?很可能你会陷入苦苦思索之中。不必煞费苦心,你把头脑中涌起的第一个人名写下来就行了。他们可以是你认识的任何一个熟人,也可以是传说中的神仙魔鬼;可以是已经逝去的皇亲国戚,也可以是依然健在的平头百姓;可以是绝色佳人,也可以是陌路英雄;可以是动植物,也可以是山岳湖泊;可以是日月星辰,也可以是布帛黍粟;可以是一代枭雄,也可以是梁山义盗;可以是江湖侠客,也可以是枯藤昏鸦;可以是仰慕的师长,也可以是同窗好友……总之,你就放开胆子,天上地下地为自己寻觅一对心仪的父母吧。

3. 顺利完成上述关键步骤后,组员可以在小组导师的引领下进行思考和分享。

❤ 解说要点

1. 父母可不可以批评?我们究竟有没有权利对自己的父母不满?这是一个敏感的话题。大家理论上一定承认父母是可以批评的,即使是伟人也有这样那样的错误和缺点。父母不是完人,当然也可以批评。可实际上,有多少人心平气和地批评过父母,并收到了良好的回馈,最终取得了让人满意的效果呢?这个比例一定不高。有人也许回忆起和父母吵架,分庭抗礼,甚至离家出走的经历,那不是批评,而是叛逆。我们可曾像对一个平辈那样拉开距离,客观地审视自己父母的优劣长短、得失沉浮吗?大多数人的回答可能是否定的。也许有人会说,那都是历史了,我们有什么理由在很多年后,甚至在父母离世之后,还要议论他们的功过是非呢?心理学家会很严肃地说,有。因为那些历史并没有消失,它们存在于我们心灵最隐秘的地方,时时在引导着我们的行为准则,在操纵着我们的喜怒哀乐。毋庸讳言,家庭会给我们带来伤害,而且很多就来自于我们的父母。我们可以从再选父母与亲生父母的比照中,察觉内心蛰伏极深的期待。接受自己的这种愿望,并非罪过。如果我们写下的名字是一位柔和的女性,也许父母给予我们的精神压力需要清扫。如果我们写下的名字是一位很有决断的英雄,也许在埋怨父亲的优柔寡断。如果我们写下笑口常开的相声演员,也许父母太过严厉,幽默不够,我们也继承了不苟言笑的禀性,潜意识中希望自己从再选的父母那里传染点调侃的细胞……

  2. 我们是父母的复制品吗?当我们还是孩子的时候,无力分辨哪些是真正的教导,哪些只是父母自身的宣泄。我们如同恭顺的小伙计,把父母的言语、表情和习惯、嗜好等等,流水账一般录在脑海的空白处。他们是我们的长辈,他们供给我们衣食住行,从某种程度上说,我们是凭借着他们的喜爱和给予,才得以延续自己幼小的生命。那时候,他们就是我们的天和地,我们根本没有力量对他们分析、抗辩、反思。我们的父母塑造了我们,我们在不知不觉中套用着他们的模板,在未经清理和重塑之前,我们在很大程度上就是他们的复制品。这个游戏虽然叫作"再选你的父母",但实际上,和我们自身的关系要比和父母的关系密切得多。从某种意义上讲,是为再选一个"我"做准备。

  3. 生活是由关系组成的,我们与周围人的主要关系,常常反映出我们和父母的关系。如果我们不能在内心重新梳理和父母的关系,就无法创造出其他合乎理想的种种关系。父母,是我们人生中第一任上级。我们要服从他们,我们要得到他们的奖赏,要讨得他们的欢心,才觉得有价值和萌生自豪感。试着想一想,我们和上级的关系,是不是也在有意无意地重复着和父母的关系呢?如果我们写下的再选父母的名字,就是我们的亲生父母,那么,值得祝贺、羡慕。这样的概率不是很多,我们有一份罕见的幸福。但愿在我们这个游戏做完之后,我们回家,如果父母还健在,请拥抱他们并深深地表达谢意。如果他们已经远行,请面对着浩瀚星空,遥望他们的英灵,微笑并且致敬。父母是不可以再选的,但可以在我们的心中重新认识并复活。父母是我们人生的第一教员,重新设计他们的形象,也是对自己人生的回顾和展望,什么时候开始都不算晚。我们和父母的关系,具有难以囊括的魔力,会在不知不觉中,像晒化的沥青,渗透到所有的重要关系当中。

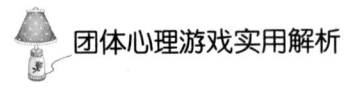

❤ 补充说明

1. 这个游戏完成起来很简单，只要一张白纸。但对环境的要求有个前提，请避开你的父母，起码要在他们的视线之外。尽量卸去负罪感和不好意思。毕竟，我们要重新为自己选一对父母，这在常人眼里不合章法，甚至有些荒谬。请把情感干扰因素减到最小，让思绪和想象力自由驰骋。我们可能会狠狠地别扭一阵。虽然我们对自己的父母有过种种的不满，但真的把他们就这样淘汰了，必有目瞪口呆之感。请坚持住，本游戏最艰难的地方就在这里。

2. 很多人一看到这个名称，先是吓了一跳，马上大不以为然，甚至愤愤然了：这叫什么话？我的父母是天下最好的父母，让我再选一对新父母，这不是滑稽加大逆不道吗！这个游戏要是叫我的父母看到了，还不得指着鼻子骂我，恨不能把我扫地出门。要是父母之中有人驾鹤西归了，这题目更让人匪夷所思，简直违背天伦。我国乃仁孝之邦，身之发肤受之父母，感恩戴德还表达不尽呢，哪里容得了再选父母？有的人还会说：我的父母都很好，凭什么让我再选一对父母？这就是我们在做游戏之前首先要解开的思想疙瘩。问号不打开，游戏就成了缘木求鱼。

3. 游戏和对父母的孝顺无关，也和对父母的尊重无关。我们的目的在于：希望做完这个游戏后，会对我们的父母有更深入的了解，会更加接纳他们，更爱他们。

4. 在刚开始选择父母时也许会感到有些不知所措。因为可挑选的范围实在是太广泛了，广泛到不可思议。其实，这并不是要对我们的亲生父母有什么不敬，只是在进行一次特殊的心灵探索。也许有组员会问，能认一对没有生命的东西，比如怪石或是原子来做父母吗？我们再选的父母是什么类型的物体（在此用了"物体"一词，没有不敬之意，只是为了叙述方便），并不重要。重要的是我们在这个游戏中，弥补缺憾，在表达我们长久以来压抑的情感，我们在重新构筑自己的以及父母的世界。

❤ 案例解析

导师手记：

有个农村来的大学生，父母皆是贫苦乡民。在这个游戏中，他令自己的母亲变成了玛莉莲·梦露，让自己的父亲变成了乾隆。这是一个非常典型的例子，这样的答案太容易引起歧义和嘲笑了，虽然它可能确实是一些人的真心向往。

我问他，玛莉莲·梦露这个女性，在你的字典中代表了什么？他回答说，她是我所知道的最美丽和最时髦的女人。我说，你是不是觉得自己的亲生母亲丑陋，不够时尚？他沉默了很久说："对。中国有句俗话叫作'儿不嫌母丑，狗不嫌家贫'，我嫌弃我的母亲丑，真是大逆不道的恶行。平常我从来不敢跟人表露，但她实在是太丑了，让我从小到大蒙受了很多羞辱。我心里始终讨厌她。从我开始知道美丑的概念，我就不容她和我一道上街，一前一后也不行。后来我到城里读高

中，她到学校看我，被我呵斥走了。同学问起来，我就说这是一个乞婆，我曾经给过她钱，她看我好心，以为我好欺负，居然跟到这里来了……我说这些话的时候，一点也不脸红，反倒理直气壮。母亲丑，并把她的丑遗传给了我，让我承受世人的白眼，她对不起我。我父亲是一个乡间的小人物，会一点小手艺，能得到人们的一点小尊敬。我原来还是以他为自豪的，后来到了城里，上了大学，才知道山外有山、天外有天，才知道父亲是多么的微不足道。看同学们的父亲，不是经常在本地电视中露面的要人，就是腰缠万贯挥金如土的巨富，最次的也是个国企的老总，就算厂子不景气，照样有公车来接子女上下学。我想，如果把社会比作高楼大厦，我一定是在地下车库的位置。而这个位置是我父母强加给我的。这种深层的怒火潜藏在我心底，使我在自卑的同时非常敏感，我拼命努力奋斗，但是不能容忍任何形式和程度的不公平，我性格懦弱，但是在某种时候又像个"飞毛腿"导弹。我好像是两个人拼起来的……今天做这个游戏，可以大胆设想，不拘一格，我一下子就想到了梦露和乾隆，就随笔写了下来。"

我说，谢谢你对我的信任。其实父母是不能改变的，我们从中发现的是自己的心态。我先问你一个问题，如果父亲的名字不是乾隆，换成唐太宗或是布莱尔，你以为如何？

他笑起来说，当然也可以。我说，你希望有一个总统或是皇上当父亲，这背后反映出来的东西，你能察觉吗？

他静静地想了很久很久，好像有一个世纪，说："我明白了那永远伴随着我的怒气从何而来。我仰慕地位和权势，我希图在众人视线的焦点上。我喜欢美貌和钱财，我看重身份，热爱名声，我希望背靠大树好乘凉……当这些无法满足的时候，我就怨天尤人，心态偏激，觉得从自己一出生就被打入了另册。因此我埋怨父母，可中国'孝'字当先，我又无法直抒胸臆，这些复杂的情绪交织在一起，让我不得轻松。工作中、生活中遇到的任何挫折，都会让我想起这种先天的差异，觉得自己无论怎样奋斗也无济于事……"

我说，谢谢你的真诚告白。事情还有另一面的解释，你可想过？

他停顿了很久很久，最后说："我知道是什么了。我平凡贫困的父母，在艰难中养育了我。我长得不好看，可他们没有像我嫌弃他们那样嫌弃我，而是给了我无私的爱和力所能及的帮助。他们处于社会的底层，却竭尽全力供养我读书，让我进城上了大学，有了更开阔的眼界和更丰富的知识。他们明知我不以他们为荣，可从不计较我的冷淡，一如既往地爱我。他们以自己孱弱的肩膀托起了我的前程，不希求任何回报……我把梦露和乾隆组合成父母，跨越历史和国籍，攫取威权和美貌的叠加，是懦夫和逃避，是自卑和忘本……"

面对这种泣血的反思，我深深感动。那位年轻人若有所思地走了，从他挺直的背影中，我看到了新的力量。

游戏十　我的家庭树

♥ 游戏目的

1. 引导组员思考自我和家庭成员的关系。反思三代人各自的文化背景、性格特征、交往模式及其相互之间的影响。

2. 引导组员梳理家庭各个成员之间包括横向和代际间成员彼此的关系。家庭内的各个成员彼此的互动模式和交往关系受到许多不同因素的影响,包括文化、性格、角色等,彼此之间的关系会有许多异质和特点。这些不同的交往关系和互动模式会对自我的成长和发展及其对家庭的情感联结带来很大影响。

3. 培养组员和家庭建立亲密的联结和归属感。家庭永远是一个人最重要的心灵归属,与家庭建立亲密的联结和归属可以让一个人获得更大的精神力量和生命动力。

♥ 游戏导入

播放影片《查理与巧克力工厂》片段:

小男孩查理·巴克特和父母、爷爷奶奶、外公外婆住在一起。巴克特一家居住在一栋摇摇欲坠的小木房里,相互之间和睦融洽。虽然每个夜晚,一家七口吃的晚餐都是卷心菜汤,可是小查理却乐意与自己最心爱的人一起分享。从巴克特一家的窗子望出去,可以看到全世界最大的巧克力工厂——旺卡巧克力工厂。工厂由一位天才巧克力制作者兼生产商威利·旺卡所拥有。那是座神秘的工厂,大门紧锁,15年来,从来没有看见有工人从大门进去或出来过,可是却能闻到浓郁的巧克力香味。工厂出产的旺卡牌巧克力销往世界各地,深受孩子们的喜爱。小查理也不例外,在每个夜晚的梦乡中,他都幻想自己可以亲身进入那座工厂。

有一天,威利·旺卡先生宣布了一个告示,他将向五位幸运的孩子开放充满"奥秘和魔力"的巧克力工厂。除了可以参观工厂外,他们还能得到足够吃一辈子的巧克力糖和其他糖果,谁最后成为赢家,谁将得到一件神秘礼物。全世界购买旺卡牌巧克力的孩子都有机会,只要发现藏在包装纸里的金券,谁获得金券谁就是幸运儿。不过,旺卡先生一共只准备了五张金券,前四张金券都有主人了,最后的机会会降临在小查理身上吗?奇迹终于发生了,小查理得到了最后一张金券。在参观工厂的过程中,查理度过了一段精彩纷呈的冒险时光。

最不可思议的事发生在最后,查理成了最后的赢家,旺卡的礼物就是把整个巧克力工厂送给查理,但是,有一个条件,那就是从此不许他和家人们生活在一起。查理感到很莫名其妙,为了家人们,查理放弃了机会。后来查理发现了旺卡童年时不为人知的秘密。之后,查理陪同威利·旺卡拜访其父,最后懂得了亲情的可贵和父亲的良苦用心。后来查理同意接管工厂,并且把他全家都原封不动地搬进了工厂,与他们成为一家人。

第三章　亲情联结

在我们的生命中，每个人都有一个称为"心灵的港湾"的地方——家。在这里，当我们累了，可以很好地休憩；当我们受伤了，可以很好地疗伤；当我们失败了，可以再次勇敢地站起来；当我们成功了，可以获得欢呼和喝彩……只因为在家里，在这个温暖的地方，我们有着许多亲人，他们会给我们无尽的关怀和爱，给我们永远的支持和鼓励。在我们的生命中，因为他们的存在，我们不再觉得孤单和害怕，也因为他们的存在，我们更知道自己奋斗的原因和动力！

❤ 人员与场地

小组完成，每组人数8人左右，大组人数不限；室内。

❤ 游戏道具

《我的家庭树》习作纸每人一份、笔、电影《查理与巧克力工厂》片段、多媒体设备。

❤ 规则与程序

1. 导师给每位组员派发《我的家庭树》习作纸一份和笔一支，在20分钟内，组员完成分发的习作。

2. 习作一共分为3个部分：第一部分是完成一幅《我的家庭树》图，将自己的家庭成员及其构成以树图的形式描画出来；第二部分是完成"我眼中的三代人"部分，分别用3个中心词概括出家庭成员所处的历史时期、性格特征及其交往模式；第三部分则是完成"家庭内对我有重要影响的家庭成员"部分，包括列举出对自己有重要影响的家庭成员2~3人，同时描述其对我的重要影响。

3. 每个组员都独立完成自己的习作，不要与人商量和讨论。

4. 小组成员完成后，在小组内进行充分的分享和反馈，每位组员都可以和大家分享家庭重要成员对自我成长和发展中的重大的影响和关系等。

❤ 解说要点

1. 家是温馨的港湾。从出生到死亡，我们一直在一个称为"家"的地方生活着。家不仅仅是一座房子，而是在一座房子中有着许多充满生气的家人，因为他们的存在，房子才能称其为家。在这个地方，我们有着无忧的童年，有着美好的少年，有着活力的青年，直到成熟的壮年，古稀的老年。在每个生命的成长阶段，我们都离不开家。家就像一棵大树，为我们遮风挡雨：当我们为生活疲累时，家人总是会送上一句关心的话语，我们便不再觉得辛苦；当我们为家庭打拼时，内心总是会油然而生一股无穷的动力，我们便觉得力量源源不断。家是每个人温馨的港湾和停泊的驿站，是我们每个人心灵归属的地方。

2. 家人是我们生活中的重要他人。在每一个人的生命历程中，都有着许多很重要的东西，如学习、感情、事业、家庭、友谊、兴趣、自我价值等等。对不同的人，重要的东西不一样，重要性也有所区分，但是在我们每个人的生命中，"家人"却是一个不可或缺的重要名词。我们都有"生命中的重要他人"，他们对我们的人生产生巨大的影响和作用。我们的家人是"生命中的重要他人"，他们的行为习惯、他们的交往模式、他们的性情禀赋以及他们给我们营造的生活环境影响着我们的成长和发展。我们对家人的情感和态度以及与家人的相处和交往也深重地影响着家庭的整个关系甚至家族的发展。因而，家人是我们每个人生命中无比重要的他者。

3. 学会关爱家人。对我们每个人来说，家庭是极其重要的地方。在日常生活中，我们应该不时地关心自己的父辈、祖辈、晚辈，关爱自己的同胞等，因为他们都是我们的亲人，他们生活的好坏直接影响着我们每个人的生活。关心、关爱家人会营造出一个和睦、健康的家庭，良好的家庭关系也有益于我们的身心发展。

4. 建立与家人良好的沟通和交往模式。家庭是社会的一个缩影，家庭成员之间构成了复杂的社会关系，也产生了许多不同的交往关系。每个家庭成员的社会经济地位不一，扮演的家庭角色不同。每个人的性格禀赋富有差异，加之传统文化的影响，不同的家庭成员沟通和交往模式存在很大的区别。因此，在与不同的家庭成员进行沟通和交往时，我们应该采用不同的交往模式和方法，根据家庭成员的特点和关系以及具体的环境建构合适的沟通方式和交往类型。只有这样才能更好地和各个家庭成员之间保持良好的沟通和交往，营造出积极、健康的家庭关系。

♥ 补充说明

1. 这是一个比较好的建构亲情与家庭关系话题的活动，其侧重的是探讨家庭中除父母外和其他重要家人的关系和联结，是一个对探讨亲情主题关系的扩展和延伸，因而在开展该活动时一定要选在适合的时机和阶段进行。

2. 活动中，在组员开始完成习作前，导师一定要注意规则与程序的解说，重点强调"我的家庭树"图的描画，让组员理解了规则之后再开始进行。

3. 在活动的分享环节，导师也一定要注意小组中各种情绪的反应，尤其是有的组员可能会分享一些带有伤害性的事情，导师一定要注意保护好组员，以免让其受到二次伤害。

4. 另外，在分享中也有可能遇到组员阻抗的情况，导师要灵活处理和应对。

♥ 案例解析

《我的家庭树》习作

1. 我的家庭树图（见下页）
2. 我眼中的三代人：（注：性格特征和交往模式分别用3个中心词概括）
所处的历史时期、性格特征、交往模式
(1) 祖辈：<u>20世纪20年代至今</u>
<u>勤俭、节约、古板</u>
<u>被动、讲面子、教育式</u>
(2) 父辈：<u>20世纪50年代至今</u>
<u>朴素、勤劳、开明</u>
<u>积极、开放、民主式</u>
(3) 吾辈：<u>20世纪80年代至今</u>
<u>开放、创造、随性</u>
<u>积极、个性、自由式</u>

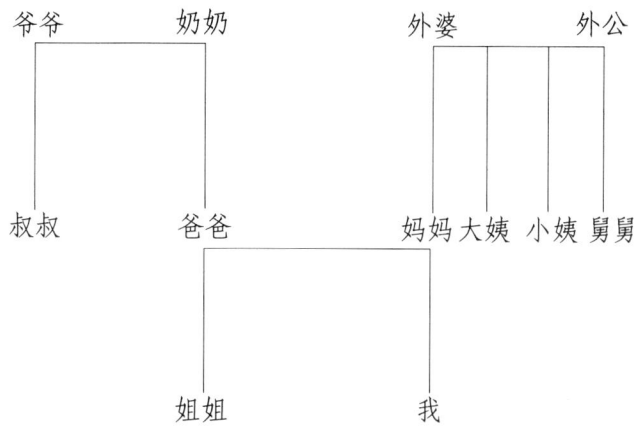

3. 家庭内对我影响重要的家庭成员（除父母外2~3人）

（1）对我影响重要的成员：

　　　　奶奶　　　　　　　外婆

（2）对我的影响：

我觉得除父母外，对我影响最大的应该是我奶奶和外婆了，尤其是我奶奶。因为我从小就是我奶奶带大的。我开始记事的时候就是和我奶奶一起生活，直到后来开始上学后才和父母一起住。奶奶对我说过的一些话我到现在还记得，她也特别特别疼我，生活上对我的关照无微不至，还有一些她做人的方式和方法也影响着我，虽然她没有对我说你要怎么样怎么样做人啊，但是她的言行深刻地影响着我。比如她特别讲信用，答应别人的事情总是会想方设法完成，我就觉得特别好，也觉得诚信很重要，这都是奶奶影响到我的。直到现在我也还觉得奶奶是我生命中很重要的一个人，她对我的许多影响甚至可能是一生的。

以上是一个组员完成的《我的家庭树》习作，在习作中，我们可以很清楚地看到组员描绘的家庭树结构图。通过图示的过程，组员可以进一步梳理一下自己的家庭结构，并对自己的家庭成员有进一步的认识和感触。该组员描述了一个在其生命过程中对他影响很重要的人就是奶奶，包括是如何影响其成长和发展的。在我们每个人的生命中，除了父母亲外，还有很多人对我们的生命成长和发展有着重大关系和影响，只是很多时候我们不曾去梳理这些关系和忽视了这些情感的存在。当我们有机会清晰地梳理这些生命中的重要他人和重要关系时，我们会赫然发现生命的丰富和多元，以及自我的来源和许多行为、习惯、情绪等存在的缘由。因为这些，我们会更多地对我们生命中的家人感恩和感谢，因为他们的存在，让我们的生命变得更美丽和多彩。

第四章
人际互动

游戏一　身体认字
游戏二　说句奉承话
游戏三　快枪手
游戏四　爱在指尖
游戏五　你说我画
游戏六　心有千千结
游戏七　巧过地雷阵
游戏八　朋友大拍卖
游戏九　最少的脚
游戏十　多元排队

第四章 人际互动

游戏一　身体认字

❤ 游戏目的

1. 加强团队合作，凝聚小组动力。
2. 训练组员仔细观察、准确表达的能力。

❤ 游戏导入

播放歌曲《众人划桨开大船》：

　　　　一支竹篙呀，难渡汪洋海
　　　　众人划桨哟，开动大帆船
　　　　一棵小树呀，弱不禁风雨
　　　　百里森林哟，并肩耐岁寒，耐岁寒
　　　　一加十，十加百，百加千千万
　　　　你加我，我加你，大家心相连
　　　　……

❤ 人员与场地

人数不限，可以在大组内进行；最好在室内。

❤ 游戏道具

无。

❤ 规则与程序

1. 组员们分成2~3人一组。可自由组合，也可由导师来分。
2. 导师让各小组随机抽取早已准备好的字，给每组5~10分钟时间准备，完成准备的小组可以依次上台表演，其他同学来猜。
3. 组员可以一起合作，也可以由一个人表演出这个字，其他同学来猜。

❤ 解说要点

1. 这是一个热身的小游戏，主要是为了调节气氛以及训练组员们仔细观察、准确表达的能力。
2. 与人合作的重要性和必要性。简单的字我们可以一个人表演，可是复杂一点的字，就需要我们和同伴合作。游戏是这样，平时的学习生活也是如此，我们不能脱离人群和环境独立生存。凭借个人的力量，我们只能完成一些简单的事情，而要办成大事，达到目标，则需要与人合作，需要同伴们无私的帮助。在接受他人帮助的同时，我们也必须伸出我们的双手，去帮助别人。
3. 要学会充分调动周围的资源。在展示字的时候，我们需要充分发挥四肢的作用，并充分利用周围的事物，这样才能形象生动地把字表达出来，给人一目了然的印象。在生活中，我们身边也有许多可以利用的资源，我们要充分调动，帮助我们驶向成功的彼岸。

♥ 补充说明

1. 一般不要选择过于简单或者过于复杂的字，最好是需要两三个人合作才能完成的。

2. 为了增加游戏的难度，可以要求表演的人不能通过语言，只能用肢体语言的方式进行交流。

♥ 案例解析

组员体验与分享：

我们组的题目是一个"柱"字，刚看到这个字时，我们都傻眼了，这样的字，用身体怎么表达啊。这边的"木"字旁很容易，关键是右边的"主"字。多亏了悦悦同学学过跳舞，身体很柔软，她在地上跨了个"一"字，作为"主"字最下面的一横，这样我们再来组成其他的笔画就容易多了。看来，一个团队真的需要各种各样的人才，每个人的力量都很有限，不可能独自完成任务，只有大家合作，才能成功。

游戏二　说句奉承话

♥ 游戏目的

1. 活跃气氛，消除组员之间的隔阂。
2. 帮助组员发掘自己和其他人身上的优点。学会如何表达对其他人的欣赏和赞扬，也让组员有机会看到自己身上的闪光之处，提升自信心。
3. 引导组员学会换位思考，加强人际交往的能力，增强小组的凝聚力。

♥ 游戏导入

故事：这是什么

有位新来的老师走进教室，在大大的白板上点了一个黑点儿。

然后，他指着白板大声问班上的学生："这是什么？"

大家异口同声地说："一个黑点儿。"

老师惊讶地问："只有一个黑点儿吗？"

"是。"

老师叹道："难道这么大的一块白板大家都没有看见吗？"

全班学生愕然。

第四章 人际互动

我们在看别人的时候，很多时候都只是关注他们身上的缺点，却忽略了那些大得多也显眼得多的优点。有时候，换个角度去看别人，一切都会变得不一样，自己会变得轻松很多，别人也会回报予你感激和欣赏。

♥ 人员与场地
人数不限。室内室外皆可，但要求场地宽阔，没有障碍。

♥ 游戏道具
无。

♥ 规则与程序
1. 每个组员在大组中找一个比自己高的人，将自己的右手放在他的左肩上，真诚地对他说："你长得比我高。"然后说出自己的感受，对方给出回应。
2. 每个组员在大组中找一个比自己漂亮的人，仍然是把自己的右手放在对方的左肩上，真诚地对他说："你长得这么漂亮。"然后说出自己的感受，对方给出回应。
3. 每个组员在大组中找一个和自己看起来最相似的人，把自己的右手放在对方的左肩上，真诚地对他说出自己选择他的理由，认真听取他的反馈。
4. 导师可以根据现场的情况，要求组员寻找"比自己温柔的人""比自己开朗的人""比自己健谈的人"等等，但注意尽量使每次的优点不是集中在同样的人身上。
5. 导师请被人搭左肩的组员出来分享感受。当有人说出对自己的赞美时，自己是什么样的感受，如果有多人给予自己赞美，自己是什么样的感受。当说出赞美的人的语气和表情有所不同时，自己的感受是否也会有所不同。
6. 导师请搭人家左肩的人来分享感受。说出来赞美的话是一件容易的事情吗？是否会期待别人的回应？这种期待是什么样的？当回应和你的预期不一样时，你的感受如何？
7. 导师请同时搭人家左肩，也被人家搭左肩的组员分享感受。给予别人赞美之词和听到别人对自己的赞美，两种感受有什么不一样？反思一下自己为什么会有这种感受。

♥ 解说要点
1. 这是一个热身小游戏，主要是为了增进组员之间的熟悉程度。通过对别人优点的赞扬，拉近人与人之间的距离。
2. 引导组员反思自身看人待物的方式。在看待他人的时候，我们总是会过多关注别人的缺点，而忽略了那些显而易见的优点。
3. 有时候，我们会觉得赞美的话听起来很肉麻，但是，当真正说出口时，却发现没有想象的那么困难。
4. 表达不仅仅局限于语言，同时还有我们的态度、表情、眼神、语气等等。每个人表达自己感受的方式会大相径庭，而听的人也不会光凭话语来做出反应，还要综合其他的身体语言来判断。

5. 不同的表达，给人的感觉会有所不同，得到的反馈也会有所不同。那些真诚的、符合实际的表达会让人听起来特别舒服，也会得到被赞美人真诚的感谢和回报；而那些敷衍了事、不切实际的赞美，却让听的人觉得格外刺耳，也就没有办法得到一个真诚的反馈，同时，还会影响两个人关系的建立。

6. 我们在听到赞美和赞美别人时的心境是完全不同的。听到赞美的时候，我们会判断对方的用意和真诚度，同时给予回应；而在赞美别人的时候，我们也同样想得到对方的回馈。因此，在和别人交流的时候，我们要学会换位思考，考虑对方的感受。

♥ 补充说明

1. 这个游戏比较适用于小组建立初期。这时候组员之间不太认识，感觉陌生，通过这种发现优点，说句奉承话的方式，可以增进组员之间的了解和感情，有利于团队的建设。

2. 这个游戏很简单，也很易操作，重点在于导师的引导。在游戏过程中，要注意尽量使每次被赞美的人不一样，这样让更多的人有所体会。同时，也不要忽略那些从来没被赞美过的组员，关注他们的感觉和情绪。

3. 还可以选择其他方式来进行"说句奉承话"的环节，比如贴纸条、写信等等，方式可以多种多样。

♥ 案例解析

组员体验与分享：

组员1：其实我在班上成绩也不算特别好，反正不拔尖，中等偏上吧。但是没想到在找一个比自己聪明的人的时候，会有好几个同学把手放在我肩上，这其中还包括高威，他平时的成绩可比我好多了，让我觉得挺意外的。不过他们都说是因为平时看我的想法挺多的。尤其是李定，他对我说他的成绩都是靠努力学习得来的，所以他很羡慕我兴趣那么广泛，成绩还能保持中上游。

组员2：在找一个比自己温柔的人时，我选择了薇薇，大家都觉得不可思议，因为薇薇看上去挺粗枝大叶的。其实我以前的想法和大家一样，觉得她是一个大大咧咧，很自我的人。可是那天我有些感冒，嗓子难受在咳嗽时，她主动把自己的水给我喝，我觉得挺感动，因为平时我和她不是特别要好。因此，我觉得她其实就是一个很温柔的人。

游戏三 快枪手

♥ 游戏目的

1. 活跃团队气氛，消除组员之间的隔阂。

第四章 人际互动

2. 集中组员注意力，帮助组员之间相互记忆名字，增进组员之间的熟悉程度。

3. 训练组员的反应能力。

4. 在促使组员彼此熟悉的基础上，加强团队合作。

❤ 游戏导入

故事：熟悉与抱怨

我有一个朋友住在某个航天中心附近，附近的景色非常怡人。我问他："住在这么风景秀丽的地方，还能经常观看发射航天飞机，一定非常有意思吧？"

他说："我极少去海边。我甚至懒得迈出家门去看发射航天飞机。"

"你在开玩笑吧？为什么？"

他淡淡地说："我已经见过很多次了，没什么好稀奇的。"

生活中，也是如此：有很多我们熟悉和亲近的人，我们几乎天天都能见到他们。当我们天天能见到他们的时候，我们就慢慢地忽略他们；当我们忽略他们的时候，我们就很少再去欣赏他们；当我们很少欣赏他们的时候，我们就很少感激他们；当我们不再感激他们的时候，也许对他们的抱怨就开始了。

我们虽然在一个学校、一个单位，天天见面，但有可能我们从来都是点头之交，我们不知道别人的喜好，甚至连他们的姓名都不知道。事实上，他们在我们的生命中扮演了十分重要的角色，也许只要多迈出一步，就能成为最好的知己。

❤ 人员与场地

30人以下，可以大组进行；30人以上可以分两拨同时进行。室内室外皆可，但最好能保持周围安静，不要有明显的噪声。

❤ 游戏道具

无。

❤ 规则与程序

1. 全部组员平均分成两组，面对面，一对一地站成两排，中间约隔两米。

2. 两个面对面的人相互通报自己的名字，必须让对方听清各自的名字。

3. 导师可以走到任意两个人的身边，高声喊："一、二、开枪"。"开枪"口号出口，面对面的两个人以最快的速度准确叫出对方的名字，并同时用手指做出开枪的手势。速度慢者则被叫到对方组，成为对方组的人。

4. 所有在场的其他组员作为评判员，帮助导师判断谁先谁后。争议太大时，可以再来一次。

5. 最后看哪个组剩的人多。时间允许的话，尽量使每一对都有机会"开枪"，让大家体会参与的喜悦。

6. 若想增加游戏的难度，可将对面站立的两排人从头到尾依次编号，1号对1号，2号对2号……依此类推。导师喊"8号"，排在8号的两个人互喊对方名字，

103

慢的一方被叫到对面。剩下的人往前替补，形成新的面对面组对。因为每个人对面的人都可能变动，而且导师喊的号码是随机的，增加了游戏的难度和趣味性。

♥ 解说要点

1. 这是一个热身小游戏，主要是为了增进组员之间的熟悉程度，没有胜负之分。

2. 第一种规则下，组员只需要记住对面那个人的名字就可以了。第二种规则下，由于人数是不断递补的，组员对面的人是不断变化的，这就要求组员尽量记住所有其他组员的名字。通过这样的强记训练，组员在游戏间记住了很多人的名字，大家的距离一下子就拉近了。

3. 由于组员之间并不是全部相互认识，在游戏的过程中就需要其他组员的帮助，需要和大家多沟通，多交流。游戏中我们发现，不管对面的人我们认不认识，总会有组员过来反复提醒。如果我们在组内发出疑问，大家也会热心地帮忙解答。这就是团队的力量。

♥ 补充说明

1. 一般来说，有些人的名字是比较顺口、大众的，另一些人的名字是比较拗口、难以记住的。在组员相互之间都比较陌生的组里，为了避免组中出现有同学的名字被叫不出来的尴尬，可以在每个组员的胸前挂上名字牌。

2. 有组员的名字特别拗口，或者比较少见，总是被人叫错或颠倒顺序，可能会使他本人感到尴尬。这时候可以鼓励他换个角度想问题，因为正是这样的名字，记住了以后就再难以忘记，其实是一件很好的事情。

♥ 案例解析

组员体验与分享：

也不知道为什么，一开始我对面站的是不认识的人，我反而能反应迅速，一叫一个准，后来，我对面站的是刘佳，我和他特熟，所以一点儿也不在意，觉得反正那名字就在嘴边上挂着，没想到导师一声令下的时候，我却忽然有了片刻的迟疑，就这么一小会儿，反倒被他抢了先。

有时候我们对自己不熟悉的人和事很在意，很认真对待；而那些我们了如指掌的朋友和事情，我们却听之任之，忽视他们对我们的重要作用。就在这迟疑和忽视间，我们错失了良机。幸好这只是个游戏，但是我们在生活中，是不是也是如此呢？

第四章 人际互动

游戏四 爱在指尖

♥ 游戏目的

1. 活跃气氛,帮助组员之间互相了解和认识。
2. 引导组员了解人际交往的真谛,明白有付出才有回报的道理。
3. 使组员了解人们在选择朋友时,会有独特的期待和标准。
4. 学会人际交往的技巧,只有开放自己、包容他人、愿意付出,才能得到朋友。

♥ 游戏导入

播放歌曲《找朋友》:

找呀找呀找朋友,找到一个好朋友,敬个礼,握握手,你是我的好朋友,再见!

……

♥ 人员与场地

10人以上。室内室外都可以,但要保证周围空旷,没有障碍。

♥ 游戏道具

轻快的音乐。

♥ 规则与程序

1. 将所有组员平均分成两组,先让一组的同学围成一个圆圈,再让另一组的同学分别站在已经围成了圆圈的同学的身后,围成一个外圈。然后,里圈的同学全部转过身来,与外圈的同学相对面站。

2. 所有人听从导师的命令,当导师发出"手势"的口令时,组员做出相应动作,即向面对自己而站的另一名组员伸起自己的手指。其中:

(1) 伸出1个手指表示"我目前还没有与你做朋友的打算";

(2) 伸出2个手指表示"我愿意初步认识你,和你做个点头之交的朋友";

(3) 伸出3个手指表示"我很高兴能与你相识,并且对你印象不错,希望能对你有进一步的了解";

(4) 伸出4个手指表示"我很喜欢你,希望能与你成为好朋友。我愿意真心真意地为你着想,并与你一起共享快乐和分担痛苦"。

3. 接下来,导师发出"动作"的口令,组员则根据对面的人的反应做出以下动作:

(1) 如果两人伸出的手指数目不一样,那么你们就不需要做任何动作,只是站着不动就可以了；

（2）如果两个人伸出的都是 1 个手指，那么你们就各自把脸转向自己的右边，并重重地跺一下脚；

（3）如果两个人伸出的都是 2 个手指，那么你们微笑着向对方点点头；

（4）如果两个人伸出的都是 3 个手指，那么你们热情地握住对方的双手，并开怀一笑；

（5）如果两个人伸出的都是 4 个手指，那么你们则热情地给对方一个温暖的拥抱。

4. 每做完一次，就由内圈的组员向右跨一步，和下一个组员相视而站，继续跟随导师的口令做出相应的手势和动作。依此类推，直到外圈的组员和内圈的每位组员都完成了一组动作为止。

♥ 解说要点

1. 接纳朋友的依据。心理学专家认为，与人初次交往时，非口头语言可提供 60% 到 70% 的信息。人们在日常交际中对他人的第一印象主要来自动作、姿态、外表、目光和表情等非口头语言。同时，人们还会考虑到年龄、经验以及自己的性格特点，选择看上去与自己相似的人做朋友。

2. 将心比心。当看到对面的组员和自己做出一样的手势时，会有什么样的感觉？而当发现自己和对方手势不一样，尤其是对方伸出的手指比自己少时，又有什么样的感觉？我们在看到对方伸出的手指和自己一样，甚至比自己多时，会感到特别高兴，这也是对自己的一种肯定。但是，在看到别人伸出的手指很少，尤其是比自己伸出的手指还要少时，自己就会觉得特别有挫败感。一般来讲，大家都会希望看到对面的同学伸出尽可能多的手指，因为这在一定程度上代表了对方对自己的第一印象，也反映了自己的亲和力。在人际交往中，大家都会有一个共同的倾向，就是希望得到别人的承认、接纳和支持。但是任何人都不会无缘无故地喜欢我们、接纳我们。因此，与人交往时，我们应遵循一个交互原则，那就是想要别人喜欢我们，我们也必须喜欢他们，承认他们的价值。

3. 为了得到别人的认可，交到更多的朋友，我们首先应该主动敞开心扉，接纳、肯定、支持、喜欢别人，保持在人际关系中的主动态度，这样才能得到别人的真心相待。

♥ 补充说明

1. 导师在游戏的过程中，观察有没有那种从来没有与人握手或拥抱的组员。请他们分享自己的感受，究竟是因为自己伸出的手指总是很少？还是因为对方伸出的手指太少？鼓励这些同学进行反思和自我探索。同时，观察有没有每次都与人握手或拥抱的组员，让他们也分享自己的心情和感受。别人的拥抱是来自他们的个人魅力，还是因为他们总是会对别人抱有一种开放的态度？可以让其他的组员一起参与讨论。

2. 此游戏包含多种思想，自己依据什么对别人做出评价？如何看待自己在别人心目中的形象？如何打造与人交往时的第一印象？此游戏可以用于多个主题：自我探索、人际互动等。关键取决于导师关注的重点，并挖掘其中的思想内涵，巧妙地与组员的成长主题进行有效联结。

♥ 案例解析

组员体验与分享：

组员1：一开始的时候，我对大家的期望挺高的，很希望和大家都成为好朋友，所以我每次都伸出至少三个手指头。可是连着三次，我对面的同学不是伸出一个手指就是两个，我们只能看着对方，什么动作都不做。我心里挺有挫败感的，觉得自己怎么这么失败，真丢脸，所以后来我也只伸出一两个手指来了。只有看到那种特别热情，笑得特别甜的同学，我才伸出三个手指。

组员2：我对每个同学都伸出四个手指，因为我觉得只要我自己始终很热情，敞开心扉，就一定能找到与我同样想法的朋友。果然，我和三个同学热情地拥抱了。我一下子有了三个可以同甘共苦的好朋友了。

游戏五　你说我画

♥ 游戏目的

1. 引导组员认识良好的沟通、人际互动的重要性。
2. 让组员领悟积极有效的沟通要素。
3. 引导组员清晰表达、准确回应以及学会全局思维。

♥ 游戏导入

故事：帮与不帮

有父子俩，来到一个富裕的家庭投宿，这家人对他们的态度非常恶劣，不但没有提供食物，还让他们睡在肮脏的地下室里。

睡觉之前，父亲帮这户人家修补了墙壁上的缺口。

第二天，他们来到一个穷苦的家庭投宿。这家人很友善地对待他们，虽然没有大鱼大肉款待，但还是准备了一些清粥小菜招待客人。半夜时，突然听见这家人号啕大哭的声音。原来，他们赖以为生的水牛突然死掉了。这么一来，以后该如何耕田？

父亲安慰了主人一番后，便回到房间休息。儿子问父亲："你是上知天文、下晓地理的法师，这件事应该早有预感，为什么不去阻止悲剧发生？"父亲回答："你一定很纳闷，昨天那家人态度恶劣，我还帮他们补墙，而这家人很友善，我却对他们的灾难只是安慰几句。其实，昨天我补墙是不想让他们发现墙壁后面有宝藏。而这家主人会有大劫难，我将他的劫难转移，用水牛之死代替主人之死。你

明白了吗?"

因为我们缺乏与别人的沟通,常想当然地把很多事情想象成我们自以为的样子,由此便产生了许多误会,导致了一些错误的想法和决定。可是,许多事表面上看起来是一回事儿,实际上却是另一回事儿。要发现事情的真相,我们要多与人进行有效的沟通,这样才能了解别人心里的真实想法。

❤ 人员与场地

人数不限。最好在室内。

❤ 游戏道具

样图两到三张,图形可以多样,但不要太复杂,一般选用几何图形组成的图案。每个组员派发两张A4白纸和一支笔。

❤ 规则与程序

1. 请一位组员上台(由组员推选或者自愿报名),单独看完样图。
2. 该位组员担当"传达者",对台下的组员描述图形的样子。
3. 其他组员根据他的描述画出自己理解的图形。其间不允许提问。
4. 公布样图,比较组员们画的图和样图的差别。
5. 再请另一位同组组员上台来,单独看完另一张样图。
6. 接下来由这位组员担当"传达者",向其他组员描述出图形的样子。在他描述的过程中,其他的组员可以随时提问。然后再画出理解中的图形。
7. 公布样图,比较组员们画的图和样图的差别。
8. 组员们比较自己前后画的两张图形的差别,分享感受。

❤ 解说要点

1. 交流是双向的。人际沟通是人与人之间相互传递、交流各种观念、思想、情感等信息,建立和巩固关系的过程。如果只是单纯地传达命令,表达想法,而没有人际间的互动和反馈,这些命令和想法会被错误地理解和执行,最终阻碍任务的完成,影响人们之间的关系和感情。

2. 积极有效的沟通包括以下几个要素:准确的表达、仔细的聆听、勇敢的质疑、适当的解释、适时的澄清等。第一次画图的过程中,由于我们只是单纯地执行命令,没有解释和反馈,所以大家画出的图画五花八门,与样图相去甚远。这就好比填鸭式的学习,我们只是机械记忆,没有理解,学习的效果不明显。而在第二次画图的过程中,由于加入了大家提问、反馈和澄清的环节,大家的画与样图比较接近,命令得到了很好的执行。由此可见,积极有效的沟通在学习、生活中作用巨大。

3. 我们要敢于质疑,勇于提问。在"传达者"口述样图的时候,由于语言表达和理解上的差别,很多人不是一下子就能明白他要表达的意思。这时候,就需要大家勇敢地提出自己的疑问,双方共同澄清问题,这样才有利于目标的达成。现实生活中也是一样,当我们在学习中遇到困难,遇到难题,或者在生活中对一个问题的看法与其他人有偏差的时候，我们应该勇敢地提出自己的看法，并与他人交流。这样才能取人之长，补己之短。

4. 树立全局观念，学会全局思维。很多组员在"传达者"刚刚开始表达的时候，就迫不及待地往纸上画图，后来发现所画的和"传达者"表达的有所出入，又来涂改；还有的组员一开始把前两个图形画得特别大，占据了纸上大部分的空间，后来却发现原来后面还有好多部分，却没有地方画了，最后只能画得很不成比例。由此可见，我们在做一件事情的时候，要先弄清楚整个事情，建立一个全局的意识，再着手做事，这样才不至于虎头蛇尾，顾此失彼。

♥ 补充说明

1. 这个游戏的主要思想在于带领组员体会人际沟通的渠道和技巧。游戏进行过程中，"传达者"一般都面临着巨大的挑战。尤其是在第一轮画图时，由于不允许组员提问，这时候如果"传达者"的表达不明确，使组员的图画与样图差别很大的话，就很容易遭受到组员的围攻和责难。

导师应事先对组员提出要求：要尊重他人，保持游戏过程中的安静，不能喧哗或者责骂他人。导师也要引导组员从自己身上寻找失败的原因，主动承担责任，因为"传达者"都是组员自己推选，或者经由他们认可的。

2. 用几何图形做样图，看上去很容易，因为人人都会画。但是其实很难，因为涉及大小、长度、方向等问题。因此，一些"传达者"在刚一拿到样图的时候，都觉得是小菜一碟，自信满满，可是，当他们真正开始传达的时候，却发现并不是那么一回事。不但有时候表达得词不达意，而且组员们并不能完全地理解。

♥ 案例解析

组员体验与分享：

"第一轮的时候，同学们推举我去做'传达者'，我觉得特别高兴，这代表着大家对我的信任，同时我也感到肩膀上的责任挺重的。我本来以为样图肯定是什么花花草草的东西，没想到是一堆几何图形，于是便放下心来。谁知道，几何图形一样困难，我只顾着说样图上有些什么样的图形的位置，完全忽略了它们的大小，等我想起来的时候，大家都已经画得差不多了，看到大家画得五花八门，我心里很不是滋味，觉得都是我不全盘考虑问题所致。这也给了我启示，我以后在看问题的时候，千万不能掉以轻心，不管多么小多么容易的事情，都要全盘考虑，认真对待。"

 心有千千结

♥ 游戏目的

1. 引导组员体验团体合作的真谛和力量，享受团体合作的快乐。

2. 在游戏中体会人际交往中大家的关系和信任。
3. 在游戏中感受集体的力量，认识自己在集体中的责任与作用。
4. 引导组员们体会沟通的另一种方式，不通过语言的交流，仅仅依靠表情变化、眼神的沟通来完成一项任务。
5. 学会从细节处观察别人，能准确解读对方所要表达的非语言信息。

❤ 游戏导入

故事：给小偷送礼

一位禅师独自在山中的茅屋里修行，有一天，月色皎洁，禅师离开茅屋到林中散步，就在这夜，他突然开悟了。

于是禅师喜悦地走回住处，却看见有个小偷正在光顾他的茅屋。禅师怕惊动了小偷，一直在门外等候，他知道小偷一定找不到任何东西，便把自己的外衣脱下来拿在手上。小偷一无所获，正失望地转身离开之际，看到了门外的禅师。

小偷感到惊愕不已，不料，禅师却对他说道："你走了老远的山路来探望我，总不能让你空手而归。夜凉了，你披上这件衣服走吧。"说着，把衣服披在小偷的身上。小偷不知所措，低下头溜了。

禅师看着小偷身披明亮的月光，消失在山林中，不禁感慨地说："可怜的人啊，但愿我能送一轮明月给他。"

禅师目送小偷离去后回到茅屋赤身打坐，进入了定境。

第二天，他在温暖的阳光抚触下，从极深的禅定中睁开双眼，看到曾被他披在小偷身上的外衣，已被整齐地叠好放在门口。他高兴地喃喃自语："我终于送给了他一轮明月。"

❤ 人员与场地

10人以上。室内室外都可以，但要保证周围空旷，没有障碍。

❤ 游戏道具

轻快的音乐。

❤ 规则与程序

1. 所有组员手牵手连成一个大圈，面向圆心。
2. 请组员们记住自己的左右手分别牵的是谁。
3. 松开手。音乐响起，组员们随着音乐在小范围内随意走动。
4. 音乐停，组员们站住。在不挪动位置的情况下去牵原来左右手牵的人。（如果实在够不着，可以允许稍微地挪动一些）
5. 现在手与手之间、人与人之间，结成了一个异常混乱的死结。要求在不说话、不松手的情况下把结打开。最后恢复成大家开始时手拉手围成的一个大圆圈。
6. 当出现"结"非常复杂，有人想放弃时，主持人要暗示、鼓励，一定可以解开"死结"。

第四章 人际互动

❤ **解说要点**

1. 解铃还需系铃人。游戏结束后，可以询问组员以下问题：开始时的感觉怎样？是否思路很混乱？当解开一点后，你的想法是否发生了变化？在这个过程中，你是否体会到"胜利往往就是再坚持一下"？很多组员在一开始看到这个错综复杂的大结的时候不相信它会解开。可是，随着游戏的进行，大家的心情会变得越来越轻松，到最后回归一开始的大圆圈时，大家都会忍不住欢呼起来。由此可见，真正的"结"其实在我们心中，只要我们下定决心解开心结，就一定能够达到目标。

2. 强调集体的作用。人与人关系的大结是大家共同织成的，只有集体的力量才能把它解开。我们不能放手，我们都是这个关系链里至关重要的一个部分，不可能做到与人脱节。

3. 每个人都是重要的。为了解开这个大结，有时候我们必须迁就别人的需要，有时候则需要别人来迁就我们的需要。我们需要翻身、从别人的"手结"下钻过去，或者集体跨过别人的"手结"，总之，必须大家通力合作，团结一致，才能迅速有效地解开这个结。若一意孤行，只照顾自己的想法，不可能解开人际关系的大结。

4. 思维的多样化。解开结的方法有很多种，每个人都是突破口，关键是找对方法。有时候可能还需要我们转变思维，换位思考。

5. 体验非语言沟通的作用。由于不能说话，更需要我们细致观察同伴的需要，解读同伴传达的非语言信息，留意同伴的行为语言。只有这样，才能使团队的步伐一致，目标相同，迅速完成任务。

❤ **补充说明**

1. 为了促进团队的探索与合作，使组员更好地体验游戏的内涵，导师可以把游戏设计成循序渐进的形式，如先是10人的结，再是20人的结，然后是30人的结，依此类推。或者设计成一开始可以互相交流，看组员们如何打开结，然后再规定不能语言交流，他们又是如何打开结的。比较前后的异同。

2. 此游戏包含多种思想，如何对待自己的心结，如何在团队中发挥自己的作用，如何与人合作实现目标。所以，此游戏可以用于多个主题：自我探索、团队熔炼、人际互动等。关键取决于导师关注的重点，并挖掘其中的思想内涵，巧妙地与组员的成长主题进行有效联结。

3. 很多人在做完这个游戏之后，分享的层面仅仅停留在"交流"的方式。导师应多角度引导大家，让大家能够发散思维，体会更多的游戏意义。

❤ **案例解析**

组员体验与分享：

组员1：集体中的每一个人都是重要的，"手链"中的一环乱了，就会使解开的路径生出许多障碍，就要多绕好多弯，使解开的过程变得更复杂。同时如果不懂得协作，不会顾全大局，再聪明的人，在这一团乱麻之中，也只是一只无头苍蝇，越想转得快就越被缠得紧。

组员2：一开始大家都像无头苍蝇一样，最后我们外圈的人选择蹲下来，以便让里圈的人有机会出来。看似一个小小的动作，却是我们最终能解开结的关键。蹲下去，是为了更好地站起来。我想，蹲下去在这里代表的是对团队的信任，对组员的尊重，是顾全大局，代表着从另一个角度看问题，代表着一种新的换位思考。很多时候，我们要学会蹲下去，才能很好地站起来。游戏如此，学习如此，做人更是如此。

组员3：在这个游戏中，大家都体会到了手与手相牵的那种温暖信任的感觉，而解手链时的相互配合更让大家明白了团结协作对一个集体是多么重要。

游戏七　巧过地雷阵

❤ 游戏目的

1. 建立组员间的相互信任。
2. 通过与他人的合作，培养组员的责任意识。
3. 培养组员的表达能力和倾听技巧。
4. 学会从细节处观察别人，体会到他人的需要。

❤ 游戏导入

故事：瞎子提灯笼

一个盲人到亲戚家做客，天黑后，他的亲戚好心为他点了个灯笼，说："天晚了，路黑，你提个灯笼回家吧！"盲人听后火冒三丈，说道："你明明知道我是瞎子，还给我打个灯笼照路，不是嘲笑我吗？"

这位亲戚却对他说道："你误会我了，我确实是为你着想啊。天黑路远，你在路上走，别人也在路上走，你打着灯笼，虽然你看不见，但大家可以看到你，给你让路，就不会撞到你了。"盲人恍然大悟。

我们在处理问题的时候，往往只从自己的角度考虑，而忽略了别人的看法和感受。要知道，我们和周围的人与环境是一个整体，只有我们系统地思考问题，和别人产生沟通互动，才能最好地达到目标。

❤ 人员与场地

人数不限。室内室外都可以，但要保证周围空旷，没有障碍。

❤ 游戏道具

充当"地雷"的障碍物若干。注意最好是质地柔软，没有安全隐患的物品。

♥ 规则与程序

1. 在一块地面平坦、没有障碍的空地上划出一片区域作为"雷区",雷区面积不宜太小,应在 10 平方米以上。
2. 在"雷区"内撒上各种物品充当"地雷"。
3. 组员分成两人一组,一人蒙住眼睛进入"雷区",另一人充当指挥员。
4. 由指挥员发出指令,指挥被蒙住眼睛的同伴通过地雷阵。其间"盲人"不能踩到任何东西,否则就要回到原点,重新开始。指挥员只能在线外,不能进入地雷阵中,也不能用手扶伙伴。
5. 指挥员和"盲人"角色互换,再进行一次此游戏。

♥ 解说要点

1. 学会换位思考。导师引导组员分享游戏过程中的感受。做指挥员与做"盲人"的感受分别是什么样的,有没有什么不同,为什么会有不同的感受?一般而言,"说"的人和"听"的人对一句话的理解会有所不同,感受也会有所不同。有的指挥员可能会埋怨对方"怎么那么笨",可是等到自己做盲人时,又会觉得指挥员指令不清晰,站着说话不腰疼。日常生活中,我们是不是也会有类似的感觉?这就是不同的位置和角色带给我们感受上的差异。因此,我们应该学会换位思考,学会站在对方的角度想问题。

2. 学会积累经验。有了第一次合作的经验,在角色互换后再进行游戏时有没有什么进步?为什么会有这样的进步?如果再有一次机会,我们还需再加强什么?一方面,我们有了合作的经验,加深了对彼此的了解,这使我们的沟通合作变得比较容易;另一方面,我们已有了在地雷位置上的经验,了解在这个位置上的心情感受,因而能更好地照顾到对方的情绪和需要。

3. 重视沟通的丰富性。人们在进行沟通时,语言交流只占一小部分,非语言信息发挥着极其重要的作用。而作为"盲人",无法捉摸到这些非语言信息,只能凭借指挥员的话语和说话的语气做出判断。这在一定程度上妨碍了他对指挥员话语的理解,同时,也给指挥员的语言表达能力提出了更高的要求。

♥ 补充说明

1. 这个游戏主要是为了促进团队建设,加强组员间的合作和信任,没有输赢之分,重点在于游戏中的感受,和游戏后的解说分享。
2. 为了加强小组合作,每组可以选派统一的代表,一人指挥,几人过雷阵。
3. 在游戏的过程中最好设置"安全员",以防止组员跌倒。如果是多个小组同时进入"雷区"的话,还要注意不要让大家相撞。
4. 此游戏包含多个层面的思想。比如如何与人进行沟通,在与人合作中如何体现自己的责任与对他人的信任。此游戏可以用于多个主题,导师要善于多角度挖掘游戏的内涵,巧妙地与学生的成长主题进行有效联接。

♥ 案例解析

组员体验与分享：

组员1：我刚被蒙上眼睛的时候还是挺紧张的，虽然我知道所谓的"地雷"只是一些凳子而已，可我还是怕被绊倒了。一开始的时候，听见指挥员的声音那么焦急，一会儿让我往左，一会儿往右，紧张之下，我连左右都分不清了。这时候真希望有人能扶我一把，牵着自己往前走。他却一点都不体谅我，还在那里使劲催我，我甚至都有把眼罩摘下来，甩手不玩的冲动了。不过，等到后来我做指挥员时，我才明白他当时的感受了。确实，看到人家都配合得好，走得挺快的，自己心里也挺焦急的。

组员2：我是先做指挥员，我一开始的时候想，这有什么难的，我指挥他往左往右不就可以了嘛。可是没想到他那么害怕，步子挪得特别慢，看到别的组的同学一个个超过他，我心里可着急了。还心想他真是一个胆小鬼。不过，等到我做"盲人"的时候，我才知道这时候确实心里挺害怕的。好在他非常体谅我，也很有耐心，很快我就能够信任他，因此我们也很轻松地完成了任务。

游戏八　朋友大拍卖

♥ 游戏目的

1. 帮助组员厘清自己身边最看重的朋友的何种特质，更愿意与什么样的人交朋友。
2. 帮助组员探索自己的个性特点。
3. 引导组员反思自己的人际关系。
4. 使组员体会与人交往的真谛，学会更好地处理人际关系。

♥ 游戏导入

播放歌曲《朋友》：

这些年，一个人，风也过，雨也走，有过泪，有过错，还记得坚持什么？

……

♥ 人员与场地

小组内进行，8~12人为最佳。室内进行。

♥ 游戏道具

代币若干。A4白纸若干。拍卖桌一张。

♥ 规则与程序

1. 导师事先准备足够多的卡片，上面写上代表性格特点的名词，如热情、真诚、勤奋、孝顺、开朗、温柔、软弱、懦弱、自私、胆怯、狂妄等，应该有褒义词，也有贬义词。

2. 发给每位组员10张代币，每张代币面值100元，共计1000元整。

3. 导师向组员说明，每位组员手里的10张代币代表的是他的全部财产，它包括钱，也包括感情。

4. 拍卖规则：最低出价100元，每次竞价以百元为单位往上递增。出价最高者得到拍卖品。不能透支，也不能借钱给其他人。

5. 第一轮拍卖：导师不是一次性向组员介绍完所有的拍卖品，而是随机出示一张卡片，每拍完一个，再开始介绍下一个。组员们在不知道下一个拍卖品是什么的前提下，用手里的代币拍下最希望自己的朋友拥有的性格特质。可以拍下一个，也可以先后拍多个。

6. 第二轮拍卖：重新发放代币，面值和张数与第一次相同。导师罗列出所有的性格特征（可以将所有卡片挂在醒目处）。请组员根据自己希望在人际关系中表现出来的性格特质，合理分配手里的代币，买下自己最想要的性格特征。可以重复购买，但每个性格特质每人只能购买一次。不能透支，也不能借钱给其他人。

❤ 解说要点

1. 先请每个人介绍自己为什么会选择拍下这些性格特质，自己身边是否有拥有这些性格特质的朋友。有的组员珍惜身边有类似性格特征的朋友才拍下；有的组员则是因为身边没有这样的朋友，而这种朋友恰恰是自己想要的，因而觉得特别可贵。

2. 因为不知道下一个拍卖品是什么，所以当别的性格品质出现，自己又没有钱买时，会不会感到后悔。人生的路上我们会遇到各种各样的人，这是我们无法控制的，我们只能选择与不一样的人成为朋友。

3. 好朋友是长期交往的结果，我们很难一下子就遇到知心朋友，需要我们积极主动地交往。但不能求全责备，因为没有人可以一尘不染，关注朋友的关键的品质是交往中的重要态度。

❤ 补充说明

1. 这个游戏适合团体辅导的中后期，这时团队已经建立起足够的信任感，组员们能够表现出对其他人的包容和接纳。

2. 准备的性格特征卡片应在20个左右，最好有褒义词，也有贬义词。同时，最好选择那些大家所熟知、意思明确的词语，以免产生争议。

3. 拍卖过程中，导师要努力渲染拍卖时的紧张气氛，提醒组员慎重选择。

4. 由于每个人的生活背景、个人经历不同，在选择朋友时会有很大的区别，如果组员因为某些选择发生争议时，导师应及时处理。

5. 有的性格特质，如"真诚"，可能出现几个人都愿意穷尽所有的金钱来争抢的局面。这时候可以考虑把这个性格特质同时卖给他们。

心理学家曾经对影响人际关系的人格品质做过一项调查，结果发现，最受人们喜爱的人格品质有：真诚、诚实、理解、忠诚、真实、可信。

6. 对于那些总是出极少的钱来购买友谊，或者选择贬义的性格特质的组员，应着重关注他们的想法和感受。如他们出现消极的想法，应做出正面的引导。最好的方法是在团体辅导的同时或之后，能够与他们进行个别辅导。

7. 这个游戏可以适用于自我探索和人际关系处理，关键看小组活动的主题和导师的引导。

♥ 案例解析

导师手记：

这次的组员是高一学生，来自同一个班级。拍卖的现场十分激烈。在我的引导和带动下，大家都踊跃地参与到了活动中来。有的组员一开始默默无闻，但在发现自己看中的性格特质时，就会毫不犹豫地"一掷千金"；有的组员早早地用完了自己的代币，看其他人作何选择；有的组员挑选的朋友的性格特质简直和自己身上所表现出来的性格特质一模一样；有的人则选择与自己性格完全相反的朋友……

有一位组员的表现与其他人完全不同，几乎所有的性格特质，他都参与竞拍，但每次出价都不会超过200元。如果有人竞价，他就乖乖将这些"朋友"送人，绝不争抢。由于大家都是同班同学，所以他的行为立即引来其他组员的指责。

为了保证拍卖的顺利进行，我只是提醒大家请尊重别人的选择，不要妄下论断。

后来在分享时，我请这位男生说说自己的想法。他说："我觉得朋友就是越多越好，并且没有哪位朋友值得自己花出超过30%的金钱和感情去对待。"组内一片哗然，尤其是几位男同学更是指责起他来，并且说他平时就是一个这样的人，太过冷漠。

我搬出小组契约中的"尊重"和"接纳"条款，请大家安静下来，先听当事人说完。男生便解释说："我觉得我能控制的人只有我自己，我也不能左右其他人的想法，其他人也不能知道我心里在想什么。也许有时候你觉得自己很懂别人，把人家当哥们儿，其实在人家心里根本就不是那么一回事。包括我妈妈也是一样，她有时候也挺不懂我的。我觉得既然大家不可能那么交心，还不如不要把感情放在一个人身上，多交几个朋友，什么样的朋友都有，那才好呢！"

组内立即就有同学提出不同意见，有的人说那是因为他没有真诚的朋友，所以才这么说；有的同学说是因为他自己不够真诚，所以才交不到真诚的朋友；还有一个同学尤其表现出不满，因为他自己有一个哥们儿，虽然只是短短相处两年，可是一直是很好的朋友，并且觉得这份感情特别可贵……面对大家的质疑和指责，这位男生也不反驳，只是淡淡地笑着。

我再次请大家安静下来，并说道："像他说的那样，没有人比他更了解他自己，他这么说，可能有自己的考虑和想法。"然后再对男生说道，"你愿意在小组中和大家说说你的理由吗？"

男生考虑了一下，说道："要我说出来这件事其实挺难的，但是我还是愿意和大家简单地说说。以前我有一个很要好的朋友，我真的是很真诚地对待他，也为他付出了很多，甚至放弃了很多别的朋友。但是后来我发现根本就不是那么一回事，他对我的回报远远比不上我的付出。从那以后，我就觉得人应该多交些朋友，哪怕有一个人背叛你了，总还有别的朋友在你身边，使你不至于太伤心。"

大家仿佛有点理解这位男生的心情，但是仍然坚持着自己对友谊的看法。

于是我回应道："大家的经历不一样，感受也会不一样。因为他曾经被朋友背叛，所以觉得很受伤害，不敢再付出。而你们和朋友的感情都很稳定，所以对友谊充满期待。一方面，我们应该接纳组内有同学和我们的想法不一样，另一方面，我们也可以考虑他说的那些问题，是不是为我们带来了一些思索。而这位同学也应该听听大家的意见，因为一次的失败并不代表全部，毕竟在座的这么多同学都在享受友谊的美好。而且，大家都是一个班的同学，我相信只要大家真诚相待，这位同学最终能感受到你们的真心，和你们成为好朋友，到那时，没准儿他就会和你们一样，再次愿意为好朋友无怨无悔地付出了。"

这次，这位男生没有再冷漠对待，而是连连点头，其他同学也对他伸出了友好的双手。

游戏九　最少的脚

♥ 游戏目的

1. 感受团队智慧共享的重要性。
2. 让组员们学会如何在团队中找准自己的位置，发挥自己的作用，提升团体动力。
3. 体会在不断紧缩的限定条件要求下，如何激发应激反应，突破固定思维，发掘自己的潜能。
4. 体会坚持与放弃的辩证关系。

♥ 游戏导入

故事：潜力

一位音乐系的组员走进练习室。在钢琴上，摆着一份全新的乐谱。

"超高难度……"他翻着乐谱，喃喃自语，感觉自己对弹奏钢琴的信心似乎跌到谷底，消磨殆尽。已经三个月了！自从跟了这位新教授之后，不知道为什么教授要以这种方式整人。他勉强打起精神，开始用自己的十指奋战、奋战、奋战……琴音盖住了教室外面教授走来的脚步声。

指导教授是个负有盛名的音乐大师。授课的第一天，他给自己的新学生一份乐谱。"试试看吧！"他说。乐谱的难度颇高，学生弹得生涩僵滞、错误百出。"还不成熟，回去好好练习！"教授在下课时，如此叮嘱学生。

学生练习了一个星期，第二周上课时正准备让教授验收，没想到教授又给他一份难度更高的乐谱："试试看吧！"上星期的课教授也没提。学生再次挣扎于更高难度的技巧挑战。

第三周,更难的乐谱又出现了。学生每次在课堂上都被一份新的乐谱所困扰,然后把它带回去练习,接着再回到课堂上,重新面临两倍难度的乐谱,却怎么样都追不上进度,一点也没有因为上周练习而有驾轻就熟的感觉,学生感到越来越不安、沮丧和气馁。

当教授走进练习室时,学生再也忍不住了。他向钢琴大师提出这三个月来何以不断折磨自己的质疑。教授没开口,他抽出最早的那份乐谱,交给了学生。"弹奏吧!"他以坚定的目光望着学生。

不可思议的事情发生了,连学生自己都惊讶万分,他居然可以将这首曲子弹奏得如此美妙、如此精湛!教授又让学生试了第二堂课的乐谱,学生依然呈现出超高水准的表现……演奏结束后,学生怔怔地望着老师,说不出话来。

"如果,我任由你表现最擅长的部分,可能你还在练习最早的那份乐谱,就不会有现在这样的程度……"钢琴大师缓缓地说。

人,往往习惯于表现自己所熟悉、所擅长的领域。对于那些没有接触过,看似有难度的东西,我们常常不愿意去尝试。也许是因为我们害怕改变,也许是因为我们担心失败。但一旦我们向前迈出一步,连我们自己都会惊叹,原来自己还有这方面的天分!其实,这份成功的能力并不是上天赋予的,它存在于我们的身体里,我们的智慧里,只是以前我们从未去启动罢了。人确实有无限的潜力,关键在于我们的把握!

♥ 人员与场地

大组人数不限,在小组内进行,10人左右。室内室外皆可。保证场地内没有障碍。要求组员穿着适宜活动的运动装或休闲装、运动鞋或休闲鞋。身上不要佩戴尖锐的物品。

♥ 游戏道具

报纸、秒表若干,热烈的音乐。

♥ 规则与程序

导师逐步说明游戏规则与程序(待组员达成一级目标后再宣布下一级目标),并每次发给每个小组一张报纸。

1. 第一次目标:小组内全体组员以尽量少的脚站立在一张展开的报纸上,坚持10秒钟。如果有任何人的脚站到报纸以外的地方,则宣布该组的尝试失败。

2. 第二次目标:小组内全体组员以尽量少的脚站立在半张报纸上,坚持10秒钟。如果有任何人的脚站到报纸以外的地方,则宣布该组的尝试失败。

3. 第三次目标:小组内全体组员以尽量少的脚站立在1/4张报纸上,坚持10秒钟。如果有任何人的脚站到报纸以外的地方,则宣布该组的尝试失败。

4. 第四次目标:小组内全体组员以尽量少的脚站立在1/8张报纸上,坚持10秒钟。如果有任何人的脚站到报纸以外的地方,则宣布该组的尝试失败。

第四章 人际互动

5. 请大家分享游戏中的心路历程与感受。鼓励组员开动脑筋，思考如果报纸的面积继续减小，游戏是否还能继续下去？有没有小组不用脚站立，即没有一只脚站立在报纸上。

♥ 解说要点

1. 强调团队合作的力量。在这个游戏里，团队是一个密不可分的整体，任何一个人的脚落到报纸外就将预示着整个团队的失败。随着游戏的不断进行，要达到这一目标就会显得越来越难，这其中可能需要和人搀扶、和人依伴。总之，只有大家同舟共济，才能完满地达到目标。

2. 体会团体智慧的强大。引导组员思考：在一次次目标突破过程中，是什么发挥了重要作用？俗话说："三个臭皮匠，顶个诸葛亮。"一个人的智慧是有限的，集体的智慧是无穷的。在这场游戏里，我们会发现，最终我们的成功绝不是依靠某个人的智慧，而是大家智慧的结晶。

3. 能够承受失败。引导组员讨论：当一个好主意出现时，团队的表现是怎样的？如果没有人贡献自己的智慧，结果会怎么样？在团队决策过程中，我们的意见有的被接纳，有的被放弃。当意见被大家重视和接受的时候，我们会觉得很高兴；而当自己认为非常完美的建议被大家置之不理的时候，就会有一种挫败的感觉。但有时团体就是需要这样不断地冲击和妥协，才能成就整个团队的成功。

4. 敢于尝试，不断改变。有时候我们的思维被固定了，总是在一个模子里打转。究竟是什么限制了我们的思维呢？有时候，改变往往就在一念之间，尝试改变可能就会发现同样有效，甚至是更好地解决问题的方法。

5. 体会坚持与放弃。引导组员分享：当游戏看上去难以继续进行的时候，你是否想过放弃？可是当坚持到最后，大家思维得到突破，齐心协力完成了任务时，这时的心情又是怎样？工作中、生活中，当你面临坚持与放弃的选择时，你通常是怎么做的？

♥ 补充说明

1. 导师在活动过程中应注意组员的安全，防止扭伤摔伤。

2. 随着难度的增加，可以不再硬性要求在报纸上站立 10 秒钟以上，以免组员发生跌倒。

3. 导师要坚持不对组员的讨论意见发表建议、评论，但可以鼓励不断做新的尝试。

4. 这是一个很有意义的游戏。用心去做，会发现里面的很多内涵，因为它不仅需要团队的合作、集体的智慧，还需要思维的突破和放弃个人主义。

在成长的过程中，我们总会面临各种各样的挑战：社交团体扩大、责任增加、负担加重。可也正是因为这种种挑战，才使得我们不断健全心智，不断地进步。从这个游戏里，大家都能感受到智慧的分享、潜能的无限和突破的美好。由此我们懂得，在别人伸出援手、贡献个人智慧的时候，请千万记得，唯有我们怀有一颗谦卑尊重的心，同样伸出手去，分享自己的智慧，才会挖掘出我们个人和团队

的无限潜能!

♥ 案例解析

导师手记：

　　这次培训针对的是一群高二的组员。从繁重的功课中得以喘息，大家都表现得很兴奋，都积极地参与到这个游戏中来。从整张报纸到只剩1/4张报纸，大家都齐心协力，顺利地把它完成了。不过，完成的方式五花八门，有叠罗汉的；有把手撑在地上的，单脚放在报纸上的；甚至还有一个组，他们用手撑地，把脚架在后面一个人的肩膀上，如此互相联结，把报纸围在中间，结成了一个圆圈，实现了报纸上一只脚也没有的目标……

　　我真是惊叹组员们的反应速度和智慧。

游戏十　多元排队

♥ 游戏目的

　　1. 引导组员们发现沟通的真谛。沟通不仅仅在于语言的交流，更多来自情感、眼神、姿势和手势等身体动作的变化。

　　2. 学会从细节处观察别人，能准确解读对方所要表达的非语言信息。

　　3. 学会尊重和理解他人。每个人都有自己不可选择的东西，有骄傲的一面，也有沮丧的一面，这些都没有好坏对错之分。我们应给予足够的尊重和理解。

　　4. 引导组员们全面地认识自己。明白每个人都是多方面呈现的，看的角度不一样，比较的东西不一样，在人群中的位置也会不一样。引导组员学会悦纳自己和他人。

♥ 游戏导入

故事：扫阳光

　　有兄弟二人，年龄不过四五岁，由于卧室的窗户整天都是密闭着，他们认为屋内太阴暗，看见外面灿烂的阳光，觉得十分羡慕。兄弟俩就商量说："我们可以一起把外面的阳光扫一点进来。"于是，兄弟两人拿着扫帚和簸箕，到阳台上去扫阳光。

　　等到他们把簸箕搬到房间里的时候，里面的阳光就没有了。这样一而再，再而三地扫了许多次，屋内还是一点阳光都没有。正在厨房忙碌的妈妈看见他们奇怪的举动，问道："你们在做什么？"他们回答说："房间太暗了，我们要扫点阳光进来。"妈妈笑道："只要把窗户打开，阳光自然会进来，何必去扫呢？"

　　我们埋怨屋里光线暗淡，却忘记了正是它为我们提供了遮风挡雨的屏障。我们力求完美，总希望得到没有的东西，挖空心思，费尽力气，却忽略了得到它们的最好办法。敞开自己的心灵，不再拘泥于原来的想法。上帝为你关了一扇门，却会为你开启一扇窗。唯有感恩已有的一切，悦纳已有的一切，才能开启自己的心灵之门，拥抱灿烂的阳光。

❤ 人员与场地

30~50人，活动中有分组，8人左右一组；室内。保持室内宽敞，没有障碍。

❤ 游戏道具

轻快的音乐。

❤ 规则与程序

第一轮：

1. 以身高为指标排成一队。个子矮的站在前面，个子高的站在后面。
2. 排队期间不许说话，不能书写，只能用手势或者其他非语言交流方式。
3. 要求不能出现错误。排好队后要进行检查。
4. 大家在小组中分享过程中的感受。是用什么方法进行交流的？交流是否有效？是否能很快就清楚明了彼此想要表达的意思？小组中有没有起关键作用或者指挥作用的个人？被指挥时大家的感受如何？

第二轮：

1. 以年龄大小为指标排队。年龄小的站在前面，年龄大的站在后面。
2. 排队期间不许说话，不能书写，只能用手势或者其他非语言交流方式。
3. 要求不能出现错误。排好队后要进行检查。
4. 大家在小组中分享过程中的感受。这一次的交流和上一次相比有没有不一样的地方，大家是否感觉比以前更为默契，大家有没有什么新奇的发现。（比如没想到这个组员看起来年龄很小，其实年龄比我大，或者平时看上去像个大哥哥或者大姐姐，比较关心照顾别人的同学，其实年龄很小。）

第三轮：

1. 以体重为指标排队。体重轻的站在前面，体重重的站在后面。
2. 排队期间不许说话，不能书写，只能用手势或者其他非语言交流方式。
3. 大家在小组中分享过程中的感受：这一次的交流和前两次比有何不同，不同的地方在哪里，有没有人连续三次站在同一个位置，或连续两次呢。

第四轮：

综合三次排队，在小组中分享因自己的位置变化、大家沟通方式和过程的变化而带来的心路历程的变化。各组派代表在大组中分享。

❤ 解说要点

1. 强调非语言沟通的作用。非语言沟通包括面部表情、体态语言、目光接触、人际距离、衣着、身体接触等。在人际沟通中，当语言和非语言不一致时，对方主要依赖非语言信息；当其他的非语言与面部表情不一致时，对方主要依赖面部表情。由此可见,非语言沟通在人际交往中占据了相当重要的位置。

2. 用心交往,真心交流。就像在刚才的三次排队中,我们一次比一次来得得心应手,因为我们掌握了和对方非语言沟通的技巧,知道在彼此之间运用什么方式的沟通才是最有效的。

3. 学会悦纳自己,悦纳他人。每个人的生命都是一个独特的个体,以多元化的方式展现在这个世界上。在每一次排队结束后,我们会发现,每个人所站的位置都发生变化。没有一个人都始终站在最后的位置,也没有一个人始终站在最前的位置。可以说,三次排队,不会有人的位置始终如一。因为每个人都有自己的长处和短处、优势和劣势。因此,每个人都值得我们学习。

4. 用心交往,不要妄下结论。在我们排序时,很多人站的位置都出乎大家的意料。比如有的人看上去很年轻,却只是因为他长了一张娃娃脸,其实他的实际年龄相对其他人要大。有的组员平时一副老气横秋、经验丰富的样子,其实按年龄说起来,却是大家的小弟弟或小妹妹。有的人看上去挺瘦的,其实体重并不轻。这充分说明了我们在看待别人的时候不要妄下论断,很有可能我们看到的和事实不完全一样。

❤ 补充说明

1. 此游戏包含多种思想:如何采取有效的方式与人沟通?如何在团队活动中与人合作?如何突破自己,理解和尊重他人?怎样才能做到悦纳自己和身边的人?此游戏可以用于多个主题:自我探索、团队熔炼、人际互动等。关键取决于导师想强调其中的哪些主题,挖掘其中的哪些思想内涵,并巧妙地与组员的成长主题有效连接。凸显不同的主题,需要导师准备有针对性的素材,用不同的素材烘托你要聚焦的主题。

2. 这个活动最重要的地方在于分享。因为排队并不是一件很难的事情,关键是通过这件简单的事情从中领悟到的道理。很多人在做完这个游戏之后,分享的层面仅仅停留在"交流"的方式。导师应多角度引导大家,让大家能够发散思维,体会更多的游戏的意义。

3. "体重"有时候对女生而言是很敏感的字眼。尤其是一些较胖且为此自卑的女生可能会在这个过程中感觉到尴尬的情绪。导师应鼓励她们把这种情绪说出来,并让大家给予回应。最后可以正确引导大家,体重只是身体的一个方面。在不同的情况下,每个人都会分处不同的位置。我们是如此,别人亦是如此。所以我们要全面地认识自己,悦纳自己。同样地,我们也应理解他人,尊重他人。同时,还可以强调组内"保密"的原则。

❤ 案例解析

导师手记:

排队是在小组中进行的。出乎我的意料,三项排队,同学们都能很快地完成任务。按身高是最容易的,大家只需看看就找准了自己的位置。大家的交流也相对较少，个子最高和最矮的同学都在一开始就直接站到了队伍最前面和最末，而且基本上都是身高差不多的人才需要简单地交流一下。

按体重和生日有点难度，大家交流的广度有所增加。但除了个别同学排错外，完成得也比较快。当按体重排时，他们也是用很少的非语言信息交流就很快排好了。

游戏结束后，我先让刚才排错队的人说说原因，并询问他们的感受。

一个说当时没问别人，想当然地站在了那边，觉得应该差不多。在发现自己错了之后觉得挺不好意思的，因为自己耽误了整个小组。还表示以后会主动去和人交流，因为有时候自己想的东西和事实还是有些不一样的。

一个说是事先没听清楚要求，看着大家速度挺快的，就赶紧按自己的理解站到了队列里。说到底还是自己在听导师讲解规则时不认真，以后会注意。

我先感谢了他们的分享，然后向他们说明咱们的小组是为了大家成长而开展的，各个小组之间没有比较，也没有对错之分，关键是每个人都能在小组中找到自己的位置，并能有所收获。大家为团体着想的精神很值得肯定，通过大家的分享，我相信他们已经有所得。

接下来，我让小组成员一起讨论在游戏中的感想。

一位同学说，这个游戏让他体会到除了语言，还可以有别的形式实现与他人的交流，而且这种交流很有意思。

一位同学说她的感觉和这位同学不一样，因为这次游戏让她体会了一次做哑巴的感觉，有时明明说话三言两语就清楚了，可是做手势什么的就要复杂麻烦得多。

一个同学说，用非语言交流要注意方法，做得不到位会让人理解不了。

然后大家就你看看我，我看看你，似乎没有人想要继续分享。这时，我感谢了以上三位同学的分享，因为他们的感受很珍贵，相信说出了很多人的心声。接下来，我又启发道："那么，刚才有同学表达了自己的观点，有人要给他们回应吗？"

这时，一个同学表示对刚才那位体会到了做哑巴的同学的话很有感触。因为以前总是自由自在地做自己，体会不到别人的感受，这次的体验充分说明了我们应该理解尊重残疾人，因为他们真的很不容易。

这个分享有点出乎我的意料，但是大家能体会到这个层面，真的是一个很好的契机。我表示听到他的话后很感动，因为包括我自己都没有想到从中能感觉到这么温暖美好的东西。可能是这番话影响和鼓励了大家，同学们开始就尊重他人讨论了起来。从尊重残疾人，到尊重身边的每一个人。

一个女生说，一开始听到要按体重排队时，自己的压力其实是挺大的，因为自己这么大块头，肯定是女生中最重的，所以想也不想地就直接排在了女生的最末。而男生没有问她的体重，而是主动把他们自己的体重报给了她，让她选择往前站还是往后站。因此，她觉得很受尊重，也觉得很感动。

我让男同学们表达一下自己的想法，他们都有点不好意思，说自己只是觉得她肯定不希望人家问她体重，所以就主动报了，没想到自己的举手之劳，会对她影响这么大。

我首先感谢了男同学们的体贴和宽容，因为这不仅仅是对那位女生一个人的尊重，而且是对全体女生的尊重。"体重"在某些人看来的确是隐私，不去刻意打听，让他们自己选择，就是一种很好的表达尊重的方式。对"体重"这个话题如此，对其他的涉及"隐私"的敏感问题亦是如此。然后，我就此契机再次阐述了"保密"对一个小组的重要性。

同时，大家不要为自己在某一方面的与众不同而感到苦恼。因为可能在按体重排队时，你排在最后，而在其他排序时，你却站在了另外的位置。这说明，在不同的情况下，我们每个人都会处在不同的位置上。所以我们要全面地认识自己，悦纳自己，推己及人，对于别人也是这样，别人在不同的情况下，也会处在不同的位置上，我们也要能全面地了解他人，悦纳他人。

我说这些话时，同学们特别安静，我想他们已经心有所悟了吧。

第五章
团队熔炼

游戏一　背背佳
游戏二　七手八脚
游戏三　食指神功
游戏四　气球桥梁
游戏五　啄木鸟行动
游戏六　创意搭塔
游戏七　风中奇遇
游戏八　横渡硫酸河
游戏九　信任之旅
游戏十　珍珠岛救援大行动

游戏一 背背佳

♥ 游戏目的

1. 消除组员之间的隔阂,增进组员之间的了解。
2. 让组员在游戏中体会信任和合作的重要性,促进组员间的信任和合作,提升小组的凝聚力。

♥ 游戏导入

团队精神,就像一个家庭一样能够互相理解、互相帮助,把个人的优点发挥出来,把个人的缺点逐渐弥补,使整个团队趋向于完美的个体。

犹太人是一个弱小的民族,正是凭借强大的凝聚力才得以发展至今,并且成为世人瞩目的焦点。在犹太传说中有一个关于"折箭"的故事:

很久以前,一位希腊国的国王有三个儿子。这三个小伙子个个都很有本领,难分上下。可是他们自恃本领高强,都不把别人放在眼里,认为只有自己最有才能。平时三个儿子常常明争暗斗,见面就互相讥讽,在背后也总爱说对方的坏话。国王见到儿子们如此互不相容,很是担心,他明白敌人很容易利用这种不睦的局面来乘机击破,那样一来国家的安危就悬于一线了。国王一天天衰老,他明白自己在位的日子不会很久了。可是自己死后,儿子们怎么办呢?究竟用什么办法才能让他们懂得要团结起来呢?

一天,久病在床的国王预感到死神就要降临了,他也终于有了主意。他把儿子们召集到病榻前,吩咐他们说:"你们每个人都放一些箭在地上。"儿子们不知何故,但还是照办了。国王对大儿子说:"你随便拾一支箭折断它。"大王子捡起身边的一支箭,稍一用力箭就断了。国王又说:"现在你把剩下的箭全都拾起来,把它们捆在一起,再试着折断。"大王子抓住箭捆,折腾得满头大汗,始终也没能将箭捆折断。

这时国王语重心长地说道:"你们都看得很明白了,一支箭,轻轻一折就断了,可是合在一起的时候,就怎么也折不断,只有三个人联合起来,齐心协力,才会产生无比巨大的力量,战胜一切,保障国家的安全。这就是团结的力量啊!"儿子们终于领悟了父亲的良苦用心,国王见儿子们真的懂了,欣慰地点了点头,闭上眼睛安然地走了。

♥ 人员与场地

30~50人,活动中有分组;室内、室外均可。

♥ 游戏道具

无。

♥ 规则与程序

1. 先请每两个人组成一组进行。两个人先背靠背坐在地上，然后两个人的手臂扣住手臂。各组组员都准备好后，导师下达站起来的命令，各组组员依靠背靠背的支撑一起站起来。

2. 组员在站起来的过程中，扣在一起的手臂不得松开，不得借助其他的外力起立，只能依靠背部相互支撑的力量站起来。

3. 当两人站起来成功时，将两组合并为一组，以同样的方法站起来。这时，要求四个人背对背围坐成一个圆圈，相邻两人的手臂相互扣在一起。然后，听到导师的命令后，依靠背部相互支撑的力量站起来。

4. 依次类推，增加到三组、四组直至全体组员共同站起来为止。

♥ 解说要点

1. "人"字的结构是相互支撑。懂得建立一种互相帮助的人际关系。当我们学会了做人后，自然就会懂得如何与人为善，懂得如何建立一种互相帮助的人际关系。所谓"心生则种种魔生，心灭则种种魔灭"，反观我们自己，所有的困难都源于我们的性格和观念。战胜困难的过程，就是战胜自我的过程，就是融入团队的过程，也就是生命成长的过程。

2. 形成互补性的团队合作。团队的成长是一个艰难的过程，因为组成团队的每一个人都是不同的，做人从来就不是一件容易的事情，要每个不同的人变成相同的，是一件不可能的事情。但是，在团队中很多时候要求人们能力水平相当时，才能够进步。要求那些走得快的组员停下来，帮帮那些走得相对慢些的组员。达到平衡后，才能够使团队达成最终的目标。

♥ 补充说明

1. 在进行此游戏的时候，体重、身高相当的搭档完成起来比较容易一些。因此，导师在分组的时候，可以将这个因素考虑进来，这样组员在初期能够相对容易地完成任务，可以增加组员完成任务的信心。

2. 此游戏有比较多的肢体接触，在小组初期，组员之间如果不是很熟悉，利用这个游戏可以有效地消除组员之间的隔阂，增进组员之间的了解。可是，如果让组员自由选择分组的时候，就会发生只与自己熟悉的人在一起的情况，无法达到游戏的效果。因此，导师可以利用不同的方法来安排分组和排次，使比较陌生的组员之间也有接触的机会。

♥ 案例解析

组员体验与分享：

组员1：开始的时候，老师让我们自由选择分组，我当然就和我的好朋友莉莉一组了。我觉得我们两个平时就特别好，做起来也比较容易。可是，在老师发出来"起立"的命令后，我们试了好几次都没有起来。后来，老师和我说，我和莉莉的身高差得比较大，起来的时候要我们互相迁就一下，让我别使太大的劲，慢慢来，结果这次我们真起来了。看来我们之间虽然很要好，平时也有很多习惯、性格很相似，但是在我们身上仍然有很多东西是不同的，我们要有意识地取长补短，成为"和谐"的朋友。

组员2：我平时很少说话，和同学接触很少，和男生接触就更少了。当老师让自己找搭档的时候，我就在那里等着有人来找我，可是没有人来主动和我一组。最后只剩下了另外的一个男生，老师就让我们两个一组。我当时心里挺别扭的，觉得我和他也不熟悉，所以不想一起。可是，没有办法，只能硬着头皮了。不过，结果却是出乎我意料的，我的搭档很不错的。游戏开始之前，他说："我喊"一、二"，然后我们两个一起用力起来。"我点点头，按照他说的做了，没想到我们真的很成功，一下子就起来了。这真的让我很开心。

游戏二　七手八脚

♥ 游戏目的

1. 通过游戏训练组员的反应，培养在集体中如何进行决断的能力，以及共同解决问题的能力，促进团队间成员的合作。

2. 懂得在团体中合作的重要性，明确每个人在团体中扮演不同角色的意义。

♥ 游戏导入

汤石的故事

有一个装扮像魔术师的人来到一个村庄，他向迎面而来的妇人说："我有一块汤石，如果将它放入烧开的水中，会立刻变出美味的汤来，我现在就煮给大家喝。"

这时，有人就找了一个大锅，也有人提了一桶水，并且架上炉子和木柴，就在广场煮了起来。这个陌生人很小心地把汤石放入滚烫的锅中，然后用汤匙尝了一口，很兴奋地说："太美味了，如果再加上一点洋葱就更好了。"立刻有人冲回家拿了一堆洋葱。陌生人又尝了一口："太棒了，如果再放些肉片就更香了。"又一个妇人快速回家端了一盘肉来。"再有一些蔬菜就完美无缺了。"陌生人又建议道。在陌生人的指挥下，有人拿了盐，有人拿了酱油，也有人捧了其他材料，当大家一人一碗蹲在那里享用时，他们发现这真是天底下最美味的汤。

那所谓的"汤石"不过是陌生人在路边随手捡到的一颗石头。其实只要我们愿意，每个人都可以煮出一锅如此美味的汤。当你我都贡献自己的一份力量时，必将众志成城。汤石就在每个人的心中。

♥ 人员与场地

30~50人，活动中要分组，8~10人一组；空间开阔的室内、室外均可。

♥ 游戏道具

无。

♥ 规则与程序

1. 每组的所有组员的手或脚必须按照要求的数目着地，手或脚的数目是导师随机喊出的，如七只手八只脚、六只手三只脚等，要求各组根据要求完成组合和造型。

2. 在每组摆自己的造型时，要求这个组的所有组员必须参与进来，即每个组员至少有一只手或一只脚在造型中。

3. 导师从易到难，不断变换手脚着地的数目，请组员努力尝试。

♥ 解说要点

1. 给他人留个缺口。我们在小组中要圆满地完成任务，并不需要所有的人都参加。但是我们的团队是一个整体，要让所有的成员都参与进来，就要适当地留一个缺口给他人，让他人有机会展示自己。留个缺口给他人，并不是说自己的能力不强。实际上，这是一种团队合作的智慧，是一种更高层次上带有全局性的圆满。

2. 认识到自己在团队中的角色。每个人都是不同的个体，都有优点，都有自己擅长的领域，同样也都有自己的缺点，自己不熟悉的东西。一个团队能够良好地运行，就要求我们每个人发挥自己的长处，避免自己的短处，使整个团队达到最好的合作。在一个团体中，不是每个人都是主角。作为团队的成员要清楚自己在团队中的角色位置，位置没有好坏，维护团队的和谐，每个位置都不可缺少。保持良好的心态，发挥自己的作用。

♥ 补充说明

1. 导师可以根据辅导主题的需要来调节游戏的规则与程序。比如，导师如果想通过游戏使组员了解沟通的重要性，就可以将游戏安排成无声进行和有声进行两轮。在无声进行的时候，全体成员在整个过程中只能通过非语言的交流来达成一致，完成导师的要求；而在有声进行的时候，成员们可以通过语言的交流来调整手脚的数目，达到目标。再比如，导师如果想通过游戏来培养组员的领导能力，可以在游戏开始之前让组员推选出一个领导者，在导师发出指令后，组员可以根据情况来调整组员手和脚着地的情况。不过，导师在这个过程中要注意更换领导的人选，尽量让每个人都能参与。

2. 导师在组员们"摆造型"的过程中要时刻注意组员的安全，避免组员做太过高难度的动作，在必要的时候应给予一定的保护。

♥ 案例解析

组员体验与分享：

组员1：真的没有想到，大家对于导师发出的指令的理解有那么大的差别。开始的时候我们都不能说话，大家都想找个舒服的姿势站着，于是我们很久都没能凑出来导师说的"造型"。当时我心里挺气的，心里想：谁就不能收回去一只手啊！就这样大家僵持了很久。现在想想，既然当时我都意识到我们组的问题了，那如果我能够立刻收回来，那轮我们也就不会失败了。在一个集体中，总是需要有一个能够担当的人，来组织协调大家。

组员2：我们组在第一时间完成了导师的要求，可是导师却说我们失败了。我们还挺纳闷的，这时候有人意识到，我们有一个组员在一旁站着，没有参与到我们其中。虽然我觉得我们忽视了她，是我们的不对。可是，作为组织内的一员，她也应该积极地参与到我们中间来啊！作为集体的成员，我们不是都应该想着为集体争光吗？我们应该主动地在集体中承担起一定的责任，为了集体的荣誉而奋斗！

游戏三 食指神功

♥ 游戏目的

1. 集中组员的注意力，活跃气氛，消除小组初期组员之间的隔阂。
2. 体会在合作中共同达到目标的快乐，增强组员的团队意识。
3. 引导学生体会到团队中冲突的存在，并学会如何在冲突中达成一致，学会在冲突中合作。
4. 引导组员了解在团体中交流的重要作用。每个人都有自己的想法，但是在团体中我们为了达到目标，必须将不同的想法及时交流，整合为一个最好的方案，这样才能够出色地完成任务。

♥ 游戏导入

天鹅、狗和虾，一起想拉动一辆装东西的货车。三个家伙套上车索，拼命用力拉，可车子还是拉不动。车上装的东西并不算重，凭借这三个家伙的力量完全可以轻松拉走。

只是天鹅拼命向云里冲，虾拼命向水里拖，狗连方向都没有看就一直向后拉。

从这则小小的寓言中不难发现：一个团队是由不同经历、不同性格、不同思维方式以及有不同专长的人组成的。遇到某一个问题时，不同的人从不同的角度可以得出不同的结论和不同的解决方案，因此团队可能出现冲突。这恰恰也是一个团队的活力所在。一个团结的团队，不是没有冲突，而是能够化解这种冲突。正如故事中的那三个家伙，虽然拼尽了全身的力气，却没有拉动车。在一个团队陷入到问题中的时候，我们要如何才能跋涉出来，到达终点呢？在遇到冲突的时候，我们如何解决，继续前进呢？

♥ 人员与场地

30~50人，活动中两人为一组；有足够活动的空间，室内、室外均可。

♥ 游戏道具

约20厘米长的筷子（木质、塑料、竹质的均可），平均两人1根。

♥ 规则与程序

1. 将所有组员分为两人一组，每组学生要按照导师的口令共同完成下面的任务。

2. 在整个活动过程中，两个组员不允许有任何言语的交流，保持安静，用心完成。但是如果想与同伴进行交流，可以利用眼神、动作等来示意同伴。

3. 给每组派发一根筷子，派发完毕后游戏正式开始。这时候除了导师发出口令，其他所有的人都不得说话。

4. 每组的两个人面对面站立，用食指与对面的同伴一起将筷子水平支撑，两个人的手臂要伸直并保持水平，食指不得弯曲。

5. 在保持筷子不掉下来的情况下，导师可以要求组员完成以下动作：蹲下、起立、前后移动、一起跳跃、转身。

6. 游戏结束后，大家分享感受。各组代表发言，本组同学可以补充，鼓励其他组的同学提问、反馈、发表看法。

♥ 解说要点

1. 学会理解差异。每个人都是不同的个体，没有完全一样的人，也没有完全一样的想法。当我们共同完成一项任务的时候，对于任务如何完成，都会有不同的理解。在与同伴共同完成任务的过程中，我们有什么想法？他人会有什么想法？如何使不同的想法形成合力，在差异中学会彼此学习。

2. 学会合理的"妥协"。团队合作一个常见的问题就是冲突，引导组员意识到冲突存在的必然性。要求所有人都表现出一致的反应固然不可求，但是对所有的事情都不加思考、听命于一种决定也是不负责任的表现。借助于化解冲突的过程获得成长，比"没有任何想法"完成任务目标，更有现实意义和积极作用。

♥ 补充说明

1. 这个游戏适用于小组初期组内活跃气氛、增加团体内成员之间的了解、增强团体凝聚力。导师可以根据自己的实际需要操作游戏。如团体内的成员不是很了解，导师可以设计每两个人一组进行配对后，相互进行几分钟简短的自我介绍，然后再开始游戏。

2. 在学生选择每组同伴的时候，如果让学生自由选择，很多学生都会选择与自己熟悉的、关系好的同伴，这样对于团体成员之间形成开放、信任的氛围不利。为了避免这种情况的发生，导师可以在分组的时候设置一定的规则。比如，可以让学生报数后，相邻奇数同学组成一组，相邻偶数同学组成一组；也可以让男女生搭配组成一组等。

♥ 案例解析

组员体验与分享：

组员1：我平时从来都没有在意过食指。当老师说要用一根食指去与自己的同伴完成一项任务的时候，我还伸出自己的手，"思考"了一下哪根是食指。哦，原来就是这根平时只能用来按按电钮、敲敲键盘的手指。当我用它与同伴共同将筷子支撑起来的时候，觉得真的很神奇，那样细细的一根小棍子，也能被平稳地支撑起来。在完成老师下达的指令的时候，有好几次筷子就要掉到地上了，我当时有点慌张，多亏同伴动了一下他的手指的位置，让筷子重新回到了平衡的位置上，这才顺利地完成了任务。

组员2：听到游戏规则的时候，我觉得挺没有意思的。我就想：根本就不需要两个人一起嘛，就用我自己的两根手指头也可以轻松地完成啊！所以，在和同伴一起做游戏的时候，我特别心不在焉。因为前几步都很简单，只是撑着筷子、蹲下、起来，所以我们都还算是顺利地完成了。接下来，老师下令让旋转360度，我看也没看我的同伴就开始转，没想到他和我走的是相反的方向。这时，我们手上的筷子立马就掉在了地上……我当时还想：真是笨蛋，你就不会看我往哪儿转，你就往哪儿转啊！捡起筷子后，我们重新搭好在食指上，这时候我们两个都挺来气的，就又是谁也没看谁就开始转。当然，筷子又一次掉了……这时候，老师刚好宣布游戏结束了，我就甩给了他一句：你傻啊！就离开了。后来，当同学们在分享的时候，我听到大家都说要两个人相互配合才能够完成好，虽然游戏过程中不让说话，但是可以给自己的同伴一个眼神或者用手指一下就可以告诉对方自己想做什么了。我才想到，自己在整个过程中根本就没有想过我的同伴的存在，只是一味地按照自己的想法来做，是他配合我才能够完成前面的那些程序。后面的动作比较难了，只有他的配合是完成不了的，还要有我……看来，是我错了，我还对他说了那样的话，我觉得我挺过分的。

游戏四　气球桥梁

♥　游戏目的

1. 学会建立平等的合作关系。在团体中，每个人的力量不同，为了使团队能够均衡前进，要学会建立平等的合作关系。
2. 体会在为他人奉献的时候，自己也会受益。

♥　游戏导入

一粒榕树的种子偶然落在地里，它对自己生命的未来感到迷惑，抬起头来看见一棵百年的榕树——它的母亲——正昂然地站立在蓝天之下。

种子说："妈妈，您怎么能如此伟大地站立在大地之上呢？"

榕树说："这不是伟大，只是一种偶然的生成呀！我们在季节中长大，吸收雨露阳光，甚至接受狂风与闪电的考验，每一粒榕树的种子，只要健康就会长大，你也一样呀，孩子！"

种子说："可是，妈妈！为什么我一直都住在如此阴暗潮湿的土地呢？我要如何才能像您一样挺立呢？"

"首先，我的孩子，你必须要消失，把自己融入泥土里，然后发芽，变成一棵树。有一天你就能像我一样，享受蓝天、阳光与风呀！"

"妈妈，我要先消失，这多么的可怕呀！万一我融入土里，没有长成一棵树，而变成一点泥土呢？这样太冒险了，还是让我保留一半是种子，一半长成树木吧！"

种子于是做了这样的决定，只选择了一半的消失，妈妈长叹一声。不久，那榕树的种子变成泥土，完全地消失了。

生命的成长、季节的成长也是这样决然的。一个人如果没有全身心投入或融入，真实的发芽就变成不可能。放下一半的自我，不会是全然的自我。一株花如果不用全心来凋谢，就没有足够的养分长出树叶；一粒种子如果不全心来消失，就不会从最深处长出芽来。我们生活在集体中，也要像种子的萌发一样，要全身全心地融入集体之中，使自己成为集体的一部分，做到你中有我，我中有你，这样才能够在集体的成长和壮大中使自己得到发展和进步。

♥ 人员与场地

30~50人，活动中要分组，8人左右一组；开阔的室外场地为宜。

♥ 游戏道具

彩色气球若干、细线、彩笔。

♥ 规则与程序

第一轮：高速列车

1. 发给小组中的每个组员一个气球，让组员自己将气球吹起来。
2. 让小组中的所有组员在起点后排成一排，双手交叉放在胸前，每个组员之间保持20厘米左右的距离。
3. 小组导师在每两个人腰间放一个气球，前后两个组员要将气球夹在腰间，不能掉落在地上。
4. 导师发布"开始"命令后，组员必须夹着气球走至终点。在这个过程中，组员的手不得接触到气球，否则视为犯规。
5. 在途中若有气球掉下，整个队伍必须全部回到起点重新开始。

第二轮：环形大桥

1. 让小组中所有组员围坐成一个圆圈，每个组员之间保持一定的距离以保证能夹上气球。
2. 小组导师给每个组员之间都夹上已经吹好的气球，夹好气球后，组员的双手要交叉放到背后。
3. 导师发出"起立"的命令，组员在保证气球不掉落的情况下站起来。

4. 接下来，组员根据导师发出的各种命令完成规定动作，如，顺时针或逆时针转动、蹲下、起立等。

第三轮：彩云追月

1. 让组员把自己的气球吹好，并用彩笔在气球上做出记号，在统一口令后一起抛向空中。

2. 组员要保证自己小组的所有气球都不能掉落在地上。不过，组员不能碰到自己的气球，但可以碰其他的气球。

3. 在全体组员的共同努力下，能够维持气球在空中时间最长的一组为胜利。

♥ **解说要点**

1. 学会相处与合作。

2003年8月，在经过6个月的历险和恐惧之后，发生在撒哈拉沙漠的15名欧洲游客被绑架事件最终得以解决。14人活下来，只有德国女游客米歇尔·施皮策未能幸免。回顾整个被绑架的过程，米歇尔的死并非偶然，从某种程度上说，是她不能很好地与人相处和合作，导致了她的死亡。

在这次死亡之旅中，与旅客及绑架者相处、合作显得格外重要，个人的阅历和魅力决定了自己在这个群体中与人相处与合作的能力，确定了自己在这个群体中的位置。米歇尔倔强的个性和不合作的态度，使她在这个群体受到严重的孤立。米歇尔不相信任何人，经常与同伴发生冲突，起因都是一些鸡毛蒜皮的小事。绑架者都是些极端分子，他们对被绑架者提出诸多要求，如戴头巾、穿外套之类的要求，只有米歇尔不合作。在同伴一次次的苦劝而毫无结果的情况下，米歇尔与同伴越来越疏远，不得不一个人待着，大多数时候她孤立地躺在毛毯上唉声叹气、自言自语。由于米歇尔与旅伴的情感距离越来越大，就连绑匪在她再次不听话的举动之下，也产生了放弃她的想法。

米歇尔无声无息地死了，群体（包括绑匪）变得更加融洽、更加照应，这一点从绑匪和人质照片中的笑容中可以看出来。人质马克·海迪说："这并非米歇尔终于不再使我们神情紧张，而是我们已经看到，如果我们不能很好地相处和合作、同心同德，将导致更加恶劣的后果。"

相处与合作愉快，不是以廉价的吹捧和无原则的夸奖来获得的，更不是投其所好、卑躬屈膝的精神贿赂，而是建立在客观事实之上的真诚的尊重与关爱。

2. 建立平等合作的关系。与人很好地相处、合作，任何时候都是一种美德，都是社会的需要。与人友好相处、合作，可使自己的人格变得高尚，用一种豁达的心态去分享别人的成功，用一种欣赏的眼光去肯定别人，我们的人生境界会因此得以提升；与人友好相处、合作，可以建立一种健康和谐的人际关系，在一个节奏飞快的现代社会，在一个无暇沟通的生活环境中学会适应和理解，人与人之间定会多一份融洽，少一点隔阂；与人友好相处、合作，必须克服个人狭隘的心态。一个始终想着自己得失的人，一个总是对别人心存戒备的人，一个狂妄自大的人，永远不会体验到相处与合作的愉快。

♥ 补充说明

1. 在组员吹气球的时候，尽量不要将气球吹得过大，因为那样在组员之间夹气球的过程中，很容易将气球挤破，妨碍游戏的进行；同样，也不可将气球吹得过小，因为那样组员身体之间的距离太近，也不容易控制。

2. 导师在游戏操作的过程中，可以根据不同的形式排列队伍，使那些平时在组内不是很熟悉的组员能够有接触的机会。这样能够加强陌生组员之间的了解，增加组员之间的接触，有利于增强团队凝聚力。

3. 在"彩云追月"环节，导师可以根据不同的主题来进行设计和修改。比如说，导师可以让组员用彩笔在自己吹起来的气球上写出自己的愿望或者目标，然后放飞到空中。这样可以让组员体会到，自己的理想由大家共同托起，在这其中体会团队合作、互相帮助的重要意义。

♥ 案例解析

组员体验与分享：

组员1：我在吹气球的时候，就想把气球吹得特别大。吹到一半的时候，老师就提醒我说不要再吹了，差不多就可以了。可是我没有听老师的话，还是继续吹，直到我觉得不能再吹了。大家都吹好了，我的气球是最大的，当时特别有成就感。老师把气球放到我和后面的同学之间，走了没有两步，就听到"砰"的一声，感觉自己的腰上震了一下，我回头一看，我那个巨大的气球爆了。说实话，我当时挺火的，没好气地对后面的那个同学说："你就不能轻点啊！"就这样我们整个队伍不得不回去，我也得再吹一个气球。由于这次时间比较紧，我吹了两下就绑上了。这次，我们组一次就通过了。现在想想，其实我的气球爆掉了，和别人也没有关系，要不是我自己当时吹得太鼓了，也就不会这样了。感觉在这里气球就是我们每个人，在这个队伍里，不能太逞能了，只想着自己能做到什么样，还要多考虑考虑别人。就像我，如果不把气球吹那么大，我们组可能一次就过去了，也不会拖大家的后腿了。

组员2：在做那个"彩云追月"的时候，老师说不能碰到自己的气球，但是要保证全组的气球都不掉下来。我当时就特别担心自己的气球掉下来，没有同学能帮我顶上去，我就特别关心自己的那个气球，以至于我多数时候都在看自己的气球，而忘记了还要去接其他人的气球。当看到有同学将我那个快要掉下来的气球顶回去的时候，我的心里就松了一口气。有那么两次，看到我的气球快要掉下来了，我差点自己去接，不过还好有同学在千钧一发之际帮我把气球顶回到空中。在全组同学的努力下，我们组的气球在空中停留了最长的时间，取得了胜利。虽然我们赢了，可是我心里却挺不好受的。其他人都在为别人而努力着，而我当时却只是想着自己能不能保住。看到他们那么用心，我感觉挺愧疚的。那个时候，我们虽然只能顶别人的气球，看上去是在为别人而努力，可实质上我们都是在为自己而奋斗啊！

游戏五　啄木鸟行动

♥　游戏目的

1. 引导组员在游戏中体会，合作的时候要细心、耐心，不能过于急躁，否则会产生负面的效果，合作双方要有一定的默契才能够更好地完成任务。

2. 培养组员在活动中领会合作的意义。我们每个人在合作的过程中都要承担相应的责任和使命，完成好自己的职责是保证整个任务成功的基础。不仅要积极同他人配合，也要出色完成自己的任务。

3. 通过活动使组员认识到在合作过程中失误是难免的，关键是在面对失误的时候，该如何处理和调整，是推诿埋怨？还是积极寻找解决的策略？让学生在团队合作过程中建立起良好的人际互动关系。

4. 引导组员在合作的过程中积极思考，运用集体的智慧发展出更好的合作策略。

♥　游戏导入

有一则关于"两头鸟"的寓言：

从前，森林里有一只叫"共命"的两头鸟，这鸟的两个头"相依为命"。遇事向来两个"头"都会讨论一番，才会采取一致的行动，比如到哪里去找食物，在哪儿筑巢栖息等。

有一天，一个"头"不知为何对另一个"头"发生了很大误会，造成谁也不理谁的仇视局面。

其中有一个"头"想尽办法和好，希望还和从前一样快乐地相处。另一个"头"则不加理睬，根本没有要和好的意思。

现在，这两个"头"为了食物开始争执，那善良的"头"建议多吃健康的食物，以增进体力；但另一个"头"则坚持吃"毒草"，以便毒死对方才可消除心中怒气。和谈无法继续，于是只有各吃各的。最后，那只两头鸟终因吃了过多的有毒的食物而死去了。

在一个团队里工作，每个成员之间都是互相依靠、互相补充的，都是团队里不可缺少的组成部分。一旦某个成员溃不成军时，其他成员也将深受其害。因此，当团队内部出现冲突时，最好的解决方式就是合作，即双方既考虑和维护自己的要求和利益，又充分考虑和维护对方的要求和利益，并通过努力开诚布公地沟通，最终达成共识。通过这种方式，既能彻底解决冲突双方的问题，又能通过事先的约定，防止下一次类似问题的发生。

❤ 人员与场地

30～50人，活动中有分组，10人左右一组；室外场地为宜，比赛时迎面距离大于20米。

❤ 游戏道具

每人一根20厘米左右长的塑料吸管，每组橡皮筋若干根。

❤ 规则与程序

1. 每组10人分为5人对5人，相距20米迎面接力传递"虫子"。在传递的过程中只能用嘴衔着吸管传递，不能用手，如有组员犯规，将对全组进行处罚。

2. 每个组员把吸管衔在嘴里，把双手放在背后，扮成"啄木鸟"，口衔着吸管传递"虫子"（用橡皮筋替代）。

3. 正式开始之前，每组有5分钟的时间，组员共同商谈传递策略。

4. 导师发给每个组员一根吸管，组员按照规定站到起点和终点的两侧，比赛正式开始。

5. 从起点的第一个组员开始，用嘴衔着吸管钩住"虫子"，将"虫子"运送到终点。站在终点的组员要将"虫子"用衔在口中的吸管钩过来，然后运送给起点的下一个组员。在整个传递和运送的过程中都不得用手，否则视为犯规，给予惩罚。

6. 直到小组所有成员将"虫子"传递完成后，游戏结束。

❤ 解说要点

1. 沟通是合作的前提。团队合作的时候，团队成员要达成共识。要达成共识，沟通是很重要的。沟通是双向的、互动的，不是单向地、被动地传达。这需要很多时间和精力，也需要心态和技巧，但为了一个团队的成功，每一个团队成员必须学会理解，学会宽容，学会换位思考，学会服从，学会舍弃。否则，最终成为一盘散沙，随风飘尘！

2. 学会解决问题和冲突。一个团队是由不同性格、不同思维方式以及有不同专长的人才组成的，遇到某一个问题时，不同的人从不同的角度，可以得出不同的结论和不同的解决方案，因而团队可能出现冲突。这恰恰也是一个团队的活力所在。而一个团结的团队，应当不回避冲突，积极沟通，解决冲突。是像"两头鸟"那样，拼得你死我活，最后两败俱伤？还是开诚布公地解决？似乎答案很明朗，但真正陷入其中的时候，有多少人能够跋涉出来呢？每个孩子都是独立的个体，都有自己思考问题的方式，必须尊重每个孩子的想法。但是，我们也要培养孩子们在团体中学会妥协和服从的意识，因为我们每个人的生活都离不开社会环境。

3. 欲速则不达，遇事要冷静思考。"瓜熟坠地，水到渠成，蝴蝶必在蛹中痛苦地挣扎，直到它的双翅强壮了，才会破蛹而出。"老祖宗告诉我们，鸡肉要用小火慢慢地炖，才会好吃；拜师学艺，至少三年四年才会有成；任何工匠，讲究的是慢工出细活。

第五章 团队熔炼

有一则有趣的故事：

有个小孩在草地上发现了一个蛹，他捡回家，要看蛹如何羽化成蝴蝶。过了几天，蛹上出现了一道小裂缝，里面的蝴蝶挣扎了好几个小时，身体似乎被什么东西卡住了，一直出不来。小孩于心不忍，心想："我必须助它一臂之力。"于是，他拿起剪刀把蛹剪开，帮助蝴蝶脱蛹而出；可是它的身体臃肿，翅膀干瘪，根本飞不起来。小孩以为几小时之后蝴蝶的翅膀会自动舒展开来；可是他的希望落空了，一切依旧，那只蝴蝶注定要拖着臃肿的身子与干瘪的翅膀，爬行一生，永远无法展翅飞翔。

大自然的道理是非常奥妙的。小孩善意的一剪，反而害了蝴蝶的一生。从这个故事里，我们体会出"拔苗助长""欲速不达"的真谛。炖、熬、磨炼、挫折、挣扎，这些都是成长必经的过程。急于成功的人，别忘了日本名将德川家的一句名言："人生必须背负重担，一步一步慢慢地走。"

❤ 补充说明

1. 此游戏包含多种思想，如何在团队活动中与人合作？如何采取有效的方式与人沟通？如何突破自己，主动学习他人的长处？如何能够采用更好的方式达成目的？这些将锻炼同学的韧性和耐性。

2. 游戏中涉及用嘴叼着吸管相互传递的过程，在青少年时期，男女生之间有时会比较忌讳，也会觉得比较尴尬，这就可能会影响游戏的进程。因此，导师在安排游戏的时候，最好在活动开始的时候和组员探讨一下这个问题，引导组员正确地面对。另外，导师也可以将此游戏安排在小组的中后期，在小组成员之间彼此熟悉后再进行。

3. 在开始传递的过程中，组员们可能会因为着急或者没有抓住要领，经常将"虫子"掉在地上。这时候导师不要给予批评，要鼓励组员们重新再来。然后，在过程中引导组员们思考如何能够又快又好地进行传递。

❤ 案例解析

组员体验与分享：

组员1："啄木鸟"行动的游戏真是有趣极了，实在没想到，吸管、橡皮筋如此简单的道具也能带来这样大的乐趣。说到其中的启示，除了沉着冷静、团队合作、巧计巧施，还有一点我颇有感触：坚持！我注意到，许多同学其实都成功地将"虫子"送到对方"嘴里"了，喜悦之情油然而生，他们兴奋而又匆忙地想抽出自己的吸管，然而一着急，又把橡皮筋弹了出来。不是已经坚持了那么久了吗？为什么在最后关头泄了气呢，使得功亏一篑？就是缺乏坚持的精神。坚持不是一件容易的事情，因为人很容易动摇，容易受到诱惑，容易浮躁，容易宽容自己、"爱护"自己，而坚持不到最后。因此我们要记住的就是一定要坚持到底，要对得起自己和大家付出的努力。

组员2：我们组的男女比例很不协调，就我一个男生。当导师说这个游戏的规则的时候，我就觉得很郁闷，让我和一群女生做这个游戏，实在是挺让人难受的。可能是因为导师看出来了我这样的情绪，就在宣布完规则之后问我："怎么了，看你不是很高兴呢？"我就把我的想法说了。导师说："你和其他人是一个集体，如果你不参加进去那她们做得再好也没有用，我很希望你能够为大家考虑一下。虽然我知道你觉得很别扭，我相信你是可以克服的，其他人都能做到，为什么你不行呢？"导师说完之后，我们的游戏就正式开始了。虽然我上场了，可是传递的时候还是感觉有点别扭，不过还好，这个过程很快就过去了。我们组的女生个个都很细心，每个人都耐心地等待对方将"虫子"吸牢后，再松开。正是由于她们的认真和负责，我们的"虫子"一次也没有掉在地上，最终取得了不错的成绩。

游戏六　创意搭塔

♥ 游戏目的

1. 体会合作的重要性，让组员在合作中体会来自同伴的支持对于树立信心、完成任务的巨大作用。
2. 通过相互协作、支持与合作增强团队的凝聚力。
3. 体会个人角色与团队整体的辩证关系。
4. 通过活动，发掘组员的创新思维，让组员学会在实践中不断总结经验、发现创新。

♥ 游戏导入

小猴垒墙的故事

森林王国举办职业技能大赛，三个小猴比赛垒墙。比赛规则是：先把土坯垒成墙，然后在墙的外面抹上一层白色的泥，看谁垒得又快又好。

比赛开始了。

第一个小猴想，反正外面要抹一层白泥的，里面用不用泥没关系。于是他没有用泥作黏合物，就直接把土坯垒在了一起，然后在外面抹了白色的泥。在垒土坯的时候，中间还坍塌了两次，不过最后终于完成了。

第二个小猴想，反正外面要抹一层白泥的，里面好看不好看没关系。于是他用泥将土坯一块块黏合在一起垒成了墙，根本没有考虑土坯与土坯之间的咬合，然后也在外面抹上了一层白色的泥。在垒土坯的时候，中间坍塌了一次。

第三个小猴没有多想，比赛一开始他就有条不紊地开始了自己的工作。他首先把要垒墙的地方铲平了，然后开始把土坯一层一层地垒上去。在垒墙的过程中，他不仅把用来黏合土坯的泥抹得非常均匀，而且还十分注意土坯与土坯之间的咬合与连接。墙垒好以后，他也认真地在墙的外面抹上了一层白色的泥。

大约两小时后，三堵外表几乎一模一样的墙立在了大家的面前。三个小猴分别站在自己的作品前，等待评委们的评判。评委会由狐狸、小兔和从森林外面请来的老牛组成。评判从第一个小猴的墙开始，大家先围着墙转了一圈。突然，评委老牛打了个喷嚏，第一个小猴的墙应声倒塌了。吓得狐狸赶紧往旁边躲，不小心撞上了第二个小猴的墙，第二个小猴的墙也倒了，差点把小兔的脚给砸了。只剩下第三个小猴垒的墙了，老牛走到墙跟前用他那强壮的身体使劲撞去，墙依然屹立在那里。结果自然是第三个小猴得了冠军。

为什么三堵外表几乎一模一样的墙，有的使劲撞都撞不倒，有的一个喷嚏就给打倒了？其原因在于墙的内部结构不同。那么这种墙体内部不同的结构对于我们的团体有什么启示呢？下面我们来进行一个游戏，大家在游戏中体会其中的意义。

♥ **人员与场地**

30~50人，活动中有分组，8人左右一组；室内。

♥ **游戏道具**

彩色复印纸，色彩尽量丰富，纸张A4、B5均可，平均每组20张；每组一把剪刀；透明胶带一卷；可以准备背景音乐，当学生们全神贯注搭塔时播放。

♥ **规则与程序**

1. 派发每组20张彩色纸，每组一把剪刀，一卷透明胶带，活动正式开始，20分钟时间。

2. 小组成员通过共同的创意完成一个作品，其间不能说话，不能进行语言交流，通过非语言进行沟通与交流。

3. 正式开始之前，每组有10分钟的交流时间。在这10分钟的时间内，组员之间商讨如何搭塔，赋予塔怎样的含义。活动一旦开始，所有学生停止说话，房间里是无声状态。

4. 正式搭塔时间是20分钟，完成的小组思考自己的作品，并给作品起好名字，耐心等待他人完成搭塔过程，不议论，不参谋，不干扰。

5. 各组完成作品后，派一名组员介绍小组作品、创意、特色、骄人之处。特别要介绍小组是如何完成作品的，集体完成还是一人承担？想法一致还是各说各的？作品与最初的设想一致吗？一致是如何实现的？不一致是怎么导致的？你们的小组有什么优势？有什么问题？

6. 各组代表发言，本组组员可以补充。鼓励其他组的组员提问、反馈、发表看法。营造积极反馈、大胆表态、相互尊重、相互学习的群体氛围。

7. 各组之间有一名导师交换到其他组。一方面担任观察员，一方面监督组员遵守规则的情况。各组组员汇报发言之后，观察导师就所观察到的状况进行评论。

♥ **解说要点**

1. 把三堵墙分别看作三个不同类型的团队。

第一个小猴的墙代表的团队只是一个简单的人的集合体,大家相互之间几乎没有什么关系,完全被一种外在因素简单地联系在一起,成员之间几乎没有任何的沟通与协作。这样的团队没有战斗力,更谈不上什么团队精神。

第二个小猴的墙代表的团队虽然有一定的制度和原则,团队成员联合在一起,但团队成员之间缺乏有效的配合与协作,他们之间的联系与合作是被动的,是在团队制度与原则的强迫之下实现的。这样的团队也没有形成巨大凝聚力和竞争力,无法抵御和承受外来冲击。

第三个小猴的墙代表的团队不仅有保证团队运转的制度与原则,而且团队成员之间通过有效的沟通与合作紧密地凝结在一起,形成巨大的凝聚力与竞争力。他们之间的结合就像发生了化学反应,通过这种化学反应融成了一体。一旦有外界力量撞击到它的任何部分,它是以整体的力量回应的。这也正是老牛为什么撞不倒第三堵墙的主要原因。我们通常把这种凝结在一起的团队力量叫作团队精神。团队精神来源于团队成员之间的信任、沟通、协作、配合。

要打造一个优秀的团队,每一个团队成员都必须具备相互信任、沟通、协作与配合的精神,并在此基础上形成巨大的凝聚力和竞争力。在一盘散沙般的员工队伍中,即使个个都有单打独斗的高强本领,也不可能取得战无不胜的成绩。一堵推不倒的墙,其内部的结合必然是紧密、和谐的!

2. 交流的技巧和重要性。通常所说的交流,多数指的是言语交流。很多情况下,我们与人沟通的时候还要用到许多其他形式的沟通方式,比如肢体语言、文字语言等。这些都是非常重要的交流方式。在一个团队合作过程中,我们会遇到意见想法不统一的情况,这个时候就需要我们通过各种方式让团队中的其他成员了解到自己的想法,并通过商讨达到统一,再进行团队工作。

3. 个人与集体的关系。每个人都是独立的个人,都有自己的思想和意识。在一个团队中,很多人面对同一个问题,会产生不同的解决方案,最终只能采用一个最优的方式。这并不意味着否定其他成员的想法,也不意味着不尊重其他成员,而是在集体中,我们必须学会放弃、学会妥协、学会服从。

4. 思想撞出火花。虽然我们每个人的心中都拥有一座美丽的花园,我们会在自己的那座花园中开拓创新。但是,更值得我们明白的是,多个人的智慧往往更有意义,这就是所谓"三个臭皮匠顶个诸葛亮"。在这个极度强调个性张扬的社会环境中,我们同样不能抛弃集体的智慧。

♥ 补充说明

1. 此游戏包含多种思想,如何在团队活动中与人合作?如何采取有效的方式与人沟通?如何突破自己,主动学习他人的长处?在与人互动中认识自己,发现自己的问题等。所以,此游戏可以用于多个主题:团队熔炼、潜能开发、人际互动、创新能力等。导师要大胆发挥,努力在不同的团队主题中,发掘丰富多彩的思想内涵。

2. 每个组在搭塔的过程中会遇到不同的情况。有的组可能由于设计或安排等方面原因，在游戏结束的时候塔还没有完成。这时候导师可以根据情况适当地多给点时间。不过，在大家开始分享的时候，每个组不管是否完成了，都要认真地总结分享，学会尊重、倾听他人。导师也要清醒地认识到游戏在活动的过程中只是一个载体，是否能够出色地完成并不是最重要的，组员在其中能够有深刻的体验和感悟才是最重要的。

3. 活动结束之后，导师可以让学生将活动中的作品陈列在教室内。这样，学生不仅可以随时看到自己与伙伴们共同创造的"结晶"，也可以时刻体会和感受团队的力量和作用。

❤ 案例解析

组员体验与分享：

组员1：导师说我们要分组完成一项考查创新思维和团队合作性的"搭塔"活动。每组只能利用彩纸和透明胶搭出一座纸塔。整个活动中，小组各成员之间不能用言语沟通，只能用面部表情和肢体语言来传达意图。老师的话音刚落，我们组的成员就争先恐后地讨论起来。讨论结束，开始搭塔了，整个过程寂静又紧张忙碌，我们之间只有眼神的默契、手势的指点，以及一点即通的灵犀，大家积极参与，全力以赴，通力协助。每个组员都各司其职，有的负责卷纸筒，有的负责撕透明胶，有的负责粘彩纸，整个过程都表现出和谐、井然有序。经过一番努力，我们的成果展现在大家面前。导师让每位组员表达自己在建塔过程中的感受和体会，同学们都积极主动地跟大家分享搭塔过程中的点点滴滴，他们谈到开始时的茫然和不知所措，不能言语交流时的困难和痛苦，他人不能领会自己意图时的紧张和焦虑，以及后来彼此间的默契和共同努力等，每句话都真真切切。大家在整个活动中体验到的是心灵的快乐和成长，虽然只有短短几十分钟，只是动动手指，但是作为其中的一员，可以清晰地感受到我们彼此之间努力地配合，也让我从中更深刻地体会了什么叫作"团队，协作，互助"。游戏本身只是一种动手活动，但是游戏背后的意义，以及它带给我们的思考却不仅仅只停留在表面。通过游戏，也让我认识到团队协作和人际沟通的重要性。

组员2：我在小组率先提议运用"嫦娥一号"的模型，设计类似火箭和月亮形状的"嫦娥二号"，提议很快得到了响应，有人又提议将塔镂空成太阳形状，形成"日月争辉"的寓意。于是我们开始分工协作：搭塔、建基座、做塔尖、传递胶布。最后我们成功搭建，还有人画了两只可爱的小熊猫，于是我们贴在塔尖上，寓意象征着中国。时间刚刚好，半小时内"嫦娥二号"塔顺利竣工，每个人用半分钟发表了感言。让我们都感动的是，大家在"搭塔"的过程中，虽然有意见分歧，但是能够很快地统一，听从"领导"的指挥。很多时候就是这样的，在一个团队中，不是每一个人都是领导的角色，而更多的时候我们是要做好配合的工作，但是不管做什么，我们都是为了一个目的，没有什么不甘心的。

组员3：在"搭塔"的时候，旁边同学在卷一个纸筒，我看他弄得挺慢的，就一把抢过来自己弄了。在分享的时候，导师问我："你在抢他的纸筒的时候，问过他愿不愿意吗?"我说:"那不是不让说话吗?我怎么问啊!"导师说:"我们强调不能有语言的交流,但我们可以通过其他的交流方式啊。你有没有想到对方同学的感受呢?"通过整个活动和导师的一席话让我懂得了,我的行为是很不尊重人的,在一个团队中不是只有自己的存在,同样要考虑其他人的感受!

游戏七　风中奇遇

♥ 游戏目的

1. 体会个人与团队的关系。人是社会性的动物,只有在群体中才能更好地体现出人的价值,脱离了群体的人是没有任何社会意义的。

2. 引导组员学会在困境中协作解决问题的能力,让组员在游戏中体会合作的重要性。

3. 培养组员在遇到困难的时候学会坚持,用坚定的信念和意志力克服困难的能力。我们在漫长的生活道路上,总会遇到各种各样的困难,如果我们不做任何的努力,在困难面前却步,就只能放弃最初的梦想。

♥ 游戏导入

从前有一户人家的菜园摆着一颗大石头,宽度大约有四十厘米,高度有十厘米。到菜园的人,不小心就会踢到那颗大石头,不是跌倒就是擦伤。儿子问:"爸爸,那颗讨厌的石头,为什么不把它挖走呢?"

爸爸这么回答:"你说那颗石头哦?从你爷爷的时代,就一直在那里了,它的体积那么大,不知道要挖到什么时候,没事无聊挖石头,不如走路小心一点,还可以训练你的反应能力。"过了些年,这颗大石头留到了下一代,当时的儿子娶了媳妇,当了爸爸。

有一天媳妇气愤地说:"爸爸,菜园那颗大石头,我越看越不顺眼,我在那干活的时候,老是撞到,不如改天请人搬走好了。"爸爸回答说:"算了吧!那颗石头很重的,可以搬走的话在我小时候就搬走了,哪会让它留到现在啊?"媳妇的心里非常不是滋味,那颗大石头不知道让她跌倒了多少次啊!虽然家里都不同意把石头搬走,可是她还是暗暗地下定决心,一定要把那颗大石头搬走。

有一天早上,媳妇带着锄头和一桶水来到菜园准备把石头铲除。她先将整桶水倒在大石头的四周。十几分钟以后,媳妇用锄头把大石头四周的泥土掘松……媳妇早有心理准备,可能要挖一天、两天……甚至是更长的时间吧。可是,谁都没有想到,没有几分钟就把石头挖起来了。看看大小,这颗石头没有想象的那么大,人们都是被那个巨大的外表给蒙骗了。

我们每个人的心中都怀揣着五彩斑斓的梦想。这些梦想有对现实生活和学习的期望，有对未来人生的设想和规划。你可能希望自己能够考上一所理想的大学；或许设想自己有一天将会超越比尔·盖茨；或许期望能够有个美满幸福的家庭，过着安稳幸福的日子。这些都是激励着我们在艰难的人生旅途上不断前进的动力。只是很多人都认为梦想虽然美好，但却那么的虚幻、那么的遥不可及。虽然大多数人都曾经有过美好的梦想，可很多人被那"强大"的现实所吓倒。于是，放弃心中那"最初的梦想"，宁愿安于现状。可是如果我们勇于尝试、努力改变、坚定心中的信念、抱着良好的心态，就一定可以到达理想的彼岸。那颗顽石只是我们心中的"顽石"。

♥ 人员与场地

30~50人，活动中有分组，8人左右一组；室内、室外均可，要设有3米左右高度、可供悬挂物品的设施（可以是屋顶、树木等）。

♥ 游戏道具

复印纸，最好是彩色的，A4、B5均可（也可以是明信片或卡片）；彩笔每组一盒；透明胶条每组一卷；胶水每组一瓶。

♥ 规则与程序

1. 每位组员要在纸上写下自己想写的话。在写的过程中，遵循自己的想法，不与其他组员交流。

2. 时间为10分钟。组员可以自由地发挥想象，可以写任何自己的想法，也可以用其他的形式表现出来，如图画。但是，所写、所画内容，必须为积极正向的，不得攻击他人。

3. 组员完成后，要将写着自己想法纸张折好。折叠的形式可以多种多样。

4. 在所有组员都完成上面的内容后，小组成员们要在相互协助、共同努力下，将写好的"折纸"挂到3米左右的高处。在悬挂过程中，绝对不可以借助外界其他任何工具，只能凭借小组成员自身的力量。

5. 每位组员必须通过自己的努力，亲手将自己的"折纸"挂到高处，不得由其他同学代替。在悬挂过程中，组员一定要注意自己及他人的人身安全。

6. 每位组员在其他组员的协助下将"折纸"都悬挂起来后，每位组员要再次在其他组员的协助下取下一张"折纸"，不要取自己的，只能取他人的。

7. 在将"折纸"全部取下后，组员坐下来打开"折纸"阅读里面的内容，并发表自己的感受。

8. 在每个组员都拿到自己的"折纸"后，开始分享自己"折纸"中的内容，以及在游戏过程中的感受。当时为什么在纸上写这样的内容？当导师要求每个人亲自把"折纸"悬挂在高处的时候，你是怎么想的？在其他组员协助你的时候，你是什么感受？有没有过恐惧？对于他人，对于自己，有没有过不信任？

9. 小组分享完毕后，各组可以派代表在全班分享。将小组中相互支持、相互协作的良好氛围带到全班这个大集体中。

♥ 解说要点

1. 每个人都是有能力的。我们相信每个人都有能力实现自己的目标。这不但需要自己的不断努力，也需要周围人的协助。毕竟我们自己的力量是渺小的，团队的力量是强大的。个人需要在与他人的合作中，实现自己的梦想，并帮助他人实现梦想。这是一个相互激励、彼此支持的过程。

2. 团队的重要特征是互补性，团队成员具有互补性。有这样一个故事：

一只兔子坐在山洞口打字，一只狐狸跳到他面前说："我要吃了你！"兔子说："等我把这篇论文写完也不迟。"狐狸非常奇怪："你能写什么论文？""我的论文题目是《兔子为什么比狐狸更强大》。""这太可笑了，你怎么可能比我强大？"兔子一本正经地说："不信你跟我来，我证明给你看。"他把狐狸领进山洞，狐狸再也没有出来。兔子继续在洞口打字。一只狼跳到他的面前："我要吃了你！"兔子说："等我把这篇论文写完也不迟。"狼非常奇怪："你能写什么论文？"兔子说："我的论文题目是《兔子为什么比狼更强大》。"……兔子又把狼领进了山洞，狼也没有出来。过了一会儿，兔子和一头狮子走出了山洞，狮子打着饱嗝说："你干得不错，今天我吃到了非常丰盛的美餐。"

从上面的故事中不难看出，兔子和狮子的合作是一个双赢的结局。狮子可以毫不费力地饱餐到美味猎物，而兔子呢，也因为有了狮子的保护免除了性命之危，可谓各得其所，各得其乐。在这里，缺少任何一方都不会有如此完美的结局，这或许就是团队的神奇之处。团队的一个重要特征就是互补性。古语云：尺有所短，寸有所长。每个人都有自己的长处和不足，再优秀的人也有自己的不足，再平凡的人也有自己的不平凡。在游戏中，如果只是你一个人，能够顺利完成任务吗？其他同学给了你怎样的帮助呢？在同学帮助你的时候，你心里有什么感受呢？在你帮助别人的时候，你的心里又是什么感受呢？

3. 学会尊重他人的想法。团队是一个整体，团队要有共同的思想、共同的组织。但是我们每个人都是不同的，在不同的生长环境下，我们拥有不同的生活态度、不同的价值观。我们要学会尊重他人的想法，在不同中寻求共同。这样，团队中的成员才能够和谐相处，团队才能拥有克服一切困难的力量。

♥ 补充说明

1. 此游戏在操作过程中，涉及很多组员之间的肢体接触，如果组员之间彼此感觉陌生，游戏的过程中会出现尴尬的情况，会影响游戏的完成。因此，导师要在小组中开展此游戏，要求小组成员之间彼此有一定的熟悉度，有较高的开放度，这样才能够顺利地完成任务。

2. 游戏过程中，组员会出现被其他组员托起、踩在其他组员的肩上、背上等这样危险的动作。因此，导师在布置任务的过程中一定要向组员强调安全的重要性。在游戏进行的过程中，各组导师也要时刻提高警惕，注意组员们的安全，在允许的情况下给予一定的保护，一定要确保组员是在安全的情况下开展游戏的。

3. 此游戏包含多种意义，如实现梦想、放飞祝福、学会感恩等，关键取决于导师想强调其中的哪些主题，挖掘其中的哪些需要。只要导师能够根据自己主题的需要来有针对性地准备素材，用不同的素材来烘托所要展现的主题，就可以根据不同的需要，将这个游戏运用到不同的主题中。

❤ 案例解析

组员体验与分享：

组员1：导师在讲规则的时候说，每个人都要亲自把自己的"折纸"挂到高处，听到这里，我的心里十分害怕。因为我从小就特别胆小，不敢上高的地方，所以我就想能不能不挂呢？于是，在游戏开始之后我们小组的其他同学都在积极地筹划着该如何把"折纸"挂上去，我就慢慢地向后退，暗想在大家不注意的情况下，就过去了。没有想到，我这样的举动被老师发现了。在他的询问下，我只好说了我很害怕，不想参加这次活动了。没有想到老师没有批评我，而是说：你看你们组的其他人都在想尽办法努力，难道你不想把自己的作品高高地挂起来吗？如果你很害怕，在你挂的时候，老师和同学们都会在下面保护你的，不会让你受伤。一旦你觉得不行，你随时都可以喊停。你看可以吗？要不要试一试啊？在老师的鼓励下，我决定自己试一下。当我一只脚踩在一个同学背上，感觉特别的不稳，这时候其他同学有的扶着我的胳膊，有的推着我的腰，有的伸出双手在我的周围护着我，我就没有那么害怕了，最后在所有同学的帮助下，我把自己的"折纸"挂到了高处。下来的时候，心里虽然还是有点恐惧，但是更多的却是胜利的喜悦。

在活动中，遇到这样害怕、恐高的同学是很普遍的。这时候导师要注意观察同学的情绪变化，给予积极的鼓励。让这样的同学能够克服心理上的困难，感受到团队、同伴所给予的力量，最终战胜自己，完成任务。

组员2：我开始觉得我一个人就可以把我的作品挂到高处。我的个子就很高，我还经常打篮球什么的，弹跳也特别的好。所以，在我准备挂的时候，周围有同学想来帮助我，我有点不高兴，心想：怎么？难道我自己不行吗？我就让他们都散开，说我自己可以的。然后我就跳起来，想把我的作品粘上去，可是试了几次发现不行。然后，我又后退了几步，助跑之后再跳，可是还是不行……我想，完了，我自己真的是不行了。这时候，就有同学过来说，我们一起来吧。我有点不好意思，可是为了完成任务，我还是同意了。就这样，同学们有的托着我的屁股，有的举着我的腰，我才把我的作品挂上去。我意识到，借助于集体的力量，不是否定个人的力量。个人与集体巧妙地互补才能形成最佳配合，不但使个人才华得以发挥，也可以使个人在集体的帮助下，超越个人的局限。

游戏八　横渡硫酸河

♥ 游戏目的

1. 让组员体会在困境中，只有通过团队合作才能够完成任务。
2. 学会建立良好的团队合作模式，使团队合作能够提高效率。
3. 在实践探索中培养组员探索和创新意识。

♥ 游戏导入

当年年少的长颈鹿与羊在矮小的花园门外，曾经有一段各自炫耀自己长处的对白，结果羊无法吃到探出花园墙头那肥厚的树叶，长颈鹿也无法进入花园吃到那鲜嫩的青草，各自都留下了深深的遗憾。

几年过去了，长颈鹿与羊又相遇在花园门外。

长颈鹿对羊说："羊老弟，虽然我长得高大，但是我知道我只是脖子长一些，并没有其他的长处，论英俊和速度，我比不上梅花鹿，论抗寒和耐力，我也比不上你。"

羊说："长颈鹿大哥，自从几年前我们那次相会，我就深刻认识到'尺有所短，寸有所长'，如果我总拿自己的长处和你的短处比，那我就永远也不会进步。事实上，你可以吃到树叶，这是你的长处，同时这正是我的短处。"

长颈鹿说："不同的身材有不同的用处，你身体矮小可以钻进花园门，吃到里面的青草，我却无能为力，这也是我的短处。"

在热烈友好的气氛中，长颈鹿与羊的谈话十分融洽，他们决定不计前嫌，言归于好，取长补短，联手协作，共同完成一项伟大的跨世纪工程。

这项工程就是利用纳米技术对食品成分和功能通过实验和探讨得出最科学的结论。他们在研究中发现，花园里的鲜嫩青草可以让长颈鹿的脖子长得更长，而这树上的肥厚树叶可以让羊的产奶量有大幅度提高。他们在研究中还发现，如果把树叶和青草的养分搭配起来还有返老还童、强身壮体的神奇功效。

于是，长颈鹿利用自己高高的身材，把树叶采摘下来，羊再次进入矮小的花园门，把花园里的鲜嫩青草收集过来。长颈鹿和羊通过先进的工艺对树叶和青草进行深加工，生产出营养纯正的新食物，不仅满足了他们自己的生存需要，还出口远销到东南亚和欧洲、美洲、非洲、大洋洲。望着那一捆捆外币收入，长颈鹿和羊的脸上都露出了甜美的微笑。据说下次"诺贝尔发明奖"的提名就有长颈鹿和羊，因为他们联合发明制造出"大力神牌"绿色食品。

任何事物的存在都有理由，都有其各自的优点和缺点。没有十全十美的事物，也没有一无是处的事物，我们应当尊重他人，虚心学习，学会扬长避短，利用优势更好地达到目标。

❤ 人员与场地

30~50 人，活动中有分组，8 人左右一组；室外平整开阔场地。

❤ 游戏道具

大号男士拖鞋每组一双。

❤ 规则与程序

1. 在开阔的场地上画出一条宽约 30 米的区域作为"硫酸河"，假设"硫酸河"里流淌的不是普通的水而是浓度极高的硫酸，渡河者身体的任何部分都不得接触到河水，否则将会受到严重的伤害。

2. 小组的组员要在相互协助下依次通过"硫酸河"，全部安全过河视为胜利。小组能够借助的唯一工具是一双具有防酸作用的特制拖鞋。每名组员只能同时使用一双拖鞋一次。

3. 河水是流动的，没有重力的作用下，拖鞋会随着河水的流动漂走（导师看到任何小组将拖鞋随便放到"河中"时，可以没收拖鞋，以示漂走）。

4. 给组员 5 分钟的时间，大家共同讨论渡河的策略。

5. 游戏正式开始后，中途任何一名组员不慎触到河水，视为失败，全组必须重新开始。

❤ 解说要点

1. 学会担当，勇于承担。真正的强者不一定最有力，或者最有钱，而是他对别人有多少帮助。责任可以让我们将事情做完整，爱可以让我们将事情做好。

五岁的汉克和爸爸、妈妈、哥哥一起到森林干活，突然间下起雨来，可是他们只带了一件雨披。爸爸将雨披给了妈妈，妈妈给了哥哥，哥哥又给了汉克。汉克问道："为什么爸爸给了妈妈，妈妈给了哥哥，哥哥又给了我呢？"爸爸回答道："因为爸爸比妈妈强大，妈妈比哥哥强大，哥哥又比你强大呀。我们都会保护比较弱小的人。"汉克左右看了看，跑过去将雨披撑开来挡在了一朵风雨中飘摇的娇弱小花上面。

2. 不要轻言放弃。我们的人生旅途上沼泽遍布，荆棘丛生；我们追求的风景总是山重水复，不见柳暗花明；我们前行的步履总是沉重、蹒跚；我们需要在黑暗中摸索很长时间，才能找寻到光明；我们虔诚的信念会被世俗的尘雾缠绕，而不能自由翱翔；我们高贵的灵魂暂时在现实中找不到寄放的净土……那么，我们为什么不可以以勇敢者的气魄，坚定而自信地对自己说一声"再试一次！"再试一次，你有可能达到成功的彼岸！

3. 发挥集体的智慧，我们就会拥有坚不可摧的力量，就会拥有超人的力量去完成那些看似无法完成的任务。

❤ 补充说明

1. 游戏中，导师要严格执行游戏规则，遇有小组违反规则，明知故犯，导师要积极引导他们探讨游戏的本意，引领大家对游戏的真正期待与意义进行探索。

2. 游戏的本意不强化比赛与竞争，引导组员将关注点、注意力放在自己小组的探索、突破、创造与成长上，不必以战胜其他小组为目的。

3. 此游戏包含多种思想，如何在团队活动中与人合作？如何采取有效的方式达成目的？如何有效运用资源？在与人互动中认识自己的模式，发现自己的问题等。此游戏可以用于多个主题：团队熔炼、潜能开发、人际互动、创新能力等。

案例解析

组员体验与分享：

组员1：导师宣布完游戏步骤与规则，我觉得这个游戏太容易了，就凭我这大块头，根本用不着其他同学下水，我一个人全搞定。游戏开始了，不容大家分说，我把组员一一背起来，跑着就完成了几个来回。完成后，我骄傲地告诉导师："我们组完成了。"听了我的讲述，老师不紧不慢地说："游戏规则有一条，每个人只能同时使用一次这双拖鞋。"我想都没想就说："我根本不用一双，我单脚就能把他们背过去。"我等着导师的赞美。导师让我示范了一遍，接着说："很佩服肯承担、肯献身的精神，只是不知道是不是所有人都乐于被别人背过去，他们会不会想挑战一下自己？再有，你们团队的力量如何体现？现在的团队是8个人，如果是80人、800人呢，也都由你一个人背过去吗？"我陷入了沉思。日常生活中，我习惯于冲在前，跑在前，也常常为自己的勇敢、胆识、男人气概而自豪，但我确实很少考虑别人的感受，更没想过，别人也需要挑战和成长的机会。

组员2：游戏开始后，我的脑子里只有一个念头，快点完成，赢别的组，拿第一。我根本没有记清楚导师讲到的所有规则，只记得不能同时穿一双拖鞋。这还不好办，单脚蹦着过去不就行了。于是，我安排大家每个人都单脚蹦着过去。几个来回，我们组就完成了。看着别的组，他们琢磨出很多种方式。有两人组合的，有三人组合的，有两人相互替换的，有三人相互架着的。我们组的组员羡慕地评论着，我却说，那有什么啊，关键是赢。组员小静回了我一句："做一件事只关注结果，过程索然无味，甚至令人生厌，你觉得有意义吗？""过程"与"结果"，这两个词一直盘旋在我的脑子里。

游戏九 信任之旅

游戏目的

1. 引导组员体会，在生活中，身体上的残障所带来的不同和困难，感受互相帮助与关爱。每个人都是一个完整的个体，但是在许多情况下，一个完整的个体并不能独自完成所有的事情，我们需要亲人的支持、师长的指引、同伴的陪同，才能一路向前。

2. 培养组员的沟通能力，提高沟通技巧。每个人都是一个独特的个体，都有自己的思想、自己的行为模式。但是，在一个集体中，目标只有一个，大家要共同地完成一个目标，彼此之间必须通过交流、沟通达成共识，最终有效地实现目标。

3. 体验信任对于完成任务的作用。信任是一个永恒的话题，是一种弥足珍贵的感情，信任能够让人充满力量，一个充满力量的团队，能够超越一切困难完成任务。

4. 培养组员的社会责任感。社会是我们生活的最大的团队，让组员模拟感受缺失某些社会功能时的感受，真切体会到身边、社会中他人的重要性。同时，认识到自己也是"他人"，提升组员的社会责任感。

♥ 游戏导入

一个密封的瓶子漂泊在海面上，汹涌的波涛将它拍到金色的沙滩上。恰好，被人拾起。瓶子上面书写着醒目的留言：假如您值得信任，请将瓶子原封不动投入海中。几百年过去了，一个冒失的小伙子拾到了瓶子。他按捺不住好奇心，非常想知道瓶子中的秘密。他想，不值得信任又如何？他不假思索就"砰"一声敲碎了瓶子。瓶子里面隐藏些什么？青面獠牙的恶鬼，张牙舞爪的怪兽，抑或剧毒的铁箭，浓黑的烟雾？

什么都没有，空空如也。

怅然若失的小伙子惊讶地发现，手中握着的残瓶是如此精美，简直是鬼斧神工，举世罕见。可是瓶子碎了，再不复完整，不复精致，手里握着的，只是些残存的碎片。信任瓶就是这样。破坏掉的时候，也许没什么，可是纠缠一生的痛，永远也无法弥补。

这个世界上有太多美好的事物，湛蓝的天空、澄碧的湖泊、巍峨的山峰，但是这些美好都不及我们人类彼此相互信任的美好。只有我们彼此之间相互信任、相互关爱、相互扶助，我们才能够一起到达心灵最美的花园。

♥ 人员与场地

30~50人，4人一组，适合活动的室外场地一块，设有用于跨过、绕过的障碍设施。

♥ 游戏道具

眼罩；用于捆绑双手和腿的绳子；装有饮用水的杯子；笔和A4纸若干。

♥ 规则与程序

1. 小组成员现在要共同穿越一段充满荆棘的路途（工作人员事先设计好的设有障碍的路径），在这个过程中小组成员要相互协作，共同完成任务。

2. 在任务中，每个组员都是丧失了语言能力的哑巴，要求组员在完成任务的过程中，不能说话，不能语言交流。可以有非语言的交流，比如眼神、手势等。

3. 每个小组由四个同学组成，这四个同学分别扮成三种残疾人的角色：盲人、上肢残疾者、下肢残疾者，并且这三种角色同时都是哑巴。

4. 每个小组中扮成盲人的组员戴上眼罩，确实保证眼前是全黑的；扮上肢残疾者的同学将双手用绳子捆上，小臂与手都不能动；扮下肢残疾者的同学将两个人的腿绑在一起，变成两人三足。

5. 每个小组中的组员依次排好队。队伍的顺序依次是：盲人、上肢残疾者、下肢残疾者。

6. 在穿越障碍的过程中，还要同时完成两项任务：第一，沿途会事先放置一些水，全组人员在过程中要保证每人喝到一次水（导师组提前准备好水杯，每人一个，一瓶饮用水）；第二，每个组员要在一张白纸上签上自己的名字，自己完成，不能由人代写（导师组提前准备好白纸和彩笔）。

7. 完成任务后，所有组员回到原地，鼓励每一个人谈谈自己的感受，大家共同分享在游戏过程中的所感、所想、所思。我们采用了什么办法沟通？我们是如何传递和接收信息的？我们是如何开始信任的？对于其他同伴我们有什么想法？

❤ 解说要点

1. 信任是相互的。每个人都希望得到别人的信任，每个人都应该学会去相信别人，不要用怀疑在纯真的心灵上筑上一堵高高的墙。一个人能被他人相信是一种幸福。他人能在绝望的时候想起你、依靠你更是一种幸福，这就是你在别人心目中价值的体现。信任是一种能够润泽心灵的潜流，虽然无形而轻缓，却有一种内在的力量。如同春天大地里种子的萌发，纤细的根茎能够撼动坚硬的土层；如同微小柔弱的水滴，从水滴石穿中让人们看到它的力量。

2. 团结的力量是强大的。虽然我们每个人都希望自己是一个独特的、与众不同的个体，我们渴望在团队中标新立异，渴望得到他人目光的聚焦。但是我们作为个体，在大千世界中是渺小的，很多时候我们有太多的问题、太多的困难没有能力独自去面对，这时候我们需要团结同伴、发扬团结就是力量的集体主义精神，应对困难，解决问题。

3. 科学分工、合理安排是团队制胜的武器。有这样一则故事：

在非洲大草原上，三只瘦弱的小狗正与一只高大的斑马进行一场生死搏斗。乍一看来，三只弱小的小狗很难是大斑马的对手。但实际情况是，一只小狗咬住斑马的尾巴，任凭斑马的尾巴如何甩动，都死死咬住不放；一只小狗咬住斑马的耳朵，任凭斑马如何摇头，也决不松口；一只稍显强壮的小狗咬住斑马的一条腿，任凭斑马如何踢踏，也一点不敢怠慢。不一会儿，在三只小狗的齐心攻击下，"庞然大物"斑马终于体力不支瘫倒在地，成为三只小狗的盘中餐。在一个团队中，只要措施得力，麻雀也能够撞坏飞机。每个人都发挥自己的长处，相互之间弥补自己的短处，即使再瘦弱的小狗，也能够撼动巨大的斑马。

4. 缘分是珍贵的，机会需要珍惜。我们能够在这个世界上相识相知，作为同伴共同走过生命中最美好的年华是一件非常难得的事情。

第五章 团队熔炼

♥ 补充说明

1. 此游戏操作过程复杂，对于参与者之间相互协调、相互帮助要求较高，要求整个团队具备良好的团队氛围。因此，应该在团队具备了一定的信任度之后再安排此游戏。这样才能够使组员更深刻地感受到相互信任、相互扶助给心灵深处所带来的震撼。

2. 保证组员的安全是非常重要的。游戏过程中要穿越不同的障碍，提醒组员在过程中要注意安全，每到一处障碍，导师都应该给予一定的保护和适当的提醒。

3. 由于游戏是分组进行的，有先进行的组，有后进行的组。对于后进行的组，可能对于地形和路障就有了一定的研究和策略，这样对于组员的挑战难度就降低了。因此，导师可以根据情况随时改变路障的设置，让组员们能够完全体验到未知的情况。

4. 此游戏蕴含着多种思想，如人际互动、个人在团队中的价值、交流的意义、克服困难的方法、责任意识、感恩之情，等等。因此，在辅导中导师可以根据活动的不同需要，来安排此项游戏。根据活动主题的要求，来凸显游戏中相关的思想内涵。

♥ 案例解析

组员体验与分享：

组员1：当我的眼睛被蒙上的那一刻，我的世界只剩下黑暗，唯一的希望就是我身后的同伴。感受到同伴扶着我的力量，好像在催我向前。但我的心里进行着激烈的思想斗争："怎么办？他可不可靠？他会不会给我指向错误的道路？"抬起的脚在半空中颤抖着，迟疑着，生怕踩空，怕跌倒，怕在同学们面前出丑。原来黑暗是这么的让人不知所措，一点安全感都没有。感觉时间跟我的脚一样在半空中停滞下来。这时候，身后的同学可能是看我还没有行动，就紧紧地抓了我一下，把我从沉思中拉回现实，慌乱情急之下，我把头一仰，眼一闭，在心里默喊："走！"决定把自己交给身后的同伴。我的脚步不再停留，跟着身后同伴给予的方向我干脆利落地踏步向前。整个过程中我们都不能说话，我们只能用肢体表达，向左、向右。走到障碍的时候，他会停顿一下，用特殊的肢体动作来提示我，最后在我们的共同努力下顺利地走完了全程。当我揭下眼罩的时候，我突然对光明有了新的理解，更对信任有了更深的体悟。在无助的关键时刻，我选择了信任，我把自己交给了同伴，把那份信任交给了他。如果没有同伴们的协助，我不知道路途中要跌倒多少次，不知道自己能不能顺利地完成任务。人与人之间的交往相处又何尝不是这样呢？两个相互猜疑的朋友，永远无法成为真正的好朋友；两个相互缺乏信任的合作伙伴，永远无法在事业上取得巨大的成功。我们需要彼此信任，我们需要共同协助！

组员2：在游戏中我是扮演上肢残疾者，刚开始的时候，我心里还暗暗地高兴，我觉得我能看得见，我知道前面有怎样的障碍；我能正常地走路，我不会跌倒，我可以轻松地完成全部任务。可是，当我们开始向前走的时候，我发现我错了！我前面的同学因为被蒙上了眼睛要靠我指引方向，后面的同学因为腿被绑在了一起，行走起来比较困难。我开始的时候有些心急，想尽快完成任务，于是就大步地向前走。可是，前面的同学因为看不到路，心里可能有恐惧，不敢往前走，我就踩到了他的鞋；后面的同学由于我走得太快，急于想跟上我，一不小心就摔倒了。当时，我就在想：怎么都这么笨呢！可是，看着其他的队伍都在向前，我也不能让我们的队伍就这样结束这段路程啊！于是，我调整了自己的心态，开始放慢了脚步，给前面同学指引的时候让他有思考的时间，同时也估计后面的同学，让他的手能够扶着我向前走。我们的速度放慢了，渐渐地，我们之间的配合默契了，速度也加快了。这让我体会到，在整体中要顾及别人的感受和处境，多为他人着想，彼此之间保持合适的距离，才能够共同进步。

组员3：戴上眼罩的一刹那，我的心里就慌了。那是真的无法抗拒的害怕和恐惧，从来没有想过失去光明，面对黑暗是这样的。说实话，当时我真是一步都不想走，很想放弃。可是想想身后的同伴，我不能，我必须坚持下来。于是，我艰难地迈出了第一步。走了大约有十几步的时候，我发现没有那么害怕了，我把自己完全交给了身后的同伴，他为我指引方向，做我在黑暗中的一盏明灯。虽然路是未知的，但是感觉挺有希望的！我想对一直在我身后的同伴说："有你，我就不会摔跤！"

游戏十　珍珠岛救援大行动

♥　游戏目的

1. 引导组员体会互相帮助的重要性。不仅是在别人寻求帮助的时候提供力所能及的帮助，还要学会主动帮助别人。反过来，我们也能坦诚接受别人的帮助，学会使用资源。

2. 在集体中要同心协力、同心同德。集体中的成员相互欣赏，相互信任，而不是相互瞧不起。

3. 培养组员学会如何进行时间管理、项目管理、分工协作、问题处理，在活动中发展处理此方面问题的技巧。

4. 培养组员的团队自豪感。团队自豪感是每一位团队中的成员在团队中所感受到的一种成就感，这种感觉集合在一起，就能凝聚成为战无不胜的力量。

♥　游戏导入

蚂蚁精神

什么动物最具团队精神？蚂蚁！

第五章 团队熔炼

英国科学家把一盘点燃的蚊香放进一个蚁巢。开始，巢中的蚂蚁惊恐万状，约20秒钟后，许多蚂蚁见难而上，纷纷向火冲去，并喷射出蚁酸。可一只蚂蚁喷射的蚁酸量毕竟有限。因此，一些"勇士"葬身火海。但它们前仆后继，不到一分钟，终于将火扑灭。存活者立即将"战友"的尸体移送到附近的一块"墓地"，盖上一层薄土，以示安葬。

一个月后，这位动物学家又把一支点燃的蜡烛放到原来的那个蚁巢进行观察。尽管这次"火灾"更大，但蚂蚁这次却有了经验，调兵遣将迅速，协同作战有条不紊。不到一分钟，烛火即被扑灭，而蚂蚁无一遇难。科学家认为蚂蚁创造了灭火的奇迹。蚂蚁面临灭顶之灾的非凡表现，尤其令人震惊。

在野火烧起的时候，为了逃生，众多蚂蚁迅速聚拢，抱成一团，像滚雪球一样飞速滚动，逃离火海。那噼里啪啦的响声，是最外层的蚂蚁用自己的躯体开拓求生之路时的"呐喊"，是奋不顾身、无怨无悔的"呐喊"。

在洪水暴虐的时候，聚在堤坝上的人们凝望着汹涌的波涛。突然有人惊呼："看，那是什么？"一个好像人头的黑点顺着波浪漂过来，大家正准备再近些时营救。"那是蚁球。"一位老者说，"蚂蚁这东西，很有灵性。有一年发大水，我也见过一个蚁球，有篮球那么大。洪水到来时，蚂蚁迅速抱成团，随波漂流。蚁球外层的蚂蚁，有些会被波浪打入水中。但只要蚁球能上岸，或能碰到一个大的漂流物，蚂蚁就得救了。"不长时间，蚁球靠岸了，蚁群像靠岸登陆艇上的战士，一层一层地打开，迅速而井然地一排排冲上堤岸。岸边的水中留下了一团不小的蚁球。那是蚁球里层的英勇牺牲者。它们再也爬不上岸了，但它们的尸体仍然紧紧地抱在一起。那么平静，那么悲壮！

在非洲的草原上：

如果见到羚羊在奔逃，那一定是狮子来了！

如果见到狮子在躲避，那就是象群发怒了！

如果见到成百上千的狮子和大象集体逃命的壮观景象，那是什么来了？——蚂蚁军团！

一首简单的童谣说：一个和尚挑水喝，两个和尚抬水喝，三个和尚没水喝；一只蚂蚁来搬米，搬来搬去搬不起。两只蚂蚁来搬米，身体摇来又晃去。三只蚂蚁来搬米，轻轻抬着进洞里。并不是那三个和尚真的不如三只蚂蚁，而是，那三个和尚都自己顾自己、怕吃亏、不负责任、不合作。而蚂蚁的巨大力量来源于团结合作。人类有了合作，世界才能发展到今天；自然界有了合作，大自然才能欣欣向荣。

♥ 人员与场地

30~50人，10人左右一组，适合活动的开阔场地一块。

♥ 游戏道具

用于搭建岛屿的凳子若干张、眼罩若干个、两块木板（大约宽0.2米，长3

米)。

规则与程序

1. 我们乘坐的一艘豪华游轮出海时遇到海难,游轮失事,把全船人吹到三个岛上(事先用凳子搭建的),这三个岛分别是珍珠岛、哑人岛、盲人岛。

2. 珍珠岛——一个美丽的小岛,岛上面有着丰富的资源(可以帮忙营救其他两个岛上的同伴)。

哑人岛——由于岛上有一种有毒的气体,被冲到岛上的人员都将失去语言功能(即该岛上的所有成员,在游戏开始后都不能说话、不能有言语交流)。岛上地形复杂,周边是湍急的水流,任何从岛上坠下的物品,都将被激流冲进大洋。

盲人岛——所有被冲到盲人岛的人都会失明。岛周围是湍急的流水并布满了漩涡,任何人想利用流水离开盲人岛的企图都是徒劳的,只要触及流水,便会被冲回岛上。

3. 组员抽签决定上哪个岛,导师要事先准备好抽签所需要的签(切记:抽签过程要在导师宣布完上面的规则后进行。否则如果组员先抽签,可能会出现抽了签后不注意听任务的情况,这样在游戏正式开始后,将会阻碍游戏的进行)。

4. 组员抽完签后,依次上到自己的岛上。在盲人岛上的组员,要戴上眼罩,将暂时完全失去光明;在哑人岛上的组员,即刻不能再说话。

5. 每组成员到达岛上后,都会发现岛上有一份前人留下的"求生守则",岛上的人只有严格遵循"求生守则"中的法则,才有希望离开孤岛。

6. "求生守则"

盲人岛

需要完成的任务:

(1) 在你们的不远处有一个安全的岛屿——"珍珠岛",你们要向那个岛上发出求救的信号。(将一个网球投入珍珠岛的桶中)

(2) 由于岛上地形复杂,必须将岛上所有成员集中到同一个地方。

可以利用的资源:

(1) 数个网球。

(2) 你们的聪明才智。

岛上生存法则:

(1) 为了安全所有人都不得踏入激流。

(2) 在整个过程中都不得睁开眼睛,否则后果可能是失去生命。

哑人岛

需要完成的任务:

(1) 你们要帮助盲人。

(2) 将岛上所有人集中到一个地方。

可以利用的资源:

(1) 两块木板。

(2) 你们的聪明才智。

岛上生存法则：

（1）任何人、任何物品触及激流，将被迅速冲到"盲人岛"。

（2）在你们看到盲人岛上的盲人完成第一项任务前，你们不能使用木板，因为只靠你们自己的力量是没有办法营救所有人的。

（3）在离开这个岛之前，你们不能从嘴里发出任何声音。否则，你们就可能身中剧毒。

（4）记住，木板是你们的宝贵资源，是可以挽救你们生命的。

珍珠岛

需要完成的任务：

（1）要把其他岛上的人都集中到珍珠岛上，因为你们的岛是三个岛中最安全的。

（2）要给陆地指挥中心发出救援请求。

可以利用的资源：

（1）有一桶2公斤的淡水、少量的粮食。

（2）一部废旧的卫星电话。

岛上生存法则：

（1）岛不能移动。

（2）岛的边界不能改变。

（3）所有物品、所有人不得踏入湍急的水流，否则将被立即冲到盲人岛。

（4）珍珠岛的中央非常坚固，但是当遇强大的压力时，周边的松土地将崩塌。

❤ 解说要点

1. 同心同德，团结协作。小组成员要相互欣赏，相互信任，而不是相互指责，相互拆台。导师在游戏过程中应该引导组员发现和认同别人的优点，学会悦纳他人，而不是时刻凸显自己的重要性。联想到以前听说过的一篇报道：在一个国际学生夏令营的活动比赛中，单项比赛的冠军几乎都给中国学生包了，而在合作项目中，中国学生表现为自顾自，一点都不团结。即使个人能得第一，但团体的总分却非常落后。我们应该牢记教训，从小树立合作意识，学会与人相处，奠定人生的基础。

2. 互帮互助。不仅是在别人寻求帮助时提供力所能及的帮助，还要主动帮助同伴。反过来，在自己力所不及的时候，我们也应该坦诚地接受别人的帮助，承认自己的缺陷，主动求助也是现代人的能力要求。

3. 奉献精神。小组成员愿为集体或他人付出额外努力。在我们付出的同时，我们也会有收获，这些收获或许不是立竿见影的，但却会在生活中一点点地显现。

4. 团队自豪感。很多时候，我们无法选择自己所在的集体是好是坏，是强大还是弱小。但是，我们既然已经成为团队中的一员，我们就应该以这个集体为荣，努力为整个集体多做贡献。团队自豪感是每位成员的成就感，这种感觉集合在一起，能凝聚成为战无不胜的战斗力。

♥ 补充说明

1. 在盲人岛的成员被集中到其他岛上的时候，由于岛上空间狭小、人员较多，对于盲人组员的安全有一定的威胁，因此导师要时刻注意安全，并尽量引导学生将盲人组员集中到岛中心安全地带。这时也是对学生关心他人意识的培养。

2. 此游戏过程复杂，操作难度大，游戏过程有一定的危险。因此，要顺利完成游戏，不论对于导师，还是对于参加的学生都有较高的要求。首先，由于参加游戏的人员多、场面大，因此要求导师在游戏过程中有很好的掌控能力。其次，游戏要求学生具备一定的团队合作精神和一定的默契度，导师可以将此游戏安排在辅导的中后期，在团体有一定的合作基础后再进行此游戏。

3. 此游戏包含多种思想，如何在团队活动中与人合作？如何采取有效的方式与人沟通？如何在困境中处理问题？如何借用其他的资源解决问题？体会主动帮助他人的意义。此游戏可以用于多个主题：团队熔炼、潜能开发、人际互动、自我探索、价值选择等。关键取决于导师想强调其中的哪些主题，挖掘其中的哪些思想内涵，并巧妙地与学生的成长主题有效连接。凸显不同的主题，需要导师准备有针对性的素材，用不同的素材烘托你要聚焦的主题。

♥ 案例解析

组员体验与分享：

组员1：抽签决定分组的时候，我特别希望自己能抽到珍珠岛那组，觉得在那组完成任务能够轻松许多。可是我却没有那么幸运，最终抽到的是盲人岛。那时候我就不太想玩了，可是又不能不玩，老师发了眼罩，我就戴上眼罩，跟着同学们走，他们让干什么我就干什么。不过因为戴着眼罩什么都看不见，还站在用凳子搭的小岛上，还是有点害怕的，怕自己掉下去。可是由于我的漫不经心，害怕的事情还是发生了。我不知道怎么迈了一步，感觉一下子踩空了，感觉自己马上就要掉下去了，当时就本能地伸手抓，幸好旁边站着一个同伴，他好像也意识到我有危险，一把揪住了我，我才没从岛上掉下去。当时真的是吓坏我了，之后我就小心了很多，一直都抓着一个同学的手。那个同学可能也是觉得我害怕，就反过来握着我的手，那一刻我感觉一股暖流流向全身。他一直握着我的手，我在同伴们的指引下顺利地到达了珍珠岛。摘下眼罩的时候，我看了一下一直拉着我的人，心里颤抖了一下，心想：怎么是他啊？我们之前有过一些矛盾，之后就没有说过话。不过，他在看到我的时候，对我笑了一下，呵呵，就这样我们兄弟之间和好如初了。

组员2：我们通过不断探索，获得了许多创造性的思路和成果，感觉到集体的智慧是无穷的，相互合作激发了我们探索成功道路的热情。每一件看似不可能的事情摆到面前的时候，"不可能"的心理定式可能就会让人想到放弃。听完老师讲规则，我就想，我们戴着眼罩上的岛，就算我们找到了岛上的"求生守则"，那我们也看不到啊,到时候还怎么下岛啊!但是,事实证明我是错的,只要我们能够在困难面前不放弃,开动脑筋,发挥团队合作的智慧,在必要的时候勇于接受他人的援助,就会取得成功。

组员3:当我们一起成功地将其他两个岛上的人员都安全地集中到我们这个岛上的时候,我心里特别地激动。虽然只是游戏,但当时还是不想让一个人掉下去,当我们运用共同的智慧使大家都安全着陆后,我心中充满了骄傲与自豪。

第六章
学会学习

游戏一　撕纸条
游戏二　疯狂一分钟
游戏三　我是钟
游戏四　出谋划策
游戏五　职业畅想发布会
游戏六　没有你，我怎么办
游戏七　神奇大变身
游戏八　叫醒你的 N 种思维
游戏九　Fashion Show
游戏十　Enjoy Your Feeling

第六章 学会学习

游戏一  撕纸条

♥ 游戏目的

1. 让组员反思自己平时管理时间的习惯与问题。
2. 通过讨论让组员相互学习，从他人那里借鉴有效利用时间的好方法。

♥ 游戏导入

1. 请组员们想一些有关时间的格言警句。
2. 给组员们讲一个小闹钟嘀嗒走的小故事。

在我以前做过的活动中，有一位同学曾在活动结束分享时给大家讲了她家里小闹钟的故事。她说："在我还很小的时候，妈妈就给我买了一个小闹钟，告诉我时间是这样'嘀嗒''嘀嗒'地溜走的。聪明的人可以将它的脚步变慢，愚蠢的人会使它走得更快。我就嚷着我要做聪明人，让时间走慢。后来我长大了，发现时钟对每一个人来说走的速度都是一样的，但聪明的人是抓紧时间多干事，提高效率。"

3. 希望在我们今天的活动中，通过大家的讨论和分享，我们都能找到做个聪明人的好办法。

♥ 人员与场地

30人左右，分小组活动，10人左右一组，室内为宜。

♥ 游戏道具

报纸条（大约100厘米长，2厘米宽），要求每人一条，所有纸条统一规格。

♥ 规则与程序

1. 向组员讲明纸条含义及游戏规则：大家现在手里拿着的纸条就代表我们一天所拥有的时间——24小时，之后我将放一段背景音乐，请大家在音乐中按我所说的内容从你的纸条上撕去相应的时间段。

2. 道具时间：发事先准备好的小纸条给大家，准备音乐。

3. 请大家按我说的内容从你的纸条上撕去相应的时间：睡觉、吃饭、看电视、玩游戏、踢足球、聊天、发呆……

现在，请大家看一下自己手中的纸条还剩得多吗？好，请大家继续往下撕，把你手中的这段时间里的非学习时间统统撕下去，完成的同学请高高举起你的"学习时间"，我们大家来看一下，我们究竟每天有多少时间在学习中度过？

4. 下面我们贴一张原始纸条在黑板上，大家可以拿着你手中的纸条和原来的纸条对比一下，更直观地看到现在手中这个小纸条和原来纸条的差距。

5. 小组交流，大组分享。

♥ 解说要点

1. 时间如细沙。时间总是在琐碎中悄悄溜走。大家在刚才的分享中纷纷表达了这样的想法。平日里看似不经意的小事情竟然占去如此多的时间。

2. 节省时间的技巧。好多组员在最后时刻，手中的纸条只剩下小小一段，反思后发现有很多时间被无谓地浪费了，假如自己能再抓紧一点，就可以腾出不少时间用于学习。我们也看到在小组内交流的时候，有的组员捡回撕去的纸条，将其弥补在学习时间上。如何有效地利用时间呢？相信大家从刚才的讨论与学习中已经收益良多。通过今天的游戏，希望大家看到时间是如何流逝的，虽然我们平时会有很多机会告诉自己要合理有效利用时间，但是如何实施呢？我们一定要找到具体的方法，实实在在地用在平时的生活里。

♥ 补充说明

1. 导师可根据活动场所的现实条件安排背景音乐。

2. 游戏中导师指导大家撕掉的无关学习的内容可以根据面对的不同人群进行调整，比如说如果是女生偏多的群体可能没有踢足球这一项目，可以调换成逛街、吃零食等。

3. 解说的时候，导师可以将游戏分享过程中大家提到的好的时间利用方法，和全体组员分享。

♥ 案例解析

组员体验与分享：

我说我的时间都哪里去了，感觉自己每天都在规划时间，但是总还是找不到整块的时间来学习。今天我明白了，我排了太多琐碎的事情在学习的前面，总是觉得把这些都做完了才能投入学习。后来通过和大家的讨论，我明白了以前这种管理时间的方式不恰当。其实时间对所有人都是公平的，差别就在如何计划并有效利用自己的时间。

游戏二 疯狂一分钟

♥ 游戏目的

1. 让组员们意识到生命是由一分一秒的时间组成的，要珍惜时间。

2. 体会如何有效利用时间，在有效的时间单位里创造更多的价值。

3. 通过讨论，促进组员间的相互学习，学习他人如何利用时间的技巧，利用集体智慧寻找更好的时间利用方式。

第六章 学会学习

❤ **游戏导入**

1. 询问组员对现阶段生活的感受，是否感到时间紧张，不够用？有大量的事情能想到，却做不到？
2. 允许组员做短暂的讨论。
3. 不予评价，将组员反映的主要问题暗暗记下，以便在进入正式活动讨论时，对组员进行引导。
4. 当组员讨论气氛有热烈趋向时，暂停讨论。导入以下故事：

有一位记者去采访某位成功人士，成功人士打开门后对记者说："先生，我只能给您一分钟时间。"这时，记者看到了成功人士身后奇乱无比的客厅，茶几上满是烟蒂、吃过的饭盒，地上也堆满了书籍、碟片。记者说："先生，我是想采访您成功的经验，可是一分钟时间不够干任何事情啊。"成功人士说："噢，这个问题啊，那一分钟后，我来回答你。"于是，成功人士回到房间里并且关上了门，一分钟后，成功人士重新打开门，指着整洁一新的客厅，看看表，对记者说："看，一分钟刚好，这就是我成功的经验。"

❤ **人员与场地**

30人左右，分小组活动，6人左右一组，室内为宜。

❤ **游戏道具**

无。

❤ **规则与程序**

1. 分组。因为本游戏主要活动都在于讨论，分组时，导师要有意将平时性格活跃或内向的组员均匀分到各组，保持各组平衡。
2. 每组5~6人。组内选出小组长与记录员。
3. 进行游戏导入部分。对导入部分的故事做简单总结，然后引导大家讨论，如"大家听到这个故事有何感想？你们觉得一分钟可以干些什么呢？"
4. 分组讨论。讨论中要求记录员做下记录，并在讨论结束后选代表发言，发言内容为小组讨论成果。
5. 大组分享交流。大组交流时，请大组导师注意引导，关注组员们的新奇想法。

❤ **解说要点**

1. 学会珍惜。珍惜每一分钟的态度不仅仅是为了自己更好利用时间，而是一种对待生活的态度。珍惜才能让我们逐渐体会到美好的存在，珍惜时间可以发掘时间的美，珍惜别人给我们的爱可以发掘温情的美好，珍惜我们的付出可以体会到给予的美好。生活中的美好是珍惜出来的，不在乎的态度会让我们失去很多。
2. 珍惜的关键是实践。对于一分钟的重要性我们已经有所体会，但是合理利用每一分钟究竟如何实施呢？对，实践。我们今天所说的实践就是行动力。提高我们的行动力不仅是对时间的充分利用，还可以缓解我们的压力感。我们有时觉得有好多事情压在身上，想到就已经头疼了，更别提去做了。终于有一日债主逼上门，硬着头皮开始完成各项任务。一旦行动起来，发现所有的事情也不过如此，开始做了，也就一件一件地完成了，远没有想象中的可怕。请回味、请记住那一刻的感受，"不过如此"。对，只要我们敢于迈出第一步，从每一分钟做起，再多的事情我们都可以分解掉。做个小小的细菌，将庞大的猎物分解、吞噬。没有什么我们不可以。

❤ 补充说明

本游戏还可用作有关时间概念的大型游戏中的导入部分，或热身游戏，协助组员们通过认识一分钟的重要性来体会时间安排的重要性。

❤ 案例解析

活动刚开始的时候，有的组员并不屑于这样的讨论，当问他一分钟可以干些什么的时候，他会说眨60次眼睛，喝一杯水之类的答案，但是经过小组认真讨论，他也被大家所感染，活动结束后，他这样向大家分享：

平时我就经常浪费一些琐碎的时间，大概几分钟的样子，但我也觉得没什么了不起的，几分钟能干什么啊？可是通过今天的活动，我突然意识到，一个一分钟是干不了什么大事，但我以前浪费掉的时间可远不止一个一分钟，把这些时间积累起来就是我平时总也寻找不到的大块时间啊。所以我从今以后应该真的从行动上做到珍惜每一分钟。

游戏三 我是钟

❤ 游戏目的

1. 通过扮演时钟，锻炼组员的动作协调能力。
2. 通过要求组员表演不同时刻，锻炼组员的反应能力。
3. 要求组员加强对自己动作协调能力和反应能力的体会。

❤ 游戏导入

通过"我来想，你来变"的小游戏调动气氛，同时也让大家感受自己的肢体活动力，以及做些简单的热身动作。

"我来想，你来变"：一个组员想一个动物，请另外的组员用动作行为来模仿。

❤ 人员与场地

人数不限，平均分成两组，室内较好。

❤ 游戏道具

时钟一个，口哨每人一个，长的黑色套袖和短的白色套袖每人一只（可用硬质纸张和胶带卷筒代替）。

❤ 规则与程序

1. 说明规则。如何扮演时钟，如左手时针、右手分针。引导组员通过手势表现时间，如3点、6点、9点15分、12点30分，让不同的组员来表演，调动参与积极性。

2. 组员讨论怎样能准确迅速地做好这个扮演活动。这个活动要求大家做出动作模仿时钟的样子，需要大家具备良好的动作协调能力和反应能力。

3. 第一轮：看谁做得对

一组组员靠着墙壁站立，模仿钟挂在墙上的情景。另一组组员扮演观察员，对面站立。轮流进行。

导师任意喊出时间，如"2点""3点15分""21点"等，靠墙站立的同学通过手势表演。观察的同学担任裁判。一旦摆出动作，不能再改变。

两人相互小组分享。引导组员关注以下问题：模仿的组员是怎样做的？有不断改变或弄反的现象吗？哪些组员最快确定了自己的动作？

4. 第二轮：看谁做得快

一组组员靠着墙壁站立，模仿钟挂在墙上的情景。另一组组员扮演观察员，对面站立。轮流进行。

导师任意喊出时间，如"19点""8点15分""10点"等，靠墙站立的同学通过手势表演。观察的同学担任裁判。一旦摆出动作，不能再改变。

观察组同学评判谁的动作最快。

组成多人小组进行分享，6人左右。引导组员关注以下问题：哪些组员做得快，他们有什么特点？做得慢的组员慢在什么地方？他们的协调能力和反应能力如何？

❤ 解说要点

1. 了解自己的反应特点。每个人都有自己特殊的反应习惯，只是平时没有注意成为习惯反应了。习惯并不是没有欠缺的，我们可以通过了解自己的反应特点来完善自己的反应模式，有利于我们在不知不觉中学会提高效率，这就是习惯的力量。刚才的活动中，尤其是我们加上时间限制的时候，有些组员开始手忙脚乱了，明摆着时针分针的位置就在眼前，可就是手脚跟不上，还一个劲地心急。为什么呢？有些组员是因为时钟的正反向问题，一时很难协调到自己身上；有些组员是因为摆好手的位置，一摆腿的位置，手就跑到别的位置上去了，是手脚协调的困难；有些组员是因为时间紧迫，一紧张就很难反应出时针分针位置，是心手协同的问题。但是大家不要怕有问题，因为我们这个小游戏就是冲着你的问题来的，发现问题是我们的目的。

2. 提高自己的协调和反应能力。大家会说，发现问题怎么办？我就是容易手脚不协调？当然，平时多加锻炼是必不可少的。但我们这次小游戏还有一个更重要目的：寻找适合自己反应特点的反应方式。比如说刚才有组员和我们分享过，前两次扮钟表的时候总感觉很难将平时看到的钟表转换成它的镜像来表演，但是后来我发现，当我假想我是透过透明表盘，从钟表背面去看时间时，就很容易摆出正确的姿势了。对，我们要的就是这种感觉，去寻找适合自己的方式，就像我们常说的一句话，没有对与错，只有合适不合适。找到最适合自己的方式，就是最有效的方式。

❤ 补充说明

1. 这个活动需要放松的气氛，因为对于一般情况来讲，气氛紧张更容易影响动作的协调性。

2. 这个活动还可用于其他大型游戏的导入部分或是热身部分，比较容易调动游戏气氛。

❤ 案例解析

小A是被组里推选出来做表演的，她平时学习成绩很好，大家都公认她反应快，但是在台上表演时钟的时候总是出错，后来在小组中做分享的时候她说：

其实每次老师喊出时间的口令，我马上就能反应出来时针、分针的位置。可是每次站在讲台上代表小组表演的时候，我就莫名地紧张，生怕自己做错了，给小组同学丢脸，越是着急就越容易错。中间游戏分享的时候，大家告诉我说，没关系，一来他们都相信我能做对，二来即使做错了也无所谓的，让我别紧张，他们还告诉我，其实心里越着急肌肉就越紧张，越不好控制。之后我听了大家的意见，调整了心情，还暗示自己要放松，所以后来的几次我还挺满意自己的反应的。

游戏四 出谋划策

❤ 游戏目的

1. 鼓励组员打开心扉，敢于、勇于面对自己的困难。
2. 培养组员的关爱之心，乐于向他人伸出援助之手。
3. 培养组员树立求助意识。

❤ 游戏导入

一个博士的故事

有一个博士被分配到一间研究所工作，成为全所学历最高的一个人，连正、副所长都只是本科生。有一天他和正、副所长到单位后面的小池塘去钓鱼。中间休息时候，正所长放下钓竿"噌，噌，噌"地从水面上健步如飞地走到对面上厕所，回来的时候也是同样一阵水上飘。博士很好奇但又不好意思问，害怕丢面子。

过了一阵，副所长也"噌，噌"地飘过水面上厕所去了。

此时，博士也内急了，这个池塘两边有围墙，绕路走一定要十分钟才可以，"我就不信本科生能过的水面，我博士生过不了。"说完他就起身往水里跨。只听"咚"的一声，博士栽到水里面去了。

同学们猜猜为什么呢？今天的活动之后，我再告诉大家博士生落水的原因。

♥ 人员与场地

30人，室内。

♥ 游戏道具

信封、白纸、笔。

♥ 规则与程序

1. 全班分成小组，每组5人，共六组。

2. 点子大制造。每位组员在自己领到的白纸上写下自己最头痛的问题（如学习问题，交往问题等）。将白纸折好放入信封中，在信封上写上自己的名字。将信封在小组内漂流。组内组员在拿到他人信封时打开，并在白纸上写下自己对该组员问题的解决建议，可留名，也可匿名。保证每位组员都对本组内非自己的问题给出过建议后，请信封漂流回主人的手中。

3. 点子大分享。每位组员打开自己漂流一圈回来的信封。看看组员们分别给出的建议。小组内分享大家看到建议后的心情和感想。

4. 点子大繁殖。这一环节中请导师注意引导方向，首先须明确这一环节的设计目的：让组员感受在得到大家建议后，自己再遇到问题进行思考时是否存在思路更广、更流畅的情况。请大家将所有的信封都投入我们事先准备好的繁殖箱里。导师从箱内抽出任意信封一个，打开，将问题念给全体组员，然后请大家给出建议。几个问题后，请大家回想，自己在这一轮的思考中，与整个活动开始前有何不同感受？上两个环节中，其他组员的点子分享是否为自己带来了良性影响？是否感觉到再想问题时思路被拓宽了？

♥ 解说要点

1. 敢于求助，是一种美德。听完前面那个故事，我们可以发现这个博士的问题在于虚荣心太强，不好意思向别人求助，不善于向别人学习，才导致了他的笑话。有时候，我们遇到问题，第一反应就是"这种问题，别人肯定会"。于是，在这种默认前提下，我们会认为我们有这样的问题是件丢人的事情，如果去问别人的话，肯定会被嘲笑。其实不然，大家可以回想自己的感受，如果有一名组员向你求助，你真的会在心中嘲笑他吗？多数人不会这样做，所以要相信其他组员也不会这样做。当你向他人求助的时候，除了为自己解决问题多一条通路外，也是一种与他人建立关系的过程，在这个过程中双方可以增进了解，相互取长补短。

2. 善于求助，是一种能力。俗语讲一个苹果两个人分，每人就会有半个苹果。一个点子两个人分，每人就会有两个点子。现在就让我们来回味我们分点子的过程。有一位小组组员向我们分享了这样一种感觉:"看到大家的回应好感动,因为真诚。"真诚的回应来源于何处?真诚唤起真诚。当我们打开信封看到别人真诚的求助,又怎么能够给出不真诚的回应,此时的敷衍让我们自己都心里难过。回味自己助人时的感受,我们可以发现,真诚的求助让我们不得不去真诚地回应。因此,请铭记第一条,求助时表达你的真诚。回顾我们游戏的第三个环节"点子大繁殖",有些组员可能感受到,当我们听到大家的新点子时我们得到的不仅是一个点子,而是另一条思路,另一种思考方式,另一个思考的角度。学会另一种思考方式,比记住另一个点子更有效。这样的话,一个点子两个人分,每人拥有两个点子。请大家记住第二点,开拓思路更重要。

❤ 补充说明

1. 本活动也可以用作培养多种思维角度的游戏,这时就需要将游戏在第三环节上加强,除了请组员分享点子以外,还可以分享是如何想到这个点子的,给大家一个思路的开拓。

2. 对于低年级同学,还可以增加颁奖环节,如"最稀奇点子奖""最有效点子奖""最具搞笑精神点子奖""智多星大奖"。

3. 时间充足的话,还可以请大家一起讨论如何能使给出的建议更容易实现。

❤ 案例解析

组员体验与分享:

我以前就是有问题不敢问型的,因为我总觉得自己连这种问题都不会,问出来肯定会被别人笑的。通过今天的活动,觉着自己以前的想法好愚蠢啊,其实大家都没有这么看重这些问题。而且我今天还发现,有时候自己心中有了个新想法,还觉得自己很了不起,竟然能想到这些,其实大家都能想到,甚至有时还有更好的想法呢。所以学习千万不能闭门造车,没有和大家的交流,根本无法判断自己究竟学到什么程度了。

 职业畅想发布会

❤ 游戏目的

1. 引导组员初步思考自己的职业生涯。
2. 引导组员树立职业生涯规划的意识。

❤ 游戏导入

给大家放一段音乐,请大家在音乐中畅想一下你的未来。音乐响起,请闭上眼睛,你看到20年后的自己了吗?会是什么样子的呢?穿着什么样的衣服?正在做什么样的事情?你身边会有什么样的朋友?

然后请大家在小组中讨论这样两个问题：
1. 你的理想与现实能契合吗？
2. 怎样做才能实现你的理想生活？

♥ 人员与场地

30人左右，平分成4~5组（不宜太多组），室内。

♥ 游戏道具

音乐：班瑞拉《追梦人》。

♥ 规则与程序

1. 将组员分成两组，选择一个共同关心的主题，想想20年后要达到畅想中的自己，你该怎么做？20年后你将处在人生的什么位置？你的事业发展到什么程度？你是怎样达到这个程度的？假如你畅想的是20年后的自己已经成为某集团的CEO，那么，你需要具备哪些个人素质、外部条件？你是怎样一步步成为CEO的？

2. 同一小组的组员不但要收集你所畅想的内容与信息，还要集思广益，设想出记者团可能会提出的问题，以便做好准备，接受记者团的提问。

3. 每组针对其他组的主题设想出3~5个问题，并挑选出3个问题作为对其他组发言的提问。

4. 每组挑选出一名同学作为新闻发言人，2名同学作为记者。新闻发言人：根据本小组的畅想情况，用5分钟的时间来阐述"20年后的畅想"的内容，然后用5分钟的时间接受记者的采访，回答记者的提问。记者：负责收集本小组成员对其他小组的发言提出的问题，然后根据新闻发言人的主题提问。

♥ 解说要点

1. 想要完成梦想，我们不能停留于"知道"，关键要弄清楚"怎么做"。我们要清清楚楚地告诉自己，怎样努力，在哪些方面努力，各个方面分别要努力到什么程度。因此，将目标细化，将规划细化才是真正意义上的规划意识，规划的落脚点是能够实施的行动。

2. 理想与现实相联系的意识。"创造是在理想与现实间寻找平衡"。对未来的规划，不仅仅是从终极目标开始的思考，也是我们结合自己现实状况对终极目标所做出定位的思考。将理想与现实相联系，要考虑到的问题不仅仅是自己的条件，还有我们的家族资源、社会环境、时代背景、受教育情况等各个方面。

3. 通过这次新闻发布会，大家都收获了很多，"将目标细化""注意相关知识的积累""善于把握机会""敢于尝试，寻找自己擅长的项目""除了知识的学习，还要考虑自己性格的改善""不要幻想一步登天，从基础干起"等建议。提醒我们要时时思考自己的未来，不但在头脑中想，更要落实到行动上。我们相信，在座的每一位都会有一个让自己满意的未来。

♥ 补充说明

1. 本活动的重要目的是为大家提供平台，给大家创造思考的机会，所以我们在解说中提到的各种注意事项都应该来自于大家的讨论。这就需要导师在活动期间积极听取大家的想法,之后作适当的归纳与引导。

2. 新闻发布会的过程中,请注意时间的把握和双方气氛的控制。如果在这一环节太放纵组员间的相互提问与攻击,有可能出现不同组组员间为了斗嘴而争执的场面,这不是游戏的目的。

♥ 案例解析

导师手记:

右图是本次活动中一位同学对自己理想的描述,你能猜到他的理想吗?

这位同学的理想就是做个设计师,有一天可以自己站在T型台上,展示自己的服装品牌。记得在活动的导入环节时,他表述了自己的理想后,就低下头说:"肯定不可能实现啦,我也就是想想而已。"他话音刚落,小组里的其他成员就开始帮他想办法了,比如说从现在开始培养审美体验,还要学好英语,平时多注意一些颜色的搭配,现在就可以开始留意,等等。

活动最后的时候,这位同学和大家分享了一句话"合理规划,一切皆有可能"。小组气氛甚是活跃。

 没有你,我怎么办

♥ 游戏目的
1. 认识彼此交换信息、共享信息的重要性。
2. 让组员在共享资源的过程中体会助人与被助的快乐。

♥ 游戏导入
一个有趣的小故事:

路边有几个卖吃食的小贩,因为天一直在下雨无生意可做。快到中午的时候,他们都饿了,于是卖烤饼的吃一块自己的烤饼,卖西瓜的吃了自己卖的西瓜,卖辣香干的开始吃辣香干,卖杨梅的也只好吃杨梅了。雨一直下着,由于他们彼此不说话,四个小贩就这样一直吃着。卖烤饼的吃得口渴极了,卖西瓜的吃得肚子胀极了,卖辣香干的吃得辣极了,卖杨梅的吃得酸极了。

第六章 学会学习

要是他们能凑到一起，把各自的食物分给其他人吃，那该是一顿非常好的午餐。这个故事让大家想到了什么呢？

♥ 人员与场地

30~50人，6人一小组，室内。

♥ 游戏道具

展示板一个、16开白纸、剪刀、固体胶、直尺、铅笔、半圆纸片、大信封。

♥ 规则与程序

1. 全班分组，每组6人左右，各组推荐组长1名。

2. 每组在游戏开始前都会领到一个工具袋，但各组无法完全依靠自己工具袋中的工具完成任务书上的任务，需要各组相互帮助。在寻求帮助与给予帮助的过程中保持安静，请勿使用语言交流。任务完成后，请各组将成果贴于前方的展示板上。

3. 展示游戏道具，以及每组的分配计划。将全班分为6组，讲解道具准备规则。共准备剪刀、固体胶、直尺、铅笔各3支（少于全班组数），大圆纸片3张（全班组数的1/2），16开白纸6张，大信封6只，任务书6份（等于全班组数）。用6只大信封来做任务袋，每个任务袋里分别装有一份任务书、一张16开白纸，然后将剪刀、固体胶、直尺、铅笔、圆纸片共15件物品，用无种类重叠、数量基本均匀的方式分别放入6个任务袋中。

4. 各组派代表领取或指派组员分发任务袋。

5. 请各组在大家都领到任务袋时正式开始任务。

6. 各组均完成任务后，大组分享。

7. 附：任务说明书

剪一个8.5厘米×14.2厘米的长方形纸片，上面粘半个圆形纸片，并用铅笔在圆上写下你们小组各成员的名字和小组的名字，然后将它们粘到展示板上，最后，各组将空信封交到主持人的手中。

你们每个组的信封里都有一些东西，如固体胶、铅笔、尺子、剪刀或是一张圆纸片。为了完成这个任务，你需要与他组分享彼此的材料。因为你们组的信封里没有装着足够你们完成任务的材料。你们可以和其他组协商，但只能以非语言的形式完成。

♥ 解说要点

1. 肯定小组内各负其责的高效性。小组工作刚开始的时候，有些小组很是慌乱，因为不能使用语言，大家都很不习惯，有的一看自己组没有剪刀，就急忙跑去另一组借，另一组正要借剪刀给他，发现自己组的剪刀已经被另外的组员借给其他组了，正要表示抱歉的时候才发现原来自己组还没顾上用剪刀呢。小组持续一段时间之后，小组内就形成了自然分工，有的组员负责剪纸，有的组员负责粘东西，有些专门负责与外组协调工具的问题，工作进入有序状态。这说明，个体有能力在群体中发现自己的意义并实现自己的功能。

2. 占有资源与分享资源的平衡。小组沉浸在任务完成的喜悦中时,导师要留意小组中的不协调状态,自己安排的不协调,与组员合作的不协调,小组成员如何处理?有的组员会主动将自己的资源分给其他小组,他们觉得竞争不是打压对手,而是获得"双赢"。但我们也能发现,有的组员不愿意将自己的资源分给其他组,甚至有意找借口阻挠其他小组分享资源的权利。占有资源与分享资源的平衡是每一个社会人都要面对的现实,乐于并善于协调二者关系是提高青少年社会能力的主题。

3. 学会在分享中感受自我价值,肯定自我存在。与他人分享资源是一种心胸宽广的表现,是善于合作的表现。更重要的是,在合作过程中分享了资源,获得了大家的尊重,是一种对自我的肯定。能够被尊重,被肯定,是让人从心底产生愉悦的事情。其实,帮助别人的过程也是自己获益的过程,学会在分享中感受自己的价值,肯定自我。

❤ 补充说明

1. 活动过程中发现的违规行为可以作为素材讨论,也是导师引导组员获得成长的重点。但要论事不论人,避免批评和指责。

2. 请在活动前向组员说明不使用语言沟通是一种用来增加游戏难度的策略,在一定的挑战面前,组员的潜能与团体动力能够进一步被激活。

❤ 案例解析

导师手记:

小 A 同学在班里是个好学生,只是大家不太喜欢他,说他小气,问他题,他也不好好讲,跟他借参考书,他就找各种各样的借口不借给你。今天的活动,他被分在第 3 组里,刚开始时他担任小组借工具的职责,他先去第一组借固体胶,正好还有另一组的同学也来借固体胶,于是第一组同学毫不犹豫地就把固体胶借给了那个组,这一动作让小 A 同学很受伤。在后来的小组分享上,小 A 说:"以前的时候,我总是认为资源是有限的,你有我就没有,我有你就没有。但通过今天的活动,我意识到,人不是独占资源就可以有所成就,就可以快乐的。我想在以后的日子里我应该去主动寻找快乐。"

游戏七　神奇大变身

❤ 游戏目的

1. 通过游戏让组员体会"变"的快乐,体会"变"的意义。
2. 在变化中寻找自己的潜力,并在变化中成长和完善自己。

第六章 学会学习

♥ 游戏导入

1. 播放蔡依林《看我七十二变》的 MV 片段。
2. 将蔡依林的转型前后的照片进行对比。
3. 让大家谈谈对蔡依林转型的看法。
4. 引导同学联系个人现实，觉察"变"在生活中的意义。个人如何主动适应变化，能在变化不断的世界中学会淡定。

♥ 人员与场地

30~50 人，分组进行，8 人左右一组，空间选在比较宽敞的室内。

♥ 游戏道具

无。

♥ 规则与程序

1. 分组，各组内安排记录员一名。
2. 游戏共进行三次，小组分别推出三名组员，对他们进行变型设计。可以是外在的，也可以是外表看不出来的，但小组要能够解释变化的表现。
3. 变型设计只能是使用小组成员自身具有的资源，衣服、鞋子、饰物、文具等。
4. 每次变型后，安排一名组员解释他们的改变理念、特征、目的与意义。
5. 所有小组三次变型完毕后，大组分享。请被变型的组员谈感受，请主要设计师谈感受，请其他组员谈感受。

♥ 解说要点

1. 主动接受新事物，寻找人生新意。个人最大的束缚就是自己。为什么解开自我身上的绳索会是一件困难的事情呢？真正难的不是解开绳索，而是发现绳索的过程。问题不在这里，问题在于，我们在太多的时候心甘情愿地默认了很多自己不能涉足的领域，对自己提出诸多限制，我们给自己套上了无形的绳索。敢于尝试，愿意探索，是生命富有新意的需要。只有不断走出自己的世界，不断打开心灵的闭锁，才能感受到自然的清新，才能释放生命与生俱来的才华。

2. 调整习惯，感受改变。我们总觉得改变会是让自己难堪，不适合自己，甚至是一件痛苦的事情。但事实是，适当的改变并不会带给我们负面效应和影响，相反，改变会使我们树立更强的信心，对于自己的未来有更多的期盼和愿望，也让我们离成功更近一步，就像蚕蛹，如果不忍受破茧的痛苦，突破周身的束缚，怎能破茧成蝶，振翅飞翔呢？人必须具备两种品质，第一是愿意学习，第二是要勇于改变。因为只有勇于改变才不会因循守旧，才能在适当的时候放弃那些过时的、不正确的观念，让我们重新培养起正确的习惯。历史上远有商鞅为了富国强民的变革律法，近有谭嗣同等志士为了拯救中华民族的百日维新，现如今有我党坚持不懈的改革开放制度和与时俱进的指导精神，这些为人所熟知的事件，无一不反映出改变给我们带来的积极作用。只要我们具有勇于改变的精神，就会慢慢进步，不断走向更好的未来。

3. 将微小坚持下来，让我们的改变持久有效。我们不但要有进行改变的勇气，更要具有正确改变的能力。我们要善于改变，在学习中改变，在改变中学习。可能每个人的学习方法不尽相同，但是有一点是共同的，就是积少成多，量变会引起质变。古人云，滴水石穿，铁杵成针，其实并不是告诉我们，坚持不懈就可以战胜一切，而是告诉我们，量变引起质变的道理。当今社会，并不推崇无谓的坚持与蛮干，对学习的执着并不是日复一日地一成不变，而是坚持积累每日所学，积少成多，这其中的坚持与改变的道理，是生命的追求所在。

❤ 补充说明

1. 游戏导入部分可以替换为其他的形式，目的是突出变化带来的正向影响。
2. 如果条件允许的话，还可以为小组提供更多的用于装饰、改变的材料，这样可以提高游戏的趣味性，对于低年级的组员来讲，可以提高游戏的参与度。

❤ 案例解析

组员体验与分享：

今天这个游戏让我感触很深，其实我们每一天都在变化，只是有些变化是显性的，有些是隐性的；有些是永恒的，有些是一时的；有些是一眼就可以看出来的，有些要用心感受才知道。比如我们每天都在学习，都在生活，每天都要不断地思考，不断地进步，不断地走向成熟。所以，每一天我们自己都是在潜移默化地改变着，所以，我们要用变化的眼光看待世界，看待自己，看待他人。

当我做出全新的改变后，总觉得自己不再是自己了，心里好像有一把小鼓，不停地敲，有一个声音不停地对自己说，这不是你咯，你变咯，大家不再喜欢你咯。那一刻心里很难受，我就对自己说，这仅仅是一次活动，又都是我熟悉的组员，而且是大家把我弄成这样的，我只是配合工作而已，没什么。但是当我真的代表小组走出来的时候，我发现事情远没我想的严重，大家还是很喜欢我的新造型的，我终于放心了。

在这里忍不住还想和大家分享一下我在中学时代发言的经历。我以前一直是个内向不爱说话的孩子，在我心目中，自己永远都应该是注意他人的人，一旦被他人注意我就会有一种不安，像做错了事的孩子一般。但直到有一次我迫于无奈站上了讲台，和组员分享自己的新解题方法，当我讲完，抬起头来正要准备下台的一瞬间，看到大家给我的眼神和微笑，我突然明白，其实在大家心里我也是可以被注意，应该被注意的，就像我以前认为的那样，别人总是应该被注意的。从那以后我不再害怕改变，因为我不再害怕被大家注意，被大家重视。而且我还逐渐地认识到，每一次微小的改变我都特别需要从大家的注意中寻找对自己的肯定，这样我才能知道这次的改变是不是良性的、健康的、带给我收获的。这样才能让我在改变中进步，越变越好，而不是越变越糟。

游戏八　叫醒你的 N 种思维

❤ 游戏目的

1. 通过游戏让组员体会什么是创造性思维。
2. 让组员发掘自己的创造性思维潜力。
3. 培养组员自信心，相信自己的智慧与能力，积极参与生活，多方尝试，努力探索，使自己的潜能与生机得到表现。

❤ 游戏导入

1. 幻灯片展示"〇"图形，让组员尽可能多地写出像什么。
2. 组员随意回答。
3. 导师归纳：

符号类：数字零，句号，英文字母，休止符
食品类：鸡蛋，鸭蛋，饼干，月饼
文体类：飞盘，呼啦圈，棋子
工具类：车轮，圆桌，镜片
器官类：眼睛，鼻孔，圆脸
星体类：太阳，圆月，火星
其　他：金鱼吐的泡泡
……

以上答案告诉我们，同一种图案会有不同的答案，一个问题可用不同种方法来思考，这就是我们常说的发散性思维，也叫创造性思维。今天，我们就给大家准备了一系列的活动，让大家尽情感受并发挥一下平时没有被我们太多重视的创造性思维。

❤ 人员与场地

30~50 人，平分成 4—5 组（不宜太多组），室内。

❤ 游戏道具

A4 白纸，笔，小抱枕，幻灯，计时器。

❤ 规则与程序

第一轮：看谁想得多

1. 向组员展示题目"写出由三个相同字组成的字"，如：众。
2. 强调不必考虑字迹工整，只比赛谁在一分钟内写得多。
3. 讲清规则后再发纸、笔给组员，统一计时。
4. 时间到后，在小组内分享，看谁写得多。

5. 指导小组分享时，导师要引导组员关注以下问题：其他组员比你多想到的字是哪些？这些字你常用吗？有你不认识的字吗？想一下自己是属于脑子里还有很多字没写出来时间就到了的类型，还是时间还没到就已经想不出来的类型？或是其他呢？

第二轮：看谁想得广

1. 向组员展示预先准备好的小抱枕。
2. 请组员们在小组内讨论小抱枕的用途，由小组内某一成员负责记录，汇总小组讨论成果。
3. 讲解完规则后统一计时，2分钟。
4. 时间到，小组展示。
5. 指导小组分享时，引导组员关注以下问题：其他组员想到的用途中，哪些是让你感到心头一亮的？你对他想到这一用途感到好奇吗？你想知道他是怎么想出来的吗？

第三轮：看谁想得最特别

1. 请各组以小抱枕为唯一道具，编排一个一分钟的二人哑剧，严格控制时间，不许超时。
2. 小组轮流表演，一组表演时，其他组为该组哑剧起名，小组内记录。
3. 全部表演结束后，小组分享，主要分享内容为你为第几组的哑剧起了什么名字，为什么想到这个名字呢？
4. 分享后，每个小组选出一个最特别的名字，并请命名者代表小组在大组内分享。
5. 在本轮活动中，引导组员关注以下几点：请组员在活动末尾回味自己在看哑剧起名字时的状态，是想着我一定要起个最特别的？还是看完哑剧就自动有个名字蹦出来？还是二者皆不是，另有状态？是否满意自己为哑剧所起的这个名字？

♥ 解说要点

1. 体会创造性思维。大家一定会发现，刚才我们讨论的所有话题，尽管出现的题目或现象只有一个，但答案却是多样的。只要大家充分发挥自己的聪明才智，多角度、多方位、多层次地思考，答案是多种多样的。这就是我们所说的创造性思维，也叫发散性思维，体现为思维的流畅性，在限定时间内，产生的观念多。如我们的第一轮游戏，看谁想得多。第二个方面是思维的灵活性，是指摒弃以往习惯思维，开创新思路。如我们在第二个游戏里体会到的那样。第三个方面是思维的独特性，是指产生不同寻常的反应，打破常规的能力。反思我们是否经常突破自己的常规思维呢？

2. 了解自己的创造潜力。我们在今天的游戏中特别敢想，充满活力与灵气，不管我们在这三轮游戏中是否满意自己的表现，其他组员都为我们精灵古怪、出其不意的想法而感到惊喜。

3. 自我检查，是否有些无法想到的东西源于知识储备不够。我们都知道，思维必须以大量的信息为基础，储存的信息量越多，创造性思维发生的可能性就越大。

注意他人的思考方式，不要单纯沉浸于自己所想的内容，没有对他人的关注就不会同他人对比，没有对比就损失了一条学习的途径。思考方式也是影响创造性思维的重要因素，每个人都有自己习惯的思维方式，有意地关注其他思维方式，改变自己固有的思维方式，就如同给大脑里的知识开辟了新的出路，这样，不同的路径就会产生不同的思维结果。

创造性思维者一般都受好奇心驱动，促使我们始终不倦地解决问题。但动机过于强烈的话就会对思维造成阻碍，从而限制自己。

♥ 补充说明

1. 本活动中的具体游戏都可以根据现实情况，根据组员的知识水平，对道具进行调换。比如，对于低年级组员可以将第三轮游戏改换为给出一个固定的小故事或是一幅静态的图画，然后命名，避免低年级组员一活动起来难以再进行组织的情况。而对高年级组员，"写出由三个同样字组成的字"这样的活动过于简单，不足以让他们体会到知识储备对创造性思维的影响，可以提高难度，更换为请在一分钟内写出尽量多的作者及其著作，不限国籍、时间、著作题材等任何内容。但需要注意的一点是不可对题目加以太多的限制，避免成为纯知识考题，如"请在一分钟内尽量多地说出中国当代小说家及其成名作"。

2. 如果大家在第三轮游戏中，对编排哑剧这一环节兴趣高涨，导师应注意编排哑剧只是为第三轮游戏提供素材，目的是让大家投入，调动积极性。切不可在这一环节中对各小组失去控制，使活动目的混乱。大家兴趣高涨又有好的创意时，可以鼓励大家在课外活动时间完善这一哑剧的编排，成为一次小的班级表演，活跃班级气氛。

3. 第三轮游戏不适宜分组过多，若人数过多，分组过多，第三轮游戏的时间会相应延长很多，在这种情况下还要请各位导师根据人数调整内容，或者根据实际情况估算并安排时间。

♥ 案例解析

导师手记：

在第一轮游戏中，我这样引导组员："你们是否有这样的发现，看到其他组员写的某个字，会一拍脑门说：'呦！我怎么没想到？'或者'什么奇奇怪怪的字啊？没见过。'当你有了类似想法时，你继续往下想了吗？想了的组员请举手告诉我你是怎么想的？"

情况一：有组员举手"我想是因为这字我平时用得少"，我回应"是呀，用得少的东西我们要找的时候就得费劲，严重影响了我们的取用速度呀"。

情况二：有组员举手"我压根儿不认识那个字，势必想不出来啊"，我回应"可不，这位组员用简简单单的一句话告诉我们一个平常得我们都不愿意去想的真理：没有就没得用"。

情况三：没组员举手，我就可以现场提问一位平时较活跃的组员请他说说如果现在要他再想一步的话，他会怎么想。

带领组员通过活动感受找到创造性思维的影响因素。通过解说，后半部分对于游戏关注点的回顾及对组员有目的性地引导，我们可以在这一部分中对影响组员创造性思维的相关因素进行解释说明，目的是指导组员在日常生活中进行自觉自愿的创造性思维训练，而不仅仅在本次活动中体会高兴，之后无所得。导师可以根据解说2中后半部分与组员互动的程度来进行最后的总结，号召组员们在日常生活中，从知识储备、思维方式、动机强度三个方面来调动自己的创造性思维潜力。

 游戏九　Fashion Show

❤ 游戏目的

1. 打破学生的思维定式，鼓励学生发挥想象力和创造力，学会发现美，创造美。
2. 在活动的交流中，学会发掘自我优势，欣赏他人长处，培养悦纳自己、包容他人的胸怀。
3. 通过活动培养个体自信心和团体合作能力，引导学生认识协作精神在学习生活中的重要作用。
4. 引发学生对学习不同科目采用不同学习方法的思考与讨论。

❤ 游戏导入

本游戏进行前需播放一段时装秀视频，用以调动大家的积极性，使大家更有兴趣参加到游戏中来。

❤ 人员与场地

30~50人，活动中有分组，8人左右一组；室内。

❤ 游戏道具

大量的报纸、草稿纸、透明胶带、双面胶、彩笔、彩带、音乐。

❤ 规则与程序

1. 每组领取定量报纸，一卷透明胶带，一卷双面胶，一盒彩笔，一卷彩带。
2. 组内角色分配。每组要求具备设计师、模特、主题讲解人三种角色，但各角色人数不定，允许组内灵活机动安排。
3. 规定各环节时间。准备环节15分钟，包括组内角色分配，设计制作男女两套时装。展示环节 5 分钟，包括配乐走台展示、创意介绍。

4. 服装制作 30 分钟。完成男女两套"时装"的设计与制作。

5. 每组展示环节 5 分钟。各组展示"时装"表演，在"时装"表演的基础上，派 1 人介绍主题创意。

6. 集体评奖。评出"最佳设计奖""最佳表演奖""最佳创意奖"。

♥ 解说要点

1. 创造性是生命的动力。我们看到每组都利用一样的材料，在一样的时间里带给我们不一样的各具特色的时装秀，是大家丰富的想象力和艺术创造力让原本毫无声息的报纸变成这些美丽时尚、活力跳跃、优美典雅的服装。不少组员除了利用我们给出的材料，还加进了其他的配件，如发夹、胸针、手表、笔、手帕、围巾等。大家这种积极热情的参与，使每一件作品都体现出对美的理解与追求，对传统的挑战和对个性的合理表达，我们用自己的语言方式，诠释了富有时代特征的"时装"的意义。

2. 美是智慧的结晶。每个小组里有分工，有人台下设计，有人台上展示，有人台前讲解，有人幕后指挥。这种分工奠定了整组协作的基础。就像刚才有组员分享的一样，作为设计师要依据自己组中的模特设计适合的衣服，要充分了解组内伙伴，审视他的体形特点来设计合适服装，穿出令人注目的美感。模特也要和设计师充分沟通，了解设计师的设计初衷，这对于更好地展示作品有很大的帮助。从这些细节中我们感受到协作的重要性，也体会到协作精神带给一个团队的凝聚力与智慧。

3. 日常学习中的协作精神。我们鼓励的学习方法是在与大家讨论的过程中，积累多种解法，开拓思维，拓宽眼界，将知识融会贯通，到运用的时候才会流畅自如。这些都和学习中的协作精神分不开。而且，每位组员的学习能力是有差异的，不是好与坏的差异，而是感受性、敏感性的不同。一些擅长感性思维的组员会获得较好的语文成绩。而那些长于理性思维的组员往往在数学学科中表现得相对出色。通过今天的活动，如果能够意识到，在不同的学科中采用不同的学习方法可以获得更好的效果，我们就会主动借鉴别人的长处，弥补自己的不足。学习一定是一个合作的过程。

♥ 补充说明

1. 组内角色分配时，导师指导各组灵活安排角色，比如说设计师也可以参加走秀，主题介绍人也不一定只能站在前台单一从事介绍的角色。从我们多次活动的经验来看，如果导师不在此处给出强调，组员很可能将规则默认为一名设计师、一名主题介绍人，其他同学走秀。这种情况会有碍于组员创造性的发挥和热情参与度。

2. 导师应对评奖环节给予一定的控制，切忌在这一环节投入过多，导师要明白，我们的活动旨在培养组员的良好学习习惯，引发组员对于学习认知的思考，一定要避免组员将注意力过多地投入到评奖环节。过于关注结果，反而容易导致对过程的敷衍、投机取巧甚至是恶性竞争。这不是游戏的目的。

3. 该游戏还可用于培养学生的合作精神，需要导师在游戏合作环节中给予更多的重视。在最后的解说环节对合作进行深刻挖掘，培养学生积极发现别人的优点和能力，主动向别人请教，努力为自己创造成长机会。

💛 案例解析

组员体验与分享：

在一开始的设计中，我本来是设计一个翻扣在腰间的，但是在实际为模特着装的时候我却没有办法用报纸表现出我想要的翻扣，准备放弃这个细节。但我的无意中随口惋惜被我们组的模特小强听到了，他对我说，这个没问题。在我们全组的合作下，终于做出了翻扣这个细节，为我们的这套服装增色很多。通过这次活动，我深刻地体会到协作精神的魅力。我们组游戏刚开始的时候，大家弄得特别乱，也很慌张。于是我们就赶快停下来了，调整了一下人员安排，就这样我们的这场服装秀就诞生了。看着我们的成果展出的时候，我心里好感动，离开我们小组里的任何一个人，这个服装秀都不可能成功。

 Enjoy Your Feeling

💛 游戏目的

1. 通过创设安静环境引导组员悉心感知自己，感知自己的内心活动，感知自己的内在声音。

2. 通过安静环境中悉心思考，学会感知别人。培养自己善解人意的心态与能力。

3. 体会自己对注意力的驾控能力。

💛 游戏导入

1. 导师选择安静的环境，通过指导语引导组员保持安静。

2. 音乐响起后，请组员寻找自己最舒服的姿势，在这一过程中要注意自己的感受，但活动期间一定要保持安静。

3. 引导组员在安静的环境下思考下列问题。为什么你在那个姿势下最舒服？最舒服对于你来说是怎样的感觉？对自己呼吸、心跳等生理变化的感知；对自己认知过程的感知；对自己身体动作、姿势的感知；对自己情绪体验的感知……

以上引导告诉我们，同一种活动不同的人会注意到不同的方面，注意到同一个对象也会有不同的内容，这就是我们常说的感知的差异，注意点的差异。今天，我们就给大家准备一系列的活动，让大家尽情感受并发挥一下平时没有被我们太多重视的感知觉和自己的注意状态。

第六章 学会学习

❤ **人员与场地**

30人左右，两人一组，室内。

❤ **游戏道具**

班德瑞的音乐、A4白纸、笔。

❤ **规则与程序**

第一轮：感知自己

1. 播放音乐，请组员边听音乐边在白纸上写下最喜欢的一首或一句诗歌。
2. 完成诗句后，请组员闭上眼感受音乐，感受诗句，感受自己。
3. 讲清规则后再发纸笔给组员，开始播放音乐。计时10分钟。
4. 时间到后，请组员睁开眼，简单记录自己刚才的感受。
5. 记录完成后，关闭音乐，小组内交流分享。

第二轮：感知彼此

1. 将组员两两配对，并面对面坐好。
2. 请组员们慢慢闭上眼睛，聆听班德瑞的音乐，做5个深呼吸，然后慢慢睁开眼注视对方。
3. 在注视的过程中请试着去感受对方的心境，体会对方对音乐的感受，试着去理解对方想要表达给你的内容。
4. 讲解完规则后统一计时，本环节15分钟。
5. 结束后，小组分享。你是否感受到了对方的感受？在试着去理解对方表达时，你自己是怎样的心情？通过现在的语言交流，你感受到的对方与对方想要表达的内容是否存在差异？你认为造成这种差异的原因是什么？

第三轮：控制自己的注意力

1. 请同对组员面对面坐好。
2. 请组员们慢慢闭上眼睛，聆听班德瑞的音乐，做5个深呼吸，然后慢慢睁开眼注视对方。
3. 保持注视，但在注视过程中，不要去关注对方的感受，而是回想自己在游戏第一环节中对于诗歌的感受体验。
4. 讲解完规则后统一计时，本环节15分钟。
5. 小组分享。当你一边注视着对方，一边去回想自己在第一环节的体会时，对对方的注视是否成为回想的干扰？当你发现回想受到影响时，你是怎么调整自己的注意力的？在平时的学习生活中，你如何控制自己的注意力？

❤ **解说要点**

1. 你一边听音乐，一边感受自己喜欢的诗歌，体会到自我将二者的意境相互融合，带给你一种新的感受。这种感受是对注意力的分配。我们的日常生活中有很多这样的情况，只是我们没有用心体会，今天这个活动目的就是体会你的注意力，体会它的存在，它的变化，体会你对它的控制力。第二个环节强调彼此的感

· 183 ·

受，通过组员们的注视，跳出语言交流的通路，感受对方，理解对方。这种情况下，需要更多地动用我们的注意力，有意识地去注意，去寻找你要注意的内容，体会分析你的注意的客体。我们会感受到自己的注意力对外界世界的指向性。通过第一环节与第二环节的对比，用心感受你的注意力如何指向自我内部，协调内部机能，如何指向外界，联系内外感知。

2. 感受自己对注意力的驾控能力。小组成员对你的注视是否影响到你的注意力全神贯注于自己喜欢的诗句，当你意识到这种干扰的时候，你是如何保持注视，将注意力拉回到自己的思考的？有时候我们会认为注意力是不受我们控制的，外界事物吸引了我们，我们的注意力就会转移。这种情况是存在的，而且相当普遍，但更多时候注意力是可控的，感受到注意力的可控性，加强自我控制训练，我们相信自己的自控能力，才能有资本更加地自信。

♥ 补充说明

1. 本活动中的具体游戏可以根据现实情况，根据组员的知识水平，对游戏中的任务进行调整。比如，对于低年级组员可以将第一轮的写诗改换为画个自己喜欢的东西。需要注意的一点是在组员画画的过程中，不对组员进行限制，只要他们根据自己的感受和观察去画自己注意的内容就行了。

2. 所有活动都处于安静的环境中，导师要注意引导组员投入的积极性。在交流和讨论中尽可能地让组员积极参与，为低年级的组员创设情境，如告诉他们："现在是在一个非常安静的森林里，小动物们都睡觉了，我们要安静，不能吵醒它们。"用此来保证活动进行中的安静。

3. 游戏中绘画或写诗的时间不要太长，以免出现组员严重分心，将兴趣转移到活动之外的情况。

4. 在活动中，对组员在画画中出现的注意力起伏、注意力动摇等现象不必纠缠，只要让组员体会自己的感受，体会自己对注意力的控制就好。

♥ 案例解析

组员体验与分享：

我一直都认为我没有办法控制自己的注意力，所以我总发愁上课容易走神的问题，但是通过今天的活动我体会到了自己的注意力，原来可以控制我的注意力！这真是一个新鲜的感觉，以前自己都没有想过这个问题啊……回到家以后，没事情的时候，我会继续用活动的方法来感受自己的注意力。

第七章
潜能开发

游戏一　突出重围
游戏二　举手礼
游戏三　穿绳游戏
游戏四　优点坐椅
游戏五　三只小猪造房子
游戏六　随机应变
游戏七　传球游戏
游戏八　沧海一舟
游戏九　创意剪纸
游戏十　穿越A4纸

第七章 潜能开发

游戏一 突出重围

● 游戏目的

1. 培养组员在遇到困难和危机的时候,学会保持冷静的头脑,并具备克服困难的决心和勇气。

2. 激发组员的潜能,培养组员开动脑筋解决问题的能力和坚持到底不服输的精神。

● 游戏导入

在生活中,有时我们面临种种困境,就像深陷包围圈,无处可逃。今天,我们也面临突出重围的任务,你们能否顺利完成,冲出一条求生之路呢?

● 人员与场地

30~50人,室外。

● 游戏道具

无。

● 规则与程序

1. 随即抽取3~5名组员作为被困者,其余所有组员手拉手围成一个圈,这个圈就是包围圈。被困者的人数、身体状况、男女比例要视总人数而定。

2. 被困者进入包围圈中央,设法突破外面的包围圈,可以运用钻、拉、诱骗、声东击西等方式,但不允许任何暴力方式。外围的组员要尽全力不让被困者逃出去。

3. 活动正式开始前,被困者和包围者各给5分钟时间,讨论策略,双方保密。

4. 所有被困者全部突破重围才算成功,如果有人出来有人仍然被困,游戏要继续。出来的人依然可以设法帮助里面的人逃出。

5. 活动有一定的激烈程度,导师提醒组员以保证安全为准。身上的尖锐物品务必提前处置,以防活动中伤人。

● 解说要点

1. 遇到困难,要保持头脑清醒,勇于克服困难。越是困境的时候越需要保持清醒的头脑。日常生活中难免会遇到很多困难,如果一下子慌了手脚就会阻碍自己思维的速度和准确度,反而有可能贻误解决困难的机会。首先要做到镇定、冷静,其实困难都是纸老虎,一旦我们镇定下来,就会想到解决问题的好办法。另外,我们要正视困难,不能被困难吓倒,要迎难而上,不怕艰险。所谓:困难像弹簧,你强它就弱,你弱它就强。只要我们有必胜的决心和坚持的勇气,一定能成功。

2. 开动脑筋，开发自己的潜能。在游戏中，大家都非常聪明，运用各种巧妙的方法和策略躲过敌人的围追堵截，胜利突出重围。在平时的学习和生活中，不管遇到什么难题，不要认为自己不行，大家都要相信自己的能力。碰到难以解决的问题，大家要好好分析，看看是不是自己的策略和方法出现了漏洞，及时调整方式方法。虚心听取他人意见，积极争取多方资源，为每个人提供创造的机会，通过集体的智慧与力量赢得胜利。

❤ 补充说明

1. 安全问题。首先要选择合适的场地进行，最好是草地或泥土地上，在水泥地上组员就有擦伤的危险。活动过程中，一定要提醒突破和阻击的组员都要注意安全问题，不能使用伤害或暴力的方式，要智取为主。

2. 要根据包围者人数来决定突围者的人数，比例要协调。一定不能让突围者人数太少，根本无法逃脱。另外也要防止突围者人数太多轻而易举突破，失去游戏的意义。

❤ 案例解析

组员体验与分享：

我们三个人突围，开始感觉很吃力，根本找不到出路。因为外围的防守很强大，我们急得团团转。我感觉那两个同学都快放弃了。我左思右想，心生一计，偷偷跟其他两个同学商量，我们先继续卖力地突围，然后让其中的女孩子在突围的时候假装摔倒，晕过去，然后我们两个男围过去看她，我们喊："不好了，她被撞晕了。"这时，包围的同学感到事情严重，纷纷跑过来看情况。于是，我们三个瞅着空隙就逃脱了，他们被气得半死。通过游戏，我感觉做事要有勇有谋才行，不能蛮干。他们都说我很狡猾很机灵，我以前没有发现，现在也真的觉得自己是有些小计谋的。

以上是一位组员的感言，他从中发现自己的聪明才智，增强了自信心。同时，也知道了在困难面前不能放弃，要开动脑筋解决问题。其他人也有类似的感受。现在很多学生都缺乏面对困难的勇气，碰到困难总是想爸爸妈妈，而不能自己勇敢独立地解决。所以很需要一些类似的活动，让大家体验困难，解决困难，发现潜能。在活动过程中，尤其要鼓励那些胆小、内向的组员参与，让他们更多地体验和分享自己的感受。

游戏二　举手礼

❤ 游戏目的

1. 让组员认识到坚持所需要的毅力和决心，培养组员的意志力，培养组员不

第七章 潜能开发

服输、不甘落后的精神，激励组员战胜人生路上种种困难。

2. 通过游戏开发组员的潜能，让组员认识到自己是有能力的，很多看似不能完成的任务都能通过自己的努力完成，从而提高组员的自信心。

❤ 游戏导入

1948年，牛津大学举办了一个"成功秘诀"讲座，邀请到了当时声誉已登峰造极的伟人丘吉尔来演讲。3个月前媒体就开始炒作，各界人士引颈等待，翘首以盼。这天终于到来了，会场上人山人海，水泄不通。全世界各大新闻机构都到齐了。人们准备洗耳恭听这位大政治家、外交家、文学家（丘吉尔曾获诺贝尔文学奖）的成功秘诀。丘吉尔用手势止住大家雷鸣般的掌声后，说："我成功的秘诀有三个：第一是，决不放弃；第二是，决不、决不放弃；第三是，决不、决不、决不能放弃！我的讲演结束了。"说完就走下讲台。会场上沉寂了一分钟后，才爆发出热烈的掌声，经久不息。

播放电视剧《士兵突击》的一些片段，将其中具有震撼力的场景、台词、细节特别挑出来重放。

❤ 人员与场地

30~50人，宽敞的室内或室外。

❤ 游戏道具

秒表一只。

❤ 规则与程序

1. 全体组员按体操队形站立，每个人举起右手臂，伸直向胸前平举，身体不准晃动，坚持若干分钟，看谁能坚持到最后，谁能够坚持更长的时间。

2. 起初时间可以短一些，当有组员表示困难，难以坚持的时候，导师要有意激励团体的力量，比如说："就这么短时间是吗？大家同意结束吗？现在只过了3分钟。""还要不要继续？"等。

3. 活动进行过程中，小组导师可以在队列中巡视，看到艰难的组员，小声给予鼓励。随着时间的延长，小组导师要对自己的小组组员进行激励，可以喊口号，朗诵诗句，甚至可以领着大家一起唱歌。

4. 此活动可以循序渐进地进行，鼓励组员不断突破极限。从最初的3分钟到最后的30分钟。既是个人战胜自己的胜利，也是团体同心协力、相互激励的胜利。

❤ 解说要点

1. 人贵有恒。活动一开始，很多组员发出不屑的声音，觉得举起手臂真是太容易了。可没有几分钟，大家的表情就不那么轻松了。很多事情我们做一次两次容易，要坚持下来就难了，而坚持下来的人变成了胜利者。虽然，并不是我们每个人都能成为丘吉尔，但是，如果你想实现自己的梦想，想有一番作为，必须要

· 189 ·

坚持不懈。其实在举手过程中，大家承受了同样的酸痛，就好比我们在人生路上会遇到同样的艰难险阻，有的同学坚持了3分钟就退下阵来，而有的组员能坚持30分钟成为最后的胜利者。人贵有恒，如果在困难前却步，往往只会拥抱失败；如果在困难时坚持，常常会获得意想不到的成功。

2. 超越自己，挖掘潜能。每个人的潜能都是无穷的，大家平时不注意开发，很多潜能都像地下的宝藏一样深深埋在下面，一旦遇到危机或困难，只要勇于探索，就能够激发出自己前所未有的能力。在遇到困难时，不要放弃，不怕困难，否则是不会知道自己的身上有多大的能力的。

❤ 补充说明

1. 如果活动在室外进行，一定注意不要在严寒或酷暑等极端天气下进行，保证组员人身安全。

2. 在活动过程中，运用各种方法激励组员坚持，不要放弃。导师可以身体力行，做好模范；可以给组员朗诵一些关于坚持的格言警句，让组员齐声朗诵；给组员放一些激励人心的歌曲或音乐，也可带动组员一起唱《水手》《真心英雄》等歌曲。

❤ 案例解析

组员体验与分享：

组员1：开始的时候大家都信心满满。可是才过一分钟，我的手已经开始发麻了。我想我只要尽自己最大的努力去做就行。过了5分钟，我渐渐支持不住了。又过了一会儿，我渐渐地快不行了，最后我坐了下来，我没有坚持到10分钟。后来，我看到一些平时看起来没什么耐力的甚至很瘦弱的同学，居然坚持到最后，我真的很佩服他们，也看到人的潜力是无穷的！在以后的生活和学习中，我一定得注意我这个弱点，一定要坚持，要把自己最大的能力发挥出来，不做胆小鬼。

组员2：当时，我的手一直在抖，手臂也非常的酸痛，看着坚持的人越来越少，我的手想放下来的念头也越来越重。可是，我一直在想，高考的时候，我们要面对那一份份试卷，我们一颗颗忐忑不安的心又会怎样呢？现在只是举10分钟的手臂，就坚持不住，就想轻言放弃，那当我们面临高考时，我们也要退缩？也要放弃吗？这个信念使我一直坚持着。10分钟到了，可我还是没有放下手臂，因为我要坚持，我不会退缩、逃避；坚持到我可以笑迎高考的时候；坚持到实现自己的理想，这样我就可以笑着说一声：我成功了！

以上是组员们的感言，看到他们能够分享到这几点，感觉他们真的懂得了游戏的含义，游戏的目的达到了。他们通过游戏看到自己身上的不足，看到了每个人巨大的潜能，也通过游戏想到学习时自己要努力要坚持。在分享之后，导师一定要给表达充分、感受深刻的组员及时的肯定和鼓励，也激发其他组员有更多深入的思考。

游戏三　穿绳游戏

♥ 游戏目的

1. 引导组员体会并发现自身的潜能，包括：潜能的特点，比如：善于进行逆向思维，自己平时是怎么对其加以开发和利用的。

2. 鼓励组员采取具体的行动，将这些潜能落实到日常的学习和生活中，以扬长避短，使自己更好地完成社会化过程，实现良好的发展与成长。

♥ 游戏导入

魔术大师胡汀尼能在极短的时间内打开无论多么复杂的锁，从未失手。他曾为自己定下一个富有挑战性的目标：要在60分钟之内，从任何锁中挣脱出来，条件是让他穿着特制的衣服进去，并且没有人在旁边观看。

有一个英国小镇的居民，决定向伟大的胡汀尼挑战。他们特别打制了一个坚固的铁牢，配上一把看上去非常复杂的锁，请胡汀尼来看看能否从这里出去。

胡汀尼自信地接受了这个挑战。他穿上特制的衣服，走进铁牢中，小镇居民关上了牢门后，就都远远走开了。胡汀尼从衣服中取出自己特制的工具，开始工作。

很快，时间过了30分钟，胡汀尼没有打开锁。45分钟过去了，一个小时过去了，胡汀尼头上开始冒汗，他的耳朵紧贴着锁，紧张工作着。

两个小时过去了，胡汀尼始终听不到期待中的锁簧弹开的声音。他筋疲力尽地将身体往门上一靠，沮丧地坐在地上，结果牢门却顺势而开。原来，牢门根本没有上锁，那看似很厉害的锁只是个样子。

就这样，小镇居民成功地捉弄了这位逃生专家。

恩格斯有一句非常有名的格言："地球上的最美的花朵——思维着的精神。"事实上，在很多时候，人们都会自然而然地陷入一种固定的思维模式中，不知道脑筋急转弯，或者忘记了变通。因此，尽管全身心地去解决问题，还是无法顺利地得到答案，结果只能是事倍功半。此时，不妨绕道行驶或逆向思考一下，事情也许就会迎刃而解。

♥ 人员与场地

30~50人，大组或小组为单位进行均可，室内。

♥ 游戏道具

60厘米长的绳子人均一条。

♥ 规则与程序

1. 导师将已准备好的60厘米长的绳子依次发给组员，每人得到一条。

2. 导师告诉组员分别用自己的两只手的大拇指和食指捏住绳子的两端。

3. 要求：组员在不松开大拇指和食指的前提下，想办法将这条绳子打一个死结。

4. 整个游戏过程中，组员不能借助其他手指及身体的其他部位完成打结动作。

5. 整个游戏过程中，组员之间不能相互交流，个人独立完成。一旦有组员破解了答案，找总导师离开人群演示，验证答案正确与否。答案获准的组员不得公布答案，以免干扰其他组员的探索过程。

6. 此问题至少有三种方法，鼓励组员不断突破。

● 解说要点

1. 潜能与差异性。要使每个组员的潜能都能充分展现和发挥出来，需要树立以组员为本的观念，尊重个体间的差异性，秉着一颗开放、接纳和包容的心与他们互动。有的组员擅长进行逆向思考，这和他们所处的生理和心理发展阶段有关。以前，我们的教育工作常常比较重视研究学生的共性和落实对学生的共性要求。这无疑是必要的。现在我们要重视学生之间的个体差异，用不同的教育方式激发学生。这就有助于我们真正地将潜能开发落实到每个学生身上，实现教育为社会发展服务与为人的发展服务的统一。

2. 潜能与多样性。每个人都有多种不同的能力，即人的智能呈现出多样化的特点。以多元的方式开发学生的潜能，使学生参与多种形式的教学活动，培养创新精神和实践能力。尽管人的潜能是多种多样的，但其中也有相对优势的和相对弱势的。扬己之长、避己之短，才能够促进全面发展。

● 补充说明

1. 注意指导语的说明。由于这是一个操作性很强的游戏，所以指导语非常重要。导师在说明游戏的程序和规则时一定要清楚、简洁和有条理。之后组员一般都会进行不同程度的提问，导师可以采取澄清、反问等技巧确定组员是否明白游戏步骤，否则倘若每个人都按自己的大致理解去操作的话，该游戏难以达到训练学生逆向思维能力的目的。对于一些关键的点，如：用哪两个手指捏住绳子，捏好后就不许再有其他的手指帮忙等，导师要尽可能不厌其烦地进行讲解和强调，但注意不要出现任何带有倾向性的暗示。

2. 重视分享并给予鼓励。这个游戏在刚开始做时，可能有很多组员都想不到采取逆向思维的方法解决问题。所以，如果有哪个组员能够最先想到这一点，打破沉寂，那么导师最好能抓住这个切入口，邀请该组员谈谈自己是怎么想到的，又是怎样做到的。虽然这只是一个很小很简单的热身游戏，但带给组员的反思很有启发性和富有价值。导师一定要把分享环节做足做充分。不能看到有人找到了答案，就认为游戏可以结束了。实际上，其背后的感悟还有很多很多。同时，还要鼓励组员将想到的办法运用到其他事情或问题的解决和处理上，学会对知识和能力的迁移。

第七章 潜能开发

♥ 案例解析

导师手记：

起初，每个组员都将目光紧紧地盯在自己手里拿着的这条绳子上。只见有的组员紧皱眉头，有的组员不停地摆弄着双手，还有的组员在观察别人的一举一动。由此可见，大家都对这个游戏很感兴趣，都希望能在最短的时间内第一个攻克难题。大概过了五分钟后，有一名组员向小组导师示意自己想出了打结的办法。原来，他将绳子先打好结，但不系死，等到小组导师说开始后，他再用自己的大拇指和食指拿起刚刚打过结的绳子的两端，这其实已经不是原始状态时的绳子的两端了。这样，他只需要轻轻一拉，绳子就顺势将中间的结拧紧了。霎时间，其他的组员茅塞顿开。随后，导师让这位组员分享了感受，他这样说道："我很喜欢这个小游戏，做起来很方便，只要一根绳子就可以了。但关键是就是这么一根微不足道的绳子却给我带来了挑战，我愿意迎难而上。当通过自己的琢磨发现其中的秘密所在后，我有一种一览众山小的感觉，非常有成就感。我平时就善于反着来想问题，没想到这回就用上了。"

游戏四　优点坐椅

♥ 游戏目的

1. 引导组员学会欣赏别人，欣赏是一种心态。每个人都有值得欣赏的地方，只要我们肯耐心地、积极地看待别人，带着一双发现的眼睛，你身边的每个人都有许多令人感动的美好。

2. 积极看待别人源于我们积极看待自己，悦纳自己。悦纳自己不是因为我们自己是完人，而是因为我们是一个真实的人，有血有肉的人。每个人都会有缺点，包括我们自己，清楚自己的缺点并愿意修正自己，生命的过程就是这样组成的。

3. 真正的欣赏是发自内心的，以一种发展的、开放的、积极的眼光看待他人，看待自己。欣赏别人，不能虚情假意；欣赏自己，不能故步自封。欣赏的基础是心与心的连接，爱与爱的交互，理解与理解的共勉。

♥ 游戏导入

元真是韩国某大型公司的一名清洁工，这是公司里容易被人忽视，容易被人忘记的角色。但就是公司里最不起眼的元真在一天晚上公司保险箱被窃时，与小偷进行了殊死搏斗，保住了公司的财产。

事后，有人为他请功并问他为什么要这样做，元真的答案出人意料。他说，每当公司的总经理从他身旁经过时，总会不时地赞美他："你扫的地真干净。"

就这么简简单单的一句话，使这个员工受到了感动，使他看到了自己在公司中的价值。这也正合了中国的一句老话"士为知己者死"。

美国著名女企业家玛丽凯有着丰富的企业管理经验，在谈到员工管理时，她说："世界上有两件东西比任何东西更为人们所需——认可与赞美。"

金钱在调动下属们的积极性方面不是万能的，而赞美却恰好可以弥补它的不足。因为生活中的每一个人，都有极强的自尊心和荣誉感。你对他们真诚地表扬与赞同，就是对他们价值的承认和重视。真诚赞美下属的领导，能使员工们的心灵需求得到满足，并能激发他们潜在的才能。

打动人最好的方式就是真诚的欣赏和善意的赞许。接受别人的赞扬和赞扬别人都是一种美的享受，咱们不妨来体验一下这种幸福的感受。

❤ 人员与场地

小组完成，每组人数8人左右，大组人数不限；室内。

❤ 游戏道具

无。

❤ 规则与程序

1. 每个小组坐成U形，U形的敞口处放一把空椅子，我们称其为"优点坐椅"。
2. 小组成员一一坐到椅子上，接受全组同学的赞扬与欣赏。
3. 每位组员真诚地、实事求是地对坐在椅子上的组员表达赞美和表扬，顺序先后和语言多少不限。
4. 坐在椅子上接受赞美的组员只需要认真听取其他组员的赞美即可，可以有少量的回应，但不必解释，更不要谦虚地否认。
5. 每位组员都完成后，再坐成圆圈，大家分享在这个环节当中的感受和体会，表达对其他组员的感受和情感等。

❤ 解说要点

1. 欣赏和学习他人。每个人生活在世上，都有属于自己的独特和差异，这是我们能力和长处的基础。细数每个人的优点和长处，我们会发现不同的个体具有许多令人欣赏和学习的地方。如，有的长于艺术，有的善于学习，有的勤于思考等，这是每个人的过人之处。不同的个体有着不同的优点，每一个个体不可能囊括所有优点和长处，所以每个人都有值得肯定和学习的地方，我们要善于观察和懂得欣赏他人的价值与美好，并用一颗谦虚、真诚的心学习他人的长处和优点，使自身日臻完善和美好。

2. 肯定和悦纳自我。很多时候，我们也要善于发现和肯定自己的能力与优势。"我是很棒的！""我是不错的。""我能……"等等。这些积极信念会让自己更加接近成功的目标。肯定和悦纳自我对一个人自信心的形成和塑造具有很大的影响作用。当然，从另一个方面来说，我们也有自身的限制和不足，我们不是绝对完美和优秀的，因此也要用一颗开放的心和正确的态度来对待自身的缺点，用

第七章 潜能开发

积极的视角进行转化,即承认自己的缺陷,享受自己的优势,通过自己的努力扬长避短。

3. 培养真诚和开放的心。日常生活中,无论是对自己还是对他人,我们都要处理人与人之间的关系,建立关系过程中很重要的一点即是要有一颗真诚和开放的心。拥有一颗真诚和开放的心会让我们更加积极地接受自我、欣赏他人,并良好地构建与周围人的关系,会让我们的生活变得更加富有爱、理解与美好。

❤ **补充说明**

1. 这是在进行"潜能开发"主题活动中可以运用的一个比较好的小型游戏,该游戏虽然非常简单,但是却能起到很好的激发能力,连接关系的作用。但值得注意的是,该游戏需要合适的小组气氛,需要小组成员之间已建立起比较好的关系后进行,这样会取得更好的活动效果。

2. 在开展该活动的过程中,导师需要对组员的表扬进行有效的引导和牵引,防止有的组员流于形式和表面化的表达,尽量让组员的表达更加真诚和具体化。

3. 在活动中,导师也可以对一些场景进行此时此刻的反映,使组员彼此间的关系更加良好,但需要注意情境的及时性和适合性。

❤ **案例解析**

组员体验与分享:

组员1:我觉得这个游戏真的很好,做完后,感觉我们小组一下子变得更加温暖和团结了。平时,我们也不会有一个这样的机会彼此进行赞美和表扬,而且在这样的小组氛围中其实很自然、很舒服,感觉大家真的都是非常不错的,每个人都有自己的优点和长处,都有值得我们学习的地方。

组员2:在今天的活动中,我听到大家对我的赞美和表扬,感觉挺好的,平时我根本没想到也没意识到自己原来有大家说的那么好,我一直觉得自己相貌也一般,学习也一般,性格也比较内向,所以自信心一直不是很高。通过今天的活动,我对自己有了一个重新的认识,真的就像老师和大家说的一样,每个人都有自己的优点和长处,只是可能很多时候你还没意识到或者还没被开发出来。

组员3:我很谢谢在今天活动中乐乐对我的表扬,前几天我们还因为有些事情而有些芥蒂,但是在今天的活动中,我看到她那么真诚地赞美和表扬我,让我感觉到其实真的好朋友就是会很真诚地对待你的,就算有些不愉快也是暂时的,所以我希望和乐乐一直都是好朋友。

游戏五　三只小猪造房子

❤ **游戏目的**

1. 通过与他人的合作,培养组员的责任意识。

2. 引导组员用心体会团队的需要，并能够根据自己的能力，在团队中找到自己最合适的角色位置。

3. 挑战极限，让组员在艰难的环境中学会冷静思考、理智分析。

4. 训练组员对于结构变化的适应能力。

♥ 游戏导入

故事：三只小猪

三只小猪是兄弟，为抵抗大野狼而有不同的遭遇，大哥盖草屋，二哥盖木屋，三弟盖了砖屋。但是，大野狼毫不费劲地吹倒了大哥的草房和二哥的木房，多亏他们及时躲进了三弟结实的砖房里，才保住了性命。

于是，大哥和二哥吸取了教训，他们不再偷懒，而是和三弟一起，建造了一座牢固漂亮的砖房。从此，三只小猪再也不用担心大野狼的到来，他们从此无忧无虑地生活在一起。

在本次的游戏中，我们也将扮演一次小猪的角色，齐心协力搭建起一所房子来。

♥ 人员与场地

分组进行，每组 10 人以上。室内室外都可以，但要保证周围空旷，没有障碍。

♥ 游戏道具

眼罩若干（参与游戏者每人一个），12、18、20 米的绳子各一根。

♥ 规则与程序

1. 组员平均分成三组。

2. 导师分给每个小组成员一根长绳。

3. 导师给每位组员发放眼罩，并要求他们戴上。

4. 第一个任务：三个小组成员在戴上眼罩、不用言语沟通的情况下，分别用手中的长绳搭建"房子"的一部分，即一个平面图形。其中：拿到 12 米绳的小组搭出三角形、18 米绳的小组搭出圆形、20 米绳的小组搭出正方形。

小组图形搭好后，可以举手向导师示意。

5. 第二个任务：三个小组的队员一起合作，把各自搭成的图形拼成房子的形状。要求房子一定要美观大方，且每个图形都应发挥作用。此时允许语言交流，但不可以摘脱眼罩。

6. 请组员们分享交流感受和经验。

♥ 解说要点

1. 这是一个难度很高的游戏，组员必须在失去视觉和听觉的前提下相互合作，完成任务，是对组员的领悟力、思考力、感受力的极大挑战。

2. 每个人的能力和性格都有所不同，但是，在这个环境里，大家只能用心去

第七章　潜能开发

体会别人的需要，彼此理解、彼此配合，在团队中找到自己的位置，奉献自己的力量，体现自己的价值。

3. 在每个组完成自己的第一个任务时，大家虽然有过一阵茫然和混乱，但很快能找到有效的沟通方式，从而达成自己的目标。但是，当需要大家和其他的小组合作时，一切就变得复杂起来。各个图形应该放在什么位置，承担"房子"的什么功能，都成了问题。在这种时候，只有大家互相体谅、默契配合，以团队的目标为中心，才有可能完成任务。

4. 要做好这个游戏，首先一定要选定一个基准点和一个核心领导人，大家都在核心领导人的指挥下，以基准点为参照点行动，这样才可以防止场面的混乱，迅速有效地完成任务。

5. 由于游戏的过程中组员们看不见，也不能说话，这就格外考验组员们在其他方面的感觉能力，这是一种对潜能的挑战。

❤　补充说明

1. 这个游戏主要是为了促进组员潜能的开发，通过游戏中各种条件的设定，发掘组员的领导能力、感悟能力、团队合作能力、沟通能力和适应能力。这些可能是组员们在平时的学习生活中不易被发现，或者是被忽略的。

2. 由于每个人都是建造"房子"的不可缺少的一员，还能够训练组员的责任意识，加强组员对团队精神的理解。

3. 此游戏包含多个层面的思想，比如如何与人进行沟通？在与人合作中如何找到自己的位置、体现自己的责任？如何领会别人的意图？当与别人意见分歧时，如何解决？你本人习惯于扮演什么角色？日常生活中你如何行动？

4. 游戏过程中，导师应给予组员充分的时间和空间，充分发挥每个组员的主观能动性，让他们能够自我探索、自我发现。也应不断地给予他们积极的鼓励、有效的暗示，引导小组有效地完成规定的任务，保证活动能够顺利进行。

❤　案例解析

组员体验与分享：

组员1：老师让我们戴上眼罩，还不让大家说话，却又要我们组用绳子搭出一个正方形来。当时我就蒙了，这简直就是不可能的事情嘛。光是戴上眼罩就可以，非得搞这么复杂。好在我们组的壮壮很有指挥能力，他用手指在我的背上写了方案，然后我们分别把方案用手指写在另外两个同学的背上。商量好后，我们很快就完成了任务，我和壮壮先把绳子打个结，然后拉直了站好，另外两位同学凭感觉走到中间，再带着绳子往相反的方向走。其实这个过程也挺乱的，呵呵，不过，我们四个还算有默契，虽然搭出来的正方形不那么标准吧，但是也不算太难看，我已经很满意了！

组员2：第二个任务时不是可以说话了吗，可是我觉得说话反而更糟了，大家都看不见，只能是你说你有理，我说我有理，乱作一团。就连三角形、圆形和正方形怎么摆的问题,我们都争论了好久,那时候我就想,还不如不能说呢,那就搭成啥样就啥样好了。后来听到老师说只有五分钟了,大家都慌了。最后,还是按照老规矩,听班长的意见,由他完全指挥我们三个组。不过还好,虽然搭出来的房子挺歪的,但是真的挺可爱的。这座房子真是来得不容易啊。

 随机应变

♥ 游戏目的

1. 考验组员的应变能力。
2. 训练组员的思维转换能力。
3. 通过活动让组员体会,当出现的状况与预想存在差异时,该如何应变。

♥ 游戏导入

做热身小游戏"口是心非"。

做游戏要求大家围坐一圈,从 A 组员开始提问,A 组员旁边的 B 组员回答,并依次下传。提问无限制,但要求回答组员必须回答与真实答案相反的答案,如,A 问:"一般情况人类什么时候睡觉?"B 组员不能回答"晚上",而要回答"白天"。每人问两个问题,下一位组员如果回答符合,则活动继续进行,回答错误,可以在组内以示"惩罚"。

♥ 人员与场地

30~50 人,室内。

♥ 游戏道具

纸卡、笔。

♥ 规则与程序

1. 全班分成小组,每组 15 人左右。
2. 第一轮,应变之王海选:

(1)每位组员分别在自己领到的三张纸卡上写下三件喜欢做的事情,要求一定要具体,如"我喜欢吃"最好写成"我喜欢吃饼干",或是"我喜欢在家里吃饭"。给出的信息越具体越好。

(2)然后将小组内的所有卡片集中。

(3)随意选定一名组员做巫婆,从卡片堆里任意抽出一张卡片,然后对旁边的同学说"我喜欢喝咖啡"(卡片上的内容)。旁边组员听到巫婆同学的陈述后,需要迅速给出喜欢的理由,如"嗯,是的,你喜欢喝咖啡,因为咖啡总是让你保持良好的精神状态"。

（4）紧接着请刚才给出理由的组员做巫婆，抽出新的纸条，对另一边的组员说"我喜欢早晨洗澡"，旁边组员给出理由，按顺序轮流做下去。

（5）如果时间充足的话，可以一直继续下去。

3. 第二轮，理由大串联：

（1）一位组员从卡片集里抽出卡片一张，抽出卡片的组员向旁边的组员B表达卡片内容"我喜欢在海边吹风"。

（2）组员B首先必须肯定前一位组员的理由"嗯，你是喜欢在海边吹风，因为那种安静的感觉让你沉浸"。

（3）另一边的组员C须接着组员B给出的理由，继续寻找理由，如"嗯，是的，沉浸在那种安静的感觉里可以让你更全面地思考生活"。

（4）以此类推，组员D要根据组员C的理由，继续给出理由，如"嗯，是的，更全面地思考生活，可以让你做起事来如鱼得水"。

（5）继续以此类推，直到全组轮流完毕。

4. 第三轮，火拼怪理由：

（1）所有卡片集中后，小组内每位组员抽一张，要求抽到的组员背放卡片，自己不能看内容，也不能被其他组员看到内容。

（2）小组内所有成员抽卡完毕后，统一给出指令"请查看卡片内容"。要求迅速、向其他组员保密你看到的内容。

（3）导师倒计时数"3、2、1"，到1时，请所有组员将手中卡片顺时针传给下一位组员，要求：卡片背着传递，接到卡片的同学在没有听到导师统一要求时不要翻看卡片。

（4）传递环节完成后，从组内任意选择一位组员，开始理由火拼环节，要求：翻看手中卡片，迅速给出理由。顺序进行。

❤ 解说要点

1. 接纳是应变的基本前提。很多时候，我们习惯于根据自己的经验与判断看待事物，一旦遇到不同的看法或想法，就条件反射般地予以反击、否定。就此，我们很容易就进入攻击状态，应变的需要就消失了。要想有效根据环境做出应变，就必须了解、理解别人的本意，了解别人此时此刻的真正意图。所以，我们首先要学会倾听，真正听懂他人的想法，真正明了现实的状态，我们的应变才有可能是适当的、恰当的、有针对性的。

2. 开放自己，适当改变。开放的心态不仅是我们处理人际关系的准则，也是我们处理与世界关系的法宝。客观事物千变万化，人情世故纷纭复杂，外界的一切不可能以我们的主观意图而转移，需要我们具有适应社会变化的能力。变化的前提是开放，拥有一个开放的心，不禁锢自己，不故步自封，勇于实践，乐于学习，抱着儿童般的好奇对待世界，对待他人，我们的心就充满生机，我们的身体就富有激情。没有什么是不可能，只要思想是开放的，一切皆有可能。

♥ 补充说明

1. 本活动做适当改动也可以用做于培养沟通技巧的游戏,这就需要将游戏的重点体验点控制在沟通的体验环节上。

2. 在游戏的第一环节"应变之王海选"中可以将最后的步骤改为,一个提问全组成员分别给出理由,不能重复。请根据突出的游戏目的来自行安排。

3. 在游戏第三轮"火拼怪理由"的环节里,最后一步是小组分享,大家可以说说自己心目中的怪理由。但分享时导师要注意抓重点,到底谁的理由最怪并不重要,也不需要明确,这只是活动载体,而非目的。

♥ 案例解析

组员"火拼怪理由"示例:

我喜欢用筷子敲各种各样的碗。

嗯,是的,你喜欢用筷子敲各式各样的碗,因为这样你可以听到自己喜欢的音乐。

嗯,是的,你喜欢听到自己喜欢的音乐,因为这样你就可以觉得世界是你来控制的。

嗯,是的,你喜欢控制整个世界,因为这样你就可以随时随地吃你爱吃的炸鸡腿了。

嗯,是的,你喜欢随时随地吃你喜欢的炸鸡腿,因为这样你就可以变成世界上最胖的人。

嗯,是的,你就是喜欢变成世界上最胖的人,因为这样你就可以进吉尼斯纪录了。

……

游戏七 传球游戏

♥ 游戏目的

1. 让组员在游戏过程中体会到在做事情的过程中要在失败面前有"再试一次"的态度。

2. 让组员通过简单的游戏体会到每个人都有着无限的潜力和能力,在一定的压力条件下,能够发挥出更多的能力,取得更好的成绩。

3. 发展组员的创造性思维,在日常的学习和生活中多思考,不断探索。集合集体的智慧共同探索,我们会发现智慧碰撞时发出的魅力火花。

♥ 游戏导入

再试一次

什么东西比石头还硬,或比水还软?然而软水却穿透了硬石,坚持不懈而已。

第七章 潜能开发

有个年轻人去微软公司应聘，而该公司并没有刊登过招聘广告。见总经理疑惑不解，年轻人用不太熟练的英语解释说自己是碰巧路过这里，就贸然进来了。总经理感觉很新鲜，破例让他一试。面试的结果出人意料，年轻人表现糟糕。他对总经理的解释是事先没有准备，总经理以为他不过是找个托词下台阶，就随口应道："等你准备好了再来试吧。"一周后，年轻人再次走进微软公司的大门，这次他依然没有成功。但比起第一次，他的表现要好得多。而总经理给他的回答仍然同上次一样："等你准备好了再来试。"就这样，这个青年先后5次踏进微软公司的大门，最终被公司录用，成为公司的重点培养对象。

我们每个人都有着不可估量的能力和力量。很多时候我们表现得不够好、做得不够出色，并不是因为我们真的不行，我们做不到，而是因为我们不愿意"再做一次"，不愿意发挥自己的潜能，继续努力，就已经开始放弃了。我们为什么不可以以勇敢者的气魄，坚定而自信地对自己说一声："再试一次！"再试一次，你就有可能达到成功的彼岸！

♥ 人员与场地

30~50人，活动中有分组，8人左右一组；室内，适宜活动的开阔场地。

♥ 游戏道具

网球每组一个，秒表一个。

♥ 规则与程序

1. 游戏最重要的规则是，网球要经过每位组员的双手，但不能在相邻的两个组员之间传递。看哪个组用的时间最短。

2. 务必做到球在组员之间传递。

3. 最后球不能落地，从谁的手里出发，还要回到谁的手里。

4. 本组组员之间可以交流，小组之间不可以交流。

5. 各组决定本组的时间极限，任何一组打破刚才的纪录后，原有纪录即告作废。最终的时间极限就像百米运动员打破世界纪录一样，一次次地被刷新。看哪组笑到最后。

6. 为了增加游戏的气氛，导师可以利用黑板或白报纸做记分牌，每有一个新纪录产生，就记录下来。记录下团队不断战胜自己的过程。

♥ 解说要点

1. 学会超越原有的思维定式。也许你的条条框框为你的发展立下了汗马功劳，但一味遵循就容易沦为守旧。建立一种启发创造性的"冲破框架"的环境条件，鼓励创新精神。

2. 创新思维，开发潜能。"不可能"的心理定式，使我们还没有尝试就想到放弃。做了才能成功，但最终的成功不是因为你做了，而是取决于你怎样去做。发挥智慧，集合创意，一件不可能完成的事情就奇迹般地成功了。这就是智慧的力量！思维可以指导人们的行动，同时也约束人们的行动。想要成功，就必须敢于超越自己的思维。

3. 超越极限是人类证明自己意义的表现。奥运会的目标是"更高、更快、更强"。人类为什么要不断超越自己，不断打破自己创下的纪录，一代又一代运动员，一批又一批登山者，前赴后继在人类的历史上刷新纪录，因为这是人类的意义。追求卓越是人类展示才华的必要途径，人类的意义就在于不断地战胜自己，以战胜自己证明人类的意义所在。

♥ 补充说明

1. 此游戏包含多种思想，如何在团队活动中与人合作？如何突破自己，主动学习他人的长处？在与人互动中认识自己的模式，发现自己的问题等。所以，此游戏可以用于多个主题：团队熔炼、潜能开发、人际互动、自我探索等。导师要根据辅导主题的要求，利用游戏内涵，有针对性地进行挖掘和引导。

2. 每当有一组打破纪录的时候，导师要热烈公布，以此激励其他组不断超越自己的激情和潜能。

3. 游戏的最终目的不是哪个组获胜，而是要引导全体组员体会到，组与组之间的竞争使我们不断超越自己，组员之间的启发与鼓励使我们勇于尝试，不怕失败。最终突破极限，突破自己，这就是集体的智慧、合作的意义、超越的美丽。

♥ 案例解析

组员体验与分享：

组员1：不断有其他组创造新纪录，比前一次用的时间更短，大家都特别的紧张。第一次传球的时候感觉没有那么大的压力，传的速度虽然有些慢，但是我们还是顺利地完成了任务。其间也没有将球掉到地上的情况。当导师公布了我们第一次的成绩后，大家觉得还不错，我们都很兴奋，大家都说再来一次，成绩一定要比上一次更好。我们撸胳膊挽袖子，跃跃欲试了！可是，可能是因为我们太紧张了，同学们接连失误。越是失误，越紧张，这次的成绩真的很惨！因为这样，大家的士气一下子就没有了，觉得有些东西是没有办法超越的。这时候，导师就鼓励我们说，我们有勇于挑战的心是很好的，但是在这个过程中，一定要把心态放平稳，更好地发挥自己的潜力，达到更高的目标。

组员2：什么方法能够让球更快地通过每个人的手呢？依次传过去？那样球终究要经过很长的路径，实在是很占用时间。那用什么办法能够让球走的路程最短呢？每个人的反应也是要有一定时间的，那人们的最短反应的时间是多少呢？我们能否突破这个极限呢？我们组一个同学突然想到，大家可以把每个人的手垂直地摆在一起，然后由一个组员在最上端发球，球做自由落体运动的时候就可以依次地经过每个人的手了。大家觉得这个主意真的很棒，于是大家一致通过。结果可想而知，我们组用了最短的时间让球依次通过了每个组员的手。我们除了感觉到很高兴之外，就是无限地感叹。很多时候我们被规矩束缚住了，没有了自己的想法。这让我们深刻地感觉到我们需要创新，需要那些所谓另类的思维去解决问题。也许我们会失败,但是我们会有意想不到的收获。

游戏八　沧海一舟

❤ 游戏目的

1. 激发组员潜能。每个人都有许多自身的能量和资源,除了显性的能力表达方式外,我们还有许多潜能等待进一步发掘。对自我潜能的发掘可以进一步发现自我、探索自我,使自我变得日臻完善和美好。

2. 凝聚团队关系。每个人都不能离开他人而独立存在于世,在我们的日常生活中,我们需要不断地融入集体,建设团队,在团队力量的激励下,可以进一步发现自我的力量,探索自我的潜能。

3. 激发思考和创意。在看似困难的任务前,我们为了达到目标而会思考出各种可能的办法和方案,这个过程就是激发思考和创意的过程。

❤ 游戏导入

曾荫权的求职故事

因为家境贫寒,他年仅20岁就辍学踏入社会。

那时正逢经济萧条时期,要想找份工作非常艰难。一家知名医药企业刚刚贴出招聘科员的告示,就引来了数十名应聘者,他也在求职大军之列。

招聘者被一一编了号,他排在50多号。求职者相继沮丧地从招聘室走出来,说:"条件很苛刻,没有大学文凭,没有两年以上的从业经验,一概不收!"门外的应聘者一听,呼啦一下走了不少人。他也不符合应聘条件,可他没走。

不久,又有几名应聘者走出办公室:"年龄要25周岁以上!"

应聘者又散去了不少,但他继续耐心地排队等待。后面的应聘者问:"看你25不到吧?"他点头。那人又道:"肯定也会被淘汰的,不如走掉算了!"他笑着说:"机会难得,即便是不符合条件,也应该试一试!"

结果,他的人生就因"试一试"的勇气而改观。各方面都不符合条件的他,虽然未被招聘为科员,但招聘主管因他形象不错、口齿伶俐,破格录用他做了一名药品推销员。参加工作以后,这位没有社会背景和学历的青年,凭借着这份敢于尝试的勇气,一边卖药一边考公务员,短短10年,就从普通的卖药仔,一路飙升为香港政要。

1998年亚洲金融危机中,他敢于动用外汇金融储备干预股市,以过人的胆识、智慧及谋略捍卫了香港的金融体系。他就是香港特区现任行政长官曾荫权。

后来,在很多场合,他都被问到:成功是不是靠运气?曾荫权就说:"从前人们都说从尖沙咀坐船到中环几乎是不可能的,因为水流湍急,会把你带向大海。

我不相信，试过一次，意外地发现，虽然坐船到不了中环，但却可以到湾仔或西环，同样是很好的落脚点啊。凡事不要先断定结果，只要你有心尝试，不管是否如你所愿，生活总会给你惊喜！"

平庸和精彩往往就是一步之隔：在那扇机遇的门前，有人想着自己各种不足，想着可能的失败，望而却步，转身走掉；而有人却勇敢地推门而入，即使是洪水猛兽，遍布荆棘，也要蹚出自己的新道来——生活，因此不同。

在我们的人生道路上，我们总是不可避免地会遇到挑战、困难和挫折，在挑战、困难、挫折面前，我们要如何表现呢？是积极地应对，用200%的信心和勇气迎接挑战？还是用0的态度转身离开，一味逃避呢？不同的选择会让我们得到不同的结果。而且，看似是困难，在我们的智慧和勇气下，困难只是磨砺我们迈向成功的磨刀石，勇敢地迎接生命的各种挑战，会让我们的人生变得更加丰富多彩。

❤ 人员与场地

30~50人，活动中有分组，8人左右一组；室内。

❤ 游戏道具

旧报纸若干（每组4张，最大开的）、背景音乐、剪刀。

❤ 规则与程序

1. 组员按每组8~10人平均分组。

2. 导师向组员描述模拟的危难情境。在苍茫的大海上，小组人员的船只遇到了风浪，不能再继续前行，现在只剩下一条小船可以帮助逃生……

3. 导师向组员布置需要完成的任务：

（1）组员讨论，共同推选出一名组长，带领大家完成任务。

（2）小组讨论如何通过一叶"小舟"逃生，包括逃生的方式、人员等，逃生成功的标准是：每个组员的身体都在"小舟"上，并能持续一分钟的时间。

4. 导师向小组派发当作"小舟"的旧报纸4张，以及剪刀等道具，并向小组说明有关规则：

（1）前3张报纸可以用来尝试怎么样才能完成任务；第4张报纸用来向大家展示完成任务的结果。

（2）当作"小舟"的报纸可以进行形状的改变，但是要求报纸不能粉碎，最后还能拼凑成一张完整的报纸。

5. 在组员完成任务的过程中，导师可以播放适合的背景音乐，烘托情境和小组气氛。

6. 待小组完成后，导师进行验收，并让小组进行展示。

7. 活动时间大约为40分钟。

8. 活动完成后，小组进行交流和分享。

❤ 解说要点

1. 智慧和勇气可以帮助我们战胜困难。智慧是我们战胜困难过程中很重要的一个元素，在遭遇问题和困难时如何客观、准确地进行分析、思考并进行有效的决策等，这些都需要我们拥有聪明的智慧。勇气也是我们在应对困难和问题过程中决定态度的一个重要因子，拥有勇气可以让我们直面问题和困难，用一个良好的心态去战胜困难，并在战胜困难的过程中百折不挠，坚持隐忍。所以在我们面对困难和问题时，需要不断地锤炼我们的睿智与勇气。

2. 个人离不开集体。我们每个人都是一个独立的个体，这是相对于生物学意义上的独立个体而言的。虽然我们每个人都有独立的躯干和思想，但是我们每个人都不能离开集体和社会独自生存，因为我们不仅是独立的人，更是社会的人。在我们的生活中，我们需要与外界建立各种联系，并与他人形成各种互补和合作的关系，只有这样，我们的生存、生活才能得到较好的保证。另外，我们也只有与他人、集体、社会建立了较好的关系，我们个人的能力才能得到更好的施展和发挥，个人的价值才能得到有效的认可和实现。

3. 多元思维和创意可以帮助我们有效成功。在我们成功的道路上，总是难以避免一些困难和挫折，如何有效地克服这些困难和挫折，并使我们迈向成功的道路，是我们一直在思考着的问题。这其中，多元思维和创意可以激发我们在应对困难和问题时从多个发散的视角进行思考和分析，并提出各种可能的方案和措施解决问题，使我们迈向成功的道路。有意识地培养自身的多元思维和创意可以使我们有效成功。

❤ 补充说明

1. 此游戏是一个比较好的开发潜能、凝练团队的游戏，也包含着丰富的解说思想，如，如何战胜困难，个人和集体的关系，以及多元思维和创意，甚至是价值选择等，导师可以在适合的场景下进行运用。需要注意的是，在进行该游戏的过程中，一定要做好导入环节，让组员充分体验到游戏的场景和氛围，才能保证游戏的完成效果。

2. 游戏进行过程中，可能有的小组会因为任务的难度而不敢挑战，小组行动力不够，这时导师一定要鼓励小组成员，让其克服畏难情绪，找到解决问题的办法，帮助小组达到目标。

3. 在小组的分组过程中，导师要注意组员身形、胖瘦的适当搭配，组与组之间不要差异太大，使小组的基础条件比较公平。

4. 还应十分重视小组完成后的展示及其成果验收环节，这个环节的进行可以帮助小组成员进一步提升自我效能感，并使团队凝聚力加强。

❤ 案例解析

组员体验与分享：

组员1：刚开始的时候，看到导师给我们发那么小一张报纸，让我们全部组员都站上去，真的觉得这是一个不可能完成的任务。但是我们却在组长的带领下，大家想出各种各样的方法，最后按照小凯的办法，我们终于做到了。在最后那一分钟里,觉得小组真的很了不起,虽然这只是一个游戏,但是却激发了我们战胜困难的勇气,而且最后克服困难的欣喜之情是难以言喻的。

组员2:我觉得这个游戏让我明白的一点就是个人的责任和团队的合作与配合。小组想要完成这个任务,就需要每个人都积极、认真地配合,只有我们每个组员都做好了,都让自己站稳了,游戏才算成功。要想让团队目标达成,首先自己就不能拖后腿。个人必须要先把自己做好。但是自己做好并不是不管他人独立地做好,因为在团队中彼此也是关联和相互影响的,你还需要兼顾到他人,只有这两方面都做到了,才能最终成功。

组员3:我觉得很兴奋,看似不可能完成的任务最后却完成了,这启示我们有时候在遇到困难的时候不要害怕或是轻易被吓倒,办法一定比问题多,只要我们找到了适合的方法,并有足够的信心和勇气,我们一定能战胜困难,取得成功。

游戏九 创意剪纸

♥ 游戏目的

1. 引导组员体验创造的过程。每个人都有不竭的创造力,创造力存在于我们的生命当中,开放自己,信任自己,勇于尝试,就会表现出创造力。

2. 体验沟通与创造的关系。每个人都有创造力,封闭、故步自封、闭门造车可能导致个人创造力的僵化与误区。充分融入群体,主动与人交流,展示自己,学习别人,有利于保持自己具有可持续的创造动力。

3. 努力展示自己,虚心学习别人,在团体生活中养成输出与汲取的良性循环,能够使生命更加丰富多彩。

♥ 游戏导入

有一个故事:

一个小老鼠从地洞里爬出来,看到高悬在空中、光芒四射的太阳。它禁不住说:"太阳公公,你真是太了不起了!"

太阳说:"待会儿乌云姐姐出来,你就看不见我了。"

一会儿,乌云出来了,遮住了太阳。

小老鼠又对乌云说:"乌云姐姐,你真是太了不起了,连太阳都被你遮住了。"

乌云却说:"风姑娘一来,你就明白谁最了不起了。"

一阵狂风吹过,云消雾散,一片晴空。

小老鼠情不自禁道:"风姑娘,看来世界上你是最了不起的!"

风姑娘不动声色地说:"才不是呢!你看见前面那堵墙了吗,我连它都吹不过呀!"

小老鼠爬到墙边，充满景仰地说："墙大哥，你真是太伟大了，大风竟然吹不倒你。"

墙皱皱眉，不无失落地说："你自己才是最伟大的呀，你看，我马上就要倒了，就是因为你的兄弟在我下面钻了好多的洞！"

果真，墙摇摇欲坠，墙角边一只只小老鼠在不停地忙碌着。

世界上的每个人都是独一无二的，都是大自然最伟大的造化。想成为独一无二的人，其实我们生来就具备这样的潜能。有的人将这一潜能发挥到了极致，有的人由于对自己认识不清，始终找不到实现自己的舞台。人生的舞台上有许多与我们比肩而行的同路人，他们同样具有独一无二的潜能，正是因为人人与众不同，才令我们的世界多姿多彩，充满魅力。充分展示自己，真诚向他人学习，既保持自己的独特，又乐于与人为善，为充分实现自己创造条件，才能将我们生存的意义充分体现出来。

❤ 人员与场地

30~50人，活动中有分组，8人左右一组；室内。

❤ 游戏道具

彩色复印纸，色彩尽量丰富，A4、B5均可；人均一把剪刀；可以准备背景音乐，当学生们全神贯注剪纸时播放。

❤ 规则与程序

第一轮：个人剪纸

1. 每个组员独立完成一份剪纸作品，不与他人交流，相信自己，独立完成。

2. 时间为10分钟，完成的组员思考自己的作品，耐心等待他人完成剪纸过程，不议论，不参谋，不干扰。

3. 派发每个组员半张彩色纸，一把剪刀。提醒组员务必注意安全，不要使剪刀伤到别人或自己。（切记：一定要先讲规则后发道具，防止组员拿到道具急于开始行动，忽视规则与要求讲解，影响游戏的正常进行）

4. 全体组员完成作品后，分成小组各自分享自己的作品，介绍作品的创意、特色、优点。鼓励组员相互反馈，彼此欣赏，真诚表达。

第二轮：小组无声剪纸

1. 小组成员共同完成一份剪纸作品，其间不能说话，不能进行语言交流，通过非语言的方式进行沟通与交流。

2. 正式开始之前，每组有5分钟的交流时间。活动一旦开始，所有组员停止说话，房间里是无声状态。

3. 正式剪纸时间是10分钟，完成的小组思考自己的作品，耐心等待他人完成剪纸过程，不议论，不参谋，不干扰。

4. 各组完成作品后，派一名组员介绍小组作品，创意、特色、骄人之处。特别要介绍小组是如何完成作品的，集体完成还是一人承担？想法一致还是各说各的？作品与最初的设想一致吗？一致是如何实现的？不一致是怎么导致的？你们的小组有什么优势？有什么问题？

5. 派发每组一张彩色纸，每人一把剪刀，活动正式开始，10分钟时间。

6. 各组代表发言，本组同学可以补充。鼓励其他组的同学提问、反馈、发表看法。营造积极反馈，大胆表态，相互尊重，相互学习的群体氛围。

第三轮：小组有声剪纸

1. 小组成员共同完成一份剪纸作品，鼓励组员之间积极交流，充分沟通。

2. 各组完成作品后，派一名组员介绍小组作品，创意、特色、骄人之处。介绍小组是如何完成作品的，集体完成还是一人承担？想法一致还是各说各的？作品与最初的设想一致吗？一致是如何实现的？不一致是怎么导致的？你们的小组有什么优势？有什么问题？尤其要与第二轮进行对比，两次过程有什么改变？体现在哪里？对自己的小组有什么新发现？

3. 正式剪纸时间是10分钟，完成的小组思考自己的作品，耐心等待他人完成剪纸过程，不议论，不参谋，不干扰。

4. 派发每组一张彩色纸，每人一把剪刀，活动正式开始，10分钟时间。

5. 各组代表发言，本组同学可以补充。鼓励其他组的同学提问、反馈、发表看法。

♥ 解说要点

1. 肯定每个人的意义。每个人心中都有一座美丽的花园，园中有五彩缤纷的花、生机勃勃的绿叶、破土而出的幼苗、含苞欲放的花蕾。老师和家人就是这座花园的园丁，为我们浇水施肥、剪枝修叶，不是因为我们不够美丽，而是为我们准备更适合的生长环境。是花总能开放，我们告诫自己的是：耐心等待，充满期待，用心浇灌。因为每个孩子生长期不一样，成熟期也不一样，有的早，有的晚；有的怒放在枝头，有的陪衬在叶下；有的绚丽夺目，有的无声挺拔。这都是美的方式，都是生命的表达，老师和家长会以欣赏、好奇的目光看着我们，陪伴我们，与我们一起前行。

2. 个人离不开环境。如一篇童话故事《森林里的对话》讲到的那样：

> 大柳树身边长着一些不知名的小树苗，它们因为自己不够高大、不够挺拔、没有名气深感苦恼。随着一天天长大，小树苗之间枝与枝碰上了，叶与叶挡着了。它们相互抱怨，彼此争吵，并借着风的吹动动起了手，枝蔓折断了，绿叶残破了。大柳树看着这一切十分心疼。在一个微风习习的日子里，它用自己长长的柳枝抚摸着身边的小树苗，说道："孩子们，看着你们互不相让，彼此伤害，我心里既高兴又担心。高兴的是，我知道你们都在长大，正是因为你们长大了，才会把自己的手伸向身边的伙伴，因为你们不想孤独地生长。担心的是，你们把渴望接触理解成了侵犯，把携手前行看成了相互妨碍。于是，你们开始了争斗，开始了伤害。不过，我要告诉你们一个道理，所有的花草树木都离不开彼此，我们要借助于花粉间的交换吸收养分，吐故纳新，强壮自己。没有身边的伙伴就没有丰富的花粉

供给，缺少多种花粉间的交换、配种、更新，最终的结果是植物种类的单一、退化，直至灭绝。"听了大柳树这番话，小树苗们都陷入了深深的思考。

任何生命的成长都要借助于与周围环境的资源交换，青少年是生命成长最旺盛的时期，吸收养分，吐故纳新，才能保持不竭的生命动力。

3. 强调沟通与交流的意义。资源交换离不开与人交流，与人沟通，积极主动地向别人敞开，将自己的资源融入群体，以自己的意义与价值赢得他人的认同与接纳，他人才愿意与我们互动，与我们交流，他人的资源才有可能变成我们的生命养分。

❤ 补充说明

1. 此游戏包含多种思想，如何在团队活动中与人合作？如何采取有效的方式与人沟通？如何突破自己，主动学习他人的长处？在与人互动中认识自己的模式，发现自己的问题等。所以，此游戏可以用于多个主题：团队熔炼、潜能开发、人际互动、自我探索等。关键取决于导师想强调其中的哪些主题，挖掘其中的哪些思想内涵，并巧妙地与组员的成长主题有效连接。凸显不同的主题，需要导师准备有针对性的素材，用不同的素材烘托要聚焦的主题。

2. 时间充裕的话，导师可以指导组员将自己的剪纸作品张贴在房间的墙上，引导组员对不同的作品，给予积极反馈。对于一些有特点、引人好奇的作品可以做适度的跟进，帮助组员通过一张剪纸作品增进彼此认识，彼此理解，彼此关怀。需要强调的是，避免在回应、反馈环节进行评价，避免伤害作品的主人。

3. 此外，还可以与班主任或是其他相关人员合作将剪纸作品张贴在班级教室或是某些场合中，以此为主题办板报、墙报，充分展示组员的创造力。

❤ 案例解析

组员体验与分享：

组员1：我觉得这虽然是一个很简单的剪纸游戏，但是在老师的引导下，让我们明白了一个很深刻的道理：每个人的作品都是富有意义的，刚开始总觉得自己的剪纸作品不好，都不敢和大家分享，但是在老师的鼓励和解说下我明白了，不管是不是好的，只要是我们自己做的就是最独特和最富有意义的。其实所谓的"好"也没有绝对的标准，在不同的人眼中会有不同的评价尺度和价值，所以懂得欣赏差异和珍视价值就好。

组员2：我感觉今天的活动很有意思，除了好玩、锻炼了我们的动手能力外，其实更重要的是让我懂得了要培养多元思维和创造力。对一个事物要怀有多种不同的思考视角和想法，同时懂得用欣赏的眼光看待每一个事物，这样的世界才会变得更多元、更丰富和更美好。

游戏十 穿越 A4 纸

❤ 游戏目的

1. 让组员意识到每个人作为独立的个体，都有着无限的且是与生俱来的潜能。
2. 鼓励组员采取实际行动去探索、挖掘和发现自己的潜能所在。
3. 引导组员思考潜能是怎样被开发出来的，需要哪些条件，又会受到什么限制。
4. 启发组员设想如何将自身的潜能推广开来，运用到生活的其他方面。

❤ 游戏导入

有一个古老的印度传说：

有一段时期，地球上所有的人都是神，但人类是如此充满罪恶并滥用神权，以至于梵天——一切众生之父，决定剥夺人类所拥有的神性，并把它藏到人们永远也不会重新发现的地方，以免他们滥用它。

"我们将把它深埋于地下。"其他的神说道。

"不，"梵天说，"因为人类会挖掘到地层深处，并发现它。"

"那么我们将把它沉入最深的海。"神们说道。

"不，"梵天说，"因为人类会学会潜水，在海底发现它。"

"我们将把它藏在最高的山上。"神们说。

"不，"梵天说，"因为人类总有一天会爬上地球的每座山峰捕获到神性。"

"那我们实在不知道应藏在哪儿，人类才不会发现。"一小部分神说道。

"我告诉你们，"梵天说，"把它藏在人类自己身上，他绝不会想到去那里寻找。"诸神赞成。

于是他们就这样做了，把"神性"藏在我们每个人身上。自从那时起人类一直遍访世界，通过挖掘、潜水和攀登寻找那类似于神一样的品质，而这种品质却一直隐藏在自己身上。

心理学家弗洛姆曾经说过这样一句话："人的本质就是一种特定的潜能。"上述寓言亦同样告诉我们这样一个真理：每个人身上都有着巨大的"神性"——潜能，正是由于它的存在，人们才能通过自己的努力，实现人生的辉煌。只不过，并非所有的人都能开发自身的潜能，并善于利用它。我们现在要做的便是去探索、挖掘和发现这些潜能，并使之发扬光大。

❤ 人员与场地

30~50 人，活动分小组进行，每组 8 人左右为宜；室内。

第七章 潜能开发

❤ **游戏道具**

若干张 A4 纸（具体数目视活动总人数而定）、剪刀每组一把、节奏欢快或轻松的音乐。

❤ **规则与程序**

1. 向每个小组派发 3 张 A4 纸，其中 2 张作为练习用，1 张作为汇报展示用。
2. 通过小组的努力，小组所有成员能够从 A4 纸的一面穿到另一面，但要保证 A4 纸的四周保持完整。
3. 全体组员完成穿越之后，A4 纸能够恢复到最初的形状。
4. 各小组可以有充分的讨论，但小组之间不能交流。每组找到方法后，可以找导师解释说明，但不要干扰其他小组的探索过程。
5. 此游戏至少有 5 种方法，鼓励每个组不断尝试，不要满足于一种答案。
6. 所有小组探索成功后，向大组进行展示。引导组与组之间相互学习，彼此激励，创造共同成长的契机。

❤ **解说要点**

1. 潜能与个体。很多时候，我们都在问自己："我有潜能吗？体现在哪里？"答案是肯定的，潜能就蕴藏在我们的身体里。美国学者霍华德·加德纳提出"多元智能理论"。这一理论认为：人具有多元的智能，如语言智能、数学—逻辑智能、空间智能、身体—运动智能、音乐智能、人际交往智能、自我认识智能、自然观察智能、存在智能等。智能差异是造成个体差异的重要原因。但它不是高低优劣之间的差异，而是多样性、丰富性方面的不同。每个组员都具有多方面的潜质，拥有多种且无限的天赋潜能。

2. 潜能与经历。潜能是人与生俱来的，未被启用、认识、开发出来的潜在的能力。每个人都具有无穷的生理和心理潜能，理想社会的主要职能在于促进人的潜能发挥。提供适当的条件，潜能就会展现出来成为现实的能力。经历便是其中很重要的一个方面，尤其是那些肯定性的、积极的和富有建设性的事件。这些正向生活经历可以让我们意识到自身潜藏着的能力，进而增强我们的自信心和潜能的开发。潜能是蕴藏在个体中的，它意味着一种发展趋势，一种未来的力量。潜能本身需要开发，需要发展，就像种子需要发芽、火山总想爆发一样，发展是潜能的本质属性。

3. 潜能与环境。每个人都生活在一定的环境中，人的潜能是与环境互动激发的结果。例如逆境就可以激发出人的内在能力。

安东尼·布尔盖斯 40 岁时得知自己患了脑癌，最多能活一年。他知道自己必须和命运搏斗。当时，由于破产他没有任何东西可以留给妻子琳娜。布尔盖斯并不是一个职业小说家，但他知道自己具有写作的潜质。为了给琳娜留点钱，他开始尝试写小说。他不知道自己写的东西能否出版，然而他别无选择。那段时间，布尔盖斯拼命写作。在新年的钟声敲响之前，他完成了五部小说——这个数字接近英国小说家福斯特毕生的创作，两倍于美国小说家塞林格的创作。然而，布尔盖斯并没有死。他的病情得到了缓解，癌细胞逐渐消失。从此之后，小说创作成为布尔盖斯毕生的职业。他一生写了 70 多部书，算得上是一个极为高产的作家。试想：如果没有那个可怕的死亡预言，他也许根本就不会从事写作。从理论上说，人的潜能是无限的。但这些巨大的潜能有时候要在某种紧急情况下才能被激发出来。罗曼·罗兰曾说过："人才免不了遇到障碍，然而障碍会创造天才。"

4. 潜能与实践。潜能的开发需要不断通过具体的实践活动来得到印证和激荡。换言之，要想使潜能得以真实地呈现出来，个体必须采取实际的行动，就像本游戏的操作过程一样。如果仅仅停留在想的层面上，只是凭空猜测，不愿亲自动手尝试，无异于做白日梦。只有亲身体验，才能感悟到潜能是怎么被唤醒出来的、自身的潜能是怎样的一种发展状态、具有什么典型的特点、发挥了何种功能或作用等。在此，我们强调让潜能显现化，即我们应立足于"潜能"向"显能"的转化。"显能"指的是大脑开发和发展程度的现实水平，"潜能"指的是大脑开发和发展程度的潜在水平。在对组员各方面的潜能实行全面开发时，首先要调整大脑现有的水平，并在此基础上开发潜能。这样才能把潜能开发真正落到实处。

♥ 补充说明

1. 潜能与资源的关系。人的潜能是无限的，但现实生活中的资源是有限的。潜能需要结合资源情况得以发挥和运用。在本游戏中，导师要提前明确地告诉组员纸张（即是一种资源）的数量和用途是有规定的（每个小组只有 3 张纸，其中只有 2 张可以作为练习，剩下的 1 张留作汇报时用。倘若 2 张纸都用完了但却还没有想出行得通的办法，导师可以引导组员思考这其中的原因，而不要简单地把它看成是失败的结果）。这样做的目的在于提醒组员注意在开发自身潜能的同时，必须考虑到相关资源的承受程度。

2. 潜能与情绪的关系。根据以往的经验，有的小组在做这个游戏时大获成功，但也有小组全军覆没。我们应该知道，设计该游戏的目的在于挖掘和激发组员的潜能，更重要的是让他们自己对自己潜在的能力有新的发现和体悟。而不是故意设计有难度的障碍或陷阱等着组员往里跳。如果导师看到组员们经过认真、投入的思考，还是没有找到可以突破的思路或点子时，可以以自然的方式介入其中，对他们做适度提醒，切忌使组员产生畏难情绪。

3. 潜能与合作的关系。事实上，在这个游戏中，除了可以启发组员思考如何凭借自己的力量去探索、挖掘和发现自身潜能外，不可避免地要引导组员关注合作的可能性。因为在现代社会，随着生产力的迅速提升，社会分工越来越细化，一项任务需要多个环节共同来完成。所以，仅靠一个人的能力是远远不够的，况且也是不现实的。导师应适时地点出：合作对潜能的开发有举足轻重的地位。不同的思想在一起得到碰撞，就会相互激发、提示和促进，就会生发出更多的好想法，而且会提高效率。我们希望看到学生想出尽可能多的办法，表现出丰富的思想火花。

4. 游戏在最后有展示环节，导师可以创设一些情境，让组员们感到自己就像在进行表演一样，不仅正式而且精彩。例如：在组员进行穿越时，导师可以选择一首或若干首节奏欢快、轻松的音乐做陪衬，以调动起现场的气氛，增加组员间的互动。还可以临时搭建一个小舞台，专门属于组员尽情释放的天地。

5. 同样，因为该游戏需要组员在结束时向全体组员做汇报，所以，导师除了在氛围等外在内容上下功夫外，还可以在组员这个群体本身上做文章。例如：各小组成员在向大家做展示时，导师可以鼓励他们分别采用一种姿势来穿过，即不允许重复，这样每个人的动作都不尽相同，又独具特色。在这个层面上，组员的潜能又得到了一次开发。

♥ 案例解析

组员体验与分享：

我们组采用的设计方式是：以宽度为轴，先将 A4 纸对折一次，有折痕的一侧为封口侧，另一侧即为开口侧；从纸的一端且靠近封口侧的任意一点开始，沿纸的边缘剪开，直到纸的另一端且与起始点相对应的位置为止；从纸的任意一端开始，将中间部分按从上往下—从下往上的交替方式撕开，但注意不要剪到头；将纸全部打开，把其中一小段一小段连接着的部分再剪开，一张 A4 纸就变成了一个纸环，而且边上还带着花纹，十分漂亮。两名组员将这个纸环拉成了门的形状，全组组员便从纸的一面穿到另一面去了，就好像一扇门被打开了，人们从外面进到里面去。在穿越时，他们放起了《香水百合》这首歌。只见有的组员是一个人单腿蹦过去的；有的是一个人转着圈过去的；还有的是两个人拉起手一同迈过的。总之，一个人一个姿势，一个人一种表情，一个人一份创意！

第八章
领导管理

游戏一　勇于面对
游戏二　今天我当家
游戏三　老鹰抓小鸡
游戏四　缺失的一角
游戏五　真的，还是假的
游戏六　贩卖希望
游戏七　你来说，我来做
游戏八　合作方块
游戏九　穿越障碍
游戏十　勇闯夺命岛

第八章 领导管理

游戏一 勇于面对

♥ 游戏目的

1. 通过游戏，引导组员认识到有时错误的发生难以避免，即使我们再小心也会有错误出现。

2. 引导组员正视错误，在面对错误的时候，不是逃避而是勇于承担。

3. 让组员意识到勇于面对错误是敢于承担责任的表现。

♥ 游戏导入

学会对自己的行为负责

格里没有等到晚上放学，就哭着回到了家，送他回来的是学校里的一个叔叔。格里的母亲萨利特斯问这位叔叔，到底是怎么一回事？

叔叔说，放学前小朋友们排队，可格里根本就不好好站，总是窜来窜去的，结果不知怎么，就和一个同学起了冲突。老师批评了格里几句，他就开始哇哇地哭个不停，还跟老师嚷嚷："我没错！我没有打他！"

母亲萨利特斯向叔叔道了谢，然后拉着格里进了门。

"怎么回事？"萨利特斯看着两眼红红的格里问道。

"我不小心和马克撞了一下，结果马克就使劲儿地推我，我踢了他一脚，马克哭了，老师就说我了。"格里脸上挂着两行泪珠，补充说道，"是他先推我的！"

听到这里，母亲萨利特斯基本上把事情的来龙去脉搞清楚了，她语气平和地问格里："难道你一点责任都没有吗？"

"没有！不是我的错！是马克先推我的！"

"好，现在我问你，如果你好好按照老师的要求排队，不乱跑，你能不小心撞到别人吗？你没有撞到马克，马克会推你吗？"

格里默不作声了。

"现在你再仔细想想，你一点责任都没有吗？你是男子汉，记住，不要把什么责任都推到别人的身上！遇事仔细想一想，为什么别人会这样对你，你是不是做了什么不对的事情。"

最后，萨利特斯对儿子格里说了一句话："你得学会对自己的行为负责！"

当我们遇到问题的时候，我们首先要做的是分析自己身上存在的问题，要明白每个人都要对自己的行为负责，发生错误时，不要一味地抱怨别人。

♥ 人员与场地

30~50人，活动中可以有分组，10人左右一组，也可以不分组；室内或室外开阔场地。

♥ 游戏道具

无。

♥ 规则与程序

1. 组员在空旷的场地围成一个圆圈，导师站在圆圈的中心。
2. 站好之后，组员之间不得再有言语的交流。
3. 游戏开始，由导师发布命令，组员按照导师的命令来做相应的动作。例如，导师喊向左转，组员们就要向左转；导师喊蹲下，组员们就要蹲下……
4. 当有组员出错时，出错的组员要主动报告，然后走到圆圈的中央，向其他的组员大声说："对不起！"
5. 出错的组员退出，游戏继续，直到剩下一个组员为止。

♥ 解说要点

1. 要有敢作敢当的勇气。人生的道路不会是一直平坦的，更没有一帆风顺的。我们需要尽最大的努力去面对，但我们不能保证过程中不出现任何错误。犯了错误并不可怕，只要我们能够勇敢地面对，就能够继续向前走。

2. 承担责任的重要性。组员现在承担的还只是个人责任。当我们渐渐长大，所要承担的责任小到个人、家庭，大到社会、国家。因此，要从现在开始培养我们的责任意识。

♥ 补充说明

1. 此游戏虽然简单，但操作性强，可以让组员体会到当众承认错误、担当责任是多么的不容易。

2. 游戏中，导师发布的动作口令可以有多种不同的变化。比如，速度可以逐渐加快、难度可以逐渐增大，还可以要求组员做的动作与口令相反。这样不但可以增强游戏的趣味性，同时可以使组员的精力集中起来，有利于小组活动的开展。

♥ 案例解析

组员体验与分享：

我是第一个出错的人，本想能瞒天过海就算了，好像导师当时也没有看到我出错。当导师接着喊下面的口令的时候，我身边的人喊："老师这儿有人错了，没出去。"当时我的脸就红了，用手打旁边的同学，说："你怎么管那么多啊！"不过导师已经听到他喊了，就说："谁错了，自己出来！"这时候所有的同学都看着我，有人开始起哄喊："出来吧！出来吧！"我看实在是逃不过了，就扭捏地走了出去。导师说："好了，你现在该怎么做呢？"说实话，我实在是没有勇气对大家说对不起。虽然这不是什么大事，但是我堂堂一个男子汉，怎么能这么丢人呢。我就对老师说："刚才是因为我没有在意，如果我用心的话，肯定不会出错的。"导师看着我说："我相信你如果用心就不会错的。可是现在你已经错了，大家也都看到了，你是不是该为你所做的负责呢？"我点点头，不过心里还是挺为难的。导师看着我，说："那现在呢？"我知道他是想让我对大家说"对不起"。我看都这样了，就只好对着大家说了。不过声音真的很小，我自己都觉得勉强可以听到。接着，导师和大家商量说："他是我们第一个出错的人，大家愿不愿意给他一个机会，让他继续参加游戏呢？"大家都同意，我就又回到了队伍中。这次我特别地小心谨慎，生怕出错。因为我知道，我是要对我犯下的错误负责任的！

游戏二　今天我当家

♥ 游戏目的

1. 通过游戏让组员尝试如何当领导。
2. 通过让每个组员主持一次小活动，让组员们意识到作为一个组织领导所要担负的责任。
3. 引导组员在游戏的过程中发挥自身的管理能力和领导才华。

♥ 游戏导入

信任与放权

一个人去买鹦鹉，看到一只鹦鹉前标示：此鹦鹉会两门语言，售价200元。另一只鹦鹉前则标示：此鹦鹉会四门语言，售价400元。该买哪只呢？两只都毛色光鲜，非常灵活可爱。这人转啊转，拿不定主意。结果突然发现一只老掉了牙的鹦鹉，毛色黯淡散乱，标价800元。这人赶紧将老板叫来：这只鹦鹉是不是会说八门语言？

店主说：不。

这人奇怪了：那为什么又老又丑，又没有能力，会值这个价钱呢？

店主回答：因为另外两只鹦鹉叫这只鹦鹉"老板"。

我们每个人都有做领导者的潜能，但是大多数时候我们没有发现自己的这种能力。一味地服从他人的指挥，服从别人的安排，不敢在公众场合发表见解。在这个重视个人能力的社会中，我们应该注重培养个人多方面的能力，作为一个领导者管理和协调能力更是尤为重要的。

♥ 人员与场地

30～50人，活动中有分组，10人左右一组。

♥ 游戏道具

根据每次小组当家者的需要来准备游戏道具。

♥ 规则与程序

1. 在每次小组的进程中，给组员5～10分钟的时间。

2. 这5~10分钟时间由当家的组员来安排活动的内容、组织活动程序。

3. 当家组员自己掌握活动内容与形式，可以是组员的个人才艺展示，可以是小组之间的团队活动，也可以是偏重内心活动的心理习作。

4. 小组中的每个组员轮流来当家，让每个组员都做一次小组的领导者。

♥ 解说要点

1. 给每个组员机会，让组员感受到自己所承担的责任。每个人都有自己需要承担的责任，我们很快将长大成人，步入社会，承担重任。那个时候不是要不要来承担，而是必须要承担。在我们还没有真正承担这些责任的时候，体验一些真实的感受，意识到承担的重要性。

2. 每个人都是有能力的，很多时候大人们剥夺了孩子们的机会，总为孩子们遮风挡雨，反而掩盖了孩子们的能力。

♥ 补充说明

1. 游戏中涉及让每个组员都在一次小组活动中做一次领导者。有的组员平时没有这方面的经验，加之性格腼腆，可能会有不愿意参与、推诿的情绪出现。这时候导师要给予积极的鼓励。如果对于有些组员确实有困难，可以邀请其他的组员来帮忙，但是要注意主导者还是本次小组当家的那个组员。

2. 在组员当家的过程中，小组导师要注意帮助小组维持秩序。

♥ 案例解析

组员体验与分享：

我平时是个不太爱说话的人，在班里学习成绩不是很好，也不是什么班干部，同学们也不太注意我。今天这次小组活动是我当家，之前一个星期真的是让我惆怅了许久，不知道该怎么来组织这次小组活动，也不知道我能够为同学们表演什么，好像自己什么都不会。我们班最近流行玩魔方，我还算玩得不错的一个，哥们提醒我可以在组里给大家表演玩魔方。我当时觉得这怎么能行呢？肯定老师和同学都觉得不是什么好的东西。一直到今天小组活动的休息时间，我都没有想到其他的好方法，于是我就匆匆找来魔方，在当家的时候为大家进行魔方表演。在我表演的时候整个小组可以说是鸦雀无声，当我很快将魔方转好的时候，还意外地响起了掌声，导师也表扬说我特别的厉害。我当时心里很高兴，没有想到我能够得到大家的认可。我第一次超越了自己，感觉自己不能做的事，其实是可以做的。

游戏三 老鹰抓小鸡

♥ 游戏目的

1. 调动组员的兴趣，使组员参与度提高，积极性得到增强。

2. 提高快速反应能力，培养组员的团队意识与创新精神。
3. 提高组员的拼搏精神和团队意识。

❤ 游戏导入

播放歌曲《老鹰抓小鸡》：

童年的故事偶然想起，父母的叮咛多少已忘记，欢乐的时光太多又太短，最让我难忘记是老鹰抓小鸡。

童年的时光悄悄已离去，老师同学的关爱哪里敢忘记，校园的欢乐太多太有趣，最让我难忘记是老鹰抓小鸡。

老鹰抓小鸡，老鹰抓小鸡，父母教会了我快乐的游戏。

老鹰抓小鸡，老鹰抓小鸡，儿时的记忆珍藏我心里。

……

老鹰抓小鸡的游戏，相信每个人都玩过，它带给了我们许多美好的回忆。今天，我们就来重温这个游戏。

❤ 人员与场地

15人左右为宜，如果人很多，可以分成几组；开阔的室外进行；提醒组员穿运动装或休闲装。

❤ 游戏道具

如有条件，可以播放《老鹰抓小鸡》的儿歌。

❤ 规则与程序

第一轮游戏

1. 从全体组员中选出一位当老鹰，选出两位当母鸡，其他人当小鸡。母鸡手拉着手，小鸡在母鸡的后面不拉手分散站位，老鹰想方设法去抓小鸡。

2. 老鹰面对母鸡站立，老鹰不能抓母鸡，母鸡不能把老鹰抓住，只能张开双手挡在小鸡们面前保护小鸡。

3. 老鹰抓住小鸡后，老鹰与小鸡的角色互换。

注意事项：小鸡不能跑出本队2米外，否则判被抓到。

第二轮游戏

1. 选出一位组员当老鹰，4~5位组员当小鸡，其他同学当母鸡，母鸡手拉手围成一个圈，小鸡站在圈里，老鹰站在圈外。

2. 老鹰可以设法进入圈内，但不能强行拉开母鸡的手，只能从母鸡拉手的缝隙中钻入。小鸡可以出圈但不能跑出圈外2米之外。

3. 老鹰抓到小鸡，两人角色互换。

❤ 解说要点

1. 这是一个热身小游戏，主要是为了活跃现场气氛，调动组员的积极性，同时也让大家有机会回味童年的美好。

2. 组员们在游戏中要根据对手的动向做出快速反应，改变动作方式、方向和速度。促进身体灵敏性及动作反应速度的发展。

3. 整个游戏中，母鸡的压力是最大的，因为它要负责保护所有的小鸡不被老鹰抓走，同时它的压力也是最小的，因为老鹰永远都不可能把它抓走。

4. 任何事情都是有利有弊的。作为一个团队的领导者，要想使自己的团队屹立不倒，就要保护每一个团队成员的利益。因为在现实中，小鸡被老鹰抓走后，是没有办法和它进行角色互换的。

❤ 补充说明

1. 这个游戏还包含了团队合作的思想，尤其是在第二轮游戏中，母鸡们的合作对保护小鸡起着至关重要的作用。

2. 阔别童年后，再玩这个小游戏，大家都会有许多新的感触。如对自己扮演角色的感受引发的对生活上的感悟，可以请大家充分分享和讨论。

❤ 案例解析

组员体验与分享：

在游戏中，我担当的是母鸡的角色，小时候玩"老鹰抓小鸡"时，我就爱做这个角色，因为它永远都不可能被老鹰抓走。不过，我觉得现在做母鸡比以前难了，因为大家都跑得快，也比以前凶猛了，几圈下来，累得我上气不接下气。而且，后面的同学还跟我说，就看我了，一定要保护好他们，否则给我"好看"。呵呵，搞得我压力好大。看来，做别人的保护伞，真的不是一件容易的事情。

以前总听大人们说"领导是公仆"，今天这个游戏让我明白了这个道理。母鸡就像团队的领导，它的责任是保护所有小鸡不被老鹰吃掉，否则就意味着母鸡失职。所以，你看每一个当母鸡的人都特别的用心，前仆后继的，唯恐自己的小鸡被吃掉。这不就是公仆吗？为别人着想，为下属服务，才能保证团队的完整。

游戏四　缺失的一角

❤ 游戏目的

1. 消除组员之间的隔阂，增进组员之间的了解。

2. 让组员在游戏中体会担负起领导职责的重要性，培养组员的领导意识，让组员体会到如何正确实施领导，让组员掌握领导的艺术。

❤ 游戏导入

我们生活在拥有60亿人口的地球村，面对浩瀚的世界，众多的同伴，我们班的同学不可思议地聚在一起，组成了我们这个团结的集体，冥冥之中到底是什么

第八章 领导管理

力量安排我们聚在一起？是因为我们所有人有共同的特质吗？是命运的力量吗？这不得而知，我们暂且称之为巧合的力量，但是我们大家谁都不想只让命运的力量来左右自己的人生吧，那我们该如何在命运面前做把握自己命运的主人呢？我们该如何主导我们自己的命运呢？今天，我们的游戏就要采取一个别致的方式，将我们大家重新组合，让大家在重新寻找同伴的同时，充分发挥自己的领导才能，我对大家的精彩表现拭目以待。

❤ 人员与场地

30~50人，活动中不分组；室内进行。

❤ 游戏道具

彩色画片（也可以是图片或明信片）、剪刀。

❤ 规则与程序

1. 由导师将所有事先准备好的彩色图片用剪刀——剪裁开来，每张图片均匀分成4块，所有剪裁好的图片混杂在一起。

2. 将混好的图片随机分发给每个同学，分发好后，播放轻快、节奏感比较强的音乐，导师下命令让所有同学开始寻找班内拿着另外3块图片的3个同学，然后组成一个小组。

3. 导师记录重新拼组的时间，选出其中最快的几组进行奖励和游戏引申。

❤ 解说要点

1. 学会承担责任。游戏让所有的组员意识到，如果自己不承担起找到其他组员的责任，很有可能导致别人找不到自己，自己就没法完成这个游戏，其他组员即使完成了他们自己的部分也没法完成完整的图片。这种对自己和他人负责的态度，可以引申到现实生活中，我们也要肩负起自己的责任，生活在人群中，要学会考虑别人的处境、别人的感受、别人的需要。人人都有这种意识，社会和谐就容易实现了。

2. 领导才能需要被重视，更需被发掘和培养。这个游戏进行到最后，完成游戏用时较短的小组中必然具备高超领导才能的组员。这种组员将自己的责任感付诸行动，为自己的团队和小组奔走呼号，寻找同伴，游戏中积极主动，用心专注，肯于承担责任，乐于为别人付出。这种意识和做法极其可贵，应加以发掘、鼓励和培养，我们需要具有承担与服务的责任感。

❤ 补充说明

1. 这个游戏条件较为简单，游戏难度不大，但是在游戏过程中，极易出现混乱度较大的情况，导师应在游戏开始前，积极调动气氛和同学的参加欲，避免出现过度沉闷和过度混乱的情况，过程顺利与平缓即可。

2. 导师要注意观察游戏中较为活跃同时又卓有成效的同学，该类同学一般人缘较好，亲和力强，而且行动能力出众，虽偶尔鲁莽但是敢于为团队亲力亲为，是作为领导和榜样的潜力组员，可以后期积极跟进，进一步促进其

成长。

案例解析

组员体验与分享：

组员1：这个游戏的这种分组方式很新颖，也让我突然感觉自己可以控制很多事情，比如说游戏的主要过程我就在不停地奔走，看看有没有和我一样图片的同学，找到了之后有了一种和做其他游戏不一样的成就感，切实感觉到一种掌握自己的感觉。而且与同学的合作和交流也变多了，感觉肩负着要找到伙伴的责任，做起游戏也比做其他游戏有兴趣得多，真的是责任驱人行动啊。

组员2：做游戏之前我都不知道自己为他人和集体做事会这么认真和有成效，从前感觉组织活动都是班长、队长的事情，现在觉得其实我们每个人都可以在某些领域领导他人一起取得成功。领导才能的本质就是主动，主动为群体利益着想，主动为他人着想，主动为公共利益着想。其实这不是很难的事，关键要有这份心，要有实实在在的行动。

游戏五 真的，还是假的

游戏目的

1. 训练组员的判断能力，使大家学会判别他人提供的信息。
2. 培养组员的分析能力，使大家学会分辨事实、看法和谣言之间的关系。
3. 使组员们体会领导的责任心，并能在处理问题时保持清醒的头脑。

游戏导入

电影：史密斯夫妇

约翰和简是一对让人羡慕的平常夫妇，他们一直过着平静的生活。不过正因为生活太平静了，两人都觉得婚姻很乏味，就连心理医生都不能解决他们之间的问题。不过，很快这对夫妇发现了生活中的新激情。两人出乎意料地受到杀手攻击，好在都是有惊无险。原来，彼此尊重的他们从来不知道对方的工作秘密——夫妇两人都是训练有素的杀手，而且他们分别为两家对头组织执行任务。这次，这对杀手夫妻同时接到了一项秘密命令，那就是刺杀彼此。心里深爱着对方的他们该怎么办呢？

连平日里朝夕相处的夫妇都难以看清彼此的真实身份，弄清楚事实的真相，又何况我们呢？因此，我们在生活中，更应保持清醒的头脑，具备良好的判断力，这样才能看清真相，不被人利用。

人员与场地

人数不限，最好在室内。

第八章 领导管理

♥ **游戏道具**

大白纸、彩笔若干。

♥ **规则与程序**

1. 导师请组员对"事实、看法、谣言"三个词语进行解释和定义。

参考释义：

事实：事情的实际情况；实有的事情。

看法：对客观事物所抱的见解、观点，或者指个人的意见、看问题的方式或方法。

谣言：指利用各种渠道传播的对公众感兴趣的事物、事件或问题的未经证实的阐述或诠释。谣言没有真假之分，因为是未经证实的信息，所以无法确定谣言的真假。

2. 导师指定三块区域：分别为事实区、看法区和谣言区。

3. 导师念一段材料，在这个过程中，要求组员对材料里的每一句话进行辨析，看看它是事实、看法还是谣言，然后找到各自对应的区域站好。

材料如下：

我在开始小组活动之前去找过你们的班主任孙老师（事实）。孙老师原来是个很亲切的人（看法），不像大家说的那样（谣言），凶神恶煞的。她告诉我，你们班的成绩这学期有了明显的进步（事实或看法），而且在各项集体活动中也取得了不错的成绩（看法），如合唱比赛和篮球比赛都得了全校前三名（事实）。

不过，有人预言（谣言），你们班的有些同学会滋生出骄傲的情绪，比如说现在上课说话、迟到的现象加重了（事实）。这可是一个很不好的现象（看法）。不过，我相信这都是暂时的现象（看法），对吗？

4. 组员们分成3~4人一组，相互比较自己刚才的选择有什么相同或者不同之处。

5. 导师组织大家进行讨论：（1）大家选择站在事实、看法和谣言的区域时，你们的选择依据是什么？（2）三者之间有什么不同？（3）有没有可能三者在一定的条件下发生转变？如谣言变成事实，或者看法变成谣言等。

♥ **解说要点**

1. 这个游戏的目的在于提高组员的判断能力和分析能力，使大家了解"事实"、"看法"和"谣言"之间的区别。在用材料做练习时，有可能出现三个选择区域所站的人数相当的情况。而且各持己见，不肯让步。这是一个很正常的现象，因为每个人的成长环境、知识背景不同，对这三个词语的理解和判断也会有所不同。如：在权威家长制家庭中长大的人，很容易把看法当作事实，因为已经习惯对别人，尤其是长辈的话言听计从。

2. 导师应鼓励组员们展开广泛的讨论，请他们思考自己的选择为什么会和某些人不一样，是他人的原因还是自己的原因？究竟哪一种解释更加精确、严谨，更有利于我们判断事情的真相？很多事情没有对错之分，尤其是谣言，它可能是空穴来风，没有任何事实依据；也可能是"无风不起浪"，在真相基础上的加工发展。很多人在选择信息时，常常根据自己的主观意识进行选择。我们一定要时刻保持清醒的头脑，不要被自己的刻板印象所左右，需要头脑清醒地判断事情的真伪。

3. 当谣言得到证实时，或者被人反复强调、让人相信时，谣言在某些人心里就变成了事实；当一个人的看法满足了大多数人的好奇心和需要，这种看法就有可能被广泛传播，进而成为谣言。因此，我们在日常生活中，既不要轻易相信谣言，也应谨言慎行，不要成为谣言的传播者。

♥ 补充说明

1. 这是一个主题明确的简单游戏，主要目的就是为了训练组员对日常事务的辨别能力。因此，为了引起组员们的兴趣，在选择游戏的材料时，应尽量选择那些贴近组员日常工作生活的事情。

2. 在游戏开始阶段，导师可以先带领组员们进行一个"头脑风暴"：如何判断自己得到的信息是否正确？在判断的过程中有什么困难？为什么会有这种困难？

在进行过"头脑风暴"以后再进行游戏，可以使组员们的感触更深，更能体会游戏的真谛。

3. 本游戏也可以这样进行：把事先准备好的文字材料分发给每个小组或者每一个组员，要求他们标出自己所认为的事实、看法和谣言。然后，大家互相比较各自的判断有什么相同和不同之处。这样做虽然趣味性不强，但明显的好处是让大家能够有比较多的时间思考。

♥ 案例解析

导师手记：

在做游戏的过程中，真的有很大的争议。有些是组员之间的争议，有的是对我的答案的争议。尤其是在判断"而且在各项集体活动中也取得了不错的成绩"这一句话时，大多数组员都选择了站在"事实"的区域里，只有少数几个同学选择的是"看法"的区域。

于是，大家就这个问题展开了激烈的讨论。组员们的发言很精彩，也很打动我：

"我们班的成绩确实是进步啦，我觉得这就是事实。"

"是啊，上次考试我们进年级前十名的只有一个同学，可是这次有三个呢，这难道不算是进步吗？"

"就是，开家长会的时候，孙老师也说她觉得我们考得不错，希望我们继续保持这种势头呢。"

……

我的回应是：你们说的话都很有道理，但是你们在这其中偷换了一个概念。那就是混淆了"取得了进步"和"不错的成绩"这两个词语的意思。"取得了进步"是在陈述一种客观事实,是和以前的成绩相比得出的结论,而"不错的成绩"却是一种主观的看法,因为每个人对你们的要求不同,对成绩的看法也不同。也许,对有些人来说,及格了就是"不错的成绩",而对另一些人来说,成绩再好他都不满足。你们觉得呢?

组员们都觉得我的话很有道理,通过这次争论,大家更好地把握了"看法"和"事实"之间的区别,也学会了用清醒的头脑去分辨。

 贩卖希望

❤ 游戏目的

1. 通过游戏,引导组员理解作为一个好的领导者应该是希望的提供者,应该让大家看到希望。

2. 使组员们认识到在集体中希望的作用。如果没有共同的希望,没有共同的目标,人心就容易涣散,集体就不能发展。

❤ 游戏导入

领导者都是贩卖希望的商人,领袖首先应该给人带来希望。

奥巴马创造了历史,成为美国历史上第一个黑人总统!

他靠什么赢得了选民?

有人说,可能是因为有很多黑人支持他吧。据调查,不仅仅是黑人支持他,还有很多白人都支持他。有人说是金融危机帮了奥巴马的忙,那为什么没有帮助同样是民主党候选人的希拉里,也不帮助共和党候选人白人麦凯恩呢?

很多人可能听过奥巴马的演讲,有一个词不断地被提到。这个词就是:Change(变化、变革)。

面对困境,大家最需要的是希望,希望从哪里来?就是变革(Change)!

面对金融危机,布什政府一筹莫展。指望同样是共和党人的麦凯恩有什么大的改变或改革,显然希望不大。而属于民主党人的奥巴马的"变革"形象给大家带来了希望,所以大家最终选择了奥巴马,可见"给大家希望"决定了选民投票趋向。

领导人给人的希望有多大,大家对领导人的评价就有多高。奥巴马给了美国选民变革的希望,美国选民就选择给了他们希望的人做美国总统。

贩卖希望是领袖必须做的功课。

❤ 人员与场地

30~50人,活动中有分组,10人左右一组。

♥ 游戏道具

A4纸若干张，笔若干支。

♥ 规则与程序

1. 每个组员在纸上写下一个对于小组的最大期望或是希望小组能够完成的一个事件。

2. 写好后，由组员依次向大家读出自己所写的内容，然后明确说出自己对于实现所写目标的设想。

3. 所有组员读过之后，大家讨论在小组中哪个组员所写的期望是组内多数人都想达到的，然后大家选择一个作为本小组需要完成的任务。

4. 由提出该期望或是目标的组员作为完成此次任务的领导者。

5. 由领导者带领大家讨论如何实现目标，最终由领导者确定完成方案。

6. 由领导者协调组员共同完成任务。

♥ 解说要点

1. 领袖为人们提供怀有梦想的通道。伟大的领导者，首先应该是伟大的造梦者，依靠梦想引领大家前进。所有的人都渴望成功，还记得马丁·路德·金吧？他为什么赢得了蜚声世界的名声？一个黑人靠什么赢得了那么多美国人的尊敬？靠什么赢得了世人对他的喜欢和纪念？

马丁·路德·金出生于1929年，是著名的美国黑人民权运动领袖。他最有影响力且最为人知的一场演讲是1963年8月28日的《我有一个梦想》，他迫使美国国会最终在1964年通过《民权法案》宣布种族隔离和种族歧视政策为非法政策。1986年1月，美国总统罗纳德·里根签署法令，规定每年1月份的第3个星期一为美国的马丁·路德·金全国纪念日，以纪念这位伟人，并且定为法定假日。迄今为止，美国只有3个以个人纪念日为法定假日的例子，另外2个分别为纪念发现美洲大陆的哥伦布、纪念美国国父乔治·华盛顿。每一个听过他演讲的人都不会忘记，他不但让全世界的人都感受到他的魅力，还给了大家梦想，他告诉人们黑人也会成功。他让所有站在演讲台前的听众，都心情激动、心潮澎湃。这个梦不仅仅是黑人的，而是属于所有那些希望改变现状的人！

2. 领袖给人以希望，希望的力量是无穷的。

中华人民共和国的缔造者之一——毛泽东主席，被我国人民亲切地称为"红太阳"。他在占世界人口四分之一的人们心中，是生命，是希望，是光明，是永远不落的"红太阳"。还记得《东方红》那首歌吗？"东方红，太阳升，中国出了个毛泽东，他为人民谋幸福，他是人民的大救星……"毛泽东之所以成了"红太阳"，因为"他为人民谋幸福"，他给人民带来了希望，给那些贫苦的人民带来了生的希望和活得更好的希望。毛泽东给了当时中国所有贫苦老百姓一个美好的梦想，那就是跟着共产党走，大家都能过上好日子。当时的社会真是让人绝望的，但是毛泽东给人民带来了希望,所以他就是救星,他就是"红太阳"。他让人民知道生活是有希望的,是能够过上好日子的。这就是希望的力量!

❤ 补充说明

1. 在组员写自己的希望或目标之前要提醒大家所写的内容要形象化、要有感染性、要有可操作性。因为在团体辅导中,时间和场地等都是受到一定制约的,我们不得不将我们要做的内容限定在一定的范围内。当然,有些可以根据实际情况来调整。比如说,小组共同决定要完成的任务需要较长的周期,那么也可以让组员在小组之外完成。这样不仅能够更好地完成小组的内容,也可以促进组员之间共有的情感和心灵体会。

2. 此游戏包含多种思想:如何在团队活动中与人合作?如何采取有效的方式与人沟通?如何突破自己,主动学习他人的长处?在与人互动中认识自己的模式,发现自己的问题等。所以,此游戏可以用于多个主题:团队熔炼、潜能开发、人际互动、自我探索等。关键取决于导师想强调其中的哪些主题,挖掘其中的哪些思想内涵,并巧妙地与学生的成长主题有效连接。凸显不同的主题,需要导师准备有针对性的素材,用不同的素材烘托你要聚焦的主题。

❤ 案例解析

组员体验与分享:

《圣经》里有一句话:"你们之中谁愿为大,就必做你们的仆人!"意思就是说,你想成为别人的老大,你就首先要成为别人的仆人。以前不很理解这句话,但是从这次活动之后我就深刻地体会到了,原来领导不是那么好当的。我们每个人当时都提出了一个想法,在讨论最终选择哪个的时候,虽然有人放弃自己当时写的,但是也有人很坚持。虽然他的想法最后被大家放弃了,选择了其他的,他不得不服从,但是心里还是挺不舒服、挺不情愿听我的指挥的。我觉得既然大家一起来完成一件事情,就要大家共同参与,谁也不能落下。于是我就尽我最大的努力把我们所要做的事情渲染得很有意义,又很诚恳地征求大家的意见。可能他慢慢觉得我没有完全地把事情占为己有,还是愿意听他的、听大家的意见吧,所以后来他也参与到我们的行动中来了。

 你来说,我来做

❤ 游戏目的

1. 培养组员之间的信任感和责任感,提高个体在团体里的责任感。
2. 增强组员之间的协调意识,进一步提高团队的协作能力。

❤ 游戏导入

大家小时候可能都玩过积木，运用丰富的想象力，用一块块的积木，完全按照自己的想法，亲手打造出各种各样自己喜欢的形状。是不是觉得很轻松？那么今天我们要给大家带来一个新的尝试，根据对方的描述用积木来完成对方真正想要的形状。

❤ 人员与场地

30人，室内。

❤ 游戏道具

积木若干套。

❤ 规则与程序

1. 将参加人员分成若干组，每组8人左右。
2. 每组讨论3分钟，根据各个成员平时的特点分成两队，分别为"指导者"和"操作者"。
3. 请每组的"操作者"暂时先到场地外面等候。
4. 拿出事先准备好的模型图，让每组剩下的"指导者"观察（不许拆开），并记录下模型的样式（不许画图）。
5. 15分钟后，将模型图收起，请"操作者"进入场地，每组的"指导者"将刚刚看到的模型图描述给"操作者"，由"操作者"搭建一个与模型图一模一样或者相似的造型，限时为30分钟。
6. 完成后将各组作品分别与模型图进行比较，用时少且出错率低者为胜。
7. 最后让"指导者"和"操作者"分别将自己的感受写在白纸上，进行分享交流。

❤ 解说要点

1. 首先可以让组员们在组内分享这样几个问题：
（1）当操作者没有完全按照你的指导去做的时候，你有什么感觉？
（2）当感觉到你没能完全领会指导者意图的时候，你有什么感觉？
（3）当竞争对手已经做完，欢呼雀跃的时候，你们有什么感受？
（4）当看到最后的作品与标准模型不一样的时候，你们有什么感受？
（5）是效率给予的压力大，还是安全性给予的压力大？
（6）指导者和操作者感受到的压力有什么不一样？

2. 确定任务，明确责任。当指导者看到自己组的作品与模型图有很大差距的时候，会觉得是自己的表述工作没做好，有点自责。当操作者看到自己组的作品与模型图有很大差距的时候，他会觉得是自己没有理解好指导者的描述，也有点自责。这表明通过活动大家的责任意识增强了。的确，成功的第一步就是明确自己的任务，确定自己的责任。

3. 感受领导者的执行力。领导力的关键是沟通，是语言表达能力，是心态，是完整的计划性,如何才能做得更好?日常生活中要有意识地锻炼自己,真正提升自己的能力。作为执行者的组员也是如此。当游戏结束的时候大家也会在心里想,如果我是领导者,我会怎么来指导组员搭建我们的模型,我会怎么带领我的团队。的确,行动是改变的起点,只有想法没有行动,永远都停留在观念层面,若使观念变成现实,必须付诸行动。当然,行动不是莽撞,不是随便应付。行动之前的思考是保证行动效果的基础。

❤ 补充说明

本游戏中也可以限定每组只能推荐一个人来当"指导者",其他的成员都只是"操作者",更有助于训练和增强个人责任感和团队信任感。

❤ 案例解析

组员体验与分享:

组员1:通过这些团队训练,我得到一个启发就是做任何事情都要有一个目标。因为在大部分的团队训练中,都应该先确定一个目标,然后在一定的时间内想出实施的方案,再通过团队的合作努力去完成它。活动中有一定的时间紧迫性,思考方案的时间也是有限的,这就要求我们必须制定一个目标,并且把目标明确化、具体化。

组员2:在整个活动过程中,我看到了一个充满信任、自信、团结、关爱的团队在不断地成长,在慢慢地壮大。多一份了解,就多一份信任;多一份关爱,就多一份友情!这就是我在团体辅导训练中最大的体会。

组员3:平时自我反思时,因为立场和角度的问题,很多东西不是那么容易发现。在团体活动时,很多东西就会无意识地流露出来,当团队成员相互观察与回顾时,就意识到一些平时没有注意到的东西——不管是好的还是坏的,只有意识到自己的问题时,才会去改变,我想这也是团队活动的一个目的。

游戏八 合作方块

❤ 游戏目的

1. 引导组员体验并分析小组合作的一些重要因素。
2. 通过与他人的合作,培养组员的责任意识。
3. 训练组员的领导能力,使之能用心体会团队的需要,把握带领团队走向成功的真谛。

❤ 游戏导入

从前,有两个饥饿的人得到了一位长者的恩赐:一根鱼竿和一篓鲜活硕大的鱼。一个人要了一篓鱼,另一个人要了一根鱼竿,于是他们分道扬镳了。得到鱼的人原地就用干柴搭起篝火煮起了鱼，他狼吞虎咽，还没有品出鲜鱼的肉香，转瞬间，连鱼带汤就被他吃了个精光。不久，他便饿死在空空的鱼篓旁。另一个人则提着钓鱼竿继续忍饥挨饿，一步步艰难地向海边走去，可当他已经看到不远处那片蔚蓝色的海洋时，他身上的最后一点力气也使完了，他也只能眼巴巴地带着无尽的遗憾撒手人世。

又有两个饥饿的人，他们同样得到了长者恩赐的一根钓鱼竿和一篓鱼。只是他们并没有各奔东西，而是商定共同去找寻大海，他俩每次只煮一条鱼，他们经过遥远的跋涉，来到了海边，从此，两人开始了捕鱼为生的日子。几年后，他们盖起了房子，有了各自的家庭、子女，有了自己建造的渔船，过上了幸福安康的生活。

一个人只顾眼前的利益，得到的终将是短暂的欢愉；一个人目标高远，但也要面对现实的生活。哪怕是能力再强的人，也需要与别人的互助合作。只有把理想和现实有机结合起来，才有可能成为一个成功之人。有时候，一个简单的道理，却足以给人意味深长的生命启示。

❤ 人员与场地

10人以上；室内进行。

❤ 游戏道具

桌子若干（每组一张），正方形卡片若干（尽量充分），信封若干（平均一组5个）。

❤ 规则与程序

1. 导师提前准备好正方形卡片，平均一组5张，时间充裕的话，多一些也可以。每个小组的卡片保证同一种颜色，如一组粉红色、二组蓝色、三组绿色等。然后，导师将每一组的5张卡片分别剪裁成3张规格不同的部分，每张卡片的裁剪规格应不同。但是每组之间的裁剪规格应该相同。

如图所示（也可以有另外的裁剪方式）：

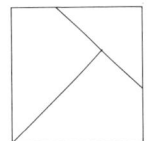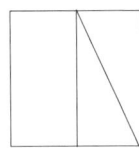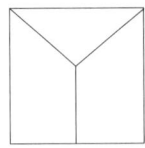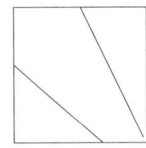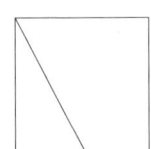

然后把15张小卡片的顺序打乱，塞进5个信封里，每个信封里装3张小卡片。

2. 导师根据人数，将组员分成人数均等的小组。每个小组围坐在一张桌子旁，并请每个组选出一名组长。

3. 导师宣布游戏规则：

第一，每组将得到5个信封，每个信封中有3张小卡片，能够组成5个正方形，而且这些正方形的大小应该相同。

第二，活动过程中必须保持安静，组员之间不准说话，但可以做手势。

第三，组员之间可以将自己的卡片给别人，但是不允许从别人那里拿走或要走卡片。

第四，只有组长能从别人手里拿走卡片。

第五，如有争议，听从组长的决定。

4. 组员开始拼方块，快速完成5个完整的正方形，正方形的大小相同，小组的任务就算完成。

5. 10分钟后，导师宣布时间到。

♥ 解说要点

1. 表面看来，似乎这个游戏很简单，但是一般的小组都只能拼出3~4个正方形。这是一个难度很大的游戏，要考验个人的观察力、团队的合作能力、领导的决策力和协调能力，等等。如果有人观察力很强，但是团队不合作，或者领导不能很好地协调大家，都可能导致小组目标的失败。

2. 小组内的众人各有各的意见，人人都希望自己的意见被采纳。如果组员的意见被忽略，很可能会产生挫败情绪。或者是采纳了某些不正确的意见，导致浪费时间，任务没有完成等。因此，组长必须在有限的时间内迅速做出决策，以保证任务的完成，同时也要综合考虑大家的意见，协调组员之间的矛盾。如果组长不听从组员的意见，一意孤行，很可能会导致任务无法完成。

♥ 补充说明

1. 这个游戏主要是为了培训组员的领导责任，通过游戏中各种条件的设定，发掘组员的领导能力、协调能力、观察能力和问题解决的能力。这可能是组员们在平时的学习生活中不易发现，或者是被忽略的。通过游戏可以发现，有的组长动手能力很强，上来就指手画脚，指挥组员们拼图。有的组长却能悉心听取、综合考虑组员们的意见，虽然动手晚，却未必完成得慢。由此可见，作为一个团队的领导者，不能一意孤行，滥用权力。要综合考虑团队的需要，和团队一起做出决定，完成任务。这时，领导者更多充当的是协调者、启发者的角色，而并非指挥者。

2. 游戏过程中，是否有人产生挫败感，为什么会产生这种挫败感？有没有想办法处理这种挫败情绪？因为游戏过程不允许说话，很可能出现有人的意见没有办法表达，或者表达出来别人无法理解，或者被组员忽略，或者被组长否定的情况，有的意见甚至是对任务完成非常有利的。但是，每个人都应该考虑到团队的利益，因为个人的成功并不代表小组的成功。小组的成功也是大家共同的劳动成果。

3. 游戏的过程中，是否出现了不是组长，作用却大于组长的事实领导？这是很多领导都会面对的一个问题，那就是自己的团队里出现了自己以外的核心人物，也就是非正式领导。对于这种情况，最好的办法是不要与其针锋相对，而是利用他的号召力和影响力，收敛人心，为自己服务，以保证任务的完成。

4. 此游戏包含多个层面的思想，比如如何与人进行沟通、协调？在与人合作中如何找到自己的位置、体现自己的责任？所以，此游戏也可用于团队合作主题，看看在不选出组长的情况下，大家是怎么完成任务的。

❤ 案例解析

组员体验与分享：

我觉得导师在最后让我们讨论的那个问题真的挺重要的（如果换一个人来当组长，而这个人正好是你，你认为任务的完成情况真的会好一些吗？），因为那正是我在考虑的问题。在游戏中，组长光看小B的手势，照他的指挥去做，我在旁边打了好多手势，使了好多眼色都没有用，尤其是拼第一个正方形时，我就指着那个小卡片，告诉他们错了，他们不听，后来事实证明，真错了，又得返工。说实话，看别的组拼得那么快，我们这边却要重来，我心里一肚子火，挺生气的。不过，在后来讨论的时候，我也去反思了一下当时我的行为，我当时就只是指着卡片，打手势说不对，可是也没有拿出什么具体的方案啊，也没有什么依据，也是光凭我自己的感觉，难怪组长他们不听。而且组长也挺能承认错误，承担责任的，他刚才还把这件事情拿到组里讨论了，还跟我和组员道歉了。我觉得要是我是组长，可能我都没有这么宽大的胸怀。

❤ 游戏目的

1. 引导组员认识领袖对于团队的重要性。
2. 使组员们认识到在集体中，不能任意发挥每个人的想法，而要统一服从领导的最终决策。
3. 让组员们学会服从，学会执行，学会从下属和领导的双向角度来思考问题。

❤ 游戏导入

著名企业管理学家吉姆·柯林斯研究发现，优秀的团队和优秀的领导者很多，许多团队都可以在自己的行业里取得不俗的业绩。但如果以卓越的标准来衡量的话，能够保持持续健康增长，能够不断取得事业成功的领导者就不多见了。一位成功的领导者，要想在成功的基础上进一步提高自己，使自己领导的团队持续发展，使自己的个人能力从优秀迈向卓越，必须努力培养自己的三种品质——谦虚、执着和勇气。

❤ 人员与场地

30～50人，活动中可以有分组，10人左右一组；室外开阔场地。

第八章 领导管理

♥ 游戏道具

结实的长绳；用于制作效果的报纸若干张；用于保护的软垫。

♥ 规则与程序

1. 将长绳的两端系在 2 米高的栏杆上，在长绳上贴上用报纸剪成的"闪电"。这样可以为组员穿越障碍的时候制造紧张的气氛。这就是组员们在游戏中要通过的"电网"。

2. 每组的组员要一次从电网的上端（也就是绳子上面）越到另外一侧的安全地带。

3. 组员要依次通过障碍，在穿越的过程中身体的任何部位不得触碰到电网。如果不慎触碰到，全组必须重来。

4. 在穿越的过程中，组员们除了可以借助同组组员的身体之外，不可以借助其他任何工具。

5. 直到所有组员全部顺利通过，游戏可告结束。

♥ 解说要点

1. 领袖是在团队中锤炼的。这是一个开放性和活动性强的游戏。让每个成员在团队中真切地看到自己，看到自己如何与组织融为一体，看到在组织中，大家为了一个共同的目标如何合作，看到组织中的领导者是如何运用领导力来领导大家完成任务的。

2. 组织和领导的力量。人们习惯于向着无畏的人和有思想的人靠拢，习惯于向有领导力、有影响力的人靠拢，习惯于向拥有巨大能量的人靠拢。这表明，人们是因为向往你的才华、力量和信念聚拢过来的。一个优秀的领导者有能力聚集大量的人团结到自己的身边。要成为一个有作为的人，就要在日常工作和生活中培养自己的领导能力。

♥ 补充说明

1. 完成此游戏的难度比较大，会有小组最后以失败告终。引导组员如何看待失败？失败对团队的意义？失败对个人的意义？失败与成功的辩证关系。其实不是所有的目标都能实现，不是所有的奋斗都有结果，学会在失败中探索生命的意义，更是心理辅导的需要。

2. 在组员穿越电网的过程中有一定的危险性。因此，在游戏进行的过程中，各组导师一定要采取好保护措施，尽量配备保护软垫，导师要注意每个组员的安全。尽量不要让组员采用危险性大的穿越方式。在实际操作过程中，可以根据实际情况调整电网的高度。既要让组员感觉到穿越是有难度的，又不可以让组员觉得目标是遥不可及的。

3. 导师要密切关注组员的动态，让小组利用集体的智慧和力量来完成任务。在这个过程中，导师可以根据小组中的情况，有目的地发展和培养领导者，让组员意识到领导者的意义和作用。

❤ 案例解析

组员体验与分享：

组员1：开始导师宣布规则的时候，大家都惊呆了，不借助任何工具，每个人要越过2米高的电网，这怎么可能呢？我实在没有什么办法，太困难了。不过我觉得我有责任让大家都安全地通过。这时候导师提醒我们，一定要有中心领导，大家不能是一盘散沙，单凭一个人的力量是肯定过不去的，要讲究战略战术。我是班级中个子很高的男生，又是校篮球队的，同时又是班长，我觉得我应该把这个责任担负起来。于是，我对大家说："我们赶快一起来商量商量，看看怎么过。"同时，旁边还响起了掌声，原来是隔壁组已经有一个同学顺利地过去了。这时候我有点着急了，我就对大家说了我的想法：第一个过去的人那边没有人接应，一定要先过去男生。过去一个男生之后，再把女生运送过去，最后剩下我，我想我自己应该可以过去。有同学反对，觉得那么高我一定过不去，而且我还有篮球赛，不能伤了脚。但是，我还是坚持我要留到最后，让大家都过去我再过，我不能让其他人留在这个危险的地方。于是，这个时候我使用了我在班级中领导者的权力，让大家都听我的，我们肯定能完成的。而且我也向大家保证，我肯定会注意安全，不会伤害到自己的，因为我还要保持体力为班级争得荣誉呢。事实证明，我的方法是正确的。虽然我们组不是最快的，但是却也让每个人都顺利地通过了。

组员2：作为一个有些胖的女生，我实在是很不好意思让大家把我抬着送到电网的另外一侧，我觉得对于同学们来讲是太大的负担了，我不想让自己成为同学们的负担。当男生们将几个瘦弱的女生顺利地运送过去的时候，就轮到我了，但是我却拒绝了，他们一再地劝我，我也一再地拒绝。这时候导师也来劝我，让我试试，实在不行再选择放弃。可是，我真的不想试，说实话，我的心里有些难为情，怕人嘲笑我。不过这时候大家情绪都有些激动、有些着急，因为我的推辞让大家浪费了很多时间。在大家的一再逼迫下，我真的有些着急了，不自觉地就流下了眼泪。大家看我哭了，也没有再逼我，就接着让其他人进行。等游戏都结束的时候，大家都很关心我，前来劝慰我。现在想想，其实我是没有勇气面对自己的缺点，即使我平时在班级中挺活跃的，学习成绩也是不错的，但是我却真的是没有勇气面对自己在某方面的缺点。今天，这点刺痛了我，让我有了觉醒，我想我该学会克服，学会勇敢地去面对，因为这是我所应该承担的。如果我连自己的问题都不能面对不能承担，我如何能够承担更多的责任呢？

组员3：我是比较强壮的男生，平时不太爱说话，和同学们的关系都一般。今天的活动，我们组的大部分组员都是踩着我的胳膊越过去的。游戏结束的时候我的胳膊被大家踩得全是泥土，还有些红肿。这些都被导师看到了，她对我说："今天真的很感动，你让大家踩着你过去，为大家搭起了人梯，你的这种责任感和勇于付出的精神让我很感动。胳膊现在疼吗？"我看看自己的胳膊，笑着说："没事的，这都是我应该做的！大家都过去了就行！"说实话，导师对我说的那些话让我感觉特别有力量，原来我也可以为大家做很多事情了！

游戏十　勇闯夺命岛

❤　游戏目的

1. 培养组员之间的责任感，建立小组成员间的相互信任，消除对集体的担心和焦虑。

2. 发掘每个组员的领导潜质，令组员体会到团队合作中正确领导、有效管理的重要作用。

3. 促进组员间沟通与交流，令小组活动更有活力。

❤　游戏导入

很多组员看过好莱坞动作电影中紧张刺激的宏大场面，特工人员的临危不乱，急中生智，化险为夷，常常令我们惊呼。在座的组员可能希望体验一把FBI（美国特工人员）的感觉吧。现在我们为组员们提供一个机会，面前是用40把板凳模拟的重重机关，我们的两名特工要步步为营，一名特工要在另一名特工的指导下蒙眼走过木桩。注意，每一排的4个桩子中只有一个可以踩，其他3个都是陷阱，一旦踩对了木桩，同排的陷阱就失去作用，都变为安全的木桩。作为指挥的那名特工要通过做算术的方法将陷阱排除，然后合理指挥自己的战友走过木桩。切记，1. 战友看不到脚下的路，你要通过有效的言语指挥，如"先走上你同排左边一个木桩，然后走到正前排的那个木桩上面"。2. 过桩的总时间是有限的，每组过桩时间也有限，超过20秒没有过到下组木桩，蒙眼的特工将丧生。若指挥者快到20秒还不能算出过桩的路线，蒙眼特工可以按记忆回到前一排刚刚停留过的安全的木桩上，但这样做会占用总的过桩时间，所以属于下下策。望各位特工多加注意。好了，让我们开始吧！

❤　人员与场地

30~40人，活动中分小组进行，小组人数平均为好；室外进行。

❤　游戏道具

没有靠背的小板凳40把（条件有限，可用建筑方砖替代）；秒表2个；白纸；笔；编写好的算术题册；纱布一条。

❤　规则与程序

1. 导师将40个板凳间隔均匀地摆放，每排4个摆放10排，并事先编写好若干道算术题，答案分别为1、2、3、4，这4个数字中任意的一个。每道题目尽量难度适中，令算题者稍微进行复杂的口算和心算即可。

2. 在游戏开始前，播放《谍中谍》系列音乐以烘托现场气氛，各组选派一名指挥员，其他组员扮演特工。指挥员负责指挥每位特工通过木桩，作为发令者在终点计算数学题并发令，扮演特工的组员被蒙上双眼，进行游戏，尽量配合指令，迅速顺利完成游戏。

3. 游戏开始后，一名导师监督蒙眼过桩的组员是否遵守规则，是否在规定的20秒内过桩；另一名导师监督负责指挥的组员是否遵守规则，算出的答案是否正确，过桩总时间是否超时。

4. 最关键的一点就是指挥者如何发出正确、及时的指令。指挥者手中领到10道算术题，排序为1~10。安全木桩的答案通过算术题得到，若答案是1，则对应的安全桩是从蒙眼组员左边数第一个桩，2则对应左数第二个桩，3对应左数第三个，4是左数第四个，也就是右数第一个。指令员要快速、准确地向"特工"发出指令，前提是他的算术题答案正确。每换一位特工，10道题要打乱顺序。

5. 为了保证规则的公平，导师手中也要掌握一套算术题，而且是标出答案的，以此监督指令员发出的指令正确与否。

♥ 解说要点

1. 团队需要领导者和管理者。这个游戏至关重要的一环是负责算术和指挥的组员，他相当于一个团队有机体的大脑，对遇到的情况做出判断，然后制定出如何行动的指令，担任这个位置的人需要有极强的分析能力，抗干扰能力，心理素质过硬，能临危不乱作出正确的判断。试想在极其有限的时间内，要算出正确答案，然后用最简洁明了的语言指挥另外一名组员过桩，需要我们的指挥者镇定自若，兵临城下而不乱阵脚，这就是团队需要的过硬的领导者和管理者。

2. 重视组员之间的配合与沟通。团队的重要特征就是互补性，任何人不可能靠一己之力取得游戏的胜利。组员之间的交流和沟通对于能否取得成功起着关键的作用，既然成为一个小组的队友就要积极配合队友，做到既尊重队友的想法，又要有自己的想法，可以提出建设性的意见，为了小组更好的成绩而努力。古语云：尺有所短，寸有所长。每个人都是不同的个体，我们生来就是不同的，在不同的生长环境和教育背景下，我们更是拥有不同的生活态度、不同的价值观。但是团队是一个整体，在团队中要有统一的思想，在不同中寻求共同，这样一个团队才可以克服困难，获得成就。

3. 组员之间互相明确职责，分工明确，配合默契方可体现组员之间强烈的责任感。光有一个好的指挥官是不够的，付诸行动的人也要明确自己的责任。一方面要正确坚决地执行指挥者的命令，另外还要能够变通，在指挥者不能给出有效指挥的时候，能急中生智，退后一步，等下一步指示，也许会有柳暗花明的结果。

♥ 补充说明

1. 这个游戏具有一定的难度，而且游戏场面有可能比较紧张，同学的热情若过高很可能导致场面失控。为了确保场面不至于过于混乱，导师要注意控制场面，让游戏可以顺利进行。

2. 游戏过程中，组员要走桩子，具有一定的危险性，导师在布置任务的过程中一定要向组员强调安全的重要性。游戏进行的过程中，各组导师也要时刻提高警惕，注意组员们的安全，在允许的情况下给予一定的保护，一定要确保组员是在安全的情况下开展游戏的。

第八章 领导管理

♥ 案例解析

组员体验与分享：

组员1：当我了解到这个游戏要蒙着眼睛走桩时我有点打退堂鼓了，因为我怕从桩子上面踩空掉下来，虽然只有小板凳的高度，但还是心里有点犯嘀咕。同学们踊跃参加的时候我就开始往后退，没想到班长看出了我的疑虑，鼓励我放心大胆地参与，并主动和我一组，我来过桩他来发令，我心里突然有一种特别信任他的感觉。我们很顺利地完成了游戏，而且还取得了不错的成绩。原来很多事情看起来很难，但是如果和一个可以信任的队友一起克服的话，还是可以轻而易举地完成的。通过这个游戏我突然意识到信任朋友的重要性了。

组员2：作为一个刚刚在游戏中失败的指挥官来说，我并不气馁，我的队友表现得很好，对我表现出了积极的配合。我由于在最后时刻怕时间不够而过于紧张，不能有效地发出指令，让我的团队失败了。通过这次游戏我发现一个好的领导、好的指挥官真的是需要很多过人的能力才可以胜任的。虽然我这次失败了，但是我找到了通往成功的道路，所以并不觉得失落，反而更加信心百倍地投入到以后的生活中去。

第九章
开拓创新

游戏一　九点连线
游戏二　一笔变新字
游戏三　如何卖木梳给和尚
游戏四　敢想敢画
游戏五　从 A 到 B
游戏六　万能的口香糖
游戏七　一张让你叫绝的 A4 纸
游戏八　分苹果
游戏九　创意积木大比拼
游戏十　玩具创意设计

第九章 开拓创新

游戏一　九点连线

❤ 游戏目的

1. 引导组员进行创造性思维，打破僵化思维，跳出思维定式，在常规之外思考问题。让组员明白很多事情不能成功，是因为自己预先设定了障碍。
2. 引导组员学会拓宽视野，利用周边资源和环境来实现自己的梦想。

❤ 游戏导入

美国太空总署的研究人员发现，在外太空低温无重力的状况下，太空人用墨水笔写不出字。于是他们花了一大笔钱，研发出一种在低温无重力下能写出字的笔，当时是很了不起的成就。你知道，俄国太空人如何解决这个问题的吗？俄国人改用铅笔！

日本最大的化妆品公司资生堂曾收到客户投诉：买来的香皂，打开一看，盒子里面是空的。为了预防此类事情再次发生，该公司投入了大量的人力、物力研发出了一台X光监视器去透视每盒刚刚生产出来的香皂盒。同样的问题也发生在另一家小公司，他们的解决方法是：买一台强力工业用电扇，放在输送机末端，去吹每个香皂盒。被吹走的便是没放香皂的空盒。怎么样，够简单、够聪明吧！

改变一种思维方式，就能改变一件事的结果；用过人的智慧站到高点，用出奇的思维取得成功。一个好主意，可以节省巨额投资。事半功倍还是事倍功半在于我们是否善于动脑筋，是否有超越定式的思维。

❤ 人员与场地

30~50人，全体组员以大组的方式参与活动，每个人独立思考完成；在有黑板的室内。

❤ 游戏道具

空白纸片每人一张；铅笔每人一支；粉笔若干。

❤ 规则与程序

1. 导师将（图一所示）九个点的图形画在黑板上，展示给组员看。请大家开动脑筋，如何只用四条连续相接的直线（每条直线必须相连，而且不能相互重叠），将这九个点连接起来。
2. 分发给每人一张空白纸片和一支铅笔，请组员自己独立思考，不要交流。
3. 给组员5分钟时间，让他们进行各种尝试。
4. 请几位已经完成的组员上台进行演示，看是否真正符合题目要求。
5. 导师将正确答案（图二所示）展示给大家看。

6. 大组分享：在我们尝试将这九个点连接起来时，哪些想法影响了我们？有什么关键性的环节可以帮助我们摆脱困难？这个练习对于我们的学习和生活有什么帮助？

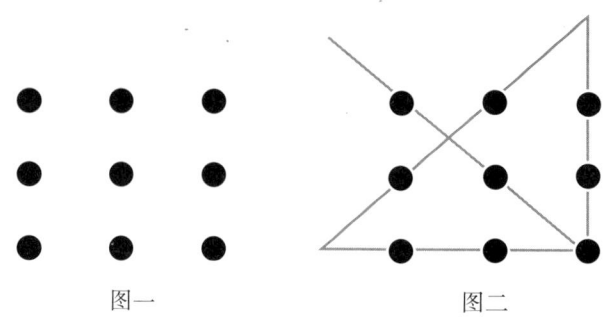

图一　　　　　　　图二

● 解说要点

1. 打破思维定式，在格子之外思考。问题的解决办法完全依靠"在格子外思考"。答案为什么在外面？因为它打破了我们一直遵行的思维习惯。在连线问题中，我们规定直线不能延伸到由九个点构成的大方格之外，但规则里并没有这一条，是我们自己预先假定的。创新也是如此，创造力不是灵机一动的结果，也不仅仅是各种奇思妙想，它还意味着把思维从僵化的束缚下解脱出来，不让已有的知识成为继续创新的桎梏。在学习和工作中，如果我们陷在某种困境跳不出来，我们不妨暂时抛开自己所有的固有理念，忘却已有的成果和经验。因为已有的成功只是"格子"里的成功，我们需要更宽广的视野，也需要更纯朴的思考。我们要跳出"框框"想问题，不要拘泥于形式，突破思维看问题，很多问题将迎刃而解。

2. 借用资源。当我们放开思路，站在一个更广阔的思维视野上，跳出这九个点的框框，借助于延长线的力量，将这九点一笔连成的时候，我们会发现一切都是如此的简单，思路豁然开朗。在学习和生活中，我们也需要利用周边的力量去解决难题。人的根本属性是社会属性，我们需要人与人之间的连接。表面看起来，我们每个人都是一个点，形单影只，但实际上大家处在一张社会关系的大网上，我们需要彼此依靠，相互帮助，就像用延长线将九点相连。

● 补充说明

1. 这个游戏不只是简单的数学图形问题，导师在引导时，不要仅侧重于解决问题，更重要的在于让组员体会过程。要让组员在百思不得其解之后，给他们以豁然开朗、醍醐灌顶的感觉，从而使其意识到自己思维的局限性，启发他们跳出常规思维。

2. 通过这个游戏可以拓展组员的思路，帮助他们突破思维定式的束缚并改进学习方法。作为热身或开学第一课使用是比较好的，可以起到活跃气氛和激发学生兴趣的目的，让组员的大脑迅速活跃起来。

第九章 开拓创新

♥ 案例解析

组员体验与分享：

题目一出，各位组员便在下面展开了攻势。当然答案也是各有千秋：有的组员说不管怎么画都有一个点是连不上的；有的组员则是违背条件限制。我想了好久也没有想到，我的纸片被我画烂了也没有答案。我心想这根本是一个不可能有答案的问题啊，导师没有搞错吧。当我们全体没有答案，抬起渴望真理的眼睛时，导师给了我们答案。简单四笔，真的连到九个点，真的能做到！我真是被震到了。这种连线方法我怎么没想到呢！

游戏二 一笔变新字

♥ 游戏目的

1. 引导组员不断去思考，如何才能比较有效地摆脱习以为常的思维定式对我们思维路径的影响和束缚。

2. 从创新意识的角度，提醒组员觉察到：要想创新，先要打破固有逻辑框架的限制，并且可以通过逆向，甚至多向思维来培养自己的创新精神。

♥ 游戏导入

从前，有个国王在大臣们的陪同下，来到御花园散步。国王瞧着面前的水池，忽然心血来潮，问身边的大臣："这水池里共有几桶水？"众臣一听面面相觑，全答不上来。国王发旨："给你们三天考虑，回答上来重赏，回答不上来重罚！"

眨眼间三天到了，大臣们仍一筹莫展。就在此时，一个小孩走向宫殿，声称自己知道池塘里有多少桶水。国王命那些战战兢兢的大臣带小孩去看池塘。小孩却笑道："不用看了，这个问题太容易了！"国王乐了："哦，那你就说说吧。"孩子眨了眨眼说："这要看那是怎样的桶。如果和水池一般大，那池里就有一桶水；如果桶只有水池的一半大，那池里就有两桶水；如果桶只有水池的1/3大，那池里就有三桶水，如果……""行了，完全正确！"国王重赏了这个小孩。

大臣们为什么解不开国王的问题呢？这就在于他们全都掉进了常规思维的陷阱，被思维定式所困，结果便是越思考陷得就越深，越不能自拔。而那个小孩则没有受到人们常规思维的限制，撇开了池塘里水的多少，而从桶的大小的角度来重新思考，这样问题一下子就迎刃而解了。该故事告诉人们，跳出思维陷阱进行非常规思维，有时只需换一种思维方式或换一个思维角度。实际上是不容易做到的。我们可以此游戏为例来进一步说明。

♥ 人员与场地

30~50人，以大组或小组为单位进行均可，每组8人左右；室内。

❤ 游戏道具

A4纸；签字笔。

❤ 规则与程序

1. 小组导师按组员数量领取游戏道具，并发给每个组员一张A4纸和一支签字笔。

2. 小组导师说出"只"和"人"这两个字，并要求每位组员都将其写在纸上，字迹应规范工整，突出醒目。

3. 游戏的玩法是：在这两个字上分别加一笔，使其成为一个新的字，要求这个新字一定是现代汉语中承认的标准汉字，而不是组员自己造的字。

4. 凡是在规定时间内想出办法的组员，都可以将结果拿给小组导师看，结果也许是一个也可能有若干个，最终由小组导师评判对错。

5. 当大部分组员都完成了任务或组员们实在想不出来时，游戏可以宣告结束。

6. 小组导师公布参考答案及组员们提供的信息，之后要带领大家做一定程度的分享。

❤ 解说要点

1. 创新需要摆脱定式思维的阴影。提到创新，人们必然把它和定式思维联系在一起。受中国传统教育方法的影响，很多组员在思考问题时极易陷入固有的思维框架中，未能真正站在实际问题的立场上，结合具体状况和条件，本着有效地解决问题的目的来做出理性分析及有益探索。定式思维代表着静止、保守、单一和无前后联结的关系。快速发展着的世界，变化、开放、多元（多样）和紧密联系是鲜明的时代主题。在这样的环境和大背景下，作为新世纪的学生，需要积极、自觉适应社会前进的步伐，而不是等着社会来适应我们。墨守成规、因循守旧都会带来致命伤害。首先形成打破定式思维的意识，在遇到问题时，使自己不从既有的思路出发，大胆尝试，通过多种路径力图有所创新。

2. 创新需要培养逆向和多向思维。我们该如何有效地摆脱那些习以为常的定式思维的束缚呢？一是培养逆向思维。除了本游戏列举的两个汉字外，导师还可以挑选其他一些有典型意义的字或者别的类型的题目，要求组员运用逆向思维破解，长此以往，经过这种专门训练，组员自然而然养成逆向思考的习惯。有了逆向思维，就如同多了一条通向真理的大道，多了一扇开启智慧的门窗。另外，有些时候，逆向思维也是一座独木桥，我们更需要由此扩展为立交桥——多向思维。有了思维方式上的跨越，创新之树会长得枝繁叶茂。

❤ 补充说明

1. 游戏初期要留有思考时间。这个游戏必须静下心来好好想才能得出答案，而且是属于自己的答案，不是从别人那里看来或听到的。因此，在导师交代完游戏规则后，要给每位组员留有充分的思考时间。在这段时间里，组员间不可以交

第九章 开拓创新

头接耳、交换意见，自己想自己的。导师也不要过早干涉。有的导师看组员半天没动静，十分着急，于是想旁敲侧击地给点提示，这其实是不必要的，或许还会给组员带来干扰。可能他再有一会儿时间就得出答案了。我们应持有这样的基本信念：组员是有潜能和力量的。提醒不是不可以，但要注意把握好时机和程度。

2. 游戏过程中遵守保密原则。当游戏进行到中间或稍后的部分时，会有越来越多的组员想到新字是什么，于是他们便会迫不及待地到导师那里寻求验证。如果得到肯定的答复，心里自然会非常高兴，这种情绪会不由自主地连同答案一起带回到小组中。这时，我们要看到还有相当一部分组员没有完成。为了保护这些组员思考问题的积极性，也为了继续为他们创造一个安静的思考空间，导师要提醒所有组员，"不要影响其他同学思考""也许别人会有新的发现""每个人都有探索的权力"等。

♥ 案例解析

组员体验与分享：

组员1：我觉得第二个问题比较简单。因为可以在人字的中间加一横，使它变成"大"这个字。还可以在人字的下面加一竖，使它变成"个"这个字。这差不多花了几秒钟就想出来了。想出这两个字后我就没再继续往下想，而是把更多精力都放在了第一个问题上。这才是很有挑战性的问题。我花了好几分钟也没想出来。手里拿着笔不停地画，尝试了很多办法，也终究没有形成新字。最后，当导师公布答案时，我才恍然大悟！这真是个很能启发人思维的游戏，也让我明白了创新是怎样做到的。

组员2：我一看题就感觉出来后面的很容易想到，难就难在前面这个字上。所以，我主要思考的是怎么在"只"字上做文章。起初，我也是像大家一样拿着笔画来画去。因为干想是想不出什么的，只有让笔墨落在白纸上，才清晰可见、一目了然。可试了半天，也没得到一个新字。后来我想，为什么字不能转动呢？从现在这个位置来看，它念"只"，但换个角度就不成字了，但再加一笔就未必了，说不定正是由于加了这一笔而造就了新字。我刚才都只是在某一个方向上作探索。题目并没有规定字的方向啊。于是，顺着这个思路走下去，我把这张纸随意地朝各个方向转了一下，并在转到的每个方向上都画上一笔试试。结果果真如我所猜测。当把纸沿顺时针方向旋转90度后，在口字的中间加上一竖，新的字就产生了，是个"冲"字。我们以前太习惯于定式思维了，而且它的力量很强大。

 如何卖木梳给和尚

♥ 游戏目的

1. 充分激发组员打破常规，培养其逆向、发散性的思维。用一个不同寻常的

眼界来看待和思考问题，我们往往会有更多突破常规的发现。

2. 培养学生不断创新、勇于开拓的勇气。挑战看似"不可能"的问题，需要我们有开拓的智慧和挑战的勇气。

3. 培养和提高组员解决问题的能力和智慧以及乐观、豁达的精神，这是创新能力需要的基本品质。

❤ 游戏导入

某企业意欲开拓非洲市场，委派甲、乙两位行销人员到非洲考察。

甲君在非洲待了几天，举目所见都是赤脚的非洲人。他颇为沮丧，原因是没有人穿鞋，意味着没有市场。于是他向总公司汇报有关情况，同时订购机票回国。

而乙君到了非洲视察之后，发现大家都没有穿鞋子，市场潜能非常可观。他连夜致电总公司，催促加速生产，以应付未来的需求。

甲、乙两君同样考察非洲市场，却得到两种截然不同的信息。乙君以乐观的心境看到希望，在第一时间催促加速生产，以供应非洲市场。然而，业绩却一败涂地。原来，非洲人世代以来都是赤脚的，他们没有穿鞋的习惯，也不懂得穿鞋，鞋子无法激起他们的感动；再加上长期赤脚的结果，脚趾左右张开，中国或亚洲设计的一般鞋子，都不符合他们的需求。乙君对市场知其一而不知其二，最终还是一事无成。

这时候，该企业的营销员丙自告奋勇去开拓这个市场。为了使鞋子能够在非洲畅销热卖，丙君进行深入的研发，掌握非洲人的脚型，量脚定制，让他们穿起鞋来感到舒适。同时，丙君重视营销策略，以一种信仰的力量来突破非洲人不穿鞋的习惯，在重要的节日让人们看到自己敬仰的名人、领袖穿着鞋子的姿态。很快，这个市场被丙君一举攻克，销售业绩蒸蒸日上。

从这个故事我们可以看到，很多时候，看似不可能完成的事情，只要我们换一个角度进行思考，有不怕困难和解决问题的勇气，再加之积极、乐观的态度和正确可行的解决办法，就能到达成功的彼岸。卖鞋给从不穿鞋的非洲人看似是一件困难的事情，但是聪明的丙君却依靠其勇气、智慧和创新能力做到了，而且做得很好。那今天我们也要给大家出一道难题了，相信在座的聪慧的大家也会做得很好的，我们的题目就是"如何把木梳卖给和尚呢"。

❤ 人员与场地

小组完成，每组人数 8 人左右，大组人数不限；室内。

❤ 游戏道具

A4 白纸；签字笔。

❤ 规则与程序

1. 导师把组员按每组人数 8 人左右分成若干个小组，每个小组自发选出一个小组长。

2. 每组派发一张 A4 白纸和签字笔一支。

3. 小组组长带领大家讨论"如何把木梳卖给和尚",时间 15 分钟。

4. 大家踊跃发言,尽量想出可能的办法,并将其记录到 A4 纸上。

5. 讨论完成后,每组选出代表依次进行汇报,并阐述和说明各种方法的可行理由和原因。

6. 导师进行积极回应和点评。

♥ 解说要点

1. 创新可以拓宽思维、改变生活。很多时候,我们在学习、工作、生活中形成了许多常规和定式,一旦打破我们就会觉得受到了极大的破坏和影响。事实上,如果我们一味地坚持这些常规、习惯和定式,我们的思维就会变得禁锢和缺乏活力,生活也会一成不变和无聊乏味。积极地打破常规、突破定式、改变习惯,我们会发现我们的思维变得更加开阔,而生活也以一种鲜活的面貌开始。

2. 创新需要智慧的光芒和勇气的力量。创新是一段通向未知的旅程,不仅需要我们拥有智慧的光芒,还需要勇气和力量。智慧的牵引可以帮助我们在未知的旅程中,不断调整正确的前行方向,用一种知性和理性的态度回答未知的问题,探索正确途径;勇气和力量可以帮助我们在探索的道路上不被困难吓倒,不被失败阻拦,保持一颗热情的心去创造出更多的新奇和美好!

3. 创新也需要积极乐观的心态。创新过程中,当面对一个难题时,当不是自己习惯和熟悉的情境时,当行进中遇到困难时……最需要的就是一种积极、乐观的心态,没有这种心境,我们就会缺乏开拓、创新的原始动力,同时也丧失了创新过程中解决问题的勇气和力量。拥有积极、乐观的心态是我们开始创新的原动力,也是发现和创造生活之美的源泉。

♥ 补充说明

1. 游戏过程中,导师一定要注意之前的导入环节,让组员在活动正式开始前充分感受到勇于创新和突破常规的主题氛围,而使活动能顺利地进行。

2. 游戏过程中,导师可以不必刻意强调许多限制性的条件,如梳子的颜色、样式等,只要符合题目本身就可以,以免限制组员的思维。

3. 为了使组员能进一步打开思路,拓宽思维,进行积极地思考和讨论,导师可以帮助组员通过"头脑风暴"法等,引导和鼓励组员想出更多的办法。

4. 在大组进行分享和交流的过程中,导师一定要注意对小组的汇报进行积极的回应和适当的评价,使组员在该过程中体验到创新的乐趣和价值。

♥ 案例解析

组员体验与分享:

组员 1:今天的这个游戏对我的启发挺大。"如何卖木梳给和尚"可能只是导师用来引导我们开拓思维、进行创新的题目,现实中可能并没有人那么做。但是通过今天这个游戏,让我领悟到,很多时候我们需要改变自己的思维习惯,不要总是用惯常的思维去思考问题。思维定式是长期养成的,但是在不同的情境下换一个思路看问题，我们会觉得世界很宽广、生活也很丰富。

组员2：从这个游戏中，我领悟到一点就是：勇气很重要。当我们面对困难和难题时，我们总是会先告诉自己：这个任务这么困难，根本就完不成。于是，我们在还没开始前就放弃了。所以很多时候，我们不是败给了困难，而是败给了自己害怕困难的心态。导师刚出完题，我第一感觉是，这根本不可能，也就不想往下想了。但后来，在我们小组长的带领下，大家开始讨论，竟然想到了许多办法。我这才慢慢地发现其实自己就是害怕困难，不敢面对，但当你真正面对时，其实困难并不可怕，总有解决的办法存在，勇气真的很重要。

组员3：从这个游戏中，我学到的就是要想创新，必须不断地开阔自己的眼界，丰富自己的生活。世界上的万事万物，彼此之间都有联系。可能遇到一个问题时，很难一下子想到很直接的解决办法，但是以前储存在自己头脑中的一些丰富的生活经历和阅历会启发你想到间接的解决办法，同时也是一种改变和创新。所以我觉得平时不断丰富自己的生活、开阔自己的视野也是一种存储知识、不断学习和成长的方式。

游戏四　敢想敢画

♥ 游戏目的

1. 激发组员开拓思维。通过让组员在固定的图画上进行加工、创新，让组员进一步开拓自己的思维，发挥无穷的创意。

2. 引导组员留心观察生活，并进行加工、再造。在创作的过程中，离不开生活的原型，启发组员进一步观察生活、发现生活，并从生活中创造出更多的鲜活和美好。

3. 充分激发组员在有限的时间内进行创意的潜质。

♥ 游戏导入

相传有一年，鲁班接受了一项建筑一座巨大宫殿的任务。这座宫殿需要很多木料，鲁班就让徒弟们上山砍伐树木。由于当时还没有锯子，他的徒弟们只好用斧头砍伐，但这样做效率非常低。工匠们每天起早贪黑拼命去干，累得筋疲力尽，也砍伐不了多少树木，远远不能满足工程的需要，使工程进度一拖再拖。眼看着工程期限越来越近，这可急坏了鲁班。为此，他决定亲自上山察看砍伐树木的情况。上山的时候，由于他不小心，无意中抓了一把山上长的一种野草，手被划破了。鲁班很奇怪，一根小草为什么这样锋利？于是他摘下了一片叶子来细心观察，发现叶子两边长着许多小细齿，用手轻轻一摸，这些小细齿非常锋利。他明白了，他的手就是被这些小细齿划破的。后来，鲁班又看到一只大蝗虫在一株草上啃吃叶子，两颗大板牙非常锋利，一开一合，很快就吃下一大片。这同样引起了鲁班的好奇心，他抓住一只蝗虫，仔细观察蝗虫牙齿的结构，发现蝗虫的两颗大板牙上同样排列着许多小细齿，蝗虫正是靠这些小细齿来咬断草叶的。这两件事给鲁班留下了深刻的印象，也使他受到很大启发。他想，如果把砍伐木头的工具做成锯齿状，不是同样会很锋利吗？砍伐树木也就容易多了。于是他就用大毛竹做成一条带有许多小锯齿的竹片，然后到小树上去做试验，结果果然不错，几下子就把树皮拉破了，再用力拉几下，小树干就划出一道深沟，鲁班非常高兴。但是由于竹片比较软，强度比较差，不能长久使用，拉了一会儿，小锯齿就断了，有的变钝了，需要更换竹片。这样就影响了砍伐树木的速度，使用竹片太多也是一个很大的浪费。看来竹片不宜作为制作锯齿的材料，应该寻找一种强度、硬度都比较高的材料来代替它，这时鲁班想到了铁片。于是他们立即下山，请铁匠们帮助制作带有小锯齿的铁片，然后到山上继续实践。鲁班和徒弟各拉一端，在一棵树上拉了起来，只见他俩一来一往，不一会儿就把树锯断了，又快又省力，锯就这样发明了。

在鲁班之前，肯定有不少人碰到手被野草划破的情况，为什么只有鲁班从中受到启发，发明了锯，这无疑值得我们思考。大多数人只是认为这是一件生活小事，不值得大惊小怪，而鲁班却很注意留心观察生活，善于对生活中一些微小事件进行观察、思考和钻研，从中找到解决问题的方法和思路，甚至获得了某些创造性发明。这告诉我们一个道理，留意生活中许多不起眼的小事，勤于思考，会增长许多智慧。

❤ 人员与场地

大组人数不限，组员独立完成；室内。

❤ 游戏道具

习作纸每人一张，纸上画了100个"∣∣"；签字笔每人一支。

❤ 规则与程序

1. 导师给每位组员派发习作纸，附有固定图画100个"∣∣"，签字笔。
2. 在20分钟内，组员需要在习作纸的固定图画上进行添加或涂改，形成新的作品。
3. 组员可以无限发挥自己的创意，在规定的时间内尽量多地创造出自己心目中的作品。
4. 每位组员独立完成，不要与人商量或讨论。
5. 组员完成后，可以形成小组互相交流、分享自己的创意作品，并进行解释和说明。过程中，组员可以进行提问和质疑，但是不能进行批判和攻击。
6. 导师发现组员的典型作品，可以拿出来进行大组分享。

❤ 解说要点

1. 创新就是创造出无限的可能。我们往往会对自己或他人的许多新想法或新创意抱有怀疑和否定的态度，下意识中我们总是认为：这有可能吗？这不行吧？

这好像有点可笑？……其实，就是这种怀疑和否定的态度让我们丧失了许多新意识、新事物产生的可能。如果换一种思维和态度：这或许可以试一试？这听起来挺有意思的？这也有可能吧？是的，如果我们总是对新的事物抱有肯定和尝试的态度，我们可能创造出无限的可能。创新就是创造出无限的可能，在无限的可能中，我们会有新思维、新想法、新创作。

2. 创新来源于生活。我们总以为创造就是要打破生活，超越生活，让自己的想法或创意高于生活、远离生活，以为这样我们就能获得创新。事实上，创新也离不开生活，每一个创意、每一个作品都源于生活。只有我们对生活留心观察、悉心体味，从中发现问题、探索问题，才能得到许多创新。创新过程中，生活总是给我们提供许多原型和模板，再通过我们的加工和再造，在平凡的生活中获取许多非凡的创意。也只有来源生活、贴近生活的创新和创造才能更进一步服务生活、美化生活！

❤ **补充说明**

1. 该游戏是一个激发组员创新能力的很好的游戏，简单、方便操作，导师可以在进行该主题的大型活动前，使用该游戏。

2. 在进行该游戏的过程中，导师要注意想方设法激活组员的创新热情和创造能力，使其在短时间内能进一步爆发创造能力。

3. 在分析和交流过程中，需要注意引导组员，作品没有好坏之分，只有差异之分，大家可以相互欣赏彼此的创意和作品。

❤ **案例解析**

组员体验与分享：

组员1：我觉得这个活动对我的思维产生了很大的激荡作用。在规定的时间内，在固定的图画上进行创新，创造出新的作品其实真的需要思维的快速运转。我需要不停地想：我要画什么？我要怎么样画？下一个作品是什么？……感觉完成后，思维还久久不息，还一直在想有没有更多的可能。总之，我觉得这个活动对开拓思维、激发创意具有很好的作用。

组员2：我觉得创新离不开生活。这虽然是一个简单的游戏，但是我发现最后我画出来的许多作品其实都是来源于生活的，而且是来源于生活的各个领域和范围。一个铅笔盒、一条裤子、一张办公桌、一个水杯、一把笤帚、一副拐棍……都是生活中的事物。只要平时善于留心生活、观察生活，还是能从生活中得到许多、成长许多的。

组员3：我从这个游戏中对自我有了新的发现，我找到了一种很好地表达自己和诠释自己的方式，那就是图画。其实图画也能表达出自己的思想，而且是一种很直观的方式，能将自己所想、所看、所听的许多事物用一种很形象和直接的方式呈现出来。

第九章 开拓创新

游戏五 从A到B

♥ 游戏目的

1. 引导组员思考，实现创新的重要前提条件是承认、接纳并尊重个体间的差异性。
2. 带领组员体会创新不是一蹴而就和一劳永逸的事情，需要在不断发展的过程中，进行沉淀和提升，坚持不懈地寻求变化从而得到更多的可能性。
3. 和组员一起为创新思想的诞生营造一种多元、开放、包容及可选择的外在环境。

♥ 游戏导入

美国有一家生产牙膏的公司，产品优良，包装精美，深受广大消费者的喜爱，每年营业额蒸蒸日上。记录显示，前10年每年的营业增长率为10%~20%，令董事部雀跃万分。

不过，业绩进入第11年，第12年及第13年时，则停滞下来，每个月维持同样的数字。董事会对此三年业绩表现感到不满，便召开全国经理级高层会议，以商讨对策。

会议中，有名年轻经理站了起来，扬了扬手中的一张纸对董事会说："我有个建议，若您要使用我的建议，必须另付我5万元！"

总裁听了很生气说："我每个月都支付你薪水，另有红包奖励。现在叫你来开会讨论，你还要另外要求5万元。是否过分？"

"总裁先生，请别误会。若我的建议行不通，您可以将它丢弃，一毛钱也不必付。"年轻的经理解释说。

"好！"总裁接过那张纸后，阅毕，马上签了一张5万元支票给那名年轻经理。

那张纸上只写了一句话：将现有的牙膏开口扩大1mm。

总裁马上下令更换新的包装。

试想，每天早上，每个消费者多用1mm的牙膏，每天牙膏的消费量将多出多少倍呢？

这个决定，使该公司第14年的营业额增加了32%。

由此可见，一个小小的改变往往会引起意想不到的结果。创新意味着变化，本质在于发展。当面临困境或桎梏时，不妨就像上述故事中讲到的一样，将自己的脑袋也打开1mm，从已有的事实里寻求变通，从已建立的经验里发掘可以灵动的地方，并且如可持续发展般地不断进行探索。相信有了这样的意识，创新就会应运而生了。

● 人员与场地

30~50人，全体组员以大组的方式参与活动，室内室外皆可。

● 游戏道具

椅子若干把。

● 规则与程序

1. 小组导师将椅子按长廊模样码成两排，中间搭建出一个类似时装表演的舞台，长度为3米，宽度为1米。

2. 小组导师组织全体组员都站到这个舞台的一端，以此为出发点，舞台的另外一端即为终点。

3. 所有组员须从舞台上走过一次，但要求每个人都以一种不同于他人的姿态来完成。

4. 组员们完成一轮展示后，小组导师可视时间进度，安排第二轮乃至第三轮的"从A到B"，仍然坚持每个动作都不能有重复，一定是新的，没人做过的。

5. 当有的组员想不到新鲜动作时，小组导师可以进行倒计时，之后仍没有想出的，可以同其他组员一起邀请这位组员接受大家的"惩罚"，如讲个笑话、唱首歌等。

6. 小组导师选取有代表性的组员做分享，说说自己的思路，是怎么想到这些动作的。

● 解说要点

1. 尊重差异与获得创新。近年来，多元智能理论在教育教学中广为普及。该理论为我们尊重个体间的差异提供了有力的支持。人的智能是多元的，至少包括9个方面：语言智能、逻辑—数理智能、视觉—空间智能、音乐—节奏智能、身体—运动智能、人际交往智能、自我内省智能、自然观察智能和存在智能；且每个人的多种智能是以组合的方式存在的，这些智能在每个人身上的表现又不一样，不存在一个统一、固定的衡量标准。每个人都有区别于他人的独特之处。此外，个体身上的各项智能是能够相互影响的，对某一种智能的促进可以导致其他智能的提高。每个人都是一个具有多种智能组合的个体，其聪明才智表现在多个方面。况且他们的生长背景、生活环境、成长经历皆不同，由此导致思维方式、行为习惯、兴趣爱好皆有差别。所以不论是从先天遗传，还是后天环境的角度看，正如世界上没有两片相同的树叶一样，人人都是唯一且不可复制的。

2. 寻求变化与获得创新。创新是一个民族发展不竭的动力和源泉，一个不懂得创新的民族是没有希望的民族。创新的重要性不言而喻。当今时代，各个国家都在极力培养青年一代的创新精神。创新的本质在于"变化"和"发展"。无论是创新意识、创新的方法、创新的勇气还是创新的意志，变化和发展都是永恒的主题，都是亘古不变的真理。好主意、新鲜事物都是有前期铺垫的，都是在以往积累的奠定下获得的。有些时候创新就是将过去的东西进行疏通、整理、分类、提升，然后从一个相对新的视角来提出建议和解决问题的办法，这就是创新。

♥ 补充说明

1. 导师的角色。首先导师是一名观察员。不难看出这个游戏的主角是组员，之所以将椅子摆放成长廊的样子，意在表明这是组员充分展示自身潜能和创造力的舞台。导师只需扮演好观察员的角色即可。它要求导师具备三只眼睛：一只看组员的状态，包括各种表情、语言、行动等；一只看自己的状态，包括专注度、反应度、清醒度等；还有一只看所有人共在的"场"，即人们此时此刻处于的环境，包括物质上的提供、人际间的互动模式、灯光音乐设置等。所有的这些都是在为小组导师提供素材，以便掌握第一手最真实的资料来为之后的分享做准备。其次，导师是一名监督员。导师除了观察和记录外，还要指出那些不合游戏规则的行为。这样才能让每个组员都从心底里重视展示的环节，激活每个组员的奇思妙想。我们不能使这个活动的形式大于内容，看上去如流水一般，丝毫不会给组员留下什么值得记住和反思的东西。

2. 音乐所起的作用。该游戏是一个非常能够出彩的游戏，因此，倘若能配上适合的音乐，不仅能激发起组员更大的参与热情，还能够提高活动的质量，促使组员们产生更多的灵感，想出更新颖的点子。导师可以提前准备一些曲子或音乐，在活动进行中，随着组员投入程度的加深、现场气氛的高涨等，变换音乐。这个游戏也考验了导师的灵活性和随机应变能力。

3. 善于利用其他资源。这个游戏的道具只有摆在两旁的椅子，再无其他能利用的东西可言。但导师并没有限制其他资源的使用或借助。其实，组员自身便是很好的一种资源。我们发现，当组员一时间想不到办法，而想到的又是别人用过的时，有的组员表现得很机灵，他们借助于身边的同学，请他们帮助，或两两成对、或三人一起走过舞台。因为导师并没有说不允许几个人合着来展示。这样，即使他们所做的动作与之前的类似或相同，但由于做的人多了，且必定每个人做的不会完全相同，亦同样完成了任务，还实现了创新。

♥ 案例解析

组员体验与分享：

游戏刚开始，只见一名组员就走了上去，什么也没做，只是如平常走路一样的走了过去。这肯定是没问题的，因为他是第一个，前面没有需要错开的目标。紧接着，组员们陆续做了表演。有的是挥着手过去的；有的是蹦着过去的；有的是飞一般的过去的；还有的是做跳绳状过去的。其实，越是前面的越好做，越往后越难进行。因为很多动作都被别人用到了。不过，我们还是看到了组员的聪明才智和无限潜能。我们看到：有组员是两个人勾在一起、相互扶持着表演完的；有组员拿出了看家本领——翻跟头；甚至有组员模仿大猩猩的样子来走过舞台，逗得大家捧腹大笑，同时也得到了组员们阵阵称赞的掌声。

游戏六　万能的口香糖

游戏目的

1. 通过相互交流，使组员彼此启发，开阔视野，充分激发大家的想象力和创造力。

2. 通过"头脑风暴"，引导组员从不同的角度分析思考同一问题，培养组员的发散思维、独特思维、全面思维，克服日常生活中的思维定式，从而使组员的思路开阔，妙法顿生。

3. 使组员尊重彼此的想法，看到差异存在的价值，保持异想天开和奇思妙想的热情。

游戏导入

普陀山上有座庙，庙里住着一个老和尚和一个小和尚，他们师徒二人在寺庙中相依为命。有一天，老和尚给小和尚出了一个问题："一个爱清洁的人和一个不爱清洁的人一同从外面回来，是爱清洁的人先去洗澡，还是不爱清洁的人先去洗澡？"

小和尚搔了搔头皮，迅速地答道："当然是不爱清洁的人先去洗澡，因为他身上脏得很。"老和尚看了看小和尚，不置可否。

小和尚以为自己回答得不正确，又马上改口说："一定是那个爱清洁的人先去洗澡。"

老和尚问："为什么？"小和尚胸有成竹地说："那还不简单，爱清洁的人有爱洗澡的习惯，不爱清洁的人没有爱洗澡的习惯，只有爱清洁的人才有可能去洗澡。"说完后，小和尚等待师傅的夸奖。

出乎意料的是，老和尚不但没有夸奖小和尚，还说小和尚没有悟性，小和尚更加莫名其妙了。"两个人都得去洗澡，爱清洁的有洗澡的习惯，不爱清洁的需要洗澡。"小和尚只有这样回答了。可师傅的脸色告诉他，他又错了。

小和尚只剩下最后一个答案了，于是怯生生地回答道："两个人都不去洗澡，原因是爱清洁的人很干净，不需要洗澡，不爱清洁的人没有洗澡的习惯。"

他刚说完，老和尚满意地说："其实，你已经把四个答案都说出来了，但你每次都认准一个是正确的，你的答案是不全面的。因此，单单拿出一个不能算是正确的答案。"

非对即错，这是我们再常见不过的思维了，也是人们平时习惯了的思考办法。然而，事实往往不是这样的，每件事情都有很多方面，也许既对也错，也许不对不错。全面地看问题，不被习惯思路所束缚才是智慧的方法。

第九章 开拓创新

❤ 人员与场地

30~50人，活动以小组为单位进行，每组6~8人为宜；室内。

❤ 游戏道具

口香糖；纸；笔。

❤ 规则与程序

1. 把全体组员分成若干小组，每组6—8人，各组推选一名组长。
2. 请组长到导师处领取一枚口香糖，一张白纸，一支笔。
3. 小组成员在5分钟内讨论：口香糖到底有多少用途？讨论结果记录在纸上。导师提示：（1）不许有任何批评意见，只考虑想法，不考虑可行性；（2）想法越古怪越好，鼓励异想天开；（3）可以寻求各种想法的组合和改进。
4. 各小组轮流到大组汇报讨论结果，推选出各组中最新奇、最疯狂、最具有建设性的主意，想法最多、最新奇的组获胜。
5. 大组内交流分享：你是否会惊叹于人类思维的奇特性，惊叹于不同人想法之间的差异性？"头脑风暴"对于解决问题有何好处，它适于解决什么样的问题？

❤ 解说要点

1. 开阔视野，丰富想象力和创造力。想象力是一种能动的思维能力，通过形象思维和抽象思维，对头脑中已有的素材进行加工，重新排列组合，创造出未曾感知过的新形象的过程。没有想象的思维是枯萎的枝杈，没有超越的天空不会广阔。马克思说过："想象是促进人类发展的伟大天赋。"没有想象力，不可能打破常规，只有想出常人想不出的东西，才可能干出常人干不出的事情。爱因斯坦也强调指出："想象力比知识更重要。因为知识是有限的，而想象力概括着世界上的一切，推动着进步，并且是知识进化的源泉。"可以这样说，一切创造发明都是从想象开始的，没有想象，就没有创造发明。成就任何伟大的事业都不能没有丰富的想象力。想象力的培养离不开知识的积累和存储，平时的训练和开发更是必不可少的。在生活和学习中，我们要多和同伴沟通、交流、讨论，调动各自的智慧和积极性，使自己的思维处于高度活跃状态。由于每个人的知识背景和思维习惯不同，观察问题的角度和方法都不相同，通过讨论可以互相启迪，达到思维的互补性，从而产生更新的想象和创造。

2. 训练发散思维，培养创新意识。一个问题的解决方法有很多种，一个物品也有很多用途。我们需要培养我们的发散思维，以应对生活中各种突发事件和问题。发散性思维是一种推测、发散、想象和创造的思维过程，发散性思维强调通过联想和迁移对同一个问题形成尽可能多的答案并寻找多种正确途径。在教学过程中，教师可以为学生提供展示其创造性思维能力的机会，帮助他们开阔思路，丰富想象，变被动学习为主动学习，改善学习策略，提高学习质量。教师要注重启发式教学，培养学生主动学习的精神，鼓励他们在课余时间广泛涉猎，开拓视野，发展学生思维的灵活性，帮助他们学会从不同角度看待、分析和理解问题，而不墨守成规。教师要尽可能地创造多种条件，让学生接触各种不同的观念，鼓励学生进行独立评价，发展独立思考与判断的能力。

3. 尊重差异，保护奇思妙想。不要嘲笑人们异想天开的想法，要知道人类的文明和科技的进步正是建立在一项项的异想天开的基础上的。试想，如果不是古人一直希望像鸟儿一样在天空飞翔，又怎么会有莱特兄弟历尽艰辛去制造飞机？如果没有千里传音的想象，又怎么会有现在电话的产生？如果没有嫦娥奔月的美丽传说，怎么会有宇航员进入太空，登上月球？在一个尊重、包容、接纳放松的环境中，人们才能异想天开地解决问题。有时并不是我们缺乏创意，而是我们缺乏一个放松的氛围。要成为创造性人才，就要集全体之力创造一个活泼、轻松、包容的环境，给新异的想法以生存和生长的空间，而不是嘲笑和不屑。说不定21世纪伟大的发明家、创造者会在我们这一群人中产生。

❤ 补充说明

1. 在"头脑风暴"中，要激发组员想象出各种各样的用途，不要有过多的约束和顾虑，最重要的就是要组员打破长期教育形成的思维定式，任其思维天马行空。需要注意的是，一开始导师不要对组员的回答做评价，并强调每个人的观点和想法都是平等的和重要的，以便让组员有一个宽松的环境畅所欲言，发表自己的各种观点。

2. 在此游戏中，可以把问题从"口香糖的各种用途"扩展到其他各种物品的用途，如鞋子、牙膏、塑料瓶、报纸、曲别针等，导师可以根据情况进行类似的拓展练习。

3. 导师要以优势视角看待组员们讨论时的表现，及时捕捉组员点滴的创造性，例如有的组员在大组内默默无闻，但此时却能说出令人耳目一新的用途，应该及时给予鼓励和称赞。

❤ 案例解析

组员体验与分享：

组员1：刚开始导师让我们想口香糖的用途时，我感觉真是可笑，口香糖不就用来吃吗，还能用来干什么啊！但是还是硬着头皮去想，吹泡泡？当橡皮？可是觉得不对不敢说，怕老师和同学鄙视。后来有的同学说了比我的想法还离奇的：包饺子、瘦脸，这些都受到了老师的表扬。我感觉我的想法太少，太定式思维了。小孩子的想象力是最丰富的，我们要把童年时丰富的想法记下来并付诸实践，我想很多奇思妙想会实现的。

组员2：我们今天在学校学习知识，是为将来参加现代化建设做准备、打基础的。可是学习了这么多年，我们的创造性思维却在减少。这么多年来，我们做题都习惯了核对标准答案，认为只有和答案一样才是正确的。不管是数学、物理还是政治、语文，我们都觉得答案只有一个，非对即错，这些都使我们的想法变得很单一、很片面。现在国家提出创新型国家的策略，我认为要从教育抓起，要保护孩子的创造性,不要被应试教育给泯灭了。否则,创新岂不是空谈。

 一张让你叫绝的 A4 纸

❤ 游戏目的

1. 引导组员大胆创新,激发无穷的创意和灵感。创造会让我们的生活变得富有灵动和色彩,每一个富含个性与创新的意念都能勾画出一道别致的风景。

2. 激发组员将创意转化为创造。每一个好的创意和灵感都需要付诸实践与行动才能成为真正的创造与奇迹。

3. 激发组员对日常生活进行留心观察和深刻反思,并从平淡中发现新奇与美好。

❤ 游戏导入

"三个和尚没水吃"新篇

话说,三个和尚没水吃,可把他们的师父老和尚急坏了,可光急也没用啊,得想个好办法,让他们不再为了挑水而推辞。于是,老和尚就坐在庙门前想啊想,终于想到了一个好主意。他规定谁主动挑水就给谁加菜,建立了寺庙的奖励机制,结果调动了小和尚们的积极性,小和尚们为了改善一下清苦的伙食,个个都争着抢着要去挑水。可时间一久,天天挑水也累呀,有个小和尚看到寺庙后山有一眼泉水,就想了个主意,把后山竹子砍下来,打通竹子内部,把泉水直接引过来,这下寺庙不愁没水喝了。不仅不缺水,反而水多了,可是这么多水不喝也浪费了,能不能发挥出更高的效益呢?另一个小和尚又给老和尚出了个主意,把多的水用净瓶装上,插上杨柳枝,卖给烧香的善男信女,结果大受欢迎,还给寺庙增加了不少收入。这回老和尚不着急了,每天都乐呵呵的……

创新是一个富含生机与活力的意念,是一个寓意革新与改变的动作,是一个让生活充满新鲜与未知的"调味棒"。因为创意与创新,平实的生活不再平淡无奇,老调的故事有了新的结局,普通的画面有了丰富的含义,平淡的人生也有了新的乐趣……

❤ 人员与场地

小组完成,每组人数 8 人左右,大组人数不限;室内。

❤ 游戏道具

A4 白纸;剪刀;彩笔;小刀;胶条;背景音乐。

❤ 规则与程序

1. 导师给每位组员派发 2 张 A4 白纸,把剪刀、彩笔、小刀、胶条等置于场

地中央，组员可以根据需要自取。

2. 在 45 分钟内，组员需要完成一幅由 A4 纸制作出来的作品，作品形式、主题、内容创意不限，鼓励组员最大限度地展现自己的创新能力。

3. 作品只能是由 A4 纸组成，不能再借助其他的辅助道具。

4. 2 张 A4 纸，一张可以当作练习用，另一张则用于正式的作品制作。

5. 每位组员独立完成，不要与人商量，不要模仿或是指导他人进行创作。

6. 当组员正式开始时，导师可以播放适合的背景音乐，帮助组员形成创作的气氛。

7. 小组成员完成后，在小组内互相交流、分享自己的创意作品，并进行解释和说明。过程中，组员可以进行提问和质疑，但是不能进行批判和攻击。

8. 导师发现小组中的典型作品，进行大组分享。

♥ 解说要点

1. 创新就是将平淡谱写成传奇。在我们生活的周遭，每天都充斥着重复和习惯。人们在日常生活中，为了方便，为了快捷，也为了简单，已经不自觉地将许多新鲜变成了自然，将许多新奇变成了习惯。于是，生活中本来很多的鲜活与美好被不断地淡化直至消逝，人们开始抱怨生活无趣、人生惨淡……其实生活并不缺少鲜活与美好，更多的时候是我们缺乏一颗创意的心。当我们每天都用"创造者"的眼光看待这个世界时，当我们每天都用一颗"创造"的心发现生活时，我们会猛然领悟到生活中充满了艺术。每一个平凡的日子、每一件平实的事情、每一个平淡的场景其实都富含鲜活与美好……拥有创新，就能将平淡谱写成真正的传奇。

2. 创新就是从生活中的已知找到未知。曾有一个这样的小场景：

被日本誉为最具开拓精神的企业家本田宗一郎，有一年到德国慕尼黑科学博物馆参观。他对该馆入口处的一块圆锥形石头产生了浓厚的兴趣。该石头直径约 3 米，其中只有 5 厘米的弧度被涂上黑色，上面标明——涂上颜色的弧度，表示 20 世纪的人们已经发现的东西；其余的空白，表示人们未知的部分。如何从已知通往未知？唯有通过创新。

生活中，我们发现了许多东西，也发明了许多东西，而且人类的智慧还在引领我们走向更多的未知领域，从已知到未知的一个必经途径即是创新。这是我们探索未来、更新知识、拓宽视野的必备前提。

3. 创新是要将创意转化为创造。创新是一个复杂的概念，含义丰富，既可以指思维的创新。也可以指手段的创新，还可以指结果的创新。好的创意只是一个理念的改变和革新，还不能带来实际的效用，而真正对人们的生活、生产带来深刻影响的是富含创意的创造。所以当我们在创新时，不仅需要拥有新颖的创意和理念，更需要将这种意识层面的创意转化为实际的创造。真正的创造能将创新的效用发挥和落实到生活的具体细节中。

第九章 开拓创新

♥ 补充说明

1. 该游戏是一个需要充分发挥自己的创意与思考且兼具动手能力的大型的游戏。游戏开始前，导师需要尽量调动组员思考和动手的积极性，使其最大限度地参与到游戏中。

2. 游戏过程中，可能有的组员会羞于动手或是害怕自己的创意不够好，不知道怎样完成作品。这时，导师要积极鼓励组员参与，并告诉他们每个人的创意没有好坏之分，创新就是富含个性和与众不同，不存在孰优孰劣。

3. 此外，在组织该活动时，导师除了引导组员对创新、创造、创意等进行思考与反思外，还可以进一步引导组员思考其与生活、艺术、人生等的关系，让组员的思维与视野变得更加开阔。

♥ 案例解析

上图是一位组员完成的作品——"梦想之城"，其精巧的构思、绝妙的手艺，在我们面前呈现出了一幅完美的作品。普通的一张 A4 纸在其手下竟然搭建成了一座梦想的城堡，我们不得不佩服其创造能力。其实每一位组员都有无限的潜能，每一位组员都有绝佳的创意，每一位组员都有令人叹服的创造才能。只要我们善于发现他们，只要我们愿意相信他们、支持他们、鼓励他们！其实每位组员都是上帝的一个绝佳创造！

游戏八　分苹果

♥ 游戏目的

1. 引导组员在团队互动中学会表达自己，理解别人，建设性地影响团队。
2. 推动组员在实践探索中，发挥智慧、挖掘潜能，将意识层面的东西落实到行动中。

3. 鼓励组员体验公平、公正，引领组员觉察自己内心关于公正、公平的标准。

4. 公民意识的觉醒，参与分配是公民意识的表达，促进组员考量自己的公民感。

❤ 游戏导入

孔融让梨：孔融4岁时已能背诵许多诗赋，并且懂得礼节。一日父亲买来一些梨子，挑了一个最大的给孔融，孔融摇摇头，挑了一个最小的梨子。父亲表示不解，孔融说："我在家里年纪最小，应该吃小的，把那个大的给哥哥。"父亲夸奖了孔融。

母亲让孩子分蛋糕：以前总是母亲给两个儿子分蛋糕，但两个儿子总是不满意，嫌自己的小，抱怨母亲偏心。这次母亲制定了一个规则：由大儿子切蛋糕，由小儿子先选择。这样一来，大儿子切蛋糕时就格外小心了。

❤ 人员与场地

30~50人，活动以小组为单位进行，每组6~8人为宜；室内、室外均可。

❤ 游戏道具

大小一致的苹果，每组一个；水果刀每组一把；白纸一张；签字笔一支。

❤ 规则与程序

1. 将全体组员分成若干个小组，每组推荐一名组长，各位组长向导师领取苹果一个。

2. 交换小组导师到其他组做观察员，记录、观察小组进展过程。

3. 导师宣布游戏规则：全体组员讨论分配苹果的规则与方法，每位组员必须得到应得的部分。分配方案应该考虑性别、年龄、身体状况、贡献等。

4. 各组将本组的分配方案写出来，得到全体组员认可后，签字为证。

5. 根据分配方案选定一位组员分切苹果。

6. 各组派一名代表向大组介绍本组分配方案的形成过程、基本原则、有何发现、有何局限。

7. 观察导师发表观察感言。

8. 游戏结束后，小组做分享。

❤ 解说要点

1. 长期扭曲封闭的文化氛围和教育观念曾经把人们引入了一个误区：一方面无视人的正常诉求，盲目拔高道德要求，用"圣人"的标准教育小孩，压抑并扭曲正常人性；另一方面，日常生活中，人们缺乏规则意识和公正意识，缺乏起码的民主程序，任由人性中的弱点泛滥，破坏规则，无视公正，导致公民意识难以建立。孔融让梨不能停留在道德层面，道德不具有强制约束力，只有当道德建立在公民意识基础之上时，长久的道德才能得以实行。

2. 作为民主社会的公民，参与意识、公正意识、监督意识都很重要。人不能只享有权利，还必须承担义务；不能只监督别人，还要接受别人的监督。由此实现个人尊重公理，公理保护公义的社会公平。

3. 民主的前提是尊重。民主过程体现的是协商过程，经过协商，达成共识，形成决策，这一决策不是某个人或几个人的利益，而是公益的标志。协商过程中学会平等、学会参与、学会诉求、学会妥协、学会倾听、学会尊重、学会文明理性地表达自己，是此游戏试图达到的目的。分苹果不是目的，在分苹果的过程中，组员懂得了规则的重要性，懂得了尊重的意义，懂得了坚持与妥协的分寸，懂得了协商的目的所在，这是培养组员形成公民意识，养成民主品质的过程。

♥ 补充说明

1. 该游戏注重过程而不是结果。人们常说："没有最好，只有更好。"这个游戏的魅力不在于最后的结果，而是其中的探索过程。让组员在讨论过程中充分表达自己的诉求，认真倾听别人的意见，真诚理解别人的感受，努力满足每个人的愿望，并照顾到每个人的利益，是这个游戏的关键所在。

2. 导师引导组员时，不要过多参与意见，要把方案的讨论、抉择的选定交给小组。即使组员之间发生了争论、争吵，导师不要就事论事，要引导小组思考并感悟争论背后的原因。使争论者和其他人理解争论的根本才能达到游戏的目的。

3. 如果因个别组员过于强势，不尊重他人意见，不能倾听别人的表达，或个别组员放弃自己的权利，人云亦云，不负责任，导致小组方案不公正，议论纷纷，人心不满，正是导师挖掘和引导的契机所在。如果组员能够思考到这一层次，是对公民意识的巨大推动。

♥ 案例解析

组员体验与分享：

组员1：我实在没有意识到我自己一直霸占着话语权，我只是太想让大家接受我的意见，因为我坚信我的意见是最好的，根本听不进别人的意见。当大家都不说话的时候，我还以为大家接受了我的观念，殊不知是大家对我的做法、我的态度产生了深深的反感，最后导致我们小组虽然分了苹果，但人人不满，个个抱怨。这件事对我的教训不小，我真该好好反思自己的做人风格了。

组员2：一开始，我没把分个苹果当回事，心想"谁稀罕那口苹果啊"！但是，活动过程中我越来越明白了，这不是分苹果的问题，而是表现每个人在利益面前的态度、价值观、公平感、尊重感的问题。集体讨论时，我不太喜欢参与，总觉得没必要。可是每次看到分配结果时，又总是不满意，有意见，于是就发牢骚，说怪话。这次我明白了一些道理，我自己也是有利益诉求的，我不说不等于我不想，我要学会在协商过程中理性、清晰地表达自己，既是维护自己利益，也是对公共利益负责任的表现。看来，我们青少年也要学会承担社会责任责任了。

游戏九　创意积木大比拼

♥　**游戏目的**

1. 激发组员的创意。通过创意搭建积木，让组员充分发挥自己的想象，激发创意，开拓思维，进一步提高其创造能力。

2. 引导组员正确处理尊重、欣赏他人智慧以及展现自我之间的关系。

3. 让组员体验集体智慧和合作的乐趣。

♥　**游戏导入**

据说篮球运动刚诞生的时候，篮板上钉的是真正的篮子。每当球投进的时候，就有一个专门的人踩在梯子上把球拿出来。为此，比赛不得不断断续续地进行，缺少激烈紧张的气氛。为了让比赛更顺畅地进行，人们想了很多取球方法，都不太理想。有位发明家甚至制造了一种机器，在下面一拉就能把球弹出来，不过这种方法仍没能让篮球比赛紧张激烈起来。

终于有一天，一位父亲带着他的儿子来看球赛。小男孩看到大人们一次次不辞劳苦地取球，不由大惑不解：为什么不把篮筐的底去掉呢？一语惊醒梦中人，大人们如梦初醒，于是才有了今天我们看到的篮筐样式。

去掉篮筐的底，就这么简单，但那么多有识之士都没有想到。听来让人费解，然而这个简单的"难题"困扰了人们多年。无形的思维定式就像那个结实的篮子禁锢了我们的头脑，使得我们的思维就像篮球被"囚禁"在了篮筐里。于是，我们盲目地去搬梯子、去制造机器……生活中许多时候，我们就需要一把剪刀，剪掉那些缠绕我们的"篮筐"，这把剪子就是创新。生活原本并没有那么复杂，换一个角度，变一种思维，我们可以获取一种新的生活。

♥　**人员与场地**

小组完成，每组人数8人左右，大组人数不限；室内。

♥　**游戏道具**

彩色小积木每组一袋；A4白纸；签字笔。

♥　**规则与程序**

1. 导师把组员按每组人数8人左右分成若干个小组，再将8人平均分配，一组为"行动组"，另一组为"观察组"；活动过程中再进行角色交换。

2. 分组完毕后，分发给每个"行动组"彩色积木一袋，分发给"观察组"A4纸一张、签字笔。

3. 在20分钟内，每个"行动组"需要完成以下任务：其一，讨论创意积木作品的名称、内容以及思想;其二,完成创意积木作品的搭建;其三,完成作品后报告给每组的小组导师,进行拍照、记录。前5分钟可以说话,后15分钟不能说话,只能进行非语言交流。

4."行动组"完成任务的过程中,每个"观察组"需完成的任务是对"行动组"的过程汇报观察和记录。观察和记录的内容包括:其一,对"行动组"完成任务的过程进行简单记录;其二,对"行动组"中每个成员的表现和贡献进行观察、记录;其三,在此过程中,对自己的启发和反思。观察过程中不能交流。

5. 第一轮完成后,"行动组"和"观察组"的成员进行角色和任务交换,将以上任务再完成一轮。

6. 待小组活动完成后,每组的第二轮分别在大组内进行创意积木作品展示,观察员汇报观察报告。

7. 导师发现小组典型作品,进行大组分享,并对每个小组的作品展示进行积极回应和点评。

♥ 解说要点

1. 生活之美在于创造。灵性、自然、动感、时尚、妩媚……不同的风格,不同的感触,不同的境界,其实生活之美无处不在。一座风格迥异的桥、一幅引人注目的广告画、一件剪裁独特的时装、一身另类独特的装扮、一个别开生面的场景……这些无一不构成了我们多彩的生活、美丽的生活,而这些多彩和美丽恰恰源于创造。用一颗热情、灵动的心观察生活、发现生活、感悟生活、改变生活,我们会发现创意其实就在脑中,创造随时都在手边。用创造点缀生活,营造生活,生活之美即在创造。

2. 尊重、欣赏他人的创造与正确展示自我的能力。生活中,我们需要不断与人交往、沟通,在一个集体内,我们相互共生,共同完成一项任务,共同合作一个作品。很多时候,我们的集体拥有巨大的智慧,每个人都有着无穷的智慧和创造能力,充分尊重和欣赏他人的智慧和能力其实是一件很美妙的事。我们会发现许多新的观点、看法、创意与作品,那是不同于我们的思维和自我的东西,是一些可以被我们真正欣赏和借鉴的宝贵财富,因为其来自于一个生灵的创造。但在充分尊重、欣赏他人的同时,我们也需要展示,我们有着属于自己的想法、个性和能力,这些是标示自我的符号与体现,我们同样需要向他人展示和证明自己。

3. 创新需要合作。创新不仅需要个人智慧和灵光的闪现,很多时候,为了完成一个创意,为了实现一个创造,我们需要与更多的人合作。每个人都有属于自己的能力和想法,但同时每个人都不是万能的上帝,在共同搭建和完成一个创造时,我们更需要彼此合作和配合,发挥各自的专长,最终让任务得以顺利完成。

♥ 补充说明

1. 该游戏是一个比较大型的关于创新主题的游戏,导师可以放在相关培训主题的后期进行。

2. 游戏过程中,导师一定要注意强调让每个组员都积极参与,避免小组中出现个人垄断行为或是操纵游戏的现象，要让所有组员在活动中能体现自我，贡献自己的智慧和力量。

3. 在小组的"行动组"和"观察组"的分组以及进行活动的顺序上可以交由小组自主完成。

4. 在交流、分享的过程中，导师一定要善于倾听和发现每个小组的特色以及长处，并进行积极的回应和评价，以帮助组员进一步提升创新的兴趣、信心和能力。

❤ **案例解析**

组员体验与分享：

组员1：我觉得这个游戏挺有意思的，会让你有许多新想法产生。小时候，我也玩过积木，感觉还挺熟悉的，但是小时候玩的时候，往往都有一些图纸，就按照那些图纸去搭建，也没想过还可以搭出别的什么来。而在今天的游戏中，导师说叫"创意积木"，那就可以随意发挥啦，一定要有点创新，不能老是搭房子、搭汽车之类的，今天我用积木搭的是一双奇怪的雨靴，五颜六色，很好看。

组员2：在今天的游戏中，我学会了在集体中与大家合作的重要性。刚开始搭积木的时候，大家都觉得很新奇，每个人都有很多点子，有的说搭这个，有的说搭那个，每个人有不同的想法，但最后我们要共同完成一个作品。所以，最后在综合考虑了现实的条件，如时间限制、积木类型和样式等的情况下，我们决定搭一个相机。最后大家就在一个共同的目标下一起努力完成了任务。有时候合作是很重要的，如果没有合作，大家都坚持己见的话，我们一定完不成既定目标。

组员3：今天的活动中，我最大的收获就是要善于创造、勇于创新。在活动中，每个组都发挥出自己的创意，创造出许多有意思的积木作品。其实这些就是通过不同的排列、组合和思维加工形成的。生活又何尝不是一样呢？在生活中，我们也可以变换一些形式，改变一些想法，积极创造、勇于创新，那样我们的生活就会收获许多的新奇和美好。

 **玩具创意设计**

❤ **游戏目的**

1. 通过玩具设计和广告创意等一系列的活动，让组员体会创作的快乐和成就感，增强组员创造性解决问题的能力。

2. 伟大的创意往往稍纵即逝，要教会组员如何捕捉生活中创意的火花，做创造性思考者。

3. 培养组员的动手动脑能力和表现力，培养组员团队合作精神。

第九章 开拓创新

♥ 游戏导入

从前，有一个海岛，岛上有很多沉积了多年的大颗珍珠，价值连城。可谁也无法接近这个海岛，只有栖息在海岸附近的海鸟能飞行往来。

很多人慕名而来，带有枪支弹药，捕杀飞回岸边的海鸟。因为这种海鸟每到白天都会飞到岛上去吃光如明月的珍珠。

时间长了，海鸟渐渐地灭绝，即使剩下的几只也过得胆战心惊，只要一闻到人的气息，看到人的踪影，就会早早地逃走。

后来，来了一个很有智慧的商人，他在海岸附近买下大片的树林，并在树林周围围上栅栏，不让闲杂人走进他的树林。同时，他严厉告诫他的仆人，不许在树林里捕捉或驱赶海鸟，更不许放枪。

于是，当海岸其他地方的枪声一响，就会有海鸟在惊慌逃窜中不经意闯进他的树林。时间一长，海鸟渐渐地都留在他的树林里栖息。它们也因此不必再为安全而战战兢兢。

等海鸟在他的树林里逐渐安定下来的时候，他开始用各种粮食果实做成味道鲜美的鸟食，撒给这些海鸟吃。海鸟贪吃百味食物，吃得十分饱满，就把肚中的珍珠全部吐了出来。日复一日，这个商人就成了百万富翁。

两种商人，他们的目的是一样的，都想得到珍珠变成百万富翁。然而他们的方式却有所不同，一种是粗鲁蛮干的，另一个则运用了智谋和策略。结果呢，一个成为竭泽而渔、杀鸡取卵的笨蛋，另一个则成为保护自然环境和生态平衡的善士。可见，在对待一些问题上，人与人的思维只存在一种看不见的细微的区别，但是由不同的思维得出的结果却有着惊人的差别。

♥ 人员与场地

30~50人，活动以小组为单位进行，每组6~8人为宜；室内。

♥ 游戏道具

海报纸每组1张；水彩笔每组1盒。

♥ 规则与程序

1. 把全体组员分成若干小组，每组6~8人，每组选出一名组长。
2. 导师告诉他们现在每个小组是一家玩具公司，他们的任务就是设计出一种新玩具，可以是任何类型、针对任何年龄段，唯一的要求就是要有新意。
3. 分发给每个小组一张海报纸，一盒水彩笔。给他们30分钟时间，让他们设计玩具，并进行一个详尽的介绍，内容应该包括：玩具名称、玩具样式、针对人群、卖点、广告、预算，等等。
4. 各小组在大组内汇报本小组的成果。
5. 在每个组都做完自己的介绍之后，让大家评判出最好的组，即以最少的成本做出了最好的创意；另外也可以颁发一些单项奖，例如最炫的名字，最动人的广告创意，最省钱的玩具，等等。

6. 大组分享：什么样的创意让你眼前一亮？怎样才能想出这些好创意？时间的限制对你们想出好的创意是否有影响？一个好的提案是不是只要有好创意就行了？如果不是还需要什么条件？

♥ 解说要点

1. 有创意才有吸引力。创意是什么？创意是对传统的颠覆；是打破常规的尝试；是大智大勇的思考；是一种智能拓展；是一种文化底蕴；是一种闪光的震撼；是破旧立新的创造与毁灭的循环；是跳出庐山之外的思路，超越自我，超越常规；是思维碰撞、智慧对接。简而言之，创意就是具有新颖性和创造性的想法。这个世界充满着伟大的创意和产生伟大创意的人们。每一项革新、新发现、艺术作品、音乐曲子、小说或是商业计划都闪耀着人类的创意。也许我们没有发现，我们的创造力已经从我们设计的作品中淋漓尽致地表现出来。我们完全可以开一个创意玩具店了。从一个产品的设计开发到营销推广都需要好的创意作为灵魂，没有创意的物品或广告是不会有人欣赏的。

2. 学会捕捉创意。最巧妙的创意往往出现在灵感的一瞬，享受晚餐的时候，开车的时候，看电影的时候，或是打高尔夫球的时候。我们永远都不会知道下一个伟大的创意会在什么时候出现，需要我们随时准备着。日常生活中，有创意是一件非常有益的事情。无论我们是在作学期报告，创作一件艺术作品，写一篇小说，或是想要找到一个提高学习效率的方法，创意都会让我们受益匪浅。换句话说，无论我们做什么，只要我们成为创造性的思考者，这就会帮助我们达到长期的成功。

3. 团队协作使创意更加完美。团队合作精神具体表现为：团队成员间相互依存、同舟共济、互敬互重、礼貌谦逊；我们彼此宽容，尊重个性的差异；彼此间是一种信任的关系，待人真诚、遵守承诺；相互帮助、互相关怀，大家共同提高；利益和成就共享、责任共担。有没有合作精神，是衡量一个人素质的基本条件之一。孟子说过："天时不如地利，地利不如人和。"面对社会分工的日益细化、技术及管理的日益复杂，个人的力量和智慧显得苍白无力，即使是个天才，也需要他人的帮衬，唯其如此才能造就事业的辉煌。很多企业之所以具有强大的竞争力，其根源不在于员工个人能力的卓越，而在于员工整体"团队合力"的强大，其中起关键作用的是那种弥漫于企业的无处不在的"团队精神"。

♥ 补充说明

1. 创新游戏的主旨在于培养组员的创新精神，使他们能够另辟蹊径地看待并解决问题。玩游戏时，应提醒组员保持活跃的思维和开放的态度，努力去感受思维开拓后，思想迸发出的奇异火花。避免对组员创意的批评，也要防止组员之间的相互攀比，要让他们学会互相欣赏，彼此支持。

2. 游戏结束之后，要引导组员将更多的创意运用于日常学习和生活当中，引导他们感受到创意无处不在，重要的是要有创新精神。

第九章 开拓创新

♥ **案例解析**

组员体验与分享:

组员1:自己能够设计玩具,真的令我很兴奋。从小我就喜欢给洋娃娃打扮化妆,也喜欢给小熊、小狗做衣服。长大了我还是对玩具特别喜欢,一见到玩具就爱不释手。我曾经想我可能真的适合做玩具设计师呢。今天的游戏,让我很多的想法有施展的机会。我设计的是一种能够讲故事的机器小狗,它长得特别可爱,特别适合给小朋友玩,还能够给小朋友讲童话故事,哄小孩子睡觉。我的创意够好吧!

组员2:在游戏当中,我知道了团队合作的重要性。刚开始,我们组七嘴八舌、七手八脚地乱成一团,眼看着时间过了10分钟,我们还没有讨论出任何结果。我急死了,因为我是组长,这怎么办,大家还是分工吧。这时,大家都意识到了,迅速组成了各个分小组,创意组、美工组、预算组。分组之后,效率提升了很多。我们终于在游戏结束之前做出来了。我觉得一个好的计划和项目要想做好,必须要有紧密的团队配合,要有得力的领导才行。我这方面的确有些差距,要多注意培养。

第十章 价值选择

游戏一　找零钱
游戏二　早操大表态
游戏三　取绰号
游戏四　超级一比一
游戏五　艺术插花
游戏六　我的"VIT"
游戏七　海上求生
游戏八　价值拍卖
游戏九　红黑游戏
游戏十　沉船游戏

第十章 价值选择

游戏一 找零钱

● 游戏目的

1. 吸引组员参与，提高活动积极性，达到热身的效果。
2. 让组员了解每个人都有存在的价值，要懂得互相尊重和珍惜。

● 游戏导入

众所周知，周总理有很高的外交智慧。有一次，一个不怀好意的外国记者问周总理："总理阁下，请问中国有多少钱？"

"18元8角8分。"总理机智地回答道。18元8角8分是我国第三套人民币的总面值，总理巧妙地回击了记者的挑衅，又没暴露国家机密，真是妙语连珠。

今天，假如我们也是不同面值的钱，看我们能否形成最佳组合。

● 人员与场地

30~50人，宽敞的室内或室外。

● 游戏道具

无。

● 规则与程序

1. 导师规定组员代表的面额：女生代表1块，男生代表5角。也可以男生代表2元，女生代表5元等。

2. 导师喊出不同的价格数目，如：3块5，5块……男女生自由组合，使人数总和符合导师喊出的价格。最快组合完毕的即为获胜者，落单或者组合错误的则视为失败。

3. 找出落单或组合错误的组员，给予适当跟进，如"你怎么没有组合呢？""落单的原因是什么？"

● 解说要点

1. 每个人都有价值。有的组员为自己是5角钱而感到不公平，其实，不管我们是1块钱或者5角钱，我们都有自己的价值。当说到3块5的时候，5角就成了不可或缺的，是不是？在社会中，不管我们是教师还是医生，不管我们是平凡人还是伟人，都是社会的一员，都有为社会贡献的价值。我们不能因为自己的渺小而妄自菲薄，也不要因为自己的成功而骄傲自大。每一个人都有价值，我们要尊重自己，也要尊重他人。

2. 个人价值要在社会中体现。有的组员因为没有找到组合而失败，这告诉我们价值的体现要在对集体和社会的贡献中获得。我们就像一滴水，只有汇入大海中才能永不干涸。一个对于社会和他人没有任何作用的人，是没有办法实现个人价值的，终究会被社会淘汰。

♥ 补充说明

1. 男女生面额分配。在这个活动中，男女生可能会对谁是5角钱谁是1块钱而争论。活动结束后，可以就这个话题讨论：做1块钱一定比5角钱好吗？在这个争论的背后体现了什么？我们是不是可以怀着谦让的态度处理生活中的分配问题？

2. 关于面额的确定。在这个游戏中，导师也可以根据情况丰富一下面额选择，如：5分、1角、5角、1块、5块、10块、100块……这样可以使活动过程更具有趣味性。

♥ 案例解析

组员体验与分享：

我是5角钱，而我没有找到组合而落单了，就像我不属于这个城市，我只是一个来自农村的土学生。初来学校时，看到好多同学的家长都开着自己的私家车来送自己的孩子上学，而我却和父亲拎着行李箱坐公交车来报到，瞬间所有的兴奋感和优越感都被一种很强的自卑感代替，我觉得自己处处低人一等。于是，在以后的学习生活中我开始羞于向同学们展示自己，就像《红楼梦》中的林黛玉进了大观园，步步留心，时时在意，生怕自己不和谐的举动遭人笑话。我不愿意让父母来学校接我看我；在课堂上回答问题时，紧张的我却回答不出那些对于我来说很容易的问题……所有的这些自卑的举动让我变得很不自信。我真像一个5角钱，甚至不如5角钱，我看不到自己的价值。

看到这个组员的分享，导师告诉这个组员：在小组开展的这个游戏中，即使人民币面值中的1分钱也是有自己的价值和地位的，就像农民看似渺小，但他的重要性是其他所有行业无法取代的。农业是国民经济中最最基础的支柱性产业，农民也恰恰是社会中最平凡但对社会贡献最大的职业！在中国几千年来的农耕文化中，农民始终占据主导地位，如果历史可以往前追溯的话，今天所有中国人都是农民的后代。农民的儿子有着自己的韧性、坚强，有着执着的追求，是很优秀的。问题的关键是：我们要反思究竟是什么带给我们这种自卑的心态，是什么让我们不敢抬头，其实是很多错误的价值观影响了我们，比如：错误地认为农民没有素质，农民都是穷光蛋，农民就低人一等。金钱不是评价人的唯一标准，而很多人对于农民的不屑就是基于物质的衡量。我们的游戏，就是想揭示大家对于一些问题的态度，唤醒大家的反思，纠正大家的误解和价值偏差。做这个游戏看似不能改变什么，但我们相信真、善、美的价值观正在悄悄地滋润着大家的心灵。请抬起头，自尊的人必定赢得更多人的尊重。

第十章 价值选择

 早操大表态

❤ 游戏目的

1. 放松肢体，提高组员的精神状态，引起组员兴趣，达到热身的效果。
2. 了解组员不同的观点，激起组员有关价值观的思考和讨论。

❤ 游戏导入

格林夫妇正在观看一年级小学生演出节目，他们 7 岁的儿子也在其中。突然格林夫人发现他们的儿子跳舞动作与众不同。"快看我们的儿子，"格林夫人对丈夫说，"他一定记错动作了，跳得与别人不一样。"格林先生说："不，亲爱的，除了我们的儿子以外，其他的孩子都跳错了。"

对于儿子简单的跳舞动作，夫妇两人有完全不同的视角。大家一定觉得这个小故事有些滑稽，可是这种现象并不奇怪，不同的人因为不同的立场和价值观，会对同一种现象有不同的认识。现在让我们来看看大家对于一些现象有什么不同的观点。

❤ 人员与场地

30~50 人，宽敞的室内或室外。

❤ 游戏道具

写着不同句子的大纸条。

❤ 规则与程序

1. 导师写出含义不同的句子，句子可以分为两类：与主题无关的轻松的句子（如：我们的教室很干净、导师今天很漂亮、晴朗的天气心情好……），与主题相关的价值判断的句子（如：学习成绩比身体健康要重要、钱是万能的、拾金不昧的人很傻……）。

2. 导师先设计三个不同的身体动作，每个动作分别代表对句子三种不同的意见。如：

"赞成或同意"是站立，伸展身体，举高双手摇晃，微笑；

"中立或没意见"是站立，双手垂下，无奈地耸肩，撇嘴；

"不赞成或不同意"是坐下，捶胸顿足，咬牙切齿，愤怒。

3. 导师邀请大家一起做早操，向组员介绍规则：组员要对导师读出的句子表态，每种意见做一种动作，然后向大家展示动作，并请大家练习。

4. 游戏正式开始，导师依次展示事先写上不同句子的大纸条，同时读出句子（如"今天的早餐很好吃""学习成绩比健康更重要"等），并请大家以相应的动

作表达自己对句子的意见。导师可以根据现场气氛，安排句子的先后顺序。导师宜给予大家充分时间进行动作，并提醒大家留意每个人的意见。

♥ 解说要点

1. 不同的观点产生有益的思考。在游戏中我们对于多数句子都有不同的观点，能够各执己见，并有一些小小的讨论。因为我们是有思想的，有主见的，能够坚持自己的观点，不随波逐流。很多思想理论就是在讨论中产生的，而我们的讨论，也正在碰撞出思想的火花。

2. 反思价值观，换个角度看问题。对于有些句子，大家作出表态并不轻松，很多组员在犹豫，也有很多人不置可否，因为这些句子不是可以简单判定的，就像判断一个人是否是好人一样困难。这些句子触碰到我们并不成熟和稳定的价值观，对我们来说也是促进思考的话题。在社会中，我们对于某个人、某件事的看法要理解，要包容，不能轻易给人贴标签、下结论，避免给他人造成不必要的伤害。

♥ 补充说明

1. 此游戏也可作为讨论前的热身，让参与者先以轻松的游戏对一些议题做一次小小的表态，以便之后进行小组分享讨论。

2. 导师须留意句子的设计，针对活动主题拟定一些相关的句子，也可以加插一些与主题有关的句子，还要准备一些开玩笑和活跃气氛的句子。要根据气氛，把轻松的句子和认真的句子穿插和编排恰当，宜先以简单和开玩笑的句子开始，再慢慢加插认真的和与活动主题相关的句子。

♥ 案例解析

组员体验与分享：

今天的活动中，我对导师说的很多句子都没有明确的态度，我不知道我是否同意。我觉得我从来没有真正属于自己的人生，父母从我一降生就为我安排好了我的人生，现在我所做的也只是他们对我制订的人生规划表中的一部分。对于已经完成的某些部分，父母总是觉得我完成的不够完美，达不到他们的既定目标。他们虽不曾因此埋怨过我什么，但我知道自己让父母失望了。我也想让自己的父母为自己感到骄傲，但是我总觉得他们为我安排的一切并非都是我自己想要的。我开始感觉我不是在做自己，而是在做父母眼中的我，甚至是在替父母完成一些梦想。我不知道在这样的人生中还能寻找到什么真正属于自己的乐趣，只不过是在完成某项既定的任务罢了。我该有自己的思想和人生规划。

这位组员从自己模糊不清的反应看到自己在人生路上的迷茫。家庭是孩子最初的学校，是影响孩子发展的最主要因素。因为父母对孩子的人生设计得过分完整，而忽略了孩子自己的主动性和能动性。这样反而造成了他犹豫不决的个性，甚至欠缺基本的是非判断能力。这位组员正处于价值观发展成熟的阶段，导师需要带领其进行更深入的自我探索，促进其调整自我认识和对周围社会环境的认识，以形成成熟稳定的价值观体系。早操大表态,不仅能引申出游戏解说中的几点,更应对组员的分享进行解读,找到其他视角和引导途径,根据组员的个别情况进行跟进或个案辅导。

游戏三 取绰号

❤ 游戏目的
1. 使组员体验同理心,懂得"己所不欲,勿施于人",从而善待他人。
2. 鼓励组员打开心扉,增进团体融洽的气氛,增加团体凝聚力。

❤ 游戏导入
我们每个人都有名字,名字包含了父母对我们美好的期望。一般说来,每个人只有一个名字,但有时我们也给自己起英文名字,朋友们也会给自己起亲切的昵称。而且,我相信很多人都有绰号,你喜欢别人给自己起的绰号吗?今天我们也来给别人起个绰号吧!

❤ 人员与场地
30~50人,10人左右一组,宽敞的室内或室外。

❤ 游戏道具
无。

❤ 规则与程序
1. 全体组员围成圆圈,每个人给自己右手边的人取一个绰号,越毒越好。
2. 大家依次汇报:我帮×××取的绰号是×××。
3. 汇报完毕后,必须把给别人起的绰号收回自己用。大家依次汇报:我的绰号是×××。
4. 请组员分享感受:给别人起绰号时的心情;绰号放在自己身上时的感觉。

❤ 解说要点
1. "己所不欲,勿施于人。"有的组员给别人起的名听起来不雅,开始觉得很有意思,没想到后来是自己要用的名字,顿时感到尴尬、脸红。很多时候,我们的快乐是建立在他人痛苦的基础上,没有真正站在对方的立场上体会别人的感受。我们在嘲笑别人的时候,先体会一下自己受嘲笑的感受;当我们给别人一拳的时候,也要先想到拳头打在自己身上的感觉。我们要善待他人,用"己所不欲,勿施于人"来约束自己的言行,避免给他人造成困扰和痛苦。

2. 勿给他人贴标签。我们给别人起的绰号包含了我们对他人的评价,很多时候这个评价是片面的,是一个不恰当的标签,使我们只看到他人的缺点而忘记别人的优点。例如：我们管别人叫"胖妞"，我们只注意到这个组员的体形，那她的优点我们看到了吗？比如她可爱聪明、心地善良。扩展开来，假如我们提到"乞丐"一词时，我们就会想到"破衣烂衫、蓬头垢面、骗子、无能"，而忘记了他们"勇敢地活着"。名字带来很多刻板印象，阻碍了我们对他人形成正确的评价。所以在社会生活中，我们要保持头脑清醒，不歧视、不嘲笑别人，也不要随意给他人贴标签。

♥ 补充说明

1. 活动前，要让组员有一个承诺：活动结束后，不能给组员起类似的绰号，不能用绰号给组员开玩笑。这个活动适合在组员建立了良好关系的基础上使用。

2. 活动过程中，不雅的绰号也许会真的刺痛某些组员，一定要适度控制场面，及时回应，及时给他们安慰和鼓励。

3. 每有一个绰号产生，导师都可以进行适当的回应，要使被起绰号的同学避免伤害。

4. 一定会有组员拒绝或羞于给别人起绰号，这是老师进行跟进的极好契机。巧妙帮助这类组员发现自己的内心感受，启发全组思考。

♥ 案例解析

导师手记：

有一个组员在分享时这样说："我的同学给我起了一个绰号叫'豆豆'，因为青春期的我脸上长满了青春痘，都说'青春痘长在别人的脸上不让自己担心'，曾经一旦我听同学们这样喊我，我都觉得特别刺耳，羞愧得无地自容。我也曾常常抱怨，为什么是我，在和同学们正常交往的时候我也常常自惭形秽。随着年龄的增长，青春痘在我脸上已经消失不见了，但是同学们依然亲切地喊我'豆豆'。我很奇怪，最初他们给我取这个绰号是因为我生理上的外在表现，现在痘痘消失了，他们为什么还这么称呼我呢？"

小组游戏结束后，我同给这位组员起绰号的"始作俑者"探讨了这个问题，他说："其实啊，我当初给他起这个绰号一点恶意也没有，也绝对没有嘲笑他脸上长青春痘的意思，没想到给他带来了一些伤害，我会向他道歉的！老师，我不知道你听没听过一个关于南极企鹅中流传的一个'吃饭睡觉打豆豆'的很好笑的笑话？我觉得他在我的日常生活中已经成为不可缺少的一部分，所以我才送这个昵称给他，我还觉得这个有意思的绰号拉近了他和我之间的距离。"听完这番话，我才恍然大悟，原来是这样子的！我鼓励这位同学跟"豆豆"沟通，并把自己的心声告诉他，带着善意的心交流一定有美好的结果。

其实，在日常生活中，每个人都有除自己名字外的另一个代号，有的是自己给自己的称呼，有的是别人所赐，古人除了自己的名字外还有自己的字号和名号，古人尚且如此，今天的我们又怎能免俗呢？但是，别让好心办了坏事，待人做事需要顾及对方的心理感受。在引导组员"己所不欲，勿施于人"的同时，还需要

第十章 价值选择

引导组员之间及时沟通交流，多关注他人，多倾听，多同感。

游戏四 超级一比一

♥ 游戏目的

1. 通过各种有趣的比较，使组员形成"换种角度看问题"的思维模式，并通过对同一种事物不同地评价体会到多元化的价值观。

2. 使组员体会到长和短也是相对的，优点和缺点也是相对的，让组员客观看待自身的特点，增强自信，认识到自我存在的价值；也让组员客观地评价他人，尊重他人。

♥ 游戏导入

给组员展示两幅图片，并提问：图一中两个中间的圆哪个比较大？图二中间两条线段哪条比较长？请组员回答。然后给出答案：两个圆一样大，两条线段一样长。

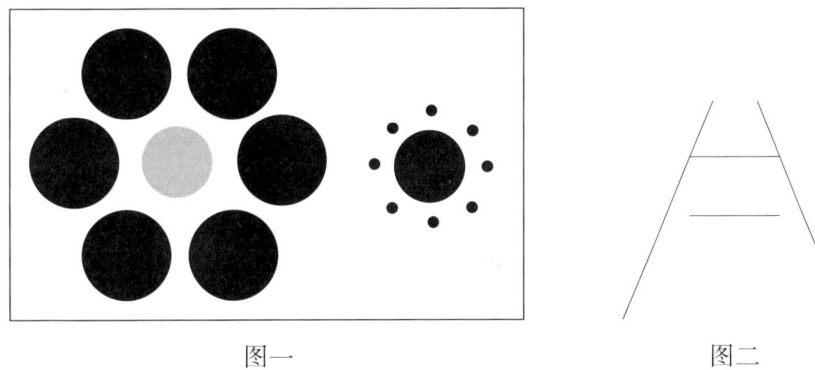

图一　　　　　　　　　　　　图二

这两个是心理学上有名的视错觉图片，同样大的圆圈和同样长的线段为什么看起来不一样呢？因为它们周围的参照物不同。那么我们怎么看待自己和他人的特点呢？我们也来比一比。

♥ 人员与场地

30~50人，宽敞的室内。

♥ 游戏道具

多媒体设备。

♥ 规则与程序

1. 把全体组员分成两大组，分组方式随机，最好让陌生的同学在一组。

279

2. 导师宣布要比的单位，如"比长短""比大小"等。然后每组派出一位他们认为会赢得此单位的人。

3. 等被派出的组员都站出来后，导师再说比什么，但是题目必须在看到被派出的人之前想好。游戏的题目最好是组员不会提前想到的，这样会增加趣味性。

题目例子如下。

比长：比手臂；比腿；比上衣；比头发……

比短：比手指头；比裤子或裙子；回答问题时间……

比高：比声调；比手抬起来的高度；比跳的高度……

比大：比眼睛；比手掌；比耳朵；比年龄……

比多：比身上饰物；比穿的衣服；比身上的扣子……

……

4. 计算每次比较的胜负，算出总分数确定两组的输赢。

5. 组员会在意比赛的结果，而忽略比赛的过程。导师务必加以引导，使组员将重心放到游戏的内在意义。

♥ 解说要点

1. 客观地评价自己和他人。价值观是一个人对周围的客观事物（包括人、事、物）的意义、重要性的总评价和总看法。对同一个人、同一种事物，不同的人有不同的评价，是因为参照物的不同，换句话说就是价值观体系的不同。我们和他人有着不同的环境，有着不同的生活经历，形成了不同的价值观念。我们要看到价值观是多元化的，要尊重他人的价值观念。

2. 每个人都有自己的独特之处，有自己的价值。通过比较，我们看到每个组员身上都有优点，谁能比谁差呢？也许我们个子矮，可是我们跑得快；或者我们眼睛小，但是我们头脑更灵活。所以要正确看待自己，自信自爱；同时，要看到他人也是优秀和独特的，尊重他人，并从他人身上取长补短，正所谓"三人行，必有我师"。

♥ 补充说明

在这个活动中，选择题目是关键：一要做到题目新奇独特，富有趣味性，增加活动的欢乐气氛；二要衡量题目是否给心理敏感的组员造成心理伤害，不宜用"谁漂亮""谁学习好"等类似标签化的题目。

♥ 案例解析

组员体验与分享：

组员1：我总在想我怎么那么差，样样不如别人。我在班里的学习成绩不好，身体也不是特别好，妈妈总说我将来没有什么出息，我听了很伤心。今天，我在比反应速度的脑筋急转弯上把晓亮赢了，我感觉很不可思议。晓亮是班里的前几名，我怎么赢了他呢！虽然不相信，可的确是我赢了。看来，老师的话是对的，我也有优秀的一面呢。我感觉到自己也能行的！

组员2：今天的活动很有意思，跟我们以前比的东西都不一样。以前我们总是比成绩、比谁的衣服漂亮，而今天的比较让我感觉很轻松，很愉快。大家没有那种非赢即输的感觉，觉得一切都那么开心，让我们更了解周围同学。他们有什么特点，什么突出的地方我们都知道了。相信以后我们会相处更好，更理解彼此。

以上是组员们的一些感受。通过这种别具一格的比较形式和比较内容，使组员更了解了组员们丰富多彩的个性特点，知道要从不同的侧面来评价一个人。人是多样化的，而当今社会的过分单一化、二元化及线性化的评价标准使得很多优秀的人未能发现自己的潜能。这个游戏试图通过这种多元化的比较方式，来打破组员的一些固有观念，改变单一的价值评判标准。在游戏结束时，原本骄傲的组员谦逊起来，开始用欣赏的眼光看待别人；而不自信的同学也惊喜地发现自己身上值得骄傲的潜能。通过本游戏希望所有的组员都能够得到自由成长发展的空间，获得自信、乐观的个性。

游戏五 艺术插花

♥ 游戏目的

1. 让组员体验到接触不同花、草时的心理感受，通过引导，帮助组员认识红花、绿叶、小草具有同等重要的地位，各有各的价值。

2. 在掉换花瓶进行第二次插花的过程中，使组员学会欣赏他人，同时努力实现突破创新。

♥ 游戏导入

七岁的明明从学校回来，高兴地告诉妈妈他们学校明天要选演员，排演节目去其他学校演出。妈妈问明明，想被选上什么样的角色，明明故作神秘，不作回答。第二天，明明放学回家，问爸爸妈妈，自己会被选上什么样的角色？妈妈猜测是主角，爸爸猜测是英雄。那天晚上，爸爸妈妈为明明的角色猜了起来。第三天，明明放学回家时，爸爸妈妈急切地等在家门口，只见明明眼中闪烁着骄傲的光芒，兴奋地说："我被选中了，我被选中了！"爸爸妈妈显得更为激动。明明兴高采烈地说："我被选中为演员们鼓掌喝彩了。"爸爸妈妈听了一脸愕然，他们没有想到儿子会认为这是一个很重要的角色，更没有想到儿子会为被选中这样的一个角色而激动万分。原来，在孩子们的心中，为演员鼓掌和当演员是一样重要的。

在生活的舞台上，很多时候我们都在扮演配角，我们似乎厌倦了这样的角色，埋怨着：出风头的人怎么总是他？为什么我总是给别人做嫁衣？殊不知，我们忘了连孩子都懂得的道理：主角和配角，生活中两者缺一不可。没有配角，哪有主角。如果我们每天都怀着热忱的心，带着美好的期待，做好自己的本职工作，那

么我们永远是自己心目中的主角。

♥ 人员与场地

30~50人，活动中有分组，8人左右一组；室内。

♥ 游戏道具

每组一个花瓶；仿真花、叶、草，数量多于每人一枝；写有花、草、叶名的纸条。

♥ 规则与程序

1. 将所有组员以8人一组分成若干小组，各组推选小组长一名。

2. 每个组员随意抽取写有花、草、叶名称的纸条一张，凭纸条到导师处领取仿真花、草、叶。各小组长领取花瓶一只。

3. 小组成员共同合作在15分钟内完成插花，并将作品取名。插花过程中，不能丢弃任何花、草、叶。

4. 全部完成后，各组指派一名组员向全体展示插花作品，说出作品名称、创意及制作过程。

5. 交流后，各小组换取其他组的作品，重新插花，完成后再进行大组交流。

6. 组员分享：怎样才能创造出漂亮的作品？花草叶谁的作用更大？

♥ 解说要点

1. 欣赏平凡。大家的作品都非常出色，造型美观，名字也很有意境，例如："春之舞""风的召唤""幸福表情"等。看看大家的作品，什么是自己的点睛之笔呢？是那些艳丽的花朵吗？也许不是，或许是绿叶和小草。刚开始，拿到花的组员非常兴奋，而拿到草和树叶的组员很不高兴，觉得自己很倒霉。多数人表现出对花的喜爱，对草的嫌弃。可是在插花时，却发现满满一瓶的鲜花虽然漂亮却缺乏内涵和韵味，这时添上几株小草和叶子就显得和谐美观，相映成趣。很多情况下，花不一定比草有价值，关键在于和谐。最先感知春天的是小草，它顶着冰冻的大地破土而出，给大家带来春的消息。芸芸众生，浩如烟海，也许不是每个人都能做一朵美艳的花朵，但是却可以做一棵坚强的小草，虽然平凡，却豁达自信；虽然渺小，却不卑不亢。我们要学会欣赏平凡，因为平凡背后往往隐藏着坚韧与力量。

2. 每个人都是有价值的。生活中，我们有时会自卑，抱怨上天没有赐给自己漂亮的面孔，没有赋予自己聪明的头脑；我们有时会暗暗嘲笑某些人的笨拙或缺陷。就像插花时一样，我们喜欢漂亮的鲜花，却讨厌丑陋的枝条。结果插花时，虽然花草树叶各不相同，但是都派上了用场。"世界上没有两片完全相同的树叶"，大家有不同的秉性特质，都有优点和缺点，我们不能为自己的缺点黯然神伤，更不能看不起别人的缺陷。大家都是优秀而独特的，将来一定能找到适合自己的社会位置，为社会、为祖国做出贡献，正所谓"天生我材必有用"。

♥ 补充说明

1. 仿真花、草、叶的搭配要合理，以花为主，草、叶适量。品种尽可能丰富一些，减少重复。需要配置一些特别美丽诱人的花，也要配置一些很不好看的枯枝、干草等。这样更能增强组员之间感受的对比。

2. 过程中导师要准备好相机，可以拍各组的创作过程，也可以让组员与作品合影。既能增强组员的成就感，又创造出良好的整体氛围。

❤ 案例解析

组员体验与分享：

组员1：我一眼就看到那朵百合花，多么典雅高贵啊，我心里暗想：一定把它抽到。可是，我只拿到一枝普通的月季花。我有些失落，看着拿百合花的同学那么高兴，我真是嫉妒死了。没有想到，有一个同学过来跟我说："你的月季花真漂亮，我最喜欢的就是月季花了，花期长，开得又鲜艳，还是市花呢！"仔细看看手中的月季，是啊，鲜红的颜色，像燃烧的火焰一样，开得那么热烈灿烂。原来，每种花都有自己独特的美，我们缺少的是发现美的眼光。

组员2：我拿到的是狗尾巴草，拿到纸条时我都不敢给别人看，插花时我也尽量不说话，我怕狗尾巴草影响了整个插花的效果。没有想到，最后我的狗尾巴草成了我们作品中的亮点。其实挺像自己的，我经常觉得自卑，因为我长得不好看，跟同学相处时总有点顾虑，怕别人背后议论我。其实，只要我们摆正心态，我们也会很优秀，也能创造出一幅美丽的风景。

两个组员的感言都很真实，他们都懂得了游戏所传达的含义。一个成功的游戏设计，是能真正带领组员进入情境，并能把所思所想迁移到现实生活中。艺术插花是一个具有艺术性和创造性的游戏活动。组员不仅在活动中感受美好的创造，更从中悟出了很多人生道理，人生很多美好而富有价值的事物，在某些人眼里一文不值，在某些人眼里丑陋不堪。原因就是：缺少欣赏的眼光！缺少发现的视角！本次活动能够启发组员有以上的感悟，正是游戏的目的所在。

游戏六　我的"VIT"①

❤ 游戏目的

1. 激发组员展开对于人生追求的思考，增强自决能力，提高选择意识，让组员在面临选择时懂得如何舍弃。

2. 引导组员思考自己生命中最重要的东西是什么，并体会失去生命中最重要东西时的痛苦，从而珍惜现在，珍惜所有，体味幸福的感觉。

3. 通过分享，让组员看到不同的人生态度和人生选择，引导组员以开放的态

---

① 编者注：此处的"VIT"是"Very Important Thing"的缩写，表示最重要的事。

度、多元化的视角来接纳他人，尊重他人的选择。

💛 游戏导入

有一个人，他生前善良且热心助人，所以在他死后，升上天堂，做了天使。他当了天使后，仍时常到凡间帮助人，希望感受到幸福的味道。

一日，他遇见一个农夫。农夫的样子非常苦恼，他向天使诉说："我家的水牛刚死了，没它帮忙犁田，那我怎能下田作业呢？"于是天使赐给他一只健壮的水牛，农夫很高兴，天使在他身上感受到了幸福的味道。

又一日，他遇见一个男人。男人非常沮丧，他向天使诉说："我的钱被骗光了，没盘缠回乡。"于是天使给他金钱做路费，男人很高兴，天使在他身上感受到了幸福的味道。

又一日，他遇见一个诗人。诗人年轻、英俊、有才华且富有，妻子貌美而温柔，但他却过得不快活。

天使问他："你不快乐吗？我能帮你吗？"

诗人对天使说："我什么都有，只欠一样东西，你能够给我吗？"

天使回答说："可以。你要什么我都可以给你。"

诗人直直地望着天使："我要的是幸福。"

这下子把天使难倒了，天使想了想，说："我明白了。"

天使拿走了诗人的才华，毁去了他的容貌，夺去了他的财产和他妻子的性命。

天使做完这些事后，便离去了。

一个月后，天使再回到诗人的身边。诗人已经饿得半死，衣衫褴褛地躺在地上挣扎。

于是，天使把他的一切还给他。然后，又离去了。

半个月后，天使再去看诗人。

这次，诗人搂着妻子，不住向天使道谢。

因为，他得到幸福了。

你曾觉得孤独吗？你尝过幸福的味道吗？孤寂、璀璨本就是形容词，所有的形容词都是比较的。没尝过孤寂，又怎知何谓璀璨的人生？有人说，人很奇怪，每每要到失去，才懂得珍惜，其实幸福早就放在你的面前。肚子饿坏的时候，有一碗热腾腾的拉面放在你眼前，幸福。累得半死的时候，扑上软软的床，也是幸福。哭得要命的时候，旁边有人温柔地递来一张纸巾，更是幸福。也有很多人说，幸福不是锦衣玉食，不是荣华富贵，而是为社会服务、做有用之人。

其实幸福本没有绝对的定义，幸福与否，只在乎你的心怎么看待。那么，现在让我们来看看在自己的生活中什么东西才是最重要的，拥有这些东西是否就拥有了幸福。

💛 人员与场地

30~50人，活动分组，8人左右一组；室内。

第十章 价值选择

♥ **游戏道具**

A4 白纸（每人一张）；黑色签字笔（每人一支）；背景音乐、多媒体设备。

♥ **规则与程序**

1. 请组员安静下来，关掉一切通信工具，谢绝所有打扰；提醒组员在活动中认真听导师的要求，一步一步地来做，不能擅自行动；提醒组员不能交头接耳左顾右盼，要自己思考，关注对自我心灵的察觉和领悟。

2. 发给每个组员一张 A4 纸，一支黑色签字笔。让组员在白纸顶端，工工整整地写下"×××的 VIT"。这个×××就是组员自己的名字。

导师可以用类似的指导语：

写上你的名字，它代表着你的身体，你的记忆，你的过去、现在和将来。总之，它就是你的一切。此刻，天地万物都不存在了，只剩下你的名字和你的心在一起。

3. 请组员用黑色的笔在雪白的纸上，飞快地写下自己生命中最重要的 5 样东西，让组员不必多虑，想到的就写下来，写满 5 个为准。请组员看着自己的五样东西，仔细浏览，体会一下现在的心情。

导师可以用类似的指导语：

写下你生命中最重要的 5 样东西，这 5 样东西，可以是实物，也可以是精神；可以是人，也可以是动物；可以是爱好，也可以是信仰；可以是抽象的事物，也可以是具体的物品；还可以是一些表述，比如健康、快乐、幸福、事业、金钱、名誉、地位。总之，你尽可以天马行空地想象，只要把你内心最珍贵的 5 样东西写出来就是了。

写好后，请屏住呼吸，认真地审视这 5 样东西——他（她或它）们可是你一生中最重要的 5 样东西啊！他们是你生命的意义所在，是你生命的寄托和希望，是你生命的挚爱和维系生命的全部理由。

4. 请组员从 5 样东西中划去一样东西，彻底划掉，不要给自己任何看到它的机会。

导师可以用类似的指导语：

因为命运的捉弄，灾难来了，生命中最宝贵的 5 样，保不住了。你现在必须抛弃一样你认为你生命中最珍贵的东西，意味着这样珍贵的东西在你的生命中彻底地消失了。你的纸上剩下了 4 样宝贵的东西，还有一个黑洞。

5. 请组员再依次彻底划掉 3 样东西，只剩最后 1 样。

导师可以用类似的指导语：

（1）此刻，生活又发生了重大变故，来得更凶猛急迫，你保不住你的 4 样了，必须再放弃一样。（2）生命进程中，你又遇到了险恶挑战。这一次，你又要放弃一样宝贵的东西了。（3）你的生活滑到了前所未有的低谷，你必须做出你一生中最艰难也是最果决的选择。你只能留下一样，留下最后一样最珍贵、最重要的东西，其余全部放弃。

6. 留几分钟时间，让组员仔细回味整个过程，看看在命运不公的安排前自己所作的选择与抉择。

7. 让组员小组内分享：自己的 VIT 是哪几样？怎样写下自己的 5 样的？在删除的过程中是怎样选择的？有什么样的感受，得到怎样的感悟？

❤ 解说要点

1. 认真对待生命，珍惜所有。这个游戏的玩法很残酷，但是命运本身的残酷比游戏更真实，无法抗拒。人生的曲折小径，有很多意外潜伏在那里，我们要付出代价和牺牲，所以要认真对待自己的生命，珍惜所拥有的东西。也许在今天之前，我们还没有认真地思考和珍惜过它们，但从这一刻开始，我们知道了它们是维系生命的理由。此刻的我们有没有深深感触到什么呢？有没有马上想要去做的事，想去见的人，想要去对谁说的话呢？去做吧！好好记住自己这个顺序，如果在生活中遇到了无所适从的时候，把这张纸在脑海中打印出来。也许，奇迹就会发生。

2. 学会选择。"一个选择，决定一条道路。一条道路，到达一方土地。一方土地，开始一种生活。一种生活，形成一个命运。"现代生活如此繁杂，人们随时需要对发生在自己身上的事做出决定。多种可能性逼迫我们在众多的选择中做出决定，这几乎成了现代人永恒的困境。每个人都希望尽量少走弯路。但面临选择时，我们常常做出错误的决定。做出正确决定的前提是什么呢？问我们自己到底要什么？事实上，很多人走完了人生道路，也从未问过自己希望得到的东西究竟是什么。希望今天的这个游戏能启发大家去思考，得出我们自己的答案。

3. 生命各有追求，尊重他人选择。也许有人会问，到底什么才是人生中最重要的 5 样呢？排列顺序有没有最终的标准答案？究竟剩下哪一样东西才是正确的？生命的真谛到底在于什么？其实，从某种意义上说，心灵游戏都是没有答案的游戏。对于这种有关生命的话题，总是仁者见仁、智者见智。很多古代先贤、中外名家都在探索这个问题，但也没有定论。我们按照自己的思维逻辑和价值观，做出了自己的排列组合，只要不妨害他人，就没有对错之分，只有真实与虚伪、清晰与混乱、和谐与纷杂的区别。所以看到组员有不同的选择，没有必要争个是非对错，而要尊重不同的思想和选择。

4. 学会放弃，放弃也是一种选择。眼看心爱的东西一个个失去，内心会遭遇难以割舍的痛苦。有的组员会愤愤地说："什么破游戏?！不玩了不玩了！不停地放弃下去，人生还有什么意思！"也有的组员可能会说："不放弃！决不！剩下这几样我都要，一样也不能少！就像老葛朗台握住他最后的一块金币，绝不松手！"但是游戏的含义之一就在这里——我们要学会放弃。的确，导师是没有这个权力逼大家放弃什么，但生活有这个权力。主动放弃，如同退潮的海水，遗留下巍然屹立的东西，那才是我们生命中最重要的礁石。

❤ 补充说明

1. 注意渲染氛围。这个游戏强调心灵的充分投入，必须保持现场的安静，不被打扰。此外需要用一些手段制造气氛，比如选用恰当的音乐来营造各种场景和感觉。当写生命中最重要的五样东西的时候，可用些抒情婉转的音乐激发组员美好的想象；在划掉生命中的重要东西时可以采用一些紧张感强的音乐来烘托，增加组员的危机感。

2. 加强导师指导语的力量。在这个游戏中，导师必须用丰富的指导语来启发组员，形象深刻的语言加以适当的背景音乐能够将普通的教室化作生命的舞台。假如只有导师简单地叙述游戏规则，就会使游戏的过程干瘪无味，组员不能有感而发。

♥ 案例解析

组员体验与分享：

组员1：在我刚开始去除这些珍贵的东西时，心里像刀割一样疼，可是在我一样一样去除直到只剩下最后一样东西时，反倒有一种如释重负的感觉，我似乎明白了我的使命，我知道了我该去做些什么。在命运不公的待遇前，我不愿意顺其自然，虽然需要放弃，但是我的放弃是为了更好地坚持，为了活下去，为了我最终的理想而努力。游戏之后绵长的思索相信可以帮助我在以后纷杂的世事中摸清方向，轻装前进。

组员2：导师出了题目——写下"你生命中最宝贵的5样东西"，我拿着笔，面对一张白纸，周围静寂无声。万物好似压缩成超市货架上的物品，明明白白摆在那里，等待你去挑选。但是货筐是那样小，只有5样可以塞入。假如人生真的这样设计，虽然有些郁闷，但可能我们会更加珍惜身边的东西。不至于像现在这样，拥有的东西太多，反而不在乎了。

这是在活动中一些组员的感受。不同的人有不同的人生经历，对生命的选择也各有不同。有的小心翼翼，有的熟视无睹，有的不知所措。在繁杂的社会中，人们很少去思考这些生命议题，直到一天发生什么意料之外的事情，失去了宝贵的东西，才追悔莫及。人要付出多少痛苦的代价才能换来对生命的清醒和觉悟呢？这个游戏中，导师应该充分设置良好的氛围，引导组员学会如何把握生命中最重要的东西：如何选择，如何放弃，如何承受选择的代价。

游戏七　海上求生

♥ 游戏目的

1. 通过选择被救对象这一环节，让组员明白自己的价值观念：在自己心里什么样的人才是值得挽救的，什么样的生命才真的有意义，从而使组员反思并重新建构自己的价值观念，去追求生命的真正价值。

2. 正确看待多元化的价值观念。通过分享，让组员看到多种不同的选择，而且每一种选择都有自身的合理性。引导组员以开放的态度、多元化的视角来看待世界，尊重他人的选择和价值取向，同时要防范不良价值取向的侵害。

♥ 游戏导入

播放林子祥、叶倩文的歌曲《选择》。

选择是人最基本的权利。衣食住行，七情六欲，工作学习无时不处在选择之中。色彩由你选择赤橙黄绿，方位由你选择东西南北，数字由你选择大小奇偶，生活由你选择酸甜苦辣。选择太多，你会烦躁地抱怨：无从选择。当没有选择的余地时，你会痛苦地长叹：别无选择。人生，是一篇做不完的选择题，向前？向后？往左？往右？如果你已迷失方向，品品你心灵中的真、善、美吧，那，就是你的答案。

♥ 人员与场地

30～50人，活动中有分组，8人左右一组；室内。

♥ 游戏道具

A4白纸每组一张；黑色签字笔每组一支；12种人物的典型形象幻灯片；多媒体设备。

♥ 规则与程序

1. 将全体组员以8人一组分成若干组，每组选出一个小组长。
2. 故事背景及人物介绍。

在茫茫大海上，一艘客船触礁即将沉没。这时船上仅有一个能容纳6人的救生艇，目前却有12名乘客。这时依次播放各人物形象幻灯片，使大家有一个直观印象。

72岁的医生	患绝症的小女孩	受伤的船长	妓女
精通航海的劳改犯	弱智男孩	青年模范工人	独臂的天才少年
贪污的国家干部	企业经理	新近暴发的个体户	未婚孕妇

这时如果让你来决定，你选择哪6个人上救生艇呢？你的标准是什么？

3. 每位组员独立选择，不与别人讨论。不干扰别人，也不受别人干扰。限时10分钟。
4. 每组15分钟，讨论并写出小组的选择方案。
5. 各组依次汇报，各组长把讨论结果公布并说明理由。

♥ 解说要点

1. 选择是价值观的体现。有一个古老的题目世代相传——妻子和母亲同时落水，先救哪一个？这个题目没有唯一的答案。本题与"救母亲还是救妻子"一脉相承，不过矛盾冲突更多。每组的讨论都很激烈，似乎每个选项都有理由救起，同时每个选项也有理由舍弃。不同的理由产生不同的结果，但谁也不能说服别人。

此题的答案之所以不是唯一的，在于大家的价值取向不同。有的人同情弱者，从"关照老幼病残孕"这个角度考虑，认为要救医生、患绝症小女孩、弱智男孩、独臂天才少年、受伤的船长、未婚孕妇。有的从"实用主义"角度考虑，认为谁能给社会做出更多贡献就救谁，这样就选择了：医生、船长、模范工人、天才少年、企业经理、未婚孕妇。有的从个人道德修养及个人印象考虑，决然地放弃妓女、劳改犯、贪污的国家干部、暴发户、未婚孕妇等。我们在价值观驱使下作出不同的选择。在这个信息发达、文化丰富的时代，我们要尊重不同的文化观念和价值观念。但需要注意的是，我们尊重的价值观念是不危害他人和社会的。对于一些反社会的价值取向，我们必须保持清醒并加以抵制。

2. 丰富自己的人生意义，实现自身价值。船上的人危在旦夕，由我们安排他们的命运。但假如我们自己在船上呢，我们认为自己有被拯救的机会吗？毋庸置疑，贪污的国家干部，我们都很痛恨他，有人甚至根本不管他的死活。那假如自己也是一个没有任何意义，没有给国家和人民做出任何贡献的人，能有活的机会吗？如果当时死掉，这样的死是不是比鸿毛还轻？生命不在于活的长度，而在于内容的厚度。怎样使我们的人生变得厚重呢？名著《钢铁是怎样炼成的》中有这样一段话，值得我们每个人去感悟："人最宝贵的东西是生命，生命对人来说只有一次，因此，人的一生应当这样度过：当他回首往事的时候，不因虚度年华而悔恨，也不因碌碌无为而羞愧；这样，在他临死的时候，能够说，我把整个生命和全部精力都献给了人生最宝贵的事业——为人类的解放而奋斗。"

3. 动手去做。"一个农民从洪水中救起了他的妻子，他的孩子却被淹死了。事后，人们议论纷纷。有人说他做得对，因为孩子可以再生一个，妻子却不能死而复活。有人说他做错了，因为妻子可以另娶一个，孩子却没法儿死而复活。哲学家听说了这个故事，也感到疑惑难决，他就去问农民。农民告诉他，他救人时什么也没去想。洪水袭来，妻子在他身边，他抓起妻子就往山坡游。待返回时，孩子已被洪水冲走了。"这个农民如果进行一番抉择的话，事情的结果会是怎样呢？也许妻子和孩子都被卷进漩涡，片刻之间都没了性命。

生命中，许多时候，我们并没有机会和时间进行抉择。有人总喜欢在做一件事情之前再三权衡利弊，犹犹豫豫，举棋不定。结果，待想好了再去做的时候，早已时过境迁，机会已经没有了。把手头的机会抓住，这是至关重要的。最靠近你的机会，就是最重要的和最迫切的。

人生的抉择是最困难的，也是最简单的。困难在于你总是把抉择当作思考题，简单在于你别去考虑抉择问题，只要动手去做。

♥ 补充说明

1. 引导组员包容多元价值取向的同时，需要导师做一个很好的把握：要保证组员的价值观念是正向积极的、亲社会化的价值观；对个别反社会的价值取向，导师要及时引导，使之回归主流价值观。

2. 导师还可以从关注生命、人性关怀的角度对组员加以引导，使组员知道生命优先权的内涵，好好珍惜当下的生活。

💛 案例解析

组员体验与分享：

组员1：这是一个两难的抉择，我的心充满矛盾与挣扎。这些人仿佛都站在我面前，哀求我给他们一个生存的机会。虽然他们之前的人生经历不同，社会地位不同，可是此时此刻他们没有了荣誉、没有了标签，只有渴望生存的心。我又怎么取舍呢？有人提议"要关注妇女、儿童、老年人等弱势群体"，我只好赞同，因为我没有别的更好的方法。所有的选择都意味着抛弃了一些人，他们肯定很绝望。但是，没有办法，为了拯救必须抛弃。

组员2：假如我在这群人中间，我想他们一定不会给我生的机会了。我年轻力壮，不属于特殊照顾的对象；活到17岁，没有做出什么突出贡献。我靠什么争取活着？想到这里都感到胆寒。其实，生活也是一艘小艇，只能把一些人送到成功的彼岸。如果不给自己增加筹码，怎么能登上救生艇呢？今天的活动让我有了紧迫感，我真的应该好好想想自己该怎么做了。

游戏八　价值拍卖

💛 游戏目的

1. 激发组员思考自己的价值观念；帮助组员体验和澄清自己的人生态度。此活动帮助组员从自己的取舍中了解自己的价值观和人生态度，思考和澄清自己的价值观念。引导组员调整自己的价值观念，以正确的价值观为导向去追求真正重要的东西。

2. 学会取舍、承担。生命中有很多东西充满诱惑，我们渴望得到所有的东西，但是"鱼与熊掌不可兼得"，实际生活中我们只能得到其中的一两样；而且，我们要为自己的取舍有所承担，生命只有一次，不能朝三暮四，也不能后悔。要学会取舍，学会选择，并为自己的选择努力付出，抓住稍纵即逝的机会，否则追求就变成空谈，梦想化为泡影。

3. 学会珍惜和感恩。对于我们生命中既有的或已经得到的东西，如"健康""友谊"等，需要珍惜，不要认为一切都是理所当然，失去后才去抱怨和后悔。只有珍惜所有，怀着感恩的态度看待生命中的美好，幸福才会长伴身旁。

💛 游戏导入

小李生了重病，要切除恶性肿瘤，进行长期化疗。他的人生在瞬间停顿下来，回到生命最原初的状态，每天就是注意吃饭、睡觉。要吃得健康，睡得安稳。

小李年轻时随时鞭策自己，一直勇往直前，努力争取高职位，要站在所有人的上面。他原本在婚姻外有红粉知己，因此闹过离婚；也曾利用他的职权为自己谋取好处，因此被质疑过滥用职权。可他仍然我行我素，一概不放在心上。在一个自以为诱人的位置上，他每天疑神疑鬼地认为同事都虎视眈眈要抢他的位置，他不断找机会压迫、整治异己。实际上，那些所谓的敌人过得逍遥自在，根本没人在意他的头衔。他一病，空缺竟无人要替补，所有人都推托，表示有另外的生涯规划。

他说他现在发现生命应该有不同的方式。现在的他每天十点前就睡觉，天一亮就起床，吃五谷饭，吃自种的芽菜，什么作料也不放。日子，不甜不咸不酸不辣。现在完全看不出他以前的样子：开着进口汽车，飞扬跋扈的神情，说话时永远是教训人的口气，或者暗示同事不要忘记他给的好处，要记得回报。

他说：人要明白自己到底要追求什么，才不会枉费命运赠与的一生，他现在要努力与命运讨价还价。

人的一生总在追寻，有的追寻金钱，有的追寻荣誉，有的追寻爱情，有的追寻幸福……人到底在追寻什么？物质满足？社会地位？还是精神享受？人的欲望不尽相同，但都是无止境的，致使人用尽毕生力气去满足。但到头来，有的人一而再、再而三地犯错，郁郁寡欢，丧失了原本该有的快乐；有的人则淡定明净，回首前尘，心满意足。

现在问问自己，我们到底在追寻什么？什么对我们来说最有价值？我们又用什么来充实自己宝贵的生命呢？这些问题叩问的是我们的价值观，每一个问题都值得我们深思……价值观是我们行动的指南，决定了我们如何选择。到底我们的价值观是什么样的呢？我们的选择又体现了什么样的价值观呢？带着这些问题我们今天来举行一场特殊的竞拍会。

♥ 人员与场地

30~50人，活动中有分组，8人左右一组；室内。

♥ 游戏道具

足够的道具钱（代币券），不同颜色的硬纸板，拍卖槌。

♥ 规则与程序

1. 事前准备。制作道具钱（最好设计成有花色图案的代币券，面值均为500元），以增加活动的真实感；将拍卖的东西写在硬纸板上（最好是不同的颜色），以增加拍卖的趣味性，方便拍卖。

2. 宣布游戏规则。每个组员手中有5000元道具钱，它代表一个人一生的时间和精力。每个人可以根据自己对人生的理解随意竞拍下面的东西。每样东西都有底价，每次出价都以500元为单位，价高者得到东西，有出价5000元的，立即成交。

①爱情	500	②友情	500
③健康	1000	④美貌	500
⑤亲情	1000	⑥名望	500

⑦自由	500	⑧爱心	500
⑨权力	1000	⑩名牌大学录取通知书	500
⑪聪明	1000	⑫金钱	1000
⑬欢乐	500	⑭长命百岁	500
⑮豪宅名车	500	⑯美食	500
⑰良心	1000	⑱孝心	1000
⑲诚信	1000	⑳智慧	1000
㉑运气	500	㉒冒险精神	1000

3. 举行拍卖会。发给每个组员10张代币券，共5000元。由导师主持拍卖。按拍卖方式进行，直到所有的东西都拍卖完为止。（注意事项：拍卖过程中，要注意纪律不能太乱，否则活动就成为乱哄哄的滑稽表演。有的组员可能会重复使用自己手中的代币券，导师应该注意提醒这些组员购买所付出的钱不能超过5000元）

4. 小组内讨论交流。你竞拍到东西了吗？你是否后悔你买到的东西呢？为什么？你是否后悔过自己刚才争取的东西太少？在拍卖的过程中，你争取过来的东西是否是你最想要的？在拍卖的过程中，你的心情如何？有没有组员什么都没有买？为什么不买？有没有一种东西比金钱更重要或比金钱带来更大的满足感？假如现在已经是人生的尽头，请你看看你手上所有的东西。它们对你来说是否仍有意义？现在把你自己最想要的东西写下来，想想在现实生活中怎样才能得到它？

♥ 解说要点

1. 美国一位心理学家曾说过："一个人在人生的任何一个阶段里，都没有像在青少年期这样如此关心价值问题。"青少年正处在探索人生意义和自身价值的阶段，同时，青少年的价值观并不是十分成熟，价值观缺乏稳定性，容易因外界环境的变化而改变。但是我们不能就此而放弃对价值观的探索，越早明确，越早形成正确的价值观，我们就能越早地发展自己，越快地实现自己的价值，避免走入歧途和弯路。人的一生是由无数次的选择构成的，不同的选择，把人们导向不同的路途和方向，使各自的人生呈现出不同的色彩和价值，最终收获不同的果实。

2. 人生有价值的东西很多，是无法用金钱买到的，要想获得必须努力和真诚。今天，我们用钱（道具钱）来买我们想买的东西，拍卖的过程很轻松、很简单，似乎不费吹灰之力就可以得到梦寐以求的东西，例如亲情、健康、友情、自由、快乐等。但是，现实生活中，这些东西是不能用金钱买到的，我们必须怀着真心，揣着真诚对待周围的人和环境，这样才能完成身心的和谐与真正的幸福。我们的一生就是一个追寻人生价值的过程，一生很短暂，稍纵即逝，我们必须付出努力才能真正实现它的价值。

3. 正视价值观的多元化。在这次价值拍卖中可以看到大家有不同的价值观，但大家在选择价值上要认识到哪些是相对重要的价值观，要树立正确的价值观。有些价值是没有好坏的，选择也没有对错，比如选择亲情和选择自由，哪一个正确？我们没有一个标准的答案。有价值的东西很多，丰富多彩，价值的选择也不

第十章 价值选择

尽相同,价值观也是多元的,具有包容性。可是这并不代表我们不需要有价值观。我们需要选择,需要作出对自己、对他人、对社会有积极影响的事情,需要把握各种价值的平衡。我们要学会选择,学会权衡利弊轻重。我们在选择价值时可以选择财富、车子、房子、美食等。诚然,这些也是我们的需要。但是,通过活动,通过大家的反思已经发现,有些东西可能比财富、金钱更重要,如亲情,如健康,请大家千万不要忽略这些东西,也不要忽略自己作为一个社会个体给他人、给社会带来了什么。

4. 我们要学会抓住机会,一旦锁定了目标就要紧紧抓住,不要轻易放弃。有些组员之所以一无所有,是因为我们的价值体系还不清晰,没有真正了解自己的追求,所以活动时不够坚定,犹豫不决。但机会错过就没有了,光阴不等人啊。人要树立自己的价值观念,树立自己的人生态度,这样在今后的学习和生活中,才会更有目标、有方向,也就更加有动力。为了我们的理想,我们的目标,一定要努力学习,不能浪费光阴,把握机会,向我们的目标奋进。

♥ 补充说明

1. 除了以上几点关于价值观的解说之外,导师还要细心观察活动中组员的行为和表情,从中可生成许多思考。例如:有的组员行事鲁莽,事后后悔;有的组员犹豫不决,从众态度明显;有的组员漫不经心,看破红尘。这些行为和表情背后有很多意义,有待挖掘,如性格原因使然还是人生经历或者还是其他什么意义。总之,活动中任何一点触动和观察都可以被导师利用,从而生发出新思路和新触角引导组员。

2. 如何应对组员的"另类"价值观。在分享过程中可能会有组员"别出心裁"抛出令人挠头的想法,而且振振有词。例如:有的组员认为"财富就是人生的全部,有钱能使鬼推磨";还有的组员认为"爱情是最无聊的东西,一文不值",等等。这种情况下既不能用所谓的尊重个性方式认为"组员说什么就是什么",也不能一味地打击贬低嘲讽组员。我们应该用优势视角来看待这种情况。另类价值观的出现,其实是组员渴望得到导师及大家的关注,渴望得到认可的表现,他们通过非常规的方式表现出来。面对这种另类价值观,导师要正确引导:一方面,要承认他们思维活跃,具有新异思维;另一方面,要告诉他们不是所有的东西都能称之为创新,只有对社会有益的思想才能得到大众的认可。引导组员用良性的方式去获得尊重和承认。

♥ 案例解析

组员体验与分享:

组员1:5000元代表着一生的时间和精力,却没有我想要的东西,怎么可能?当导师说:"拍卖到最后你什么都没有买到,那你的一生将是一张白纸。"我听后心里的压力好大、好伤心。自己突然有一种想法,自己到底想要什么?一生的时间和精力难道只是平庸地度过和浪费吗?不!不能啊!这样会多么的可悲!

但我想要的究竟是什么？用一生的时间和精力去追求的目标，最后是否会后悔，感到自己要错了？唉！真的，从来没有想过这些问题。但今天的这个活动居然让我很自然地想起，自己究竟想要的是什么？好迷茫，又因迷茫而感到害怕。我一定要想出个答案，不能让自己平庸地度过一生。我相信，一定有我想要的，值得我用一生的时间和精力去争取！

组员2：我的30分钟转眼而去，而我一生的时间和精力就没了，感触太深了。本来我想买的是智慧，可是我态度不坚决，犹豫、等待下去就被别人买走了，没有比智慧再好的东西了，很是可惜。我从中领悟到了"机不可失，失不再来"的含义。不过我还是花了4000元买了美貌和冒险精神，其中冒险精神是我喜欢的。因为冒险的过程中除了有恐惧和害怕外，更多的是快乐，我觉得这钱花得值。而还有1000元没花，我原本打算买诚信，可我没买来，是因为钱不够了，但我努力过，我不曾后悔！从此次活动中一定吸取做事"犹豫不决"的教训，做自己想做的事，不要让时间和生命付之东流。

游戏九　红黑游戏

♥ 游戏目的

1. 让组员体验团队沟通、合作和冲突处理，培养组员相互理解、合作、和谐、追求共同发展的愿望，形成一种双赢的处事态度。

2. 游戏是一面镜子，折射出组员的世界观、人生观和价值观，直面自己人性的弱点，让组员意识到生活中如果不加以改变，游戏中自己的弱点和偏见同样会成为生活中前进的绊脚石，从而引导组员调整自己的价值观。

♥ 游戏导入

非洲黑犀牛和犀牛鸟是好朋友。犀牛喜欢在泥塘里打滚，让全身沾满污泥以防蚊子、苍蝇的日夜叮咬。另外，非洲阳光强烈，炎热难忍，身上沾满污泥，也可以防止阳光的暴晒。可是有一利必有一弊，黑犀牛皮肤皱褶很多，缝里的皮膜娇嫩异常，神经血管密布其间，犀牛在泥塘里打滚，皮肤皱褶自然成了藏污纳垢的地方，各种寄生虫在那里安营扎寨，使犀牛疼痛难忍，不得安宁。可是犀牛鸟常常停歇在犀牛背上，专门啄食犀牛身上的寄生虫，为它消除痛苦，犀牛鸟也不必为寻找食物而日夜奔波。犀牛视力不好，平时又总是低着头，当遇到敌害时，站在牛背上的犀牛鸟最先受惊，叽叽喳喳叫个不停，给犀牛报警，使犀牛免受敌害的突然袭击。它们白天在一起捕食玩耍，夜晚相倚而睡。日子过得安逸舒适。

可是有一天，犀牛晚上做了一个奇怪的梦，它梦见自己被一块石头压着，旁边有只猴子在拍手呼叫，嘲笑它虽然身体庞大，体质强壮，却不能抬头做人。第二天早上犀牛一觉醒来，觉得非常奇怪。正在它纳闷的时候，它看见犀牛鸟飞来，

第十章 价值选择

正好停在它的头上。它想：难道昨夜梦中的石头就是犀牛鸟，看样子我得尽快摆脱它。于是它亮开嗓门喊了起来："小东西，谁叫你整日在我头上飞来飞去，把我的身子啄得疼痛无比，快离我远一点儿。"犀牛鸟听了犀牛如此说它，就对犀牛说："犀牛大哥，我们是好朋友啊，今天你怎么这样对我？"犀牛生气地说："都是你，天天在我头上，压得我抬不起头来，你快走，不要在我头上飞来飞去，你快走，快走！"犀牛鸟听了犀牛的话依依不舍地离开了和它朝夕相处的好朋友。

看到犀牛鸟慢慢离开了，犀牛终于舒了一口气，它抬起了头，挺起了胸，认为这下可以过上没有压抑的生活了，可是当它刚刚迈出一步的时候发现，它竟然看不到自己的脚落在怎样的地面上，这时它想起了平时都是好朋友犀牛鸟告诉它的，可这时犀牛鸟不在身旁，它已被自己赶走了，自己怎么好意思再去叫它呢？于是，它硬挺着向前走了几步，突然脚下一滑，滑落在一个小坑里，怎么办呢？犀牛想，我还是自己想办法吧！它就在那儿想呀想呀，这时它发现身上各处皱皮开始又痛又痒了，对了，平时不都是犀牛鸟为我叼虫子、捉蚊子的吗？怎么办？怎么办？怎么这么痒，这么疼，看样子我还得将我的好朋友叫回来，于是它又重新亮开了嗓门叫了起来："犀牛鸟，犀牛鸟，你快来呀！"喊声传出很远很远，终于被在森林里哭泣的犀牛鸟听到了。它一下子振作精神，展开翅膀，向犀牛飞来，它来到犀牛身旁，上下翻飞捉去了所有的虫子，指点着犀牛前进的步伐。在它的帮助下，犀牛终于走出了困境。

在这个弱肉强食、竞争激烈的社会，为了生存，我们可以选择恃强凌弱，你死我活，有你没我，排除异己，唯我独尊。我们也可以选择互惠共生，各得其所，精诚合作，生死相依，各退一步，不战而胜。这则自然界有趣的例子，是否令我们有了新的主意？有些时候，何必一定要竞争呢？换换思路，尝试合作也不错，共同进步也很美，最终双赢更是皆大欢喜。

❤ 人员与场地

30～50人，观察员2名（导师助手），通信员2名（导师助手），活动中分为A、B两组；两个房间。

❤ 游戏道具

白板3块，白板笔2支，红黑游戏表3张，音乐《征服》，多媒体设备。

❤ 规则与程序

1. 宣布计分方法：

1	2	3	4	5	6
A	黑+3	红+5	红-3	黑-5	
B	黑+3	黑-5	红-3	红+5	

所有组员分为A、B两组，共有6个回合，第三轮得分乘以2，第六轮得分乘以3，以得分的高与低决定输赢，分数计算方法呈现在这个表格上。

（1）当 A 组选择的是黑，B 组选择的也是黑，各得 3 分；

（2）当 A 组选择的是红，B 组选择的是黑，A 组得 5 分，B 组得负 5 分；

（3）当 A 组选择红，B 组选择的也是红，各得负 3 分；

（4）当 A 组选择的是黑，B 组选择的是红，A 组得负 5 分，B 组得 5 分。

2. 宣布规则。

（1）在这个游戏中参与者将被分为 A 和 B 两组，两组占有各自空间，两组间不得有任何形式的沟通。

（2）两组各自选择一名组长，选组长的方法由所在组自己决定。由组长组织投票，统计出多少红牌、多少黑牌，以少数服从多数的方式报告通信员小组的投票结果。

（3）在游戏每一个回合你们组都要投票，投红票或黑票。投票的有效性由通信员进行否定或确认。

（4）你们所选投票的颜色，是以少数服从多数而定，每人一票，每次必须用明显的方法显示参与者所投的票，而组内的票数不得用猜或减法来决定。

（5）组内的票数，一定等于在这个房间中玩这个游戏的人数。只要有一人弃权，则该次投票无效。

（6）当两组都有投票决定时，通信员会通知双方的投票结果，他的工作是在两边穿梭确认你们的决定。（请通信员上台）

（7）小组每轮投票的结果一经确定，不得更改。

（8）这个游戏是有时间限制的，你们将会有 30 分钟的时间来完成 6 轮投票。

（9）时间到了以后，先开始的组先宣布结束，或者你们组 6 个回合都有结果也可以结束。

（10）特别提醒，玩过这个游戏的人可以选择放弃也可以继续参加，放弃者只能现场观察，参加者不能暴露结果。

3. 规则咨询。

组员询问规则，导师不回答为什么，也不回答策略。游戏目的和方法等会儿再回答，等导师说完目的和方法后，将不再回答任何问题。

4. 宣布目的与方法：游戏的目的是去赢，赢的方法是去累计最大的正分。（导师反复三遍）

5. 游戏实施。

（1）人群中间画线，分组，其中一组被带到另一个房间。也可采用 1、2 报数分组。

（2）游戏时间为 30 分钟。

（3）通信员作用：在两组间公布对方的出牌，通信员必须在确认 A 组或 B 组的出牌结果有效之后，才能公布对方小组的结果。如果小组中出现违反规则的情况，通信员会说："我宣布，你们小组的投票结果无效！"（观察员告诉通信员）

（4）观察员作用：观察小组投票过程和结果是否有效，向通信员给予暗示。

第十章 价值选择

（5）导师分别宣布游戏结束。

6. 回顾与分享。

（1）计分结果。通信员报告6轮出票情况，导师计算各组得分结果。

（2）游戏回顾。想想刚才自己是以什么样的心态去玩这个游戏的。你在过程中怎样看待对方？游戏后有怎样的感悟？红黑游戏并不是游戏，它只是一面镜子，反映我们平常怎么跟别人相处。

（3）回顾目的与方法。

问题1：谁能一字不漏地重复游戏的目的和方法？

导师应答：对不起，我不是这样说的，很意外你听成这样。

导师：我说了三遍，可是大家都没有认真听，认为我啰唆。游戏的目的与方法："游戏的目的是去赢，赢的方法是去累计最大的正分。"

问题2：你认为哪一组赢了？为什么？（只针对这个问题，组员分享，由原来只针对分数结果，转向对团队内部关系的思考）

导师应答：你们根本没有兴趣听别人说话，我有说过哪组赢了吗？

问题3：游戏最大正分是多少？（直到说出54分，引出共赢概念）

导师分享：

好胜心理：从小就认为有人赢就有人输，所以在投票过程中大家喜欢出红色，斗倒对方才是赢，生活中你喜欢跟谁斗？家人、同事、朋友，只是赢了一口气，但输掉了人际关系。很多人都没有明白共赢是一个什么概念。

没有责任心：投票过程中，有的人要干什么就干什么，不知道你的那张票有多重要。当你听到规则中有一条说选组长，你就很高兴，终于有人站出来作组长，可以为自己负责任。喜欢点评别人，如果水平不行就换掉。生活中，工作中，总认为有人为我们负责任。在家里，在单位里，也总认为有人为我们负责任。

（4）故事分享。

曾经在加拿大有200个人也玩相同游戏，他们没有时间限制，通宵达旦地玩。200人没有分组的时候很团结，玩得很开心，当分组后就不一样了，分组后马上同仇敌忾，不断地投票、投票。有个83岁老太太站起来，头发花白，腰也站不直。她觉得好奇怪：为何大家在玩一个没有人赢的游戏？有人说我们这里有很多会计师、律师、搞营销的总监，我们一定会赢的，你坐下就好了。她只好坐下跟着大家继续投票、投票。到半夜12点钟，她再次站起来说，要停止这个没有人赢的游戏。她终于明白了一个道理，她开始跟房间里面的人分享她83年来的经历。她讲了两个小时的话，大概的意思是：各位，我终于通过这个游戏看到了自己，一直以来我觉得我自己凡事不跟人家争比，可今天终于发现，我还是跟人家比，还是跟人争。为什么这么些年来我过得那么不开心，那么压抑。为什么我的先生、我的孩子也不开心，我的孩子看到我这么压抑也不开心，我没有把我好的一面影响他们，让他们开心。我们投黑票吧，这样有机会让大家一起赢。这时有人说我们投黑票，对方投红票怎么办？她说对方总会收到我们的心。当这张黑票来到另一张房间，房间里的人很高兴。当对方的红票来到老太太房间时，大家陷入争论。但老太太说，我们坚持，我相信对方一定能收到我们的心，我们投黑票吧，我们才能一起赢。老太太感染了所有人。红票、黑票、红票、黑票……另一个房间的一个21岁的年轻人站起来说，好奇怪哦，对方不是傻瓜，他们一定有信息要传递给我们。你们知道他为什么站起来吗？他收到了老太太的心，他说服房间里的人也投黑票。终于在凌晨5点的时候，两个房间都投黑票。当这张黑票来到老太太房间的时候，他们哭了，很感动。所以后来就黑票、黑票……到了早上7点，宣布游戏结束后，两组人冲出房间紧紧拥抱，很多人流下热泪，他们发现人与人之间完全没有必要争斗，完全可以携手共创美好人生。

(5) 反思引导。

人生的很多时候，一方的赢，并不代表着另一方必须输；很多时候，一方的赢，必须建立在对方的输上。两种不同的结果，取决于两种不同的做法和态度，一种是共赢，另一种是竞争。就像刚才的红黑游戏，与你的生活有几分相似呢？你怎样经营自己的生活呢？是一团乱麻，理也理不清，还是和谐、幸福、美满？你是一个怎样的人呢？请静下心，想想刚才的活动过程。每次你斗倒了对方，对方只是含着泪，想有机会斗倒你。你这样斗，你只不过赢了一口气，但输了交际。结果怎么样，一起伤心，一起心绪不宁。为什么要伤害你心爱的人，关心你的人？结果告诉你！你只是赢了一口气，你输掉了人际关系，输掉了幸福的家庭，输掉了爱你的父母、兄弟！输掉了关心你的妻儿，输掉了真心实意的感情。为什么要这样对待自己？我们在征服谁啊！（音乐响起：男生版《征服》）

♥ 解说要点

1. 共赢——合则两利、分则俱败。红黑游戏来源于一个经典的案例——博弈论中的囚徒困境。

"囚徒困境"说的是两个囚犯的故事。两个囚徒一起作案，被警察发现抓了起来。分别关在两个独立的不能互通信息的牢房里进行审讯，由地方检察官分别和每个人单独谈话。检察官说："由于你们的偷盗罪已有确凿的证据，所以可以判你们一年刑期。但是，我可以和你做个交易。如果你单独坦白罪行，我只判你3个月的监禁，但你的同伙要被判10年刑。如果你拒不坦白，而被同伙检举，就将被判10年刑，他只判3个月的监禁。但是，如果你们两人都坦白交代，你们都被判5年刑。"进退两难的两个囚徒，要想共赢，就是不把对方置于输的位置，互相都不承认。否则就是我输你赢，或者是我赢你输。最可怕的是，大家如果单独从自己的利益出发，检举对方，没想到对方也只考虑自己，大家都主动交代了，结果却成了双输，谁也没有占到便宜。两人都选择坦白的策略以及因此被判5年的结局被称为"纳什均衡"，也叫非合作均衡。

红黑游戏看似简单，却潜藏着合则两利、分则俱败的结局。"双赢"这个词，

第十章 价值选择

想必大家很早就听说过。所谓"一枝独秀不是春,百花齐放春满园"。可是我们一直以来的信念是:非强即弱、非胜即败。要想赢,就必须把对方打倒。赢,似乎一直都是一个人或一方的专利。也许,我们也向往双赢。但我们怕被对方伤害。为了自己不受伤,先把对方打伤吧。于是,很多时候,就像在游戏中一样,我们给对方出了"红"——即使我赢不了,你也别想赢,弄个鱼死网破也在所不惜。然而,这种做法不仅伤害了别人,也伤害了自己。

一个人无论多么能干、多么聪明、多么努力,若不能与人合作,事业上绝不会有大成就。真正的成功者应持着"大家一起赢"的态度。如何得到别人的热诚合作,利人利己,达成双赢?很简单——己所欲,施于人,为自己着想也不忘他人的权益,谋求两全其美之策。例如:

(1) 重视别人,向他表示你在意他的感受。
(2) 让对方觉得自己重要,尊重他的需要。
(3) 说些好听的话,让对方与你相处感到轻松自在。
(4) 倾听,全神注意地听对方谈话。
(5) 设身处地为别人着想,设法了解他的处境和观点。
(6) 乐于付出,你会发现得到的比付出的多。

共赢是一种心态,共赢是一种取向。为实现共赢必然有一方主动伸出共赢的橄榄枝,大家才有可能走向合作。爱默生说过:人生最美丽的补偿之一,就是人们真诚地帮助别人之后,同时也帮助了自己。伸出我们的手去援助别人,而不是伸出我们的脚去绊倒他们。

2. **善与恶的较量**。回顾整个游戏,想必大家有过很多考虑、思量、揣测、比较,有时内心充满了矛盾和挣扎。这就是人性中善与恶的较量。游戏中,只要有人选"黑",选"红"者就会得分,因此,在游戏一开始时,部分选红者首先得分,很快大家都一致选"红",共同失分。有一些人很智慧,促使大家一起选"黑",搭建共赢的桥梁,这个前提就是友善、信任、诚实、互利。可是因为违规获得分数的诱惑太大,很多人还是会违反"约定"。一方受伤之后,很快变得富有攻击性。最后共赢的桥梁垮塌,双方陷入危机。

这场游戏所揭露的,正是人性深处的自私、狭隘、背信弃义、争强好胜、表里不一。游戏中随处可以闻到欺诈、敌视、自私、猜疑、暗算、出卖,这些东西把一些美好的愿望、与人为善的心理摧垮了。这不是我们人生的缩影吗?一旦受骗上当,立即不再相信任何人;一旦受过伤害,就变成刺猬,到处伤人。我们渴望关怀,可是我们真正花了多少心思去关怀他人?一旦受到漠视就认为问题的根源都在对方身上,因为对方是那样蛮不讲理、不可理喻、冷酷无情。

人生其实是很公平的,上帝会让我们失去某样东西,也会补偿我们另一样东西。红黑游戏在某种程度上表达了现实生活中人对人的态度,"尽可能相信你的朋友或者合作伙伴,不要用恶意的想法去揣测对方",在我们输掉比赛的同时却赢得组员的信任和支持,赢得内心的平和。

很多人做这个游戏彻夜不眠，很多人做完游戏之后泪流满面，仅仅是一场游戏而已，用得着这样吗？人生也不就是一场游戏吗？但人生这场游戏最重要的不同点，就是生命对于我们每个人只有一次。下次如果玩同样的游戏，你会不会毫不犹豫地给对方出"黑"？现实中呢？李嘉诚接见内地来访的企业家时，曾提出四个问题，这值得我们认真思考：

第一，当我们梦想更大成功的时候，我们有没有更刻苦的准备？

第二，当我们梦想成为领袖的时候，我们有没有服务于人的谦恭？

第三，我们常常只希望改变别人，我们知道什么时候改变自己吗？

第四，当我们每天都在批评别人的时候，我们知道该怎样自我反省吗？

❤ 补充说明

1. 游戏规则要明确。红黑游戏有多个版本，这里以标准版本为例。导师在选用时可以根据侧重点灵活选用各种游戏版本，但是一旦选定某一版本，中途不能随意更改游戏规则。

2. 游戏含义很丰富。导师在解说时要注意引导把握组员在游戏过程中思想和感受的变化，引导组员进行深层次的思考分析，提醒组员把游戏中的感悟迁移到现实生活中。

❤ 案例解析

组员体验与分享：

组员1：很多伙伴在游戏结束后分享了自己的感受，有坚持出红的，有力挺出黑的。我想最重要的应该不是选择什么牌，而是通过这个游戏反映出个人怎样的行为处事态度吧。导师不断地重复那几个字：我们的目标是赢，赢的方法是累积最大的正分。坚持选黑牌的人领悟到了。我却还懵懵懂懂，甚至不知道自己应该出什么牌，我要么随大流，要么不表态，要么干脆放弃？我感到羞愧，从游戏中所反映出我的人生观竟是这样的？我是盲目的，迷惑的，是不负责任的。真的很可怕！

组员2：A组的组员很自信，一直红到底，我们若一直黑下去，也有机会赢回比赛，只是人心中的贪念和侥幸心理促使我们最后又出了红牌。现在再去回想游戏，回想自己走过的路，人生的确如导师们所说的，你无时无刻不在玩着"红黑游戏"。人生的红黑游戏无时无刻不在进行着。你今天出红牌，明天要出什么？如果你的一生都在出黑牌呢？其实"付出就是占便宜"是对的，要"辛苦一时，幸福一世"。假如再来一场红黑游戏，我要出黑牌，一直出下去，让自己更辛苦地耕耘，收获一片蓝天！

第十章 价值选择

 沉船游戏

♥ 游戏目的

让组员在生死抉择的关键时刻，直面生与死的激烈冲突，呈现危急时刻学员各自的价值心态，在活动中深刻体验生命和付出的意义，反思亲情，珍视生命，思考生活。

♥ 游戏导入

播放《泰坦尼克号》视频节选：

《泰坦尼克号》（沉船片段）

泰坦尼克号中可歌可泣的爱情固然是经典，但泰坦尼克号留给我们的不只是爱情，更是人性的光芒！在最危急的生死边缘，人们都恢复到最本来的面目，这时人性的光芒和丑恶都显露无遗。有的人不满工作者先让幼妇上救生艇的做法，只顾自己活命；有的人用金钱对工作者进行贿赂，好让自己上船；有的人则是失去理智跳下海……船长对自己的失误而懊悔，最终选择和巨轮同生共死；巨轮的设计师在灾难面前表现出来的淡定；乐队为安慰乘客情绪一直演奏到最后；以及那些工作者的尽职，在危急时刻不顾自己的安危疏导乘客；还有那些主动让机会给女人和小孩的人……

这些都是人在最本能的情况下，所做出的最本能的保护自己的反应，既真实又充满感情！虽然美丽总是与丑恶同在，但在危难的时刻，人性的光芒最终还是大于丑恶的一面，让我们看到了善良和希望。

♥ 人员与场地

30~50人，着休闲装；助教4人；室内，全场灯光较暗，椅子以开口马蹄形摆在场地中央。

♥ 游戏道具：

荧光棒（保证在场的每个组员都有6根）；背景音乐；多媒体设备。

♥ 规则与程序

1. 组员进场。

助手提醒大家放下手中的一切物品，会场中仅有一只立式话筒，请大家自由站在话筒后。

2. 导师讲述故事背景。

夏威夷，一提到夏威夷，你会想到什么？阳光、沙滩、碧蓝的海浪——这不

301

正是你想要的那份感觉吗？旅行社的小姐礼貌地对你说：恭喜你，这艘船现在只剩下最后一个位置了，下个星期三就要起航了，你毫不犹豫就把这张票订了下来，走出来以后，你觉得自己已经开始快乐。

当你回到单位请假时，老板爽快地答应了你，他们说，是呀，你早就应该好好出去玩一玩了，回来才会更有精力投入工作、生活。你从单位出来的时候，感觉非常开心，这么多人都那么关心你，体谅你。

晚上，你跟家里人说起要去旅游，家人非常支持你。他们说，是啊，你早就应该去玩一玩了。晚上，你躺在床上，非常开心。

时间过得好快。星期三一早，当你醒来的时候，家人都等着为你送行，餐厅的桌子上摆着煮好的早餐，匆忙吃过，你提起行李上路。出租车来到港口，你看到了那艘巨轮，阳光从海上折射过来，让你整个心情都开阔起来。

船马上要起航了，这时，你向前来送行的亲人和朋友们告别，你登上了甲板……

这是一艘庞大而豪华的轮船，听说是很有名气的轮船设计师建造的，能乘这艘船航海是多么幸运啊。你环顾四周，很多人，大家都很高兴，聚集在甲板上欣赏美丽的风景。

转回头，你看到无边的海洋，看到了海鸥，看到了阳光洒在你的身上，你觉得是那样的轻松，那样的舒服，你感觉活着真好……这艘船很漂亮，有很多游乐设施，你结识了一群新朋友，一群很谈得来的朋友，玩得很尽兴，唱歌到12点多才回到房间，你们约定明天中午的时候还要在甲板上见面。

回到房间，你舒服地躺在床上，回想今天所经历的一切，一个个问题浮现脑间：我是谁呢？我来到这个世上到底是为了什么？我究竟有什么价值？不知不觉就进入了梦乡。

第二天早晨醒来的时候，阳光照在你的脸上，好久没有如此舒服地睡过了，真的好舒服。这时，你看到房门口的地上有一个信封，原来是一个金色的请柬，这艘船在几百位乘客里面抽奖，抽到的乘客，可以在今天晚上跟船长共进晚餐，你觉得自己真的好幸运。服务员把你带到豪华的宴会厅，一个40多岁的中年男子向你走来，他风度翩翩地同你握手："欢迎你，我是这艘船的船长，欢迎你来，其他嘉宾都已经到了，让我们一起入席吧！"

餐桌上堆满丰盛的菜肴，你不断跟周围的人们干杯，你忽然发觉在这样的一个晚上你是那样的善谈，你成为餐桌上的主角，你是那样的受欢迎。

从甲板走在回房间的路上，海面吹来徐徐的风，你抬头看到有一些乌云慢慢衬在雪白的月亮旁边，非常的漂亮，你今天的心情是那么的好，那么的开心，而且是那么的幸运。

今天，你对自己的表现感觉非常满意，躺在床上，那些问题又浮现在你的脑海，我是谁？我来到这个世界上究竟有什么意义？你想了很久都没有找到答案。伴随着这个问题，你慢慢进入梦乡，你睡得很甜，很舒服（很柔和的语气），很舒服……

第十章 价值选择

"嘣！！！！！"（雷雨声音效响起）突然，一声巨响过后，四周响起了刺耳的警报声——这艘船遭遇了巨大的海难，轮船根本不可能修复，所有落水者都将死去，马上就要沉没了，赶快起来，赶快起来，坐好，坐好，船，很快就要沉了，而船上只有一艘能承载6个人的救生艇。现在全船只有6个人可以离开，其他所有人都没有生还的机会了。

3. 生与死的选择环节。

给每个组员20秒时间，轮番上台，说明自己的生命宣言，内容包括"我是谁，自己是否要上救生艇，选择理由"。

（1）导师：提醒，提醒，还没到20秒，还有5秒。（导师回应待补充，如：是真话吗？你想回避吗？你真的那么弱小吗？你要做大英雄吗？要活的人等等）

（2）4位助教一人记录发表意见的总人数；一人记录上船人数；一人记录不上船人数；一人报时。

4. 为生命投票环节。

轮船即将沉没了，只有6个人能够登上救生艇，只有6个人有生还的机会，我们把生的机会给谁呢？我们自己当然想活着回去，我们的亲人还在家里等着我们，我们还有许许多多没有实现的梦想，我们还对自己的未来充满向往。怎么办？只有6个人有生还的机会，面对生命的抉择，让我们为生命投票！

所有组员站成马蹄形，从一端开始，依次走过每个人。为保证时间，第一人走过5人后，第二人可以开始，第二人走过5人后，第三人可以开始，以此类推。

导师示范并介绍规则。

（1）投票前每人摘下胸牌。

（2）每人6根荧光棒，代表登上救生艇的6个求生机会，沿着顺时针方向，在助教的陪伴下，站在下一个人面前，近距离地认真凝望着他的眼睛，接着，做出自己的选择。

（3）根据你对生命的理解，你认定要将一个生的机会留给某人，请你首先大声叫出他的名字，然后大声地告诉他："×××，我愿意把生的机会留给你。"把一根荧光棒递给他。而后，双方可以用一种身体姿势表达沟通，不许说话。

（4）如果你不能把生的机会留给面前这个人，你可以选择任何不带有伤害性的身体动作做出表达，双方各说一句话，只说一句话，走向下一个人。就这样，直到走过最后一个人。

（5）你可以给自己一个生的机会，也可以不留，但不可以把别人给你的机会再转给别人，直至最后回到自己的座位。

（6）全场灯光调暗。

（7）助教陪在每个发棒人的旁边一起走，陪伴他们注视面前人的眼睛，说出选择，做出动作。

5. 生还与离别。

（1）大家在自己的座位坐下，闭上眼睛。导师说："现在谁能生，谁必须放

弃生的机会，已经有了定论，请你们睁开眼睛，数清楚手里掌握的荧光棒。"（场中央放6把椅子）

（2）现在，请手里一根棒都没有的人走出来，围坐在场中间已经摆放好的6把椅子周围。"你们没有生的机会了，你们即将随轮船一起沉没，生命即将远离你，此时此刻，你最想谁？你最想说什么？坐下来，想一想，好好想一想！"

（3）紧接着是仅有1根、2根、3根棒的人走出来……一圈圈围坐在救生艇（6把椅子）的周围，彼此保持较宽松的距离。"有人把生的机会给了你，你一定很感激他，但是，很遗憾，生的机会太有限了，只有6个。你也即将随轮船一起沉没，同希望你生的人一起走向死亡，你想到了什么？坐下来，想一想，好好想一想！"

（4）当会场外围剩下的人越来越少（8~9个）的时候，导师问剩下的人的得票数，直至筛选到剩下6个人。"生的机会正向你们招手，你们心里平静吗？当越来越多的同行者即将离你而去，有很多人把生的机会给了你，自己却选择了死亡，你想到了什么？坐下来，想一想，好好想一想！"

（5）我看到了，有的人最初手里有很多棒，得到很多生的机会，但你全部留给了别人。"别人这样看重你所代表的生命价值，这么多人把生的机会留给你，而你又放弃了，为什么？你怕自己不能承受吗？你出于感激而放弃吗？你有什么特别的想法吗？我很想知道你们的内心故事。"直到剩6个人为止。

（6）"现在，让我们看清楚剩下的6个人，他们是大家认为最值得活下来的人，他们身上代表了什么？寄托了什么？反映了什么？拥有了什么？代表了大家对生命价值怎样的期待？"

（7）请即将生还的6个人上救生艇（场地中央的6把椅子），请你们坐好，海浪随时可能打来，环境极其恶劣，你们要相依为命了，你们要彼此照应了。但我知道你们走得并不轻松，你们的心中充满怀念，你们的心中充满悲哀，你们的心中满是惦念。请你们看看地上的人，他们是你的朋友，是把生的机会留给你的人，是对你有托付的人，是对你充满期待的人，请每一位生还者留言。

（8）要求并鼓励坐在椅子上的6个人，对着地上的人发表感言，表达留言。

6. 最后的道别。

请大家闭上双眼。努力让自己沉下心来，静静地听。（灯光调暗）

周末的晚上，你的家人正在家中守候，等待着远航的你早日归来。这时候突然听到电视机里传出了远去夏威夷的轮船遭遇海难的消息，全船除了6个人乘坐救生艇得以生还，其他人都死了。他们不敢相信听到的这一切，一遍又一遍，不停打电话去查问去打听，想知道还有没有更多的生还者，想知道你是不是还活着。当听说救生艇就快靠岸的时候，他们不顾一切地发疯一样向码头跑去，他们眼巴巴地看着，刚刚靠岸的救生艇，抬下来的第一个人，不是你，第二个人不是你，第五个人、第六个人还不是你。此刻，你能想象他们悲痛欲绝的心情吗？

生死抉择的时间只有20秒，无论你选择生还是选择死，你想到亲人了吗？你

第十章 价值选择

想到活着的人会是怎样的感受？你如何安抚你的亲人？

为生命投票的 20 分钟，当你走过每个人面前，为生与死而挣扎，为留与舍而痛苦，你想到生命的意义吗？也许你走过了 20 年、30 年、40 年，过往的一切，你的生命充实吗？你对自己感到踏实吗？你想坚持什么？你想改变什么？你是否意识到，从你出生的那一刻起，生命便不再是你自己的事情，生命使我们与许多人息息相关，生命成为纽带，成为我们与人联结的纽带。

现在，大船马上就要彻底沉没了，还有一分钟，救生艇也要离开了，只有一分钟，请你留下给亲人最后的话语，写下来，托付给救生艇上的六个人，不知你会以何种方式，保持你与亲人的连接？——（音乐渐强，至轰鸣，戛然而止，静场 2 分钟，渐起自然和谐的音乐）

7. 游戏结束，调亮灯光，组员就地而坐，进行分享。

♥ 解说要点

1. 思考生命的意义。生与死是人生的重大主题，是我们无法回避、不应回避的课题。今天，我们一起品味了生与死的抉择，借助"沉船游戏"将生命过程予以浓缩。在生与死的选择环节中，有人选择放弃登上救生艇的求生机会；有人强烈地表达了自己的求生愿望。20 秒，考验的是我们对待生与死的态度，考验我们如何设定生命价值？如何定位生命基调？如何安排生命步骤？如何填充生命内容？如何与我们身边的人共同走过生命？20 秒的时间，有一些人不知所措，有一些人无话可说，有一些人一时语塞……那是因为时间太紧急了，我们没有时间想；那是因为我们有太多的话想说，一时不知从何说起；那是因为我们不想向亲人诀别，我们的大脑僵硬了……

请记住，人生会面临许多抉择，人生也会遇到许多不测，人生需要我们提前思考关于生命的课题，人生需要我们对自己生命的意义做一次认真的抉择。

2. 珍惜割舍不断的感情。

在一架由北海道飞往东京的航班上，发生了一个真实故事。飞行期间，突遇强雷电灾难性风暴，飞机渐渐失去控制。当机长宣布，飞机遭遇重大机械故障，已经不可挽回，他要求大家，每个人在最后的时刻，利用发放的密封塑胶袋，给自己的亲人写下遗言。这时机舱内异常的安静，每个人都抓紧最后的机会向亲人表达心愿。但是，飞机还是无可挽回地失事了。当飞机失事后，打捞已经解体的残骸时，海面上漂浮着一片片黑色塑胶袋，就像是那些来不及倾诉的人们的灵魂。打开这些遗言，人们惊奇地发现，几乎每一份遗言的开头都是相同的三个字，他们写的都是"对不起……"

当我们面对不测的时候，当我们难以保全自己的生命的时候，当我们在生命的最后一刻需要向亲人诀别的时候，我们会写下什么？什么是我们最想留给亲人的话？如果，还有一次重生的机会，我们将会怎样过我们的生活，我们将怎样把握自己，怎样珍惜自己的生命，怎样重新活出自己，怎样过我们的人生，怎样去爱和善待我们周围的人？

过去的种种浮现在你眼前，可能你跟父母争吵了很多次伤了他们的心，可能你又一次气哭了你的朋友。你怎么去弥补？现在开始，如果你愿意对自己的生命负责任，对亲人、朋友，负责任，请将你的心里话告诉他们吧。

3. 珍惜生命。

掷海星的男孩

一个人到海边旅游，黄昏时他在海滩漫步，远远看见一个身影在海滩上跳舞，他很好奇，向那个舞者走去。走近一些，发现是一个少年在沙滩上拾起一些东西，然后用力地扔到海里去，并且重复不停地把拾起的东西扔到海里。

再走近些时，他看清楚原来这个少年不停地拾起被潮水冲到沙滩上的海星，再用力把它们扔回大海去。

旅游者感到很奇怪，对那位少年说："晚安！朋友，我不明白你在干什么。"

少年说："我把这些海星扔回海里去。你看，现在正是潮退，海滩上这些海星全是被潮水冲到岸上来的，很快这些海星便会因缺氧而死了！"

"我明白。不过这海滩有数不尽的海星，成千上万，你怎么可能把它们全部送回大海呢？即使你真能做到，这么辽阔的海滩，你怎么可能都走遍呢？你做这些能有多大作用啊？"

少年微笑着，继续拾起另一只海星，一边捡一边说："但起码我改变了这只海星的命运呀！"

游客恍然大悟，是呀，人的一生有很多美好的事情，我们很难一一去实现，但只要我们好好把握生命的每一次机会，珍惜现在拥有的一切，命运不就掌握在我们的手里吗？

现在一切都结束了，轮船沉没了，生命消失了。但庆幸的是，这只是一个游戏，我们都是生命的拥有者，我们都有生的机会，生命仍然在我们手中。游戏的目的是唤起思考，启动我们对未来生命历程的思考与关注。此时此刻，你对自己的生命有所觉醒吗？有没有一种冲动重新活过一次？有没有一个期盼，渴望我们今天刚刚出生？有没有一种欣喜，对自己走过的生命历程颇感自豪？还是倍感沮丧，充满伤感，深深自责，都没有关系。现在，我们就是那个"掷海星的男孩"，整理一下你的生命，让自己回到大海吧！

告诉自己：从爱自己开始，珍惜现在，去爱、去善待你的父亲、你的母亲、你的朋友、你的老师、你的邻里，善待身边所有的人，行动吧！善待身边每个人！

♥ 补充说明

1. 这个游戏具有极强的心灵震撼效果，在解说过程中，导师可以利用问句激起组员更深层的人生思考和自我询问。

2. 这个游戏很容易带出组员们的各种情绪，甚至会有人哭泣、愤怒。因此，在游戏结束后，导师要对一些情绪波动严重的组员进行跟进及个别处理，帮助他

第十章 价值选择

们宣泄情绪，找出问题的根源及解决的方法。

♥ 案例解析

组员体验与分享：

组员1：我本以为我会有生还的机会，但最后发现没有一个人愿意让我活下来。难道我这么令人讨厌？哪怕有一个人给我一个活的希望呢，我就能觉得自己还是有价值的。这个游戏让我感觉很痛苦，感觉自己真的被抛弃在冰冷的海水中孤独地死去。我不得不去面对这个残酷的现实。怎么会有这样的结果？我想还是得从自己身上找原因。我太个人中心了，我平时只关注自己的利益而不顾他人的感受；我也太苛刻了，总是在批评别人，没有一个宽容的心。我身上应该还有其他很多缺点。我必须好好反省了！

组员2：虽然我知道把生的希望留给别人很伟大，可我也贪婪地希望给我一次生的希望。生命真的很宝贵，我不愿意失去。因为，在死亡来临的一刻，我才知道我有很多事情没有做，好多愿望没有实现。我从来没有对爸爸妈妈说过"我爱你"，我还没有去过梦想已久的香格里拉，我还没有实现我的大学梦想。我真的害怕！幸好这只是一个游戏，就像一场噩梦，醒来之后发现自己还是安然无恙，拥有生活的权利。但是，我知道，自己应该把握生活了。

第十一章
社会责任

游戏一　承担责任
游戏二　歌唱祖国
游戏三　家乡美
游戏四　我说我知道
游戏五　放飞我心
游戏六　职业生涯探索
游戏七　中国地图
游戏八　共建未来城
游戏九　家乡拼图
游戏十　拯救阳光城

第十一章 社会责任

游戏一 承担责任

❤ 游戏目的

1. 引导组员正确看待别人的错误。
2. 引导组员学会做一个负责任的人。

❤ 游戏导入

《士兵突击》是一部红遍中国大江南北的优秀电视连续剧。播出后，许多网友总结出了若干经典语录。其中有一句是这样的："你经历的每个地方、每个人、每件事都需要你付出时间和生命。"

凡是经历过的，就必然会在你的生命中留有痕迹，因为你为此付出过时间、精力乃至生命。这在本质上是一种对人、对事有所承担、有所负责的体现。人生中，不履行一定的责任不会轻而易举地得到和实现，差别只在于担负多少的问题。我们要学会承担，敢于并能够承担自己，才有可能承担他人、承担社会责任。

❤ 人员与场地

30~50人，活动先分小组开展，之后进行大组分享，每组8人左右；室内室外均可。

❤ 游戏道具

无。

❤ 规则与程序

1. 将全体组员分为不同的小组，每组4人，两人面对面站着，另外两人面对面蹲着，站着和蹲着的人是一组。
2. 站着的两个人进行"剪刀、石头、布"猜拳，猜拳胜者，由本组蹲着的搭档去刮对方一组中蹲着人的鼻子。必须强调的是，刮鼻子是象征性的，提醒组员不要恶意对人。
3. 输方轮换角色，即站着的人蹲下，蹲着的人站起来，继续开始下一局。
4. 开始的新局中，上次胜方站着的人若在猜拳中输掉，则上次胜方蹲着的人要被上次输方站着的人刮鼻子。
5. 再一局中，胜方轮换位置，即原来站着的人蹲下，蹲着的人站起来，开始新的一局。记住，每一次都是胜方两人交换角色。
6. 活动可反复进行几个回合，直到总体游戏时间结束。
7. 结束后，小组导师带领组员讨论下面的问题：
(1) 如何看待自己的责任和别人的过错？

（2）当自己的同伴失败的时候，我们作何反应？
（3）同组中的两个人有没有同心协力对付外面的压力？

❤ 解说要点

1. 一人做事，一人当，每个人都要为自己的行为负责，自己出了差错理所当然地受到惩罚。但这个游戏并不是单个人参与，而是小组团体参与。作为一个集体或团队，每个人都应为集体的荣誉负责，为团队的胜利努力。虽然每个人都应尽自己的责任去努力，但也有失败的时候，也有犯错误的时候。如果团队内的其他成员对此抱怨、发牢骚或者横加指责，虽然犯错误的组员说不出什么，但无疑会影响团队的情绪。相反，若其他成员进行安慰、鼓励，同心协力，一同面对困难，一起解决问题，失败的组员会倍感温暖，会以更加积极的心态面对任务，更好地去解决困难，取得成功。

2. 敢于为自己的行为承担责任，这是有高度责任感的表现。当事情失败的时候敢于承担责任，是一种博大的胸怀，一种让人心存感激的宽容。当问题出现的时候，作为团队的一员，我们希望每个人都要意识到自己所肩负的责任，少一份抱怨，多一份理解；少一份牢骚，多一份帮助。

❤ 补充说明

1. 作为对输方一组组员的惩罚，除了刮鼻子外，可以用做俯卧撑的办法，具体数量可参考组员的实际能力大小。惩罚措施不宜太苛刻或太简单，毕竟惩罚本身不是目的，而是让组员意识并体会到对属于自己的那份责任应有勇气承担。

2. 小组导师要注意观察失败一方两个组员在面临惩罚时出现的情绪反应。一方面有利于发现分享的素材，另一方面要对过于激烈、彼此伤害的做法及时干预。

3. 本游戏可能会对一些组员带来挑战，因为他们平时就不敢于承认错误、不愿意承担责任，如果在活动过程中出现了由此导致的不愉快场面甚至冲突事件，导师最好能对此有事先的预料和相应的准备，采取有效措施进行及时处理。

❤ 案例解析

组员体验与分享：

组员1：今天的活动，当我的同伴在猜拳一开始输掉时，我就忍不住大叫："今天怎么这么倒霉，跟你搭档，真是不幸呀。"虽然我感觉没什么，但同伴的脸上好像有点挂不住。我第一次意识到了自己竟然是个喜欢抱怨的人，猜拳本来就是随机的，胜负有时也难由自己把握，我的牢骚让他感觉不舒服。只是当轮到我猜拳的时候，我本以为自己能胜的，可结果却是我输了，同伴不得不为我受一次难，但他没有表现出任何不快，这让我很不好意思。

组员2：我们一组搭档比较和睦，我们彼此鼓励，没有发牢骚。特别是当我连着两次猜拳都输的时候，我的同伴没有抱怨，而是让我保持耐心。他愿意为我的失败承担责任，这让我非常感动，因为他受罚是由于我的失误引起的，而他却如此的宽容。我想到在平时，有的人即使自己犯了错误也不愿意

第十一章 社会责任

承担责任,而他却敢于为别人的失误承担责任,我为有这样一位同伴而感到骄傲和自豪。

 歌唱祖国

💛 游戏目的

1. 透过唱歌的形式尤其是对歌词的演唱过程,引起组员对自己的祖国的进一步了解。

2. 激发组员对祖国产生由衷的热爱之情,鼓励组员亲近祖国或家乡以发现其中的美。

3. 加强组员对祖国的归属感,同时唤起组员对将来要承担祖国和社会重任的意识。

💛 游戏导入

"五星红旗迎风飘扬,胜利歌声多么响亮,歌唱我们亲爱的祖国,从今走向繁荣富强。越过高山,越过平原,跨过奔腾的黄河长江。宽广美丽的土地,是我们亲爱的家乡。英雄的人民站起来了,我们团结友爱坚强如钢。"

……

《歌唱祖国》是我们耳熟能详的一首歌,从过去唱到现在;从儿时唱到长大;从现在唱到未来。其实,你们有没有发现还有许多其他的歌曲也在歌唱着我们美好的祖国,像:《我的祖国》《我爱北京天安门》《在希望的田野上》《谁不说俺家乡好》《沂蒙山小调》等。今天,我们来唱唱我们的祖国,我们的家乡,共同抒发感激和挚爱之情。

💛 人员与场地

30~50人,以小组为单位进行,每组8人左右;室内。

💛 游戏道具

相关歌曲的歌词。

💛 规则与程序

1. 游戏以唱歌的形式开展,先给每组2分钟的时间选取若干首与祖国有关的歌曲。

2. 每组组员依次进行演唱,每次唱一首歌的一个片段即可,由此循环下去,直到哪个组唱不下去了或没想起歌曲来为止,时间为20分钟。

3. 小组导师作为裁判,首先负责检查各组选择的歌曲是不是关于祖国的;其次查看组员演唱得是否正确;最后当某个小组接不上时,为其倒数数字来作为时

间的限定。

4. 小组导师带领组员就演唱环节的感受、体会和发现等做适当分享和总结。

❤ 解说要点

1. 要想有所承担，要有善于发现的心。我们不是为了唱而唱，不是在简单地重复歌词，而是用心地揣摩作曲家们的创作初衷，体会歌曲的意境和氛围。渐渐进入状态，我们发现那些对祖国或家乡的描述带给我们一种深深的感动，由衷升起对祖国的热爱之情。试想：如果你对自己的祖国或家乡根本就不了解或知道的不多，怎么可能写出如此打动人的经典之作？所以，我们要善于发现祖国或家乡的美，它们就存在于我们身边。只要我们耐心去寻找，就一定会有欣喜的发现。

2. 要想有所承担，要有不断发现的眼睛。之所以要求每个小组依次循环唱下去，而不是只唱一首就结束了，目的在于让组员意识到对祖国或家乡的认识是个持续不断的过程，不能只停留在某一个阶段或某一点上，要保持一种关注的态度，要随时用敏锐的目光去捕捉变化和发展。随着演唱的进行，我们会对家乡多一份理解和惦念之情，我们的家乡这么好，有这么多资源，我们更应该努力去建设它、发展它和繁荣它。这是我们每一个人的基本责任和义务所在。

❤ 补充说明

1. 演唱形式可以个人独唱，也可以全组合唱。但要尽量使每个组员都有参与的机会。

2. 演唱时可以增加些表演，比如动作上的、表情上的，而不是在那里干唱。甚至必要时还可以加些道具作为辅助。总之，我们希望能创造一种活跃、开放和自在的气氛。

3. 这个游戏也可以用头脑风暴的形式来做。首先让大家在最短的时间内想出所有能想到的歌曲，然后再平均分给每个小组。不过游戏的难度就需要增加。比如可以要求组员在唱的同时进行适当表演，即我们平时说的表演唱的形式。

4. 这个游戏可以作为热身来简单地使用，也可以在此基础上增加些内容，比如：将演唱的过程分为若干轮，依次增加难度，像设计歌曲接龙等。同时根据游戏的性质来决定是否做分享或做多长时间以及多深程度的分享。

❤ 案例解析

组员体验与分享：

"快乐风暴"小组在歌唱祖国时越唱越起劲儿。也许是组员们对这方面的关注比较多或自己注重积累，也有可能是因为他们平时就很喜欢唱这些歌曲，在进行表演时学生想到了很多歌曲，而且结合着多种表演，活动的气氛几度达到顶点。这也使得其他的小组成员纷纷为他们鼓掌，一是加油，一是赞扬。这个小组的成员们非常高兴，他们甚至希望自己今后能试着写一些歌颂祖国的歌曲，来抒发个人的赞美之意，同时也更加感觉到了自己身上的责任，要为祖国拥有更美好的未来而努力奋斗，为社会和更多的人作贡献。

第十一章 社会责任

游戏三 家乡美

♥ 游戏目的

1. 引导组员认识自己的家乡，了解自己生活和成长的这片土地。

2. 带领组员一同去发现家乡的特点和特色，感受家乡近些年来的发展和变化，从中体会家乡的美，更重要是学习和传承家乡留给人们的宝贵精神财富。

3. 激发组员对家乡的热爱之情，同时鼓励他们肩负起建设家乡的责任。

♥ 游戏导入

故乡巴东的柑橘园

柑橘是巴东的骄傲，到巴东去的人，在没有到之前首先想到的是巴东的柑橘，去了之后，首先就要说到柑橘。若是你在春夏季节去了巴东，正赶上柑橘开花的时节。若是你在秋冬季节去的巴东，巴东朋友会很高兴地端出一盘盘各种柑橘任你品尝。巴东柑橘和巴东的民族品质一样成了巴东的象征。

我是在巴东的柑橘园里长大的，从小就一直在感受这柑橘园里的气息。从秭归之巴东到官渡再到杨家棚、楠木园、肖家坪……顺着长江两岸到处都是柑橘树，有的成片地簇拥在一起，有的是三两棵在路边侧然而立。春、夏、秋、冬，沉浸在弥漫的柑橘树气息里！柑橘在巴东有好几十种，最多的是红橘、蜜橘和棚柑。

柑橘——不仅是我们巴东的象征，更是我们巴东劳动人民的主要经济来源。它除了让你品赏之外，更亲近人的是它的那种精神。屈原的不朽诗篇《九章·橘颂》，通过对橘树的赞美，抒发了他对崇高人格和生命的颂扬。"后皇嘉树，橘徕服兮。受命不迁，生南国兮。深固难徙，更壹志兮。绿叶素荣，纷其可喜兮。"诗人的故乡盛产柑橘，你看，即便是初冬时节，鲜亮的橘子仍生气勃勃地挂在枝头……

♥ 人员与场地

30~50人，以小组的形式开展，每组8人左右；室内为宜。

♥ 游戏道具

根据个人需要可以自行准备，不做统一安排和提供。

♥ 规则与程序

1. 活动以表演的方式进行，要求每个小组准备一个节目，形式不限，但需围绕"家乡美"这个主题。可以是演唱歌曲、说相声、口技、魔术、哑剧、小品等。

2. 所有组员根据上述要求在小组导师的引导下进行商量和准备工作，时间为15分钟。

3. 每个小组轮流上台表演，展示自己家乡的特色、风土人情、旅游胜地、杰出人物、特色物品等。

4. 小组导师在各个小组表演完后，带领组员们做分享并给予适当点评。

♥ 解说要点

1. 家乡之美无处不在。每个人的家乡都有很多值得欣赏和赞扬的地方，像上面提到的巴东的柑橘，在一般人看来，那只不过是普通的橘子而已，但在作者的眼中，由于他从小一直感受柑橘园的气息，一年四季都沉浸在柑橘树的气息里，在他眼中，橘子是那么地鲜亮、充满生机，象征着高尚的精神品质，是当地人的骄傲。不只是那些著名的、人人皆知的东西才能体现家乡的美，身边的很多小事物或小事情同样能够展示家乡的风采和价值。家乡的美渗透在家乡的每一个角落、每一个细枝末节中，就像我们身体里流动的血液一样，是骨与髓紧密相连的那种感觉。我们要观察日常生活状态和点滴动态，培养亲近和美化家乡的情操。

2. 用行动展示对家乡的了解和热爱。了解与热爱，不能仅仅停留在感觉层面，要通过行动表达出来，实实在在地落在具体行动中，组员真切地看到或体验到，产生深刻触动和留有深刻的印记。表演的内容和形式鼓励组员自创，创作的过程就是深刻思考，积极强化的过程。组员不仅会更加肯定和相信自我，而且对家乡又多了一层亲近之情。组员能够自主设计表演内容和形式，并向大家呈现出来。正是在宣传家乡，也是在为家乡作贡献，自己和家乡的关系又拉近了许多。

3. 学习和传承家乡留给人们的宝贵精神财富。例如在《故乡巴东的柑橘园》这篇文章中，作者通过对橘树的赞美，抒发了他对崇高人格和生命的颂扬。事实上，透过事物本身，我们不难发现其传递出的精神，正是组员需要进入的境界。

♥ 补充说明

1. 这个游戏可以作为破冰使用，也可以作成大型游戏。如果只是为了热身，导师需要控制好时间，活动形式不宜太复杂，内容不宜太繁多。从这个角度看，这是个很好的开场游戏，因为它很能活跃气氛，可以一下子把大家的积极性都调动起来。如果是作为深度游戏来操作，可以将活动的目标和形式进一步多样化，还要做比较深入的分享，带领组员一同挖掘活动背后的内涵。

2. 准备过程中，导师要注意引导的方式。如果只是一味地鼓励组员思考自己的家乡，往往导致组员有些不知所措或失去方向感。这里小组导师可以运用一些团体心理辅导的技巧，如具体化等，提出更有针对性的建议。比如，如果组员的家乡是东北，可以引导他们表演二人转，以人们熟悉的方式表现。具体的曲目或表演风格要充分发挥组员的聪明才智，让他们自己去设想和编排，努力发掘和培养组员的创新能力和表达能力。

♥ 案例解析

导师手记：

组员们全心投入、积极参与，几乎把十八般武艺全都用上了，简直像一个艺术版的奥运会。来自海南的组员演唱了歌曲《我爱五指山，我爱万泉河》；来自辽宁的组员表演了东北二人转；来自新疆的组员跳起了具有民族风情的舞蹈；来自上海的组员让大家一起来猜地方话；如此等等。活动结束后，有的学生说："这个游戏真是让我大开眼界啊！我发现有一些地区的表演形式自己以前连听都没听过。这次算是长见识了。"有的学生提到："每个人都尽其所能地把自己家乡最美的一面展现给大家，我觉得活动内容超级丰富和精彩啊，简直就是一次视觉盛宴！"还有的学生表示："我以后要多多关注这方面的东西，不仅是自己家乡的，也包括其他地方的，不断充实自己，让自己成为一个博学多识的人，将来能为社会有所承担和作为。"

游戏四　我说我知道

❤ 游戏目的

1. 引导组员走出课堂、走出书本，走近现实、走进生活，了解家乡的发展变化。

2. 鼓励组员及时关注家乡时事与热点问题，加强与社会、与自己家乡的亲密联结。

3. 提升组员承担社会责任事务的意识以及一定的社会责任感，做到与家乡共同发展。

❤ 游戏导入

有关家乡的词条

现状：乡亲们不再挨饿，但仍然贫困。

荣耀：家乡总是与荣耀不可分的。即使没有归葬故园，你也归葬在毛边纸族谱里。

祁剧：跑十几里路去看的大戏，地方特色剧种，是湖南省非物质文化遗产。

渔鼓：红白喜事越办越闹哄，逢十的大寿不仅摆酒还唱大戏，也有些打渔鼓搞几天的，而这在我小时候只有办白喜事才打的渔鼓却也能登红喜事的大雅之堂了。以前是一个人怀抱竹筒大鼓、左手持竹板、右手击打鼓面的独角戏，配上一个拉二胡的，就可以将一个通宵闹得不亦乐乎，如今却可以几个人同时登台打渔鼓，像演戏一般了。以前简单的丧仪现在越来越复杂。礼生、歌手、乐手、和尚一班人马粉墨登场，开路、招魂、守灵、奠礼、作祭、扎灵堂、烧灵屋，一应仪式叫人眼花缭乱。

家乡就是这样一种心理状态，就是这样一种情感浓度，就是这样一种区域划分。对于本县来讲，家乡就是你的出生地；到了外县，家乡就是你出生的县；到

了外省，家乡就是你出生的省；到了外国，家乡就是你出生的祖国。家乡就是这样一个一个放大的单元，就是这样一本一本的书，就是这样一串一串的情结。

❤ 人员与场地

30~50人，以小组为单位进行，每组6~8人为宜；室内开展。

❤ 游戏道具

写有关于家乡的特征、代表事物、当下时事与热点问题等有关词条的A4纸。

❤ 规则与程序

1. 游戏以一人表演一人来猜的形式开展。所猜题目的内容涉及：家乡的鲜明特征、家乡的特色事物、家乡的代表人物、当下大家关注的一些家乡时事和热点问题等。

2. 活动开始前，小组导师在所有写好题目的A4纸右下角用阿拉伯数字做出标记，然后做出题目总数的标签放在盒子中。标签的数字代表各组的题目，小组依据题目进行准备和活动。

3. 每个小组经过商量和思考，选出两名组员作为代表来参加比赛。首先从盒子中抽出一个标签，然后找到指代的问题。其中一人负责表演，另一人猜答案。全组组员轮流作为代表比赛。

4. 一名小组导师负责举起白板向大家公示题目，另一名小组导师负责计时和记录分数。每组需要回答的问题一共有4道，每道题的分值为25分，每答对一题且在规定的时间内（1分钟）做出回答的可以得到相应的分数。

5. 两人比赛时，其他组员不能提醒或干扰。

❤ 解说要点

1. 由被动接收有关家乡的信息变为主动了解和认识。我们常能听到别人谈论自己的家乡，或是能从他人口中获得一些有关家乡的信息，甚至他们比我们自己知道的都多。通过这个游戏，可以让组员自己主动关心家乡各方面的情况，有多少是组员通过主动的学习和探索而掌握的，有哪些是别人告诉自己的。希望通过这个游戏组员能走出课堂、走出书本、走近现实、走进生活，希望听到组员自己说："我知道家乡的……"

2. 及时关注家乡时事与热点问题。一个连家乡当下发生的事件或情况都不知道的人，说明他是不关心家乡的发展与变化的，是不可能自愿地为其承担责任的。担负起责任两个必不可少的条件：一是对需要负责的对象有相当程度的认识和了解；二是对需要负责的对象感兴趣。这里的兴趣不是一般意义上的喜欢，而是一种与家乡割舍不断的回报情结和使命感。因此，组员需要保持与社会和时代同步发展的意识，不断加强与家乡间的联结，真正将这份责任记在自己的心里，扛在自己的肩上。

❤ 补充说明

1. 题目的内容。我们设计这个游戏的目的不在于考核组员的文化知识，或是故意为难他们,而是以这种方式让组员自己觉察到他们和家乡之间的关系和发展历程。鉴于此,在题目的安排上,不宜选择那些生僻的、边远的以及晦涩难懂的知识或信息,不宜选择那些较难进行表现的内容。这样组员会产生畏难情绪,会失去兴趣和信心,既浪费时间,也难以达到预期的目的。

2. 导师还可以通过其他的方式唤起组员关注家乡、关心家乡、思考家乡、承担家乡、服务家乡和发展家乡的责任感。如新闻采访、新闻播报、现场传真等。

3. 由于这个游戏涉及计分问题,导师一方面要客观公正地记录分数,因为一般情况下组员都会对此比较敏感;另一方面也要注意引导组员不要将主要精力放在得分上,更要防止小组之间为了分数的高低而发生投机取巧、弄虚作假的行为。

❤ **案例解析**

导师手记:

在一次主题为"我的家乡在山东"的活动中,有一个小组派出的两名代表配合默契,在很短的时间内就将4个问题全部回答完了,而且正确率达到100%。他们抽的签是4号,对应的题目内容包括:1. 孔子;2. 青岛;3. 苹果;4. 煎饼。表演者分别是这样描述的:"我国古代著名的教育家是谁?""北京2008年奥运会时帆船比赛是在哪举行的?""烟台出什么吃的?""几乎每顿饭都要吃的,可以卷着大葱或其他的食物,咬起来有些硬的?"其中,只有第三题犹豫了一下,其他的都是脱口而出。游戏结束后,那位组员还向大家普及起了常识:"你们知道为什么答第三题时我犹豫了一下吗?因为很多人都以为烟台是出梨的,实际上这是不对的。我们这里流传这样的说法:'烟台的苹果,莱阳的梨。'我当时差点就说错了,幸好想了起来。我希望能有更多的人了解这些常识,进而认识我的家乡山东,为山东的发展出谋划策,献计献力。"

游戏五　放飞我心

❤ **游戏目的**

1. 创设一种情境和氛围,让组员思考到目前为止自己有哪些梦想。

2. 引导组员反思在这些梦想中,有哪些与国家和社会的发展联系在一起,或者说自己梦想的实现能够为国家和社会分忧解难,有所承担,而不仅仅是个人享受。

3. 增强组员对实现这些梦想的信心,推动他们继续思考实际中自己的行动方式。

4. 协助组员意识到现在对自己、对他人有所承担,将来才有可能为社会、为祖国承担。

❤ 游戏导入

一个冠军的梦想

谢钧镕，江西赣南师范学院小提琴专业四年级学生，曾荣获首届中国校园原创音乐大赛金奖。他从小学二年级开始学小提琴，读初二时创作了第一首歌曲《别向失败低头》。出乎他的意料，这首曲子得到了许多同学的好评。初尝创作甜头的他，便一发不可收。

上了高中之后，谢钧镕自己摸索着学起了音乐制作。没钱请老师，他就到论坛和BBS上学。上大学读了音乐专业，他干脆就在学校外面租了间房子，自己弄了个小音乐工作室。256M的内存，20G的硬盘，加上个雅马哈744声卡，这就是他的工作室开始时的全部家当。起初只能做些小东西，如K歌伴奏带、帮"赣南采茶戏"做伴奏带等。后来他慢慢结识了一些琴行的朋友，开始接起了为演出调音响的活儿。早上6点起床，跑到琴行去，清点完所需要的设备，坐着拉音响的卡车，到处去给雇主调音响。由于演出一演就是十几场、二十几场，每次谢钧镕都得连着忙上好几天。慢慢地攒了一点儿钱，他全部用于更新设备。从此，谢钧镕便靠着那个小音乐工作室支撑着生活以及他的音乐梦想。

朋友有时会对他说："你音乐做得这么好，将来一定能够当明星。"但谢钧镕却说："我从来没有想过当明星。"谢钧镕打算毕业后回家乡当个音乐老师，闲暇的时候就自己玩玩音乐，"这是我的梦想"。

诚然，每个人都有梦想，比如：有的想要考上理想的大学；有的希望自己将来能住上大房子；有的期待可以找到一份好工作；有的致力于改变中国的教育现状等。你有没有想过：这些梦想当中哪些是满足自己的个人享受，哪些是服务他人的社会承担。——回家乡当音乐教师。这就是对社会有所承担的表现。因为他想的不只是自己的利益，而是家乡的音乐事业在未来的发展。那么，你有没有这样的考虑呢？

❤ 人员与场地

30～50人，以小组的形式开展，每组8人左右；分别在室内和室外进行。

❤ 游戏道具

彩色A4纸；签字笔；塑料绳；透明胶条。

❤ 规则与程序

1. 向组员分发A4纸，每人一张。每组选择一种颜色，便于区分，每人一支签字笔。

2. 请组员在A4纸上给自己写一封信。信的内容是关于梦想的，与承担社会责任紧密相关。这封信没有字数要求，根据内容可长可短。时间控制在10分钟内。

3. 请组员将这张纸折成飞机的样子，具体形状、大小不限，只要保证能飞起

第十一章 社会责任

来即可。折好后，可以在附近区域内进行试飞。时间为 5 分钟。

4. 将组员带出教室，最好选择一片开阔地带。以小组为单位将纸飞机放飞出去，尽量让飞机飞得越远越好。时间为 5 分钟。

5. 组员将本小组的飞机捡回（以颜色区分）。在此要注意：你捡到的不一定是自己的，但只要是本组的就可以。要求组员不许拆开来看，而是暂时拿在手里。时间为 10 分钟。

6. 各小组在导师的引领下分开，选择一块相对平坦的场地。将塑料绳剪成两段，每段长一米。两条绳子平行黏在地上，之间的距离以该小组组员的平均身高加上一臂之长为准，一般在 1.8 米左右。时间为 5 分钟。（场地布置做好提前准备，既便于节省时间，也避免导致组员注意力分散）

7. 进入够飞机环节。小组导师确定其中一条绳子所在的位置为起点，另一条则为终点。小组成员先将手里的飞机放在终点的位置上，然后全部站到起点的一边。接下来每个组员都要轮流够到一架飞机。前提条件是要在组员的共同帮助下完成。其他组员在提供帮助时不能越过起点线，只有两名小组导师可以在两条绳子的中间区域内进行保护。方法是两人蹲在地上，双手交叉并握住对方的双手，以形成网状的结构作为保护措施。需要注意的是：每个组员都必须亲自做一次，不允许由别人代替。够到的飞机可能是自己的那架，也可能是其他组员的，在此不做限制。时间为 20 分钟。

8. 够飞机的状态准备特别关键。小组导师要组织组员耐心讨论，全组成员如何帮助每个人达到目标——够回一架飞机，特别是一些身材矮小、体形偏重、胆子较小的组员。

9. 全体组员都够到飞机后，回到室内。组员依次打开手中的飞机，朗读文字中表达的梦想，朗读后表达感受和反馈。避免嘲讽、讽刺、挖苦等不良表达。

♥ 解说要点

1. 梦想是承担社会责任的前提条件。北京奥运会的系列主题歌曲之一——《北京欢迎你》中有这样一句歌词："有梦想谁都了不起，有勇气就会有奇迹。"是的，梦想在我们的学习、生活以及成长中占据着重要的位置，对我们的未来有着潜移默化的影响。梦想是照亮我们前进道路的明灯，是指引我们发展方向的舵标，是激励我们不倦追求的强大动力。写下一个与承担社会责任责任联系最为紧密的梦想，就是想引导组员尽快意识到：有了这样的梦想，才会朝着它不懈努力，才会朝着它不停奋斗，才会朝着它不断超越，最终实现自己的梦想，展现人生的价值，同时亦为社会肩负起该承担的责任。

2. 信心是承担社会责任的根本保证。有了梦想，还要有实现梦想的信心。通过放飞这一简单的体验行为，让组员体会到：扔出飞机的那一刹那自己在情绪上会有一种释放感，表达一种希望自己的梦想能够获得实现的期待，带给组员预示梦想能够实现的坚定力量。够飞机的环节协助组员树立信心，看上去是一架飞机放在那里，但每架飞机上都承载着伟大的梦想，当梦想就在眼前时（距离自己不到两米），我们是否有信心、有勇气突破自己的一些极限而得到它、收获它、实现它。面对艰难境况时，是否有力量转换自己的能力敢于承担和驾驭。

3. 合作是承担社会责任的重要基础。承担不是一句空话，要实实在在地去做才行。在现代社会中，合作这种行为是最好的体现，合作的本质就是彼此承担。"自己是否愿意与他人合作以共同完成一件事情？如果愿意的话，自己在其中能有哪些承担？如果不愿意，又是为了什么？进一步去想如何保证自己能够顺利完成这些承担？如何提高自己的承担意识和能力？在彼此承担的过程中，会遇到哪些问题和阻碍，有没有想过如何去应对和处理？"等等。在小困难面前锻炼承担能力，为今后承担社会责任、承担祖国奠定基础。

♥ 补充说明

1. 遇到不写信的组员要灵活处理，不能勉强。我们在以前的活动中遇到过类似情况。一是由于组员还没有想好符合自己心愿的梦想；二是有些组员不希望自己的梦想被别人知道，因为他们本身对此也不是很确定，或者他们心中怀有的梦想与其平时表现出的状态并不太相符时，组员更倾向于避而不谈，尤其是在小组内的安全氛围还尚未达到一定火候的时候。他们会担心写出来后遭到其他同学的嘲笑和批判，甚至有的组员即使写了，也不愿意拿出来与大家分享。凡是遇到这样的情况，我们都应该做特殊处理，要尊重他们自己的选择，既不强迫他们说出梦想，也不能视而不见、忽视其存在。在必要的时候，小组导师可以在活动结束后，和组员约个时间谈心，了解他们的真实想法，同时也把自己的感受和理解告诉他们，以获得组员的认可和信任。这有助于改善彼此间的关系，同时也帮助组员间接地表达自己的梦想，同样获得导师的支持和鼓励。

2. 够飞机时要注意安全，小组导师协助保护。够飞机这一环节具有一定危险性，尤其对于那些个子稍矮的组员，在活动开始时他们往往会产生畏难情绪，信心不足。小组导师要不断强调除了正在够飞机的组员外，其他组员都要为他帮忙，确保最大限度上的安全。能不能够到飞机，一方面需要当事人的勇气，另一方面也要靠大家齐心协力的推动和帮助。小组导师一定要有意识地调动所有组员的力量和注意力，把权力尽可能地交到组员手上，让其充分发挥支配能力。小组导师要在最危险的关头采取措施，比如：当有的组员因为体重偏重、其他组员就快要拉不住、眼看着他就要摔在地上时，两名小组导师可以用手托一下他。小组导师的职责是创设挑战和危机情景，但不能导致组员受伤。

3. 够飞机时要充分赋权给组员，享受过程而非结果。在规则与程序部分，我们为每一步都设定好了时间，但这是弹性的，需要小组导师根据自己组员的特点和活动开展时的实际情况随机应变。最有可能延长时间是在够飞机这一环节上。要留给组员相对充足的时间让他们思考如何才能够到飞机，其他的组员如何进行分工来提供帮助。小组导师要把机会毫不吝啬地留给组员，激发他们的潜能、想象力和实践能力等。尽管小组导师是知道解决办法的，但在一开始时不可以直接告诉组员，不然就失去游戏的价值和目的了。适当的时候，小组导师可以给予一

第十一章 社会责任

定的提示和启发,但不可以直接指导甚至全权代替。

♥ **案例解析**

导师手记:

记得有一次在为高中学生做这个游戏时,我们发现有一个男生总是不愿意为他人提供帮助,一到该他承担些什么工作的时候,他就以自己这方面能力不行、人手已经够了等为借口来回避应该做的事情。不过恰恰是这个游戏彻底改变了他的想法,给他留下了深刻的印象。在这名学生进行够飞机时,其他组员给予热情和大公无私的帮助,有的抬腿、有的按脚、有的拉胳膊、有的抱腰,几乎身体的各个部分都被占据了。一是为他输送力量,二是提供安全保障。因为这个学生有些胖,第一次他没有成功,主要在于各方没有协调好,有人已经开始用劲儿了,有人还没开始启动。这次的失败可能对他有些打击,他提出不想参加了。但同学们都说:"你是我们小组的一员,如果你退出了,那里永远放着一架飞机没人够。""其实刚才就差那么一点了,再努把力一定能成,我们相信你。"在大家的一致鼓励下,他稍微做了下调整,便开始了第二次的尝试。这次大家一起喊出了一、二、三的口令,组员们劲儿往一处使、力往一块发,终于成功了。只见这个学生激动得拿着飞机蹦了好半天,还和组员一一拥抱,感谢他们对他的支持和包容。活动结束后,我们问他:"你现在最大的感受是什么?"他说:"我终于明白了做人是要有所承担。我以前太自私了,但是大家都没有排斥我,而是各自肩负起自己的那份责任,帮助我实现梦想。我以后也要向他们一样变得敢于担当和奉献。"

 职业生涯探索

♥ **游戏目的**

1. 带领组员了解各种不同职业类型的主要特征。
2. 协助组员在充分了解自己的基础上,探索和发现适合自身的职业类型,为以后的职业决策打下必要的基础。
3. 引导组员意识到承担社会责任可以通过从事某个具体职业来实现,进而为国家分担重任。
4. 促使组员将自己的职业选择与个人学习、生活和成长联系起来,尽力实现整合和统一。

♥ **游戏导入**

在遥远的海上有六座小岛,每个岛上都住着一群个性和职业相似的居民。现在身为探索者的我们要到这些小岛上去采访当地的居民,了解他们的生活。但是每个人只能去一座小岛,大家可以根据自己的喜好选择小岛。

第一座小岛叫作"艺术岛"。这里的居民都是富有想象力、创造力、喜欢自由、追求理想的人。他们大多从事艺术、写作或是设计方面的工作。

第二座小岛叫作"社会岛"。这里的居民个性温和友善，喜欢与人交往，乐于助人。他们大多做教师、护士或是社会工作人员。

第三座小岛叫作"企业岛"。这里的居民个个能言善道，冲劲十足，并且喜欢接受挑战。他们大多数人都是律师、政治家，或是企业经理。

第四座小岛叫作"传统岛"。这里是一个井然有序的社区，这里的居民个性冷静、一丝不苟，对于处理文书和数字很有耐心，他们大部分都是会计师、秘书，或是图书管理员。

第五座小岛叫作"实际岛"。这里的居民个性老实，做事勤劳，凡事喜欢自己动手做。他们大部分从事农业、技术行业或是工程设计工作。

第六座小岛叫作"研究岛"。这里居民很重视客观事实，擅长于观察、思考、分析，喜欢研究各种事物。他们大多是科学家、医生，或是哲学家。

你了解自己的喜好吗？你知道哪些具体的职业或工种？你清楚各种不同的职业类型的特点吗？你希望自己将来能从事什么职业？你愿意以后在哪些方面为社会有所承担或做出贡献？这是一个连锁性的问题。如果你还没有想明白或正在思考着，都没有关系，这个游戏或许能帮助我们做一番有效的梳理和界定。

❤ 人员与场地

人数不限，30～50人效果较好，以大组的方式开展；室内活动为宜。

❤ 游戏道具

轻松欢快的音乐；采访单和签字笔数份；6张可以写字的标牌，大小为50cm×100cm。

❤ 规则与程序

1. 布置场地。小组导师提前将6张标牌分别摆放在教室的6个不同的地方，标牌上分别写有：实际岛、研究岛、艺术岛、社会岛、企业岛、传统岛。教师在每个标牌的旁边摆放6～10把椅子，具体数目视团体人数而定。

2. 小组导师先发给每个组员一张采访单和一支签字笔，宣布活动开始。

3. 每位组员有1分钟的时间找到自己最喜欢的小岛，并在小岛的椅子上坐好，如果组员选择的小岛已经坐满了人，他还可以选择其他小岛。

4. 当所有组员都坐好之后，他们两两结合进行角色扮演。一个扮演采访者，另一个则扮演被采访者。

5. 小组导师开始计时，在接下来的5分钟内，作为采访者的组员需要采访以下几个问题：

你为什么选择这个小岛居住？

你所选择的职业属于哪一类？有什么特点？

你选择这个职业的原因是什么，你想通过这个职业获得什么？

第十一章 社会责任

你认为你能否做好这个职业,为什么?

6. 采访的组员需要把问题的答案记录到采访单上,并请被采访的组员签名。

7. 小组导师控制时间,当5分钟时间到时,让组员交换角色,进行第二轮采访;如班级人数是单数时,可以安排有一组为三人,在这一组设置一个观察者,轮换三次进行,以保证每个人都扮演过所有的角色。(采访者、被采访者或观察者)

8. 每个人都扮演过所有角色之后,小组导师可以邀请组员跟大家分享他们采访的结果。征得被采访组员的同意后,将采访单的内容告诉大家,引导组员进行讨论。

♥ 解说要点

1. 承担社会责任责任必须通过具体工作实现。有的组员可能会问:"我们很想为社会承担责任,可现在不知道该怎样去履行?有哪些具体的途径?"其实,从长远的角度看,需要我们选择一项自己愿意并且能够从事的职业。这既能满足我们获得生存的基本需要,又符合社会发展的一般规律。随着社会化分工的日益细化,职业分工纷繁复杂,社会需要多种多样的职业承担。如果每个人都能将自己的特长与社会的需求联系起来,都能将其中的一份责任扛在自己肩上,社会的发展就会又好又快。

2. 将来所从事的职业通过持续的学习来完成。心理学家认为,每个人适合从事的职业不尽相同,总有一些职业适合自己,另一些不太适合。因为我们每一个人都是独一无二的,每一个人都有自己独特的个性,有不同的价值取向。我们要思考自己的兴趣点和能力范围,自己希望将来能对社会有哪方面的承担和该怎样去承担,现在需要做好哪些准备和铺垫工作。作为青少年学生,当前最现实和紧迫的考虑就是完成学业。当我们把自己的学习和整个人类的事业联系在一起的时候,会产生不竭的动力,这种力量会支持我们坚持到最后,作为社会的一分子,有权利和义务关心社会、服务社会和奉献社会,实现对社会有所担当的承诺。

3. 将来所从事的职业与现在的生活状态紧密联系。个人现在的生活状态将会在很大程度上决定其未来的生活状态。生活是一种习惯,习惯是一股强大的力量,现在熟悉的存在方式与行为节奏会为未来奠定基础。我们要了解现在的学习环境、生活环境、社会环境,积极设想将来的生活状态,尽量与所从事的职业有所关联。因为职业的性质很可能就决定了生活的性质和质量,你承担的社会角色帮助你圈定自己的生活范围。

4. 将来所从事的职业与个人的成长、发展和变化密不可分。我们自己是一把很有价值的工具,即人本身的力量和能量不可小视。正所谓承担社会责任先从承担自己做起。倘若我们青少年能够把自己的知、情、行整合得比较理想,顺利且良好地完成社会化过程,实现自我认同,将对今后的职业定向具有促进作用。

♥ 补充说明

1. 在活动的最后,小组导师可以设立"最佳采访奖",鼓励愿意与大家分享采访内容的组员。还可以设立"最佳评论奖",鼓励对职业类型有较好认识的组员。

2. 小组导师可以事先准备好不同的职业名称,让组员在采访活动结束之后做归类。还可以采用竞赛的方式,依次说出一种职业,看谁能快速地将每一种职业归入六种不同的类型当中。借此活动达到帮助组员对不同职业类型有更直观的认识。

3. 本活动还可以采用以下方式进行:假设每个组员有7天假期,可以去三个岛屿度假,让每位组员依次在白纸上写出自己最想要去的岛屿,想要待的天数和之所以这样选择的原因。写好之后,小组导师邀请组员进行分享与讨论。

4. 当所有组员都在小岛坐好时,可以采用回旋的方式进行采访:所有人围成两个圆圈,里圈和外圈的人面对面一一对应。外圈的人先采访里圈的人,里圈的人顺时针旋转之后,再由里圈的人采访外圈的人。这样每位组员就可以采访到更多的信息。

5. 小组导师应注意强调不同的职业都是独特而重要的,职业和职业之间没有尊贵和贫贱之分,避免组员产生职业偏见,正确认识不同的职业。从事任何职业都是在以某种特定的形式进行着承担,都是在以各种不同的方式为社会做着贡献。没有最优秀的,只有最适合自己的职业。只有找到能施展自己才华的舞台,才能跳出最美丽的舞蹈;找到自己适应的社会位置,才能人尽其才各显神通。

6. 角色扮演是一种很好的体验生活和事情的心理习作。也是体验式团体心理辅导所倡导的。《荀子·儒效》曾说:"不闻不若闻之,闻之不若见之,见之不若知之,知之不若行之,学之于行而止矣。"意味着:你告诉过我但我会忘记,展示给我我就会记住,如果能够参与其中我就会理解它。因此,在不同的活动阶段或根据目的与内容的需要,小组导师可以尝试使用角色扮演这种心理习作方式。

❤ 案例解析

组员体验与分享:

组员1:我选择的是艺术岛,因为我长大后想当作家。同学们都说我想象力特丰富,老师说我作文写得好,父母说我很有创造力,我自己也觉得我向往那种自由的生活,而且有时愿意一个人安静地待会儿,去观察生活或思考生活。我希望以后能通过文字的形式来表达自己的想法、来反映社会现象和事实。我很想朝那个方向去发展,我觉得自己能做好。现在,我每天都要求自己写一篇文章,随时把自己的灵感记录下来。

组员2:我选择的是社会岛,因为我希望自己将来能成为一名教师。从小我就有这个理想,到现在为止都没有动摇过。我性格温和,乐于助人,做事有耐心,比较喜欢和人打交道,尤其是和学生在一起,这可以使我总能保持一种活力感和持续不断的学习状态,我还喜欢与学生互动的感觉,而且当我把知识传递给他们、他们可以用这些知识去解决一些实际问题的时候,我觉得自己是个很有价值的人,很有成就感。我相信自己能够做到。现在老师讲课时,我都会认真听讲,一是自己要好好学习,二是学习如何做老师。

第十一章 社会责任

游戏七　中国地图

❤ 游戏目的

1. 检验组员对自己的祖国有多少了解。如果不是很清楚，则引导组员多关心祖国、思考祖国；如果比较熟悉，则鼓励学生继续坚持，并不断积累各方面的储备。

2. 向组员普及一些有关自己国家的基础知识和基本常识，并使其得到巩固。

3. 培养组员宽广的视野、博大的胸怀、包容的性格、积极的心态和远大的理想。

4. 提升组员的承担意识和社会责任感，争取将来为祖国、家乡贡献自己的一份力量。

❤ 游戏导入

导师提前准备好一张中国地图，不需要太大，但应足够清晰、明确和完整。

导师向组员展示这张地图，可以介绍一下由来、内容等，简单说一些开场白。

以具体的事物即一张中国地图为切入点，导师随后向组员提出与此有关的若干问题：

你知道中国有多少个省份吗？分别处于什么位置？在版图上呈现出什么样的形状？各个地方有哪些具有代表性的人或事物？你能列举出来并做详细说明吗？这些可能都是最基本的地理、历史或文化知识与常识，你自己对它们有多大程度的了解和掌握？你对此有什么认识和感受吗？除了这些问题外，你还有哪些发现和收获？

我们的祖国是中国，我们已经在这片土地上生活了许多年，我们对它了解吗？熟悉吗？我们的认识准确到位吗？我们真正地知道哪些，又尚不清楚哪些呢？作为一个中国人，作为将来要为祖国的繁荣富强付出努力的当代青少年，这些都是应该掌握的，这是我们义不容辞的责任，因为我们身上有一种强烈的社会使命感。所以，现在就让我们一起走进中国地图，去探寻它、体验它和承担它。

❤ 人员与场地

30~50人，在室内进行，全体学生分成若干小组，每组6~8人。

❤ 游戏道具

海报纸；彩笔；透明胶条。

❤ 规则与程序

1. 小组导师向组员说明游戏步骤：该游戏以问答的形式开展，整个过程将分六轮完成，每一轮内容按难易程度逐级递增，以小组为单位实行计时、计分制

（满分为100分）的评比规则，各组根据回答情况得到相应的分数，最后统计出总分。这一环节小组导师负责。

2. 小组导师向组员说明游戏操作事项：各小组将在游戏开始前拿到一张海报纸和一盒彩笔及一卷透明胶条。在规定时间内，组员将确定的答案以写或画的形式落实在海报纸上。

3. 第一轮：祖国轮廓。请各组完成中国版图的整体轮廓，以形成一幅中国地图的概貌。在纸上画出即可。时间为5分钟，计入5分。

4. 第二轮：祖国区域。请各组将中国的各个省份（包括省、直辖市、自治区、特别行政区等，以下以省份代指）在这张地图上表示出来，要画出具体的位置、大小、形状，并做出省份名称的标记。时间为15分钟，计入10分。

5. 第三轮：祖国的地理特征。请各组将每个省份的地理状况在地图上显示出来。比如：河南属于平原地带；山西多山脉；新疆有盆地；香港地区围海而筑等。可以直接写出地形特征的名字，也可以画出大致的形状。时间为25分钟，计入15分。

6. 第四轮：祖国的自然资源。请各组将每个省份最富有的自然资源写在纸上。如：山西出煤；新疆出石油；四川出有色金属等。时间为30分钟，计入15分。

7. 第五轮：祖国的历史文明。请各组将每个省份最具代表性的历史遗产标记在地图上，包括名胜古迹、特色景点、标志建筑、地道饮食等。要求每个地方至少列举出三项。时间为30分钟，计入25分。

8. 第六轮：祖国的人文发展。请各组将每个省份最突出的有关人文社会发展的事项在地图中的相应位置标注出来，包括：杰出名人、当地民俗、风土人情、礼仪文化等。时间为30分钟，计入30分。

9. 上述六轮完成后，问答部分即结束。随后，各小组派一名组员作为代表，向大家介绍自己小组在上述6轮中的作答情况，同时小组导师负责判断正误并给出分数，公布各小组总分。

10. 组员回到小组范围内，在小组导师的带领下分享参加活动的感受、感悟和发现等。小组导师要注意结合组员的表达引导他们树立远大的理想和长远的发展目标。最后对整个活动过程和结果进行点评和总结，升华游戏主旨。

♥ 解说要点

1. 承担社会责任责任同个人知识储备的关系。做完这个游戏后，可能很多组员意识到自己对祖国的了解太少了，平时看似什么都知道，但一具体化好像就又什么都不清楚了。显然，大家在这方面的差异性还是挺大的。这除了平时通过课本的学习获得外，还与个人在日常生活中进行有意识地积累密不可分。要想担负起祖国和社会的重任，首先要把自己经营好。21世纪，人类已经进入了信息化社会，每天我们都会接触到大量信息，更新速度更是望尘莫及。为了跟上时代前进的步伐，也为了更好地适应社会，更高效地为社会提供服务，拥有丰富的知识储备是十分必要的。唯有厚积才能薄发。

2. 承担社会责任责任同个人兴趣爱好的关系。俗话说："兴趣是最好的老师。"我们要去意识、去发现和显性化那些让我们有兴趣、产生爱好的事情，将其与社会大环境结合起来，并朝着这个方向发展和前进。扬己之长、避己之短，即清楚地知道自己的优势在哪以及需要进一步改进的地方，扩大前者同时承认自身的限制并能适当地放下，这样才能最大限度地发挥个人的实际功能。

3. 承担社会责任责任同个人反思意识的关系。从事实经验入手，坚持反思，有利于深刻的成长，这种成长具体地反映在对社会责任的承担上。

❤ 补充说明

1. 关于游戏的轮数问题。游戏回答的轮数可以根据实际时间要求有所删减，不一定要求全部完成。由于每轮内容是按照难易程度逐级递增的，越到后面，题目的难度越大，完成起来需要的时间也就越多。小组导师应根据活动开展时的实际情况适时做出调整。比如，发现组员在完成前面几轮时就已经表现出了畏难情绪，则游戏就应适可而止；或发现组员只在很短的时间内就回答完了规定的所有问题，而且感觉意犹未尽，那么游戏就可以再增加几轮继续进行，小组导师须有总体控制。

2. 关于游戏的内容问题。游戏内容可以根据辅导强调的侧重点进行选择，上述呈现的素材仅作为参考，小组导师完全可以跳出这一框架，结合实际需求自主设计和安排。包括计分原则也是同样的道理，可以自己去设定，只要标准一致即可。小组导师应结合组员对相关知识的大致掌握情况决定游戏内容。如果内容本身过于难或属于偏僻知识的范畴，则起不到让组员意识到自己知识有欠缺、需要继续加强学习的目的，就更不用说唤起他们承担社会责任的意识了。组员也许会觉得这些知识根本不必掌握，在现实生活中也不会经常碰到，没有太多的应用价值，所以倾向于放弃。如果是另外一种情况，内容本身过于简单和表面化，是走向了另一个极端。组员会觉得这对自己没挑战，激发不起他们对知识的渴望和追求，同样达不到游戏预定的目的。

3. 关于游戏的反思环节。这个游戏做起来还是不太费劲儿的，至少从程序上来看是比较清晰和有条理的，但小组导师千万不可产生轻视心理。因为这个游戏的重中之重在于最后的反思环节。可以说前面所做的一切都是为这一步奠定基础，是游戏最有价值的部分。在第1条中，我们曾提到过小组导师可以对轮数进行删减，但反思不可以取消。哪怕前面的环节少做一些，也一定要把反思做足做充分。对于组员的分享，小组导师要运用多种处理技巧，如：及时反馈、迅速跟进等。同时，调动整个小组的动力，增加组员间的互动和支持，利用他们的视角有利于游戏目的的达成。

❤ 案例解析

导师手记：

在一次为高中生开展这个活动时，有一个小组的得分相对比较低。其中一个组员的分享给我们留下了深刻的印象,他说:"关于地理的知识,还是我在初中时学的那些呢,现在好多都忘了,也没接着再学。现在突然发现自己在这方面太欠缺了,就算我现在学理科,高考时不考这些内容,但是我也觉得身为一个中国人,对自己国家这些最基本的知识都不熟悉,简直是太惭愧了。所以以后我要加强在这方面的学习,内容不一定都是来自课本或教材上的,自己平时也可以通过电视、网络、展览等途径学到很多东西。总之,现在自己已经意识到了这样的问题,只要想学,怎么都会学到的。"

游戏八 共建未来城

❤ 游戏目的

1. 引导组员深入了解自己长期居住和生活着的环境。
2. 鼓励组员走出校园、走近社会,发现并体会自己家乡的美。
3. 增加组员的亲社会联结和参与意识,促进其更好地完成社会化。
4. 培养组员广阔的胸怀、开放的视野、高尚的情操和远大的志向。
5. 提升组员的社会责任感,敢于担负起重任,努力为国家作贡献。

❤ 游戏导入

故事一:某天午夜时分安东尼·罗宾驾车在高速公路上飞驰,心中想着:"我得怎么做才能改变人生?"突然有个意念闪过脑际,罗宾如大梦初醒,兴奋得难以自持,随即把车开下交通道并停在路边,在笔记本上写下了这句话:"生活的秘诀就在于给予。"

故事二:周恩来从小志存高远,12岁喊出了"为中华之崛起而读书"的强音,在赴日前夕写下"大江歌罢掉头东,邃密群科济世穷。面壁十年图破壁,难酬蹈海亦英雄"。抒发了救国抱负,体现了爱国情怀。周恩来用毕生的努力奋斗书写出辉煌的一生、爱国的一生。他为国为民终生操劳的动力,就是来源于少年时代对人生的定位。他认为"立志者,当计其大舍其细,则所成之事业,当不至限于一隅,私于个人矣"。东渡日本后,他曾在日记中写道:"平常的人,不过是吃饱了,穿足了便以为了事;有大志向的人,便想去救国,尽力社会。"这对青少年的激励作用是无与伦比的。

作为社会的一分子,我们说的话或做的事,应该不仅能丰富自己的人生,还可以帮助别人。我们还会被那些具有崇高的人生追求的人所感动,因为他们发自内心地关心人,并带给他人极大的福气。一个能够独善其身并兼济天下的人,必然是因他明白人生的意义,这种精神不是金钱、名誉、夸奖所能比的。拥有服务精神的人生观是无价的,如果人人都能效法,这个世界定然会更美好。

第十一章 社会责任

❤ **人员与场地**

30~50人，活动先分小组开展、后进行大组分享，每组8人左右；室内。

❤ **游戏道具**

A4纸；彩笔；透明胶条；文具剪刀。

❤ **规则与程序**

1. 游戏设定情景是：投资商决定建造未来城，要求由不同承包商建造未来城的不同建筑。每个小组代表一个承包队，选定一位负责人领导小组商讨方案，并负责与投资商洽谈项目方案与设计理念。投资商可请一位小组导师或活动助理担当。

2. 小组导师交叉到不同的小组，作为观察员。观察各小组的施工过程，做记录，分享阶段发表观察感想。

3. 正式开工前，各组组员有15分钟时间用来充分讨论利用上述材料可以创建一个什么样的建筑，符合"未来城"的主题，同时具有美观性、实用性、现代性、可行性等。

4. 各组方案初定后，需要跟投资商谈判，解释项目设计规划，以争取资金支持。如果一次没有达成一致，需要各组组员继续协商，直到获得一定数目的资金为止。时间控制在20分钟以内。

5. 分发给每组A4纸10张（或有一定数量限制）、一盒彩笔、一卷透明胶条、一把剪刀。不能再用其他资源。

6. 各组组员根据与开发商谈好的方案共同建筑一所未来城市需要的建筑，要求整个过程在无声的状态下进行，总共30分钟。

7. 各组完成自己的作品后，由开发商检验工程质量，方法是用较硬的纸板向建筑物扇风，如果建筑物被扇倒，则为不合格，否则即通过验收。

8. 各组派一名组员做代表，向其他各组介绍本组建筑物的名称、创意、功能、特点等。除此之外，还要说明本组组员的分工情况、过程进展以及最后的结果。

9. 观察员向大家反馈对各组工作的观察结果，包括小组分工、组员合作模式、遵守规则情况、工程进展状态等，分享自己的所感和所思，指出问题，提出建设性意见。

❤ **解说要点**

1. 承担社会责任责任要立足当前现实。承担社会责任责任不是一句空话，需要落到眼前的生活中，从身边人开始，从点滴事做起。我们不要嫌弃自己的家乡穷、偏、苦，毕竟这是自己出生和生活了多年的地方，要从中发现独特的美及家乡人民的善良、淳朴、勤劳、智慧等，认真感受来自家乡的信息，将自己与家乡的未来联结在一起，将所学运用于家乡的发展上。立足于当前的社会现实，激发起社会责任意识。

2. 承担社会责任责任需开发个人潜能。个人如果没有相应的能力，很难真实地履行社会责任。我们要不断开发潜能，包括想象力、创造力、判断力、决策力、交际力以及自信、勇气等，发挥自身所长，展现各自优势，进而产生一种"自己的思想和价值能够得到重视"的感觉。未来是属于青年的，社会也必将由青年一代继续建造，只有不断提升自己的本领，才能实现为他人、社会和国家承担的承诺。

3. 承担社会责任责任需加强社会联结。加强社会联结是个人完成良好社会化的必备条件，也是承担社会责任责任的前提，更为后者提供了直接的机会。当代青少年，不能只埋头学习，"两耳不闻窗外事，一心只读圣贤书"，更不能光接受不给予、不付出。毕竟，每个人都是社会的一员，既能低头读书，又能抬头看路，甚至自己铺路。因此，我们要培养自己的参与意识、广阔的心胸、开放的视野、勇于承担责任的社会使命感，经常思考"我想为国家做些什么""我能为社会做点什么""我能给予他人什么帮助"等问题。跟上时代前进的步伐，积极调整自己适应环境，运用自身资源去跟社会联结，勇于担负起自己该承担的责任，努力为祖国作贡献。

4. 承担社会责任责任要善于与人合作。承担社会责任责任越来越需要团队支持系统的配合，这样既能提高效率，又能增加质量，更重要的是获得归属感，以使自己有强大的动力去担负起应承担的责任。例如在这个活动中，组员之间需要合理具体的分工：有的负责画轮廓；有的负责上色；有的负责剪和粘；还有的负责讲解。每个人都有事可做，发挥特长，在较短的时间内能完成一件不错的作品。姚明曾经说过："我把自己交给这个球队，同时我又把它扛在自己的肩上。前者出于义务，后者出于责任。正因为我信任这个球队的每个成员，相信大家都能为球队的良性发展而贡献力量，所以把自己交给球队；同时也信任自己，相信自己能把最佳的状态、最好的球技用于球队的比赛中，自己应该为球队出力。"

❤ 补充说明

1. 充分赋权给组员。整个活动过程中，导师除了讲解游戏规则和程序以及担任观察员外，不需要过多地参与其他事项，更不要指手画脚，尤其是在组员开始真刀真枪地构建他们心目中的未来建筑时。我们要把这个权利完全留给组员，因为他们是将来主宰这个城市的主人，他们可以说了算。

2. 限制资源的提供。这个活动要求组员在一定的资源限制下去建造未来城市建筑，这也符合当下社会的特点，要让组员形成这样的一种意识：任何资源都不可以无穷尽地享有和随意浪费使用。A4纸、彩笔和胶条，都是限量分发的。

3. 注意开发商的作用。一是通过与组员的谈判，开发商可以知道各组想要构造的建筑物类型，从而将各组区分开，避免雷同；二是锻炼组员的人际交往和沟通能力，以及对未知事物的判断力、决策力等，培养将来立足于社会的信心和勇气，为承担社会责任责任奠定基础。

4. 协调小组内的冲突和矛盾。在第1条中，我们提到要充分赋权给组员，但这并不意味着当小组内出现冲突和矛盾时，导师坐视不管。需要让小组的进程暂时停下来，和组员讨论争论的焦点，疏导他们的情绪，协调各方利益，引导其做出适当妥协的决定等。

5. 观察员在最后做分享时不宜给予道德性的评价。根据以往经验，各个小组都会呈现出不同的建筑风格，有的属于华丽型；有的属于淳朴型；有的属于实用型，有的则属于创新型。但无论怎样，每个组都有自己的特色，都是经过全体组员的积极思考、共同努力创造出来的，是集体智慧的结晶，所以都非常值得肯定和赞赏。观察员只需做事实层面上的描述和给予感受性的反馈即可，适当提出建设性的建议。

❤ 案例解析

组员体验与分享：

1. 我们组的组员建了一座"绿色爱心园"。它没有一组的细微周到，没有二组的新颖精致，没有三组的华光异彩，没有五组的产出丰厚，也没有教师组的庞大恢宏，但我们组有自己的特色，与众不同。那就是它最能体现人文关怀色彩，他们把每个人的爱心都绘进去了，把绿色爱心园的每个角落都印上了爱的标记。

2. 在共建未来城中，组员们的才华进一步得到了显现。他们构造的"栗诚商厦"，不仅取名有含义，而且极富现代感和观赏性，设计十分巧妙，简直可以和北京的西单购物中心媲美。他们将所有的色彩都用在了建筑物上，这在6个小组中是独树一帜的，因此也吸引了不少的眼球。看着这座未来会出现在河南省夏邑县的摩天大楼，我心中暗自赞叹：孩子们简直是太有想象力和创造力了！

游戏九　家乡拼图

❤ 游戏目的

1. 引导组员反思自己对家乡有多少了解，包括过去的历史和现在的发展。
2. 协助组员思考如何看待自己拥有的这些了解，有什么感受，对自身意味着什么，是否能对其保持一种清醒的认识和客观、全面、系统的分析视角。
3. 推动组员细细品味家乡的种种变化，发现其中有利的因素和不利的方面。
4. 加强组员个体与家乡大环境间的连接，鼓励他们以实际行动和大家分享各自的发现。
5. 唤起组员的承担意识和责任感，立足于家乡的建设，思考自己能做出哪些贡献。

❤ 游戏导入

"小河流水哗啦啦，一流流到我的家……"幼年时，妈妈常用这老掉牙的歌谣来逗我，哄我开心。从那时，我就爱上了家乡的这条小河。

春天，小河唱着欢快的歌儿哗哗地从我家门前流过。这时你会看见清澈的河底里，会有几块带有图形纹样的各色石头光华如玉。

当春姑娘拖着轻纱裙悄然离去时，夏姐姐旋着舞步轻盈地赶来。小河上笑声一片；大人们在河边一边洗衣服，一边还要说说家务事。小孩子们跳进河里捉小鱼，打水仗，捡漂亮的小石子……河边的野花五彩缤纷，像织不完的锦缎，又像迷人的天堂。真是让人眼花缭乱。

当棵棵枣树挂满一个个红灯笼时，秋天已到。金黄的树叶落满河面，淘气的小鱼把它当作雨伞，小河变成金黄的啦。河边的花儿一个个垂头丧气，只有一种花例外。它抬头挺胸像是在给人们展示它那美丽的身姿，顽强的生命——它就是菊花。

冬姑姑迈着急匆匆的脚步走来了，白皑皑的大地，银色的冰霜，银色的河床，河边的松树挺立在寒风中，却显得更翠、更青，把小河装扮得更圣洁。

小河啊小河，你给我送来了春的花香、夏的欢乐、秋的金黄、冬的圣洁，是你伴我度过欢乐的童年，给人们送去了丰收和快乐。我爱你，家乡的小河。

一提起家乡，人们总有诉说不尽的表达。一条小河勾起了作者对家乡的回忆和眷恋之情。想必每个人的家乡都有一些值得津津乐道和难以忘怀的事物。或许是那里的青山绿水，亦或是当地的风土民俗。这其中既充满了人们对家乡的永远割不断的归属感，又含有深深的热爱之情。你现在是不是已经体验到了这种情感呢？不管你是已沉浸其中了还是仍无太多触动，都没关系，让我们走进家乡拼图，相信它会带给你新的发现和感悟。

❤ 人员与场地

30~50人，以小组为单位，每组8人左右；分别在室内和室外完成。

❤ 游戏道具

海报纸；彩笔；透明胶条。

❤ 规则与程序

1. 请组员凭借自己对家乡的了解和熟悉程度，从若干能体现家乡特色和具有代表性的事物中选择，作为家乡拼图的线路。

2. 组员根据上述要求，在小组内进行充分讨论和商量，之后草拟出活动计划及行动路线，并报告给小组导师，这一环节需要10分钟。

3. 各小组导师将计划汇总，分析其可行性、安全性、时间保障等方面因素，确定每组计划是否能够得到实施。如果某小组计划不能顺利通过，则需要组员继续交换意见，直到拿出较满意方案。各小组应尽量避免重复路线，以丰富活动内容和提升活动价值。

4. 各组在外出前，要依据当时的实际情况做好相关准备工作，如：穿运动服和运动鞋、携带能处理紧急事件的药品、矿泉水等。

第十一章 社会责任

5. 一切就绪后，各小组分开进行，每组有两名小组导师跟随。时间长短要视活动安排及线路长短而定，可半天、可2个小时。路上一定要注意安全。提醒组员，认真、严谨捕捉沿途的信息与发现，收集沿途富有代表性的物品，如一朵小花、一簇小草、一根柳条、一幅画面等。

6. 外出活动结束后，各组回到教室，以小组方式，分享所见所闻、感受和发现，并将这些内容以写或画的形式落实在海报纸上。每组一张海报纸和一盒彩笔、一卷透明胶条，完成一幅家乡拼图作品，向大家做展示。

7. 最后进行大组分享，每组派一名代表，介绍小组的开展情况，包括：为什么要选择这条路线、一开始是如何做决定的、行动过程中发生了什么、现在的心情和体悟、小组的思考与发现等。

8. 小组导师可以以一个外乡人的视角对实际观察到的现象做适当点评。

♥ 解说要点

1. 从认知的角度，承担社会责任责任需要组员能够清醒的认识和客观的分析。一个人的理念会影响他对事情的态度，选择一条观察家乡的道路，背后暗含着积极的价值力量。本游戏曾经在河南某中学采用过，起初很多小组都选择了当地久负盛名的旅游景点作为外出路线，只有一个小组选择的是田地，为此组员们忐忑不安。因为在他们看来田地太普通了，没什么特色，根本不能和那些人人皆知的景观相媲美。是不是只有胜地才有价值，种庄稼的地方就无足挂齿？不是最华丽的、最耀眼的、最突出的和最能带来好处的就是最值得我们去做的，反而一些看起来不起眼的、最为平常的，甚至是快被人们遗忘的现象具有不可磨灭的闪光之处。其实，选择不一样的行走路线，我们会欣赏到不同的美丽画面。但不论哪种，都是一道独一无二的美丽风景。

2. 从情感的角度，承担社会责任责任需要组员具有满腔的热情和深层的感受。情感是稳定的、潜在的、深厚的。如果彼此之间没有任何关系，情感自然也就不存在了。组员对拼图线路的选择，情感占有重要的分量。如在上面的例子中，组员之所以提出走田地这条路线，因为他们的父母就是地地道道的农民，他们每天都会看到父母在田间耕作，久而久之也对这片土地有了感情，而且是根深蒂固、不会轻易改变。毕竟，那是他们土生土长的地方，是其根基所在，他们没有理由不去热爱自己的家乡。有了情感的支持，组员们在承担社会责任时会更有责任感。

3. 从行动的角度，承担社会责任责任需要组员具有可行的措施和具体的实践。组员要肩负起社会乃至国家重任，去亲身体会和感受这片土地上的人和事，走近和走进他们。才能体会家乡还有哪些不足的地方？最实际的需求是什么？并努力思考自己能在哪方面有所作为？

4. 从意志的角度，承担社会责任需要组员具有不竭的动力和持续的坚持。动机决定了人们能走多远。动机纯而正，经过认真思考且真正想要去实现，个体会克服一切艰难险阻而勇往直前，最终取得满意的答案；动机模糊，三心二意，在承担的道路上不会走得长远。

♥ 补充说明

1. 相信组员的想象力和创造力。这个游戏基本上是一个由组员自己做主并完成的活动。从一开始选择走哪条路，到实际行走，再到最后的展示与分享，可以说组员都是绝对的主角。因为他们是对家乡最了解和熟悉的人，最有发言权。从结果来看，即使他们想要去同一个地方，他们的行走方式也各不相同的。组员们往往会发挥出无穷的想象力和创造力，争取做到谁和谁都不重复，这样才有新意。小组导师在整个过程中扮演的角色是氛围的设定者、安全的保护者、矛盾的协调者以及分享的引导者。

2. 尽量鼓励组员按不同的路线进行活动。我们希望看到每一组的路线都与众不同。即使出现几个小组都想去同一个地方的情况，小组导师也要注意引导组员尽量选择不同的行进方式。所谓条条大路通罗马，不同的走法自然会让我们看到不一样的风景，同时产生独特的想法和心灵触动。所有的路线综合在一起，才能拼出一幅美丽的家乡图画。这不仅有利于组员从多个不同角度了解和认识家乡，也使活动本身更富有意义。

3. 关于行进路线的问题。安全是首要的，其次才是对家乡的认识和感悟。在各小组将行动方案汇报上来后，小组导师要仔细考虑其现实性和可行性，尤其是潜在的危险因素。对于组员们选择一些比较偏僻、不太好走、耗时较长的线路，我们应谨慎对待。如果实在不能找到替代性选择，应做相应处理，如增加几名老师一同前往；压缩行走过程，即不全部走完、选择探访等。

♥ 案例解析

组员体验与分享：

组员1：在今天傍晚的家乡拼图中，组员带我们去了河南夏邑最有名的地方——天龙湖公园，里面有著名的天龙寺庙和景色宜人的天龙湖。我们是走着去的，一路上组员向我介绍了很多有关他们的家乡——夏邑县的事情。天空作美，太阳快要落山之际，我们看到了"水天相一"的醉人景象，并用照片永远记录了下来。除此之外，我还看到了捕蝉的人（河南叫"爬蚱"，据说可以卖到一块钱一只，"炸爬蚱"是道有名的地方菜）。

组员2：我们组选择的路线新颖而独特——其他组均选择了夏邑的名胜，而我们选择了再普通不过的玉米地。引用带队老师在大组分享时说过的一句话："起初你们选择玉米地，我感觉你们缺乏新意；但现在想来，你们是最聪明的，你们的路线普通但是与众不同，你们组的孩子朴素真实，越看越可爱。"听到老师发自肺腑的感言，我的泪水不自主地流了下来，我知道这是幸福的泪。2006年的夏天，在夏邑的玉米地里留下了我们家乡拼图的足迹，也留下了我们的欢声笑语，好幸福！

第十一章 社会责任

 拯救阳光城

❤ 游戏目的

1. 激发组员关注社会、关注家乡、关注国家最新动态的热情，做个与时俱进的人。

2. 引导组员思考如何将这种关心之情有效地落实在具体行动中，尤其是当祖国或家乡面临危机、灾难、困苦等不利情境时。

3. 协助组员分析在具体落实的过程中，需要考虑哪些现实因素，如：个人的能力与限制，资源的合理利用，社会支持系统的调动等。

❤ 游戏导入

祖国啊，我亲爱的祖国

我是你河边上破旧的老水车，数百年来纺着疲惫的歌；我是你额上熏黑的矿灯，照你在历史的隧洞里蜗行摸索；我是干瘪的稻穗；是失修的路基；是淤滩上的驳船；把纤绳深深勒进你的肩膀。

祖国啊！我是贫困，我是悲哀，我是你祖祖辈辈痛苦的希望啊！是"飞天"袖间千百年来未落到地面的花朵。

祖国啊！我是你簇新的理想，刚从神话的蛛网里挣脱；我是你雪被下古莲的胚芽；我是你挂着眼泪的笑窝；我是新刷出的雪白的起跑线；是绯红的黎明正在喷薄。

祖国啊！我是你十亿分之一，是你九百六十万平方的总和。你以伤痕累累的乳房喂养了迷惘的我，深思的我，沸腾的我。

那就从我的血肉之躯上去取得你的富饶，你的荣光，你的自由。

祖国啊，我亲爱的祖国！

我们常常会思考自己能为祖国或者为家乡做些什么，如果你还没有找到答案，请尝试进入下面这个模拟演习，相信你一定会在里面找到自己的用武之地。众所周知，2008年5月12日，中国四川省汶川地区发生了8.0级的大地震。刹那间，房屋倒塌、山体滑坡、大地断裂。老师赶紧疏散学生离开教室，警察迅速出动力量保护百姓安全，医生立即将危重病人转移到安全地带，如此等等。短短几秒过后，整个汶川几乎夷为平地，一个县城就这样被毁于一旦。面对着令无数人放声痛哭的场面，四川人没有再害怕过，而是将这份苦难勇敢地担当了起来，他们正以顽强的毅力和不懈的努力重建着自己的家园。如果你是其中的一员，你会以怎样的方式加入到这个群体中呢？

♥ 　人员与场地

30~50人，以小组的方式进行，每组6~8人；室内。

♥ 　游戏道具

因各小组计划的内容不同，所以不做统一安排。可根据每个小组的需要，并结合活动的实际物资等方面情况再提前做准备。

♥ 　规则与程序

1. 游戏预设的背景是：中国汶川发生大地震后，在当地居民和来自其他地方的救援人员的共同努力下，现在人们已经能够住在暂时的活动板房里，一日三餐实现正常化，学校、企业、工厂等恢复基本运转。百姓的生活正常有序。

2. 游戏的基本假设是：仍有许多建设工作亟待专业人员去完成，如：翻修校舍、盖新楼房、铺设电缆、修理管道等。除了硬件设施上的完善外，还需要在软件方面投入更多精力，如：提供心理帮助以及职业技能培训，建立社会支持网络、联结环境内各有关系统并加强彼此间的协作等。

3. 游戏的重点要求是：你和你的同事组成了一支"阳光助人"队，即将奔赴灾区提供专业服务。现在请你们围绕灾后重建家园这个主题，结合自身的关注点与能力范围，选择一个最紧迫、最急需的工作，作为你们到达灾区后的任务，参与重建"阳光城"。

4. 每个小组就是一支阳光助人队，各个小组分别负责当地的一项建设任务。组员需在小组导师的引导下进行认真思考和全面分析，确定自己队伍可以承担的工作。时间为15分钟。

5. 小组组员根据所承担的任务，落实具体工作内容，进行角色分工和详细事项安排，小组导师要确保每个组员都有任务且能人尽其才。时间为20分钟。

6. 在上一步的基础上，将各个角色和事项串联起来，设计一个故事情境，反应每个小组所选择的主题即承担的工作。时间为40分钟左右。

7. 最后，各小组以心理情景剧的形式向大家汇报准备的情况，包括：负责的工作、人员的安排、工作的过程以及结果，其中遇到的困难和应对办法，组员的感受等。

8. 其他组员在观看后予以适当点评，小组导师要做点睛总结，强调游戏目的和意义。

♥ 　解说要点

1. 通过关心社会发展，显示对社会的承担。真正显示出对社会的承担，需要由关注上升为关心。关心是比关注高一级的态度付出。有了关心，才会不由自主地搜集有关资料，思考相关内容和意义，重视国家与自己的关系，自觉主动地将自己与社会的发展联系起来。将自己置于整个社会系统中，以社会大背景为出发点考虑问题。我们可以想象：如果你对某个领域漠不关心，没有任何兴趣，你会为它自愿付出各种努力吗？更不用说将其视为自己分内的责任了。培养组员对国

第十一章 社会责任

家及社会的关心之情，并使之养成一种生活习惯。

2. 通过采取社会行动，落实对社会的承担。勇于承担社会责任，不能停留于思想层面，要有实际行动、实实在在地去做。由关心到采取具体行动不是一件简单而轻松的事情，这是一个不断尝试，遇到挫折，再去尝试，再困惑，直到找到有效行动方式的过程。行动者需要考虑很多现实的情况和因素，如个人的潜能是否适合社会发展；个人的限制在哪里，在承担社会责任时如何扬长避短；社会环境中有哪些资源可以为我利用；怎样调动社会各支持系统的力量共同面对风险。

3. 通过加强社会联结，完善对社会的承担。对社会有所承担不是一个人能够完成的，单独个人很难负担得起全部责任，无论是从个人能力还是社会发展要求方面。随着社会分工的细化，个人往往承担一项工作中的某一个部分。每个人都要把自己的那部分做好，整体才能发挥出最大的功能，有利于实现对社会的承担。培养组员之间的齐心协力、通力合作精神，并将其贯彻于活动的始终。

4. 通过经历社会事件，体验对社会的承担。承担社会责任责任是个人成长过程中具有里程碑意义的行为，尤其是在自己的祖国、民族遇到灾祸、不幸或严重困难时。通过为家乡分忧解难，提供力所能及的帮助和支持，自己也会发生根本性的蜕变，因为自己用心参与了、思考了、行动了，为之难过、挣扎过和纠结过，同时也快乐过、激动过和欣慰过。这是真正的融入。人生需要经历一些重大意义的事件，痛苦过后，人生会实现跨越式的发展，即获得成长、超越自我，如古语所说"生于忧患，死于安乐"。

♥ 补充说明

1. 主题问题。这个游戏主要是围绕"灾后重建家园"展开的，凡是与此有关的工作、任务或项目、方案都可以实施，小组导师不要有所限定，只要是在这个框架内就可以让组员充分设计，凭借他们对国家和社会的关注与关心程度做出选择，想象和构思接近于实际情境，相信他们一定会奉献出既精彩又有意义的设计。

2. 道具问题。由小组所承担的任务决定，可能需要一些比较复杂的道具，如专业性的修理工具等。小组导师可在力所能及的范围内为他们提供，同时也可以提醒他们想一些其他的替代方式。记得在以前的一次活动中，组员需要一把菜刀作为道具，他们想到了这样一个办法：用纸先剪出刀的形状，再用彩笔涂上与真刀接近的颜色，于是一把类似于真刀的替代品就诞生了，看上去和真的很相像。

3. 时间问题。这个游戏最后是以心理情景剧的形式完成，之前的很多工作都是为此铺垫的。组员会因为各种原因而拖延时间，不能按时进行汇报。如一开始无法尽快确定所希望承担的工作，确定后无法有效地组织组员扮演好各自的角色，没有理想的故事情节或新颖的编排等。这些都会影响整体的进度。所以，小组导师需要在活动的各个环节注意把握好时间，不要造成过于拖拉影响质量的后果。

4. 形式问题。本游戏主要采取心理情景剧，这是团体心理辅导中常会用到的表现方式之一，而且能够以多种途径来表现，如有声表演或哑剧等。组员们可以根据需要来选择其中的一种或几种方式。但由于准备心理情景剧本身是一个复杂的过程，小组导师在使用这种活动方式时，应尽量放在所有辅导内容的稍后部分进行，这无论是从组员对整个辅导的融入状态还是小组凝聚力的形成程度上，都是较适宜的。

♥ 案例解析

导师手记：

某个小组编排的心理情景剧内容是，在一所已经搭建起活动板房的学校里，校长正在与教务处等部门的主任、各年级组长、班主任及其他任课教师开会。会议的主题主要围绕如何引导学生尽快走出灾难带来的阴影，调动学生的学习兴趣、激发他们的学习热情和潜能，为其灌输力量和希望。这时，"阳光助人"队赶到了学校，他们一行共8人，都是长期在教育领域工作和为学校提供专业服务的人员。他们一同参与了会议的讨论。了解了学校目前的困境和需求后，他们采取了以下的具体行动和措施：一名队员负责为学生上课及进行有关学习方面的辅导，如学习方法、技巧等，因为他/她是特级教师，而这所学校现在的师资明显处于紧缺状态。两名队员负责为学生进行心理调节，但不是心理咨询和治疗，就程度而言前者没有后者深，他们通过带领学生做一些游戏、讲故事等创设一种安全、轻松、自在和信任的情境，让学生觉得来学校学习很快乐，让他们在一种舒服的氛围里走出阴影。两名队员负责为教师进行职业培训和相关情绪的疏导工作。在学校体系内，不光学生面临着很大压力，教师同样有着巨大挑战。学校工作的重点之一便是还要考虑教师的感受和需求。他们专门设计了一个小组活动，目的是为教师减压，和他们一起回忆和寻找其过去成功的经验，帮助自己渡过眼下的难关。一名队员负责学生身体健康方面的工作。因为这名队员是校医，有着长达10多年与学生直接打交道的经验。他需要定期为学生进行体检，有些学生可能并没有在躯体上出现疾病的症状，但是总是觉得身体的某个部位不舒服，他判断这个学生也许有些心理上的羁绊，于是将其转给了负责学生心理调节的同事。队员之间的这种配合也会为学生带来某些帮助；两名队员负责联系学生的家长，并在学生、家长和学校三方之间架起沟通的桥梁，优化各个系统的内在结构，以促进彼此间的循环互动和良性关系。最后，他们都在各自的职责范围内取得了一定的收获，不仅受到学校领导的肯定，更受到学生的欢迎和喜爱，为拯救、重建阳光城做出了重要贡献。

这8名学生在演完这部自编、自导、自演的心理情景剧后，不约而同地说道："尽管没有亲身体验到地震的侵袭，但是扮演有关的角色让我们有机会好像亲临了现场一样。我们每个人都深深地沉浸在了剧情当中，没有人敢怠慢，因为我们演的一切就如同正在真实的发生一样。我们觉得只有尝试过了才有体会和感觉。真的，当自己的国家、社会遇到如此大的灾难时，我们不能袖手旁观，我们会肩负起属于自身的那一份责任的。"

后 记

将这本书定位为"实用解析",实在是想服务于实际工作岗位的教师、团干部、辅导员、社会工作者以及人力资源培训师。我知道,将一个朴实无华的游戏恰到好处地运用到实际辅导过程,需要经历一系列深思熟虑的思考、设计和传递,以求达到激荡心灵,启迪人生,激活情感,催化言行的目的。

多年来,我主持或参与过上百场团体心理培训,津津有味地享受着"生命影响生命的过程",是因为我真真切切地体验到倾听心灵,感悟人生,发现自我,重构生命的感动。本书中的许多场景、解说、案例、注意事项都是我们基于实际培训不断积累、修改、完善的结果,有很多是我们培训的组员帮助发现和总结的。一想到此,我就深深地感谢与我一同探索和感悟人生的组员们,是你们的陪伴,使我对生命充满眷恋。请允许我罗列一些我们开展过培训的机构,并道一声:谢谢!

北京市宏志中学,北京市铁路电气化学校,首都铁路卫生学校,北京市门头沟区王平中学,北京市怀柔区杨宋中学、杨宋小学,北京市密云区教师进修学校,北京市房山区教师进修学校,北京市大兴区教师进修学校,北京市延庆县教师进修学校,北京市顺义区教师进修学校,北京市平谷区教师进修学校,北京市昌平区教师进修学校,北京市八一中学,北京市北达资源中学,山西省长治县一中,河南省夏邑县第二实验中学,安徽省亳州一中,清华大学附属小学,北京联合大学,中国人民大学,首都师范大学,共青团中央等。

此书是集体智慧的结晶,参加本书编写的作者如下:

第一章　田国秀

第二章　谢莒莎、田国秀

第三章　侯童、谢莒莎

第四章　周娟君、田国秀

第五章　李冬卉、田国秀

第六章　于琨、田国秀

第七章　于琨、周娟君、李冬卉、谢苕莎、陈玉娜、侯童
第八章　于琨、周娟君、李冬卉
第九章　谢苕莎、陈玉娜、侯童
第十章　陈玉娜、田国秀
第十一章　侯童、田国秀

全书由田国秀、谢苕莎统稿。

由衷感谢学苑出版社的编辑任彦霞女士，她为本书的选题与策划付出了许多心血。她的很多建议为本书增色不少。

田国秀

2010 年 3 月